퍼포먼스 마케팅 첫걸음
: 취업부터 실무까지

영국 대기업 팀장이 알려주는 퍼포먼스 마케팅 A-Z

퍼포먼스 마케팅 첫걸음
: 취업부터 실무까지

영국 대기업 팀장이 알려주는 퍼포먼스 마케팅 A-Z

★ 지은이 소개

이다혜

2년간 한국에서 브랜드 마케팅 매니저로 일하다 영국으로 이주해 퍼포먼스 마케팅으로 커리어를 전향했습니다. 5년이 넘게 퍼포먼스 마케팅을 하고 있지만 아직도 매일 하는 일이 즐겁고, 많은 사람을 동료로 만들고자 노력 중입니다. 디지털 마케팅 에이전시에서 ASOS, 매치스패션과 같은 패션 클라이언트를 담당했고, 이후 세계 1위 명품 패션 플랫폼인 네타포르테의 퍼포먼스 마케팅 매니저로 글로벌 시장을 맡아 연간 몇백억 원의 예산을 관리했습니다. 현재는 영국 럭셔리 주얼리 브랜드에서 글로벌 디지털 마케팅 전략을 담당하고 있습니다.

- 현) 영국 럭셔리 주얼리 브랜드, 글로벌 디지털 마케팅 매니저
- 전) YOOX NET-A-PORTER GROUP, 퍼포먼스 마케팅 매니저
  Forward3D(Assembly), APAC 어카운트 담당자
  쏘카, 브랜드 마케팅 매니저
  세종대학교 호텔관광경영학부 관광경영학과 졸업

 @Heenda흰다

 https://www.ppchaus.com

 https://coffeechat.kr/with/흰다

★ 서문

'퍼포먼스 마케팅은 도대체 어디서 배워야 하나요?' 퍼포먼스 마케팅과 관련된 유튜브와 블로그를 운영하면서 가장 많이 받은 질문입니다.

퍼포먼스 마케팅은 상대적으로 신생 분야이기 때문에 전문가들을 찾기가 어렵고, 퍼포먼스 마케팅에 쓰이는 플랫폼은 기업 전용이라 일반 학생들은 접근하기 어렵습니다. 따라서, 퍼포먼스 마케터의 꿈을 꾸고 있는 학생들은 울며 겨자 먹기로 몇백만 원의 사설 강의를 들어가며 개념을 익히고 포트폴리오를 준비하는 것이 현실입니다.

이 책은 퍼포먼스 마케팅을 한 번도 들어본 적이 없는 사람도 혼자 공부를 시작할 수 있도록 기초부터 실무까지 다루고 있습니다. 영국에서 팀장으로서 신입사원들을 교육할 때 가르치는 기본 개념들과 실제 플랫폼을 사용하는 방법, 채용 시 어떠한 부분을 중요시하는지를 담았습니다.

이 책을 통해 미래에 많은 길이 열리길 바랍니다. 감사합니다.

★ 베타 리더 추천사

퍼포먼스 마케팅, 구글 애즈에 대해 처음부터 확실하게 배울 수 있는 책입니다. 설명이 굉장히 자세하고 상세한 이미지와 함께 정보를 전달하고 있어, 이 책만 있다면 독학도 무리 없으리라 생각합니다! 실무에서 쓰기 좋은 엑셀 기능을 소개해주시는 부분이, 모르는 것이 생길 때마다 펼쳐볼 수 있을 정도로 잘 되어 있어 좋았습니다. 또한 작가님이 가지고 계신 해외 취업 팁에 대해서도 아낌없이 공유해주시기에, 마케팅 진로를 희망하고 있으나 정확히 어떤 분야로 전문성을 키워내 가야 할지 모르겠는 대학생분들과 직무 전환 및 해외 취업을 고려하고 계신 분들께 큰 도움이 될 것 같습니다.

김소연, 라인 / Product Strategy / PO

이 책 단 한 권으로 디지털 마케팅의 거시적인 흐름, 그 속에서 변화해 온 퍼포먼스 마케팅, 퍼포먼스 마케터로서 갖춰야 할 자질과 태도뿐만 아니라 검색 마케팅, 구글 애즈 활용법 등 실무적인 부분까지 한 번에 정리할 수 있어 책의 두께가 상당함에도 지치지 않고 쭉 읽어 내려갈 수 있었습니다. 디지털 마케팅에 막 관심을 가지기 시작한 학생이나 취준생뿐만 아니라, 이미 업계에 입문했거나 어느 정도의 경력을 보유한 마케터에게도 유용한 길잡이로 정말 더할 나위가 없습니다. 해외 취업을 고민하는 20대라면, 적지 않은 비중으로 다루어진 영국 취업 경험담도 꼭 살펴보시기를 바랍니다.

김수지, 마케팅 컨설턴트(8년 차)

퍼포먼스 마케팅 분야의 온보딩 과정 같은 책입니다. 기본적인 설명은 물론 다년간의 노하우가 책 안에 아낌없이 녹아 있습니다. 퍼포먼스 마케팅에 대한 배경과 실무적인 내용이 자세하고 구체적으로 설명되어, 퍼포먼스 마케터를 준비하는 취준생과 이제 갓 입사한 신입 마케터가 사용할 실무적 참고서로 손색이 없습니다. 퍼포먼스 마케팅의 기본기를 다지고 싶은 분들께 자신 있게 추천합니다.

손로운, 애드테크 스타트업 버즈빌 마케팅 매니저

문과도 해외에서 살아남을 수 있는 직무와 기술을 찾다가 저자님의 유튜브를 통해 퍼포먼스 마케팅을 처음 알게 되었습니다. 데이터 분석은커녕 엑셀을 써 본 적도 없던 제가 저자님의 부트캠프를 수료한 지 두 달 만에 퍼포먼스 마케팅 인턴십에 합격했고 정규직 제안을 받아 커리어를 시작했습니다. 퍼포먼스 마케터 취업을 준비하는 사람들에게 이 책을 정독하고 약간의 구글링만 보탠다면 반드시 최종 합격할 수 있다고 말할 수 있습니다. 면접에서 책의 내용인 매트릭 간의 관계, 성과 최적화 방법만 잘 설명할 수 있어도 이미 지원자 중 상당한 우위에 서 있을 것입니다. 퍼포먼스 마케팅을 통해 제 삶의 많은 것이 바뀌었듯이, 이 책을 통해 여러분의 삶에도 긍정적인 변화를 만드시길 바랍니다.

신혜림, 글로벌 앱 스타트업 데이터 분석가

먼저 전문성 있는 커리어를 쌓고 싶은 문과생이라면 이 책을 통해 고민의 실마리를 얻으실 수 있으리라 생각합니다. 퍼포먼스 마케터의 일과와 실제 가상의 작업 시나리오를 통해 피상적인 직무 설명을 넘어 구체적이고 사실적으로 퍼포먼스 마케팅을 상상해 볼 수 있었습니다. 이 책은 취업 경험과 방법론만을 담고 있지 않으며, 지면의 상당수를 실제 구글 검색 광고를 세팅하고 실천해 보는 것에 할애합니다. 가이드라인과 스크린샷을 통해 친절하게 알려주어, 한 번도 구글 애즈를 사용해 보지 않은 저도 쉽게 따라 할 수 있었습니다.

유지나, 연세대학교 행정학과 수료생 / 예비 창업자 (현재 공동창업 중)

약 7년 전, 상대적으로 생소한 퍼포먼스 마케팅을 배우기 위해 울며 겨자 먹기로 마케팅 실무자가 수업하는 학원에 수백만 원의 학원비를 내며 다닌 기억이 있습니다. 시간 또한 꼬박 6개월이 걸렸습니다. 이 책은 6개월의 시간과 수백만 원을 모두 절약해 줄 수 있는 책입니다. 당시 배웠던 마케팅 지식의 대부분이 녹아 있는 것은 물론 실전 팁, 그리고 똑 부러지는 선배의 솔직하고 진심 어린 조언도 담겨있습니다. 마케팅 분야에서 신입뿐만 아니라 경력자에게도 도움이 될 수 있는 지침서가 나와 정말 기쁩니다.

이수현, 스타트업 프로덕트 마케터

방대한 영역을 기본부터 알기 쉽게 한입 크기로 차근차근 배우기 쉽게 다듬은 <퍼포먼스 마케팅 첫걸음: 취업부터 실무까지>는 디지털 마케팅이 무엇인지 이해하고, 머릿속에 또렷한 그림을 그려보고 싶은 사람에게 알맞은 입문서입니다. 저자님이 커리어 시작부터 지금에 이르기까지 경험한 모든 것들을 고스란히 녹여낸 점이 여실히 드러나, 마치 옆자리에서 사수가 앉아 하나하나 상세히 조언해 주는 듯합니다. 제가 서울과 싱가

포르에서 신입사원들을 멘토링하며 느꼈던 점과 초보자가 자주 헷갈리고 궁금해하는 점이 이 책에 담겨 있어, 저자님께 영문판도 부탁드리고 싶은 마음입니다. 부디 이 책을 읽는 독자분들도 유용함을 느끼기를 바랍니다.

임주연, 구미 아시아 / 시니어 마케팅 매니저

'퍼포먼스 마케팅의 기본서'라고 이 책을 소개하고 싶습니다. 작가님께서 퍼포먼스 마케팅을 선택하게 되신 이유부터 마케팅의 종류에 대한 설명, 퍼포먼스 마케터의 실제 일과 더불어 단지 추상적인 직무 얘기만이 아닌 엑셀, Google Ads 툴을 다루는 방법까지 쉽고 자세하게 설명되어 있어서 현직자(1년 차)인 저 또한 업무 내용을 복기하며 정리하는 시간을 가질 수 있었습니다. 이뿐만 아니라 퍼포먼스 마케터의 전망과 장단점도 객관적인 시각으로 말씀해 주셔서 직무에 대한 고민이 있는 분들께 좋은 길라잡이가 될 수 있으리라 생각합니다. 해외 취업을 막연히 꿈꾸는 분들도 많으실 텐데 이에 대한 현실적인 조언과 함께 영국에서의 생활을 자세히 알려 주셔서 취업 준비를 좀 더 구체적으로 준비하는 데에 도움이 많이 될 것입니다. 게다가 퍼포먼스 마케팅 직무의 면접 예상 질문 및 답변까지 담겨 있는 참 친절한 책입니다. 추후 이직 시에도 해당 내용을 활용할 생각입니다.

전서영, 디지털 마케팅 컨설턴트, 다국적기업 스페인 지사

퍼포먼스 마케터를 꿈꾸던 취준생 시절부터, 신입 퍼포먼스 마케터로 일하고 있는 지금까지 혼자서는 찾을 수 없던 여러 고민의 해답을 이 책을 통해 얻게 되었습니다. 실제로 경험하기 전까지는 알 수 없는 것이 퍼포먼스 마케팅이라고 생각하는데, 책 속의 상세한 가이드를 따라가다 보면 신입 퍼포먼스 마케터로서 알아야 하는 지식과 직무에 대

한 이해를 충분히 쌓을 수 있을 것 같습니다. 또한 사수가 없는 신입 퍼포먼스 마케터나 더 넓은 범위의 퍼포먼스 마케팅을 주도적으로 해내고 싶은 분들에게도 이 책이 좋은 사수가 되어 줄 것입니다. 퍼포먼스 마케팅이 무엇인지, 어떻게 해야 퍼포먼스 마케터가 될 수 있을지, 이 직무가 나와 잘 맞을지, 퍼포먼스 마케팅을 '잘'한다는 것은 무엇인지, 잘하기 위해 어떤 노력이 필요한지 등등 저와 비슷한 고민을 한 분들이라면 이 책을 읽고 많은 부분을 해소하실 수 있으리라 생각합니다!

줄리, 퍼포먼스 마케터

제가 취준생 때 이 책을 만나지 못했다는 것이 아쉬울 정도로 퍼포먼스 마케터가 되고 싶은 분들이라면 취업의 시행착오를 줄여줄 수 있는 책입니다. 특히, 면접을 앞두고 있다면 꼭 놓치지 않으시길 바랍니다. 계정 세팅부터 캠페인, 광고 그룹 설정 및 전략 수립까지 세부적으로 바로 적용해 볼 수 있는 방법론이 잘 정리되어 있습니다. 새로운 기술의 트렌드를 바탕으로 방향성을 제시하고, 더 명확한 업무 요청을 하고 싶은 디지털 마케터에게 추천합니다. 처음부터 하나의 세부 마케팅 직무로만 커리어를 쌓아 가시는 분들은 많지 않을 것으로 생각합니다. 현업에서도 최소 2개 이상의 다양한 마케팅을 하며 저처럼 뒤늦게 맞는 마케팅 직무를 찾아가실 분들이 많을 텐데요. 퍼포먼스 마케팅 외에도 콘텐츠, 브랜드, 디지털 마케팅 업무에 대해 전반적으로 다루고 있어 업무 전환을 꿈꾸고 있는 마케터에게 추천합니다.

최수진, LG헬로비전 디지털 마케터(선임)

★ 목차

지은이 소개 iv
서문 v
베타 리더 추천사 vi

1장 들어가며

1. 한국의 브랜드 마케터, 영국의 퍼포먼스 마케터가 되다 2
2. 퍼포먼스 마케팅의 전망 3
3. 책을 통해 얻어갔으면 하는 것들 4

2장 다양한 마케팅의 분야와 퍼포먼스 마케팅

1. 다양한 마케팅의 분야 여섯 가지 8
2. 브랜드 마케팅에서 퍼포먼스 마케팅으로 직무를 바꾼 이유 13
3. 디지털 마케팅 채널과 퍼포먼스 마케팅의 정의 14
4. 디지털 마케팅 필수 이론, 디지털 마케팅 퍼널 이해하기 20
5. 우리 고객은 어떤 사람일까? 페르소나 이해하기 22

3장 퍼포먼스 마케터, 이런 일을 합니다

1. 퍼포먼스 마케터가 하는 일과 담당 업무 26
2. 퍼포먼스 마케터의 하루 일과 엿보기 27
3. 퍼포먼스 마케팅에 대한 오해 29
4. 퍼포먼스 마케팅이 과연 내 적성과 맞을까? 30
5. 퍼포먼스 마케팅의 장점 30
6. 퍼포먼스 마케팅의 단점 31

4장 퍼포먼스 마케팅의 핵심, 검색 광고 이해하기

1. 퍼포먼스 마케팅을 구글 애즈 플랫폼으로 배워야 하는 이유 34
2. 경매와 비슷한 구글 검색 광고의 원리 34
3. 구글 검색 광고 구조 이해하기 36
4. 모든 데이터를 추적하는 트래킹 방법 배우기 40

5장 직접 실습하며 배우는 구글 애즈 플랫폼

1. 5분만에 구글 애즈 계정 생성하기 44
2. 캠페인 만들기 47
3. 광고 그룹 만들기 61
4. 키워드 만들기 62
5. 광고 만들기 63
6. 광고 확장 만들기 68
7. 검토 78

6장 실무 과제를 통해 배우는 구글 애즈 에디터

1. 구글 애즈 에디터 설치하기 83
2. 구글 애즈 에디터 살펴보기 88
3. 실습 과제 설명 112
4. 일괄 업로드 템플릿 다운로드 115
5. 캠페인 만들기 118
6. 광고 그룹 만들기 136
7. 키워드 만들기 143
8. 반응형 검색 광고 만들기 155
9. 사이트링크 광고 확장 만들기 167
10. 타기팅 설정하기 173
11. 변경사항 게시하기 196

7장 구글 애즈 플랫폼 구조 100% 파헤치기

1. 구글 애즈 플랫폼 메인 화면 200
2. 페이지 메뉴 및 상세 페이지 201
3. 상단 설정 메뉴 214

8장 한눈에 이해하는 퍼포먼스 마케팅 성과 분석

1. 퍼포먼스 마케팅 매트릭 238
2. 퍼포먼스 마케팅 데이터 분석 239
3. 퍼포먼스 마케팅 보고서 작성법 245

9장 성과를 개선하는 구글 검색 광고 최적화 방법

1. 구글 애즈 베스트 프랙티스 248
2. 추천 기능 250

3. 퍼포먼스를 기반으로 한 최적화 방법 250

10장　실무에서 바로 쓰는 퍼포먼스 마케팅 필수 엑셀 기능들
1. 시간을 절약해주는 엑셀 단축키 254
2. 면접에서 꼭 물어보는 함수 258
3. 보고서 작성에 필수로 쓰는 기능 269

11장　퍼포먼스 마케팅 트렌드와 전망
1. 자동화 296
2. iOS 14.5 업데이트와 쿠키 대종말 300
3. 퍼포먼스 마케팅의 미래 301

12장　면접관이 알려주는 퍼포먼스 마케팅 취업 전략
1. 퍼포먼스 마케터의 커리어 패스 306
2. 퍼포먼스 마케팅 필수 자격증 308
3. 퍼포먼스 마케팅 회사 고르는 팁 311
4. 면접 예상 질문과 질문 의도 311
5. 면접 과제 대비하기 317

13장　퍼포먼스 마케팅 해외 취업
1. 해외 취업 준비를 위한 고려 사항 322
2. 영국에서의 생활 323
3. 영국 취업 비자 326
4. 서류 준비하기 329
5. 지원하기 331
6. 면접 333
7. 계약서 작성하기 334

마치며 335
찾아보기 336

― 1장 ―

들어가며

1. 한국의 브랜드 마케터, 영국의 퍼포먼스 마케터가 되다

브랜드 마케팅과 퍼포먼스 마케팅의 차이를 아시나요? 대학교 1학년 때 저는 사람들의 마음을 움직이고 그들의 라이프 스타일을 바꾼다는 생각이 좋아서 마케터가 되기로 마음먹었습니다. 그때만 해도 마케팅에도 여러 분야가 있다는 건 상상도 하지 못했습니다. 마케팅에는 콘텐츠 마케팅, 브랜드 마케팅, 퍼포먼스 마케팅, CRM 등 여러 가지 분야가 있지만 제가 알고 있었던 마케팅은 브랜드 마케팅뿐이었습니다. 깊은 이해 없이 마케팅은 그저 창의적인 아이디어가 필요한 분야라는 것만 알고 있었기 때문입니다. 이렇게 직종에 대한 이해가 부족한 상태로 한 스타트업에서 마케팅 매니저로 첫 회사 생활을 시작했습니다. 하지만 2년 후, 번아웃으로 회사를 그만두고 영국으로 워킹 홀리데이를 오게 됩니다.

브랜드 마케터로 일하면서 얻은 지식과 스킬로는 해외에서 얻을 수 있는 직장이 거의 없었습니다. 브랜드 마케터는 문화에 대한 깊은 이해가 필요함과 동시에 사람들의 눈길을 끌 수 있는 카피 라이팅 스킬을 가지고 있어야 합니다. 그렇기 때문에 영어조차 구사하기 힘든 제가 단시간에 쌓기엔 힘든 기술이었습니다. 당시 모아온 돈이 얼마 없어서 스타벅스 바리스타로 일하던 저는 2년 동안 쌓아왔던 커리어를 포기하고 과감하게 새 커리어를 시작하기로 마음먹었습니다. 이 때 제가 선택한 것이 퍼포먼스 마케팅입니다. 언어가 원어민처럼 완벽하지 않아도 플랫폼을 다루는 기술만 있다면 충분히 승산이 있어 보였기 때문입니다. 그렇게 원서를 백 개쯤 냈을 때 저는 작은 스타트업에 퍼포먼스 마케터로 취업을 하게 됩니다.

제가 맡은 업무는 구글이나 마이크로소프트의 플랫폼을 이용하여 광고를 운영하는 일이었습니다. 한 가지 이상했던 점은 제가 맡고 있는 계정의 광고주의 정체가 모호했다는 것입니다. 저는 신입으로 입사했기에 광고주와 커뮤니케이션을 하기 이르다는 것은 알고 있었지만, 미국에 있다는 광고주와는 한 마디도 나눌 수 없었습니다. 그렇게 2주 후, 저는 그 이유를 알게 됩니다. 사실 이 회사에는 광고주가 존재하지 않았습니다. 깡통 같은 사이트 여러 개를 이용해서 광고 클릭으로 돈을 버는 구조였습니다. 일종의 클릭 낚시인 셈입니다. 영국에서 힘들게 얻은 첫 사무직 직장이 클릭 낚시 회사인 것을 알게 된 이후로 저는 큰 좌절을 하게 됩니다.

그렇게 두 달간 힘들게 일하다가 저는 유럽에서 가장 큰 독립 디지털 마케팅 에이전시에서 면접 제안을 받게 됩니다. 면접 4번과 2번의 테스트를 치르고 저는 이 에이전시에서 정식으로 퍼포먼스 마케팅 커리어를 시작하게 됩니다. 웃긴 점은 면접 과정에서 가장 도움이 됐던 것은 클릭 낚시 회사에서 일했던 경험이었던 것입니다. 비록 회사 자체는 내실이 없었지만 이곳에서 광고 운영을 하면서 많은 스킬을 익힌 덕이었습니다. 이를 통해 앞으로 커리어를 쌓을 때 가장 중요한 것은 회사의 이름이나 돈보다는 몸으로 체득할 수 있는 기술이라는 것을 배우게 됩니다. 그토록 평생 걱정해 왔던 '기술이 없는 문과'라는 족쇄에서 해방되는 느낌이었습니다.

이로부터 5년째 저는 여전히 영국에서 일하고 있고, 글로벌 기업의 매니저로서 연간 몇 백억이 넘는 예산을 관리하고 있습니다. 지금 제 연봉은 한국에서 브랜드 마케터로 일할 때보다 4배는 넘게 올랐으며, 취업 시장에서 내가 원하는 회사를 골라갈 수 있는 스킬이 생겼으며, 매일 새로운 것들을 배우며 회사 생활에 누구보다 만족하고 있습니다.

2. 퍼포먼스 마케터의 전망

퍼포먼스 마케팅을 왜 배워야 할까요? 문과 전공으로 대학을 졸업하면 개발이나 엔지니어링, 디자인과 같은 가시적인 스킬을 가지고 있지 않기 때문에 취업 문을 뚫기가 어렵습니다. 힘들게 취업 문을 뚫고 나서도 문제입니다. 많은 직업들이 연차가 쌓인다고 해서 전문성이 저절로 생기지가 않습니다. 연차가 쌓일수록 내가 선택한 직무로 정년까지 버틸 수 있을지 고민을 하게 됩니다. 제가 퍼포먼스 마케팅을 많은 사람들에게 추천하는 이유는 이 직무를 통해 이러한 고민들을 해결하였기 때문입니다.

퍼포먼스 마케팅이 속한 디지털 마케팅 분야는 채용 사이트 링크드인의 2021년 가장 많이 성장한 직업(가장 채용이 활발하고 인기 있는 직업들) 15가지 안에 들었습니다.[1] 조사에 따르면 디지털 마케팅은 작년에 비해 33%나 성장한 인기 있는 직업이라고 합니다. 조사뿐만이 아닙니다. 저도 5년째 업계에 발을 담그면서 매년 취업 시장에서 퍼포먼스 마케터의 위상이 높아지고 있다는 것을 체감하고 있습니다. 매일 헤드헌터에게 여러 이직 제안을 받고 있고, 실제로 최근 직장 두 곳은 지원 없이 먼저 회사 측에서 면접 제안이 와서 합격했습니다.

퍼포먼스 마케터의 수요가 급격하게 증가한 이유는 무엇일까요? 이 분야는 매년 꾸준히 성장하고 있었지만, 팬데믹 이후로 크게 성장하였습니다. 오프라인 위주로 운영하던 비즈니스들이 각종 제약으로 인해 의도치 않게 디지털화를 빠르게 진행하였기 때문입니다. 비즈니스들이 온라인으로 옮겨 가면서 온라인 비즈니스를 성장시킬 수 있는 퍼포먼스 마케터의 수요도 자연스럽게 늘어나게 되었습니다. 이런 늘어난 수요에 비해 퍼포먼스 마케터가 되는 기술 장벽은 높기 때문에 인재를 유치하기 위한 전쟁이 일어나고 있습니다.

---

1 Andrew Seaman, "LinkedIn Jobs on the Rise: 15 opportunities that are in demand and hiring now" LinkedIn News, January 12, 2021, https://www.linkedin.com/pulse/linkedin-jobs-rise-15-opportunities-demand-hiring-now-andrew-seaman/

퍼포먼스 마케터가 되는 장벽이 높은 이유는 퍼포먼스 마케터들이 사용하는 플랫폼의 폐쇄성 때문입니다. 보통 검색 광고를 집행할 때는 구글 애즈라는 플랫폼을 사용하는데, 이 플랫폼은 광고를 집행하는 광고주들만 실제 데이터를 보면서 운영할 수 있습니다. 따라서 학교나 다른 곳에서 쉽게 학습하기가 어렵습니다. 또한, 퍼포먼스 마케팅을 하기 위해서는 여러 데이터를 다루면서 이와 관련된 용어들을 숙지하고 있어야 합니다. 신입을 채용할 경우 용어부터 기술까지 차근차근 가르쳐야 하므로 교육에 많은 시간과 비용이 듭니다. 회사에서 실무를 하면서 경력을 쌓아야 퍼포먼스 마케터로서 전문성을 쌓을 수 있는데, 대부분의 사람들이 퍼포먼스 마케팅이 무엇인지 들어본 적도 없기 때문에 인재를 찾기 어려운 상황이 되었습니다. 이 말은 반대로 지금 퍼포먼스 마케팅을 시작한다면 몇 년 후 시장에서 높은 가치를 인정받을 수 있다는 의미입니다.

3. 책을 통해 얻어갔으면 하는 것들

이 책을 통해 독자분들이 얻어 가셨으면 하는 것들은 총 네 가지입니다.

첫째, 퍼포먼스 마케팅이 본인의 적성에 맞는지 안 맞는지 판단하실 수 있는 능력입니다. 아무리 돈을 많이 주고 전망이 밝은 직업이라고 해도 나의 적성과 맞지 않다면 버티기 힘듭니다. 저도 한때 저와 맞지 않는 직무로 시작해서 직무를 바꾼 경험이 있기 때문에 독자분들은 시행착오를 줄이셨으면 합니다. 퍼포먼스 마케팅이 적성에 맞는 사람은 어떤 특징을 가지고 있는지, 퍼포먼스 마케터로서 보낼 하루 일과들은 어떤지에 대한 정보들을 얻고 본인과 잘 맞는지 판단해 보시길 바랍니다. 그리고 결심이 섰다면 공부를 시작하시길 권해 드립니다.

둘째, 퍼포먼스 마케팅 기술에 대한 본질적인 이해입니다. 퍼포먼스 마케팅은 어느 업계보다 자동화가 빨리 일어나는 분야입니다. 매일 새로운 기술이 출시되고, 자동화를 통해 옛 기술은 사라집니다. 이 책에서 현재 시장에 있는 기술을 모두 다루면 좋겠지만, 그렇다면 이 책은 6개월 이후에 쓸모가 없게 될 수 있습니다. 그때쯤이면 새로운 기술이 6개월 전의 기술을 대체할 것이기 때문입니다. 대신 이 책에서는 시간이 지나도 변하지 않을 퍼포먼스 마케팅의 원리에 대해서 다룰 예정입니다. 기본적인 원리를 알고 있다면 면접에서 도움이 될 뿐만 아니라 새로운 기술에도 금방 적응할 수 있습니다.

셋째, 이 책을 통해 데이터를 보는 눈을 기르셨으면 합니다. 요즘 데이터가 미래라는 소리를 많이 듣습니다. 이 말은 데이터를 어떻게 쌓고, 어떻게 관리하고, 어떻게 활용하는지가 중요하다는 말입니다. 퍼포먼스 마케터가 하는 일 중 가장 중요한 것은 데이터를 분석하고 여기서 나온 인사이트를 이용해 전략을 세우는 것입니다. 이 책에서는 퍼포먼스 마케팅의 각종 데이터 관련 용어들과 이것들이 오르고 내렸을 때 어떤 것을 의미하는지에 대해서 배우게 될 예정입니다.

마지막으로는 퍼포먼스 마케팅 분야 취업에 대한 팁을 얻어 가셨으면 합니다. 대부분의 사람들이 퍼포먼스 마케팅을 배우는 이유가 취업을 하기 위해서일 거라 생각합니다. 저 또한 멘토링을 통해 몇몇 멘티들의 취업을 도와드린 적이 있고, 매니저로서 채용을 담당하기 때문에 채용 과정에서 어떤 부분이 가장 중요한지 알려드릴 수 있습니다. 퍼포먼스 마케팅의 면접에서 물어보는 질문들과 과제에 대해 살펴보고 많은 팁을 얻어 가시길 바랍니다.

— 2장 —

다양한 마케팅의 분야와 퍼포먼스 마케팅

1. 다양한 마케팅의 분야 여섯 가지

사회 초년생이라면 누구나 한 번쯤 이런 고민을 하게 됩니다. 제너럴리스트가 될까 스페셜리스트가 될까? 대부분의 사람들은 한 가지 분야의 깊이 있는 경험을 통해 날카로운 인사이트를 도출해 내는 스페셜리스트가 되고 싶어 합니다. 스페셜리스트가 되면 한 분야에서 전문성을 쌓아 좋은 대접을 받고 어디든 이직을 할 수 있을 것처럼 보이기 때문입니다. 하지만 저는 스타트업에서 커리어를 시작하면서 두 가지 중에 하나를 선택할 기회를 가지지 못했습니다. 회사의 필요에 따라 여러 팀을 옮겨 다니면서 매번 새로 발령 난 팀에서 적응해야만 했기 때문입니다. 이러한 경험을 바탕으로 반강제적으로 제너럴리스트가 되었습니다. 2년 동안 브랜드 마케팅, 콘텐츠 마케팅, 제휴 마케팅, 디지털 마케팅 등 다양한 마케팅의 분야를 경험했습니다. 그때는, '나는 언제쯤 전문성을 쌓게 될까' 하는 고민으로 잠을 이루지 못했었는데, 지금 돌아보면 정말 좋은 경험이었습니다. 여러 직무들을 체험해 보면서 나의 적성에 가장 잘 맞는 직무가 무엇인지 배웠고, 마케팅 전체에 대한 이해도 높일 수 있었기 때문입니다.

하지만 결과적으로 봤을 때 일반 마케팅을 하면서 쌓은 2년 경력은 영국에 와서 인정받지 못했고 신입으로 커리어를 다시 시작해야 했습니다. 퍼포먼스 마케팅과 나머지 마케팅들은 완전히 다른 영역이기 때문입니다. 시행착오를 거치지 않고 바로 퍼포먼스 마케팅으로 경력을 쌓기 시작했다면 지금보다 더 높은 자리에 있을 수도 있었을 텐데라는 아쉬움이 남긴 합니다. 때문에, 이번 장에서는 독자분들이 이런 시행착오를 겪지 않기 바라는 마음을 담아 다양한 마케팅 분야에 대해서 설명할 예정입니다. 각각의 분야에 대해서 배우고 본인의 적성과 가장 맞는 마케팅 분야가 무엇인지 고민해 보시는 것을 추천드립니다.

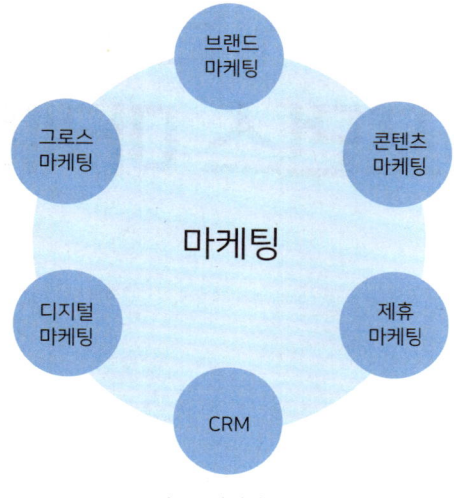

그림 2-1 마케팅의 종류

회사마다 다른 구조를 가지고 있지만 이 책에서는 마케팅의 종류를 브랜드 마케팅, 콘텐츠 마케팅, 제휴 마케팅, CRM, 그로스 마케팅, 디지털 마케팅 총 여섯 가지로 나눠보고자 합니다.

★ 브랜드 마케팅

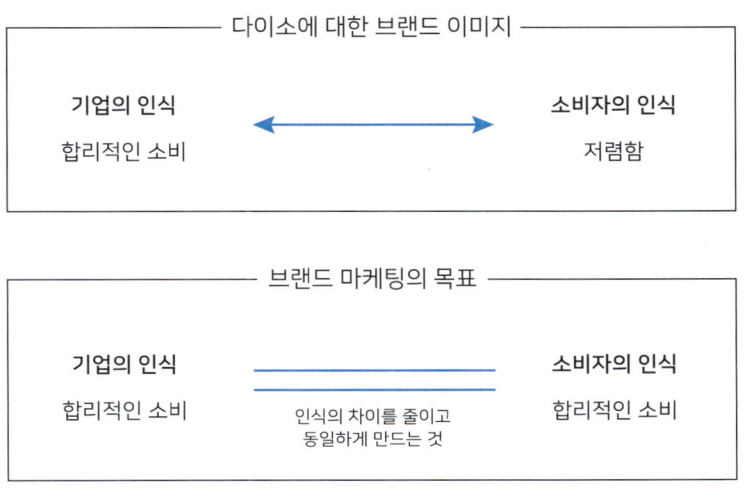

그림 2-2 브랜드 마케팅

브랜드 마케팅 팀은 기업이 추구하는 브랜드 이미지와 소비자가 실제로 생각하는 브랜드 이미지 사이의 간극을 줄이는 역할을 합니다. 예를 들어, 다이소에 대해서 사람들이 생각하는 브랜드 이미지가 '저렴함'인데, 다이소에서 추구하는 이미지는 '합리적인 소비'라면, 브랜드 마케터는 각종 마케팅 활동을 통해 소비자의 인식을 '합리적인 소비'라는 이미지로 변화시키기 위해 노력합니다.

주로 하는 일 중 첫째는 브랜드 전략을 세우는 것, 우리 브랜드가 어떤 브랜드인지 정의하는 일입니다. 위 예시에서는, 다이소의 브랜드 이미지를 '합리적인 소비'라고 정의하는 일을 말합니다. 이렇게 브랜드 가이드라인이 정해지면 둘째로 우리 브랜드의 메시지를 전달하기 위해 여러 가지 프로젝트를 진행합니다. 가장 대표적인 것은 우리 브랜드의 인지도를 올리기 위해서 TV 광고, 옥외광고, 디지털 광고 등을 포함한 매스 캠페인을 진행하는 것입니다. 실제로 채널 집행이나 운영은 타 팀이나 대행사에서 진행하기 때문에 여러 팀과 협업하면서 프로젝트를 운영하는 프로젝트 관리 능력이 중요합니다. 또한, 여러 채널에 집행할 예산을 분배하고 관리하는 일을 하기 때문에 여러 가지 광고 매체에 대한 이해를 가지고 있으면 좋습니다.

- **필요한 능력**: 프로젝트 매니징 능력, 커뮤니케이션 능력, 광고 매체에 대한 이해, 트렌드를 읽는 능력
- **필요한 기술**: N/A

★ 콘텐츠 마케팅(오가닉 소셜)

콘텐츠 마케팅(오가닉 소셜) 팀은 회사의 콘텐츠가 올라가는 채널들을 관리하고 소비자들이 우리 브랜드에 대한 콘텐츠를 재생산해 내도록 장려하는 일을 합니다. 콘텐츠 마케팅 팀의 목표는 콘텐츠를 통해 회사의 메시지를 전달하고, 최대한 많은 유저들이 반응하게 만드는 것입니다.

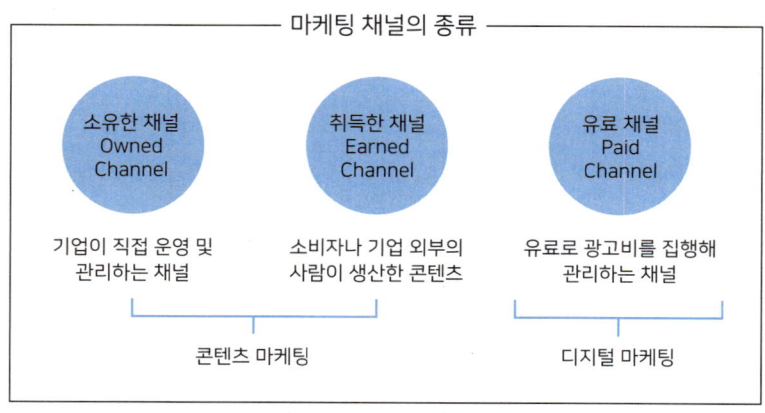

그림 2-3 마케팅 채널

마케팅에는 총 세 가지 채널이 있습니다. 첫 번째는 소유한 채널(Owned Channel)입니다. 기업에서 직접 운영하는 블로그나 유튜브, 인스타그램 등의 채널을 의미합니다. 둘째는 취득한 채널(Earned Channel)입니다. 제품 리뷰와 같은 소비자나 기업 외부의 사람이 생산한 콘텐츠를 의미합니다. 셋째 유료 채널(Paid Channel)은 광고비를 지불하고 콘텐츠를 홍보하는 채널을 의미합니다. 콘텐츠를 무료로 업로드할 수 있는 소유한 채널과 취득한 채널과 달리, 유료 채널은 돈을 지불해야 합니다. 콘텐츠 마케팅 팀은 소유한 채널과 취득한 채널을 관리하고, 유료 채널은 디지털 마케팅 팀에서 관리합니다.

콘텐츠 마케팅 팀은 브랜드 이미지와 맞는 톤 앤 매너를 설정하고, 매달/매년 언제 콘텐츠가 올라갈지 콘텐츠 캘린더를 만들고, 각종 기념일이나 휴일에 맞는 브랜드의 콘텐츠를 만들어 소셜 미디어 채널들에 업로드하는 일을 합니다. 우리가 어떤 기업을 팔로우 했을 때 기업 소셜 미디어 계정에 올라오는 모든 콘텐츠는 콘텐츠 마케팅 팀이 관리한다고 생각하시면 됩니다. 또한, 취득

한 채널에 올라온 소비자들의 리뷰나 후기들을 보고 우리 브랜드의 미디어 노출 점유율(Share of Voice)을 분석하고 시장 트렌드를 파악하는 일도 합니다.

위의 마케팅 채널 설명을 바탕으로 콘텐츠 마케팅과 디지털 마케팅의 차이를 확실하게 이해하는 것이 좋습니다. 기업에서 신입을 뽑을 때 가장 관심 있게 보는 점이 콘텐츠 마케팅과 디지털 마케팅의 차이점을 확실하게 아는지에 대한 것이기 때문입니다. 콘텐츠 마케팅은 디지털 마케팅 팀과 똑같이 페이스북이나 인스타그램 같은 소셜 플랫폼을 사용합니다. 하지만 콘텐츠 마케팅 팀은 소유한 채널을 관리하는 팀으로 주로 이미 우리 서비스의 채널을 구독하고 있는 사람들을 대상으로 무료로 콘텐츠를 올리지만, 디지털 마케팅 팀은 유료 채널을 관리하는 팀으로 우리 서비스를 접해보지 못한 사람들까지 다양하게 타기팅해서 콘텐츠를 유료로 광고비를 집행해서 보여준다는 차이가 있습니다. 따라서 콘텐츠 마케팅 팀 면접을 볼 때는 유행하는 콘텐츠나 채널을 잘 파악하고 있다는 점을 강조해야 하고, 디지털 마케팅 팀 면접을 볼 때는 광고 소재의 창의성보다는 데이터를 잘 보는 능력을 강조하는 것이 좋습니다.

콘텐츠 마케팅은 콘텐츠가 더 많은 팔로워에게 도달하도록 도움을 주기 위해 집행하는 소액의 광고비 말고는 큰 광고비를 쓰지 않기 때문에 해외에서는 Organic Social팀이라고 부르기도 합니다.

- **필요한 능력**: 소셜 미디어 채널에 대한 이해도, 트렌드를 읽는 능력
- **필요한 기술**: SNS 플랫폼 활용 기술(콘텐츠 업로드, 데이터 분석)

★ 제휴 마케팅

제휴 마케팅은 우리 브랜드와 협업을 통해 시너지를 일으킬 수 있는 타 브랜드 및 회사에 협업 제의를 하거나 제휴 프로모션을 진행하는 일입니다. 예를 들어, 네이버 웹툰에 쿠키 오븐이라는 페이지가 있습니다. 이곳에서는 소비자가 타사의 서비스에 가입하거나 상품을 구매하는 행위를 통해 웹툰을 볼 때 필요한 재화인 쿠키를 얻을 수 있습니다. 이 쿠키 오븐에 자사의 프로모션을 입점시키기 위해 네이버와 협업하는 부서가 제휴 마케팅 팀입니다. 이렇게 재화 교환식뿐만이 아니라 양사가 함께 공동 프로모션을 기획하는 것도 제휴 마케팅팀에서 하는 일입니다.

제휴 마케팅 팀의 목표는 상대 회사와 협업해 자사의 목표(예. 매출 상승)를 달성하는 것입니다. 파트너사의 회원들을 우리 고객으로 유치할 수도 있고, 파트너사의 할인 혜택이나 쿠폰을 이용해서 자사 소비자들의 충성도를 높일 수도 있습니다.

제휴 마케팅팀은 회사의 얼굴이 되어 타사와 협업을 하는 부서이다 보니, 자사의 서비스에 대해 잘 아는 사람이 유리합니다. 이 능력을 통해 타사 서비스의 가치와 우리 브랜드의 서비스 가치를 빠르게 비교해서 협상할 수 있기 때문입니다. 외부 사람을 상대하는 일이니 새로운 사람들과 빠르게 친분을 쌓을 수 있는 친화력도 도움이 될 수 있습니다.

- **필요한 능력**: 자사 서비스에 대한 이해도, 커뮤니케이션 스킬, 협상 능력
- **필요한 기술**: N/A

★ CRM (Customer Relationship Management)

CRM 팀은 여러 마케팅 활동들을 통해 우리 서비스에 들어온 기존 고객들을 관리하는 역할을 합니다. 고객들이 우리 서비스를 이용하도록 유도하기 위해 이메일이나 문자, 푸시 메시지를 보내기도 하고, 매출을 늘리기 위한 쿠폰이나 친구 추천 프로모션을 기획하기도 하고, 고객들이 서비스에 충성심을 가지고 더 자주 사용하도록 로열티 프로그램을 기획하기도 합니다.

CRM에서 가장 중요한 것은 고객의 데이터를 이해하는 것입니다. 끊임없이 가설을 세우고, 데이터를 통해 그 가설이 맞는지 증명해야 합니다. 커뮤니케이션 대상자나 프로모션 대상자를 선별하기 위해 고객들을 그룹별로 분리하고, 데이터를 추출하는 일도 CRM 팀이 합니다.

- **필요한 능력**: 논리력, 테스트 가설 수립 및 검증 능력, 꼼꼼함, 데이터를 볼 수 있는 눈
- **필요한 기술**: 커뮤니케이션 툴(카카오톡 비즈메시지, 메일침프, 스티비, 메일리) 사용 능력, SQL, R

★ 그로스 마케팅 (Growth Marketing)

몇 년 전부터 갑자기 그로스 마케팅이라는 단어를 많은 회사들이 사용하는 것을 들어보셨을 겁니다. 그로스 마케팅은 상대적으로 새로 생긴 마케팅 분야입니다. 그로스 마케팅은 서비스 내에 개선이 필요하거나 문제가 있는 지표를 찾아서, 무수한 실험을 설계하고 진행해 인사이트를 도출하고, 이를 바탕으로 비즈니스의 성장을 이끌어 내는 분야입니다. 그로스 마케팅은 신생 분야다 보니 회사에서도 이해도가 낮아 회사마다 하는 일이 달라질 수도 있습니다. 몇몇 회사는 퍼포먼스 마케팅을 그로스 마케팅과 동일하게 취급하기도 하는데, 둘은 엄연히 다른 분야입니다. 퍼포먼스 마케팅은 구매 전환에 좀 더 집중하는 반면, 그로스 마케팅은 비즈니스 전반에 거쳐 성장과 관련한 여러 영역에 관여합니다. 회사에 따라 CRM과 디지털 마케팅을 함께 묶어 그로스 그룹 안에 넣기도 합니다.

- 데이터 분석이 필수인 분야인 만큼 필요한 능력과 기술은 CRM 팀과 비슷하다고 생각하시면 됩니다.

★ 디지털 마케팅

우리가 이 책에서 배울 퍼포먼스 마케팅이 디지털 마케팅 안에 속하는 분야입니다. 디지털 마케팅에 대해서는 다음 챕터에서 자세하게 배워보겠습니다.

2. 브랜드 마케팅에서 퍼포먼스 마케팅으로 직무를 바꾼 이유

마케팅이라는 단어를 들었을 때 가장 먼저 떠오르는 이미지는 무엇인가요? 저는 어느 아침 드라마의 한 장면이 떠오릅니다. 어떤 젊은 마케팅 실장이 창의적인 아이디어를 떠올려 매출 상승을 이끌어 내고, 위기에 처해있던 팀을 구해 내는 것이 머릿속에 그려집니다. 미디어에서 나오는 마케터의 이미지는 트렌드에 밝고, 항상 새로운 아이디어를 내고, 화려한 프로모션을 기획하는 것입니다. 하지만 이 일들은 이전 장에서 배운 것처럼 마케팅의 여러 분야의 아주 일부에 지나지 않습니다.

제가 처음 커리어를 시작했던 분야는 브랜드 마케팅이었습니다. 브랜드 마케터로서 일은 화려하고 재밌었습니다. 광고주 입장이 되어 우리 광고에 기용할 연예인을 선택하고, 촬영장에 자주 나가서 연예인들을 봤습니다. 제가 기획한 프로모션이 큰 성공을 거둬서 매체에 자주 소개되었고, 내가 쓴 광고 문구가 적힌 광고를 매일 출근하는 지하철역에서 보기도 했습니다.

그렇게 일을 시작한 지 2년 후, 저는 이 일이 제 적성과 맞는지 고민하기 시작했습니다. 제가 주로 했던 일은 프로모션 기획이었는데, 프로모션 하나를 기획하려면 개발 팀, 디자인 팀, 운영 팀, 고객서비스 팀 등 여러 팀의 협력이 필요합니다. 프로젝트 매니저로서 매일 사람들과 커뮤니케이션하는 일은 내향적인 제 성격과는 맞지 않았습니다.

끊임없이 창의적인 아이디어를 생각해야 하는 것도 압박이 컸습니다. 브랜드 마케팅은 소비자가 즉각적으로 반응할 수 있도록 강력하고 창의적인 메시지를 던져야 합니다. 예를 들어, 요즘 유행하는 콘셉트나 유행어가 있으면 빠르게 기획 중이던 프로모션과 엮어서 최대한 상업적으로 비춰지지 않게 만들어야 합니다. 예를 들면, 요즘 호캉스가 대세라면 '50% 할인'이라는 문구보다는 '호캉스 필수품 50% 할인'이라는 문구가 더 매력적으로 보이는 것처럼 말입니다. 하지만 이런 창의적인 아이디어들은 끊임없는 리서치가 필요하기 때문에 꾸준하게 인터넷의 트렌드를 확인하고, 주말에도 현장 조사를 나가느라 지쳤던 기억이 납니다.

또한, 연차가 쌓일수록 브랜드 마케팅에서의 전문성이나 기술을 어떻게 증명할 수 있을지 고민도 컸습니다. 브랜드 마케팅은 특정한 기술을 다루는 것이 아니라, 여러 팀의 도움을 받아 프로젝트나 프로모션을 운영하는 것이기 때문에 전략 관리나 프로젝트 관리 스킬 같은 눈에 보이지 않는 스킬들이 성장하게 됩니다. 평생 기술 없는 문과로 고통받았기 때문에 자격증이나 남이 모르는 전문적인 지식으로 내 능력을 증명하고 싶다는 생각이 커졌습니다.

또한, 회사 내에서 브랜드 마케팅에 대한 회의적인 목소리가 컸습니다. 브랜드 마케팅은 단기적인 수익보다는 장기적인 전략이 필요한 분야입니다. 소비자에게 우리가 원하는 이미지를 지속적으로 보여주면서 서서히 브랜드 이미지를 변화시켜야 하기 때문입니다. 따라서, 단기적으로 성과를 내기 어렵고, 돈을 쓰기만 하는 부서라는 오명을 얻을 수 있습니다. 반면, 퍼포먼스 마케팅 부서는 비용을 투자한 만큼 돈을 벌어오는 부서였습니다. 회사의 모든 마케팅 전략이 퍼포먼스 마케팅 위주로 변화하는 것을 보면서 처음 이 직무에 대한 관심을 가지게 되었습니다. 그렇게 '내 적성에 맞을까?'라는 생각보다는 시장성을 보고 퍼포먼스 마케팅에 뛰어들게 되었습니다.

3. 디지털 마케팅 채널과 퍼포먼스 마케팅의 정의

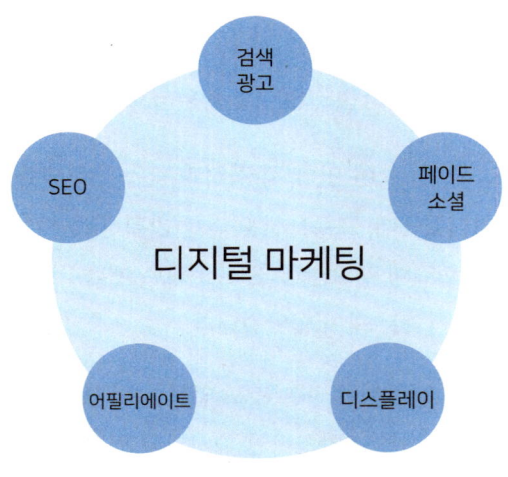

그림 2-4 디지털 마케팅 채널

우리가 배울 퍼포먼스 마케팅은 디지털 마케팅이라는 큰 분야에 속해 있습니다. 디지털 마케팅은 오프라인이 아닌, 디지털 공간에서 일어나는 모든 마케팅 활동을 말합니다. 인터넷이 고작

1983년에 발명되었으니 역사가 그렇게 긴 것은 아닙니다. 하지만 온라인 시장이 급속도로 성장하는 만큼 디지털 마케팅도 함께 빠르게 성장하고 있습니다. 이번 챕터에서는 디지털 마케팅의 다섯 가지 채널에 대해 설명드리려고 합니다. 그전에, 디지털 마케팅과 퍼포먼스 마케팅의 개념에 대해 설명하고 넘어가도록 하겠습니다.

★ 디지털 마케팅과 퍼포먼스 마케팅

디지털 마케팅은 디지털 환경에서 집행되는 모든 활동들을 총칭하는 영역입니다. 따라서, 디지털에서 광고를 집행하는 퍼포먼스 마케팅은 디지털 마케팅 안에 포함됩니다.

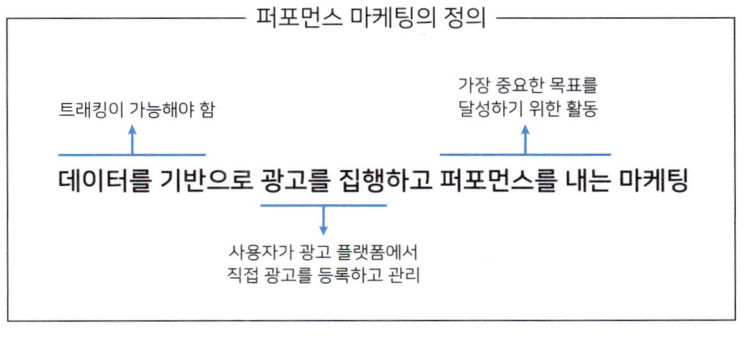

그림 2-5 퍼포먼스 마케팅의 정의

퍼포먼스 마케팅은 **데이터를 기반**으로 **광고를 집행**하고 **퍼포먼스를 내는 마케팅** 활동입니다.

첫 번째로 **데이터를 기반**으로 한다는 말은 퍼포먼스 마케팅의 모든 활동은 추적이 가능해야 한다는 의미입니다. 예를 들어, 전통적인 광고 매체인 TV 광고는 누가 몇 명이나 광고를 봤는지 추적하기 어렵습니다. 시청률 조사라는 방식이 있긴 하지만, 일부 가구만 표본으로 선정되어 해당 가구들의 시청률을 토대로 통계 기법을 활용해 계산합니다. 반면 퍼포먼스 마케팅은 얼마나 많은 사람들에게 광고를 보여줬고, 얼마나 많은 사람들이 클릭을 했고, 상품 구매로까지 이어졌는지 추적이 가능합니다. 이렇게 사용자가 광고를 보기 시작한 순간부터 어떻게 움직였는지 추적하는 것을 트래킹이라고 합니다. 퍼포먼스 마케팅 광고를 시작하기 위해서는 이 트래킹의 기반을 가장 먼저 다져 놓아야 합니다.

둘째로 **광고를 집행**한다는 말은 광고 플랫폼을 통해 사용자가 광고를 운영하고, 설정을 변경할 수 있어야 한다는 말입니다. 대표적인 퍼포먼스 마케팅 플랫폼인 구글 애즈에서는 예산 설정부터, 내가 타기팅할 사람들의 특징, 광고 소재까지 직접 등록하고 관리할 수 있습니다.

셋째로 **퍼포먼스를 내는 마케팅**, 이 말은 퍼포먼스 마케팅의 핵심입니다. 퍼포먼스 마케팅은 회사에서 가장 중요한 목표를 달성하기 위해서 진행되어야 합니다. 예를 들어, 성장이 중요한 스타트업 같은 경우는 회원 수 유치가 목표가 될 수 있고, 어느 정도 자리를 잡은 기업 같은 경우는 매출 상승이 목표가 될 수 있습니다. 이처럼 퍼포먼스 마케팅은 회사의 가장 중요한 목표를 달성하기 위해서 선두에서 달리는 팀이기 때문에 중요성이 높기도 하지만 압박 또한 심한 편이기도 합니다.

이렇게 퍼포먼스 마케팅은 광고를 집행하고 퍼포먼스 내는 분야이기 때문에, 아래에서 배울 디지털 마케팅 채널들은 목표에 따라 퍼포먼스 마케팅의 활동에 포함될 수도 아닐 수도 있습니다. 예를 들어, 검색 엔진 최적화 같은 경우는 광고비를 사용하지 않는 활동이기 때문에 디지털 마케팅에 속하기는 하지만, 퍼포먼스 마케팅에 속하지는 않습니다.

★ **페이드 소셜(Paid Social)**

페이드 소셜 팀은 각종 소셜 미디어(페이스북, 인스타그램, 틱톡, 유튜브, 핀터레스트 등)에 올라가는 광고를 관리하는 팀을 말합니다. 앞에 배운 것처럼 콘텐츠 마케팅 팀과는 다르게 광고비를 써서 콘텐츠를 업로드한다는 것이 가장 큰 차이점입니다

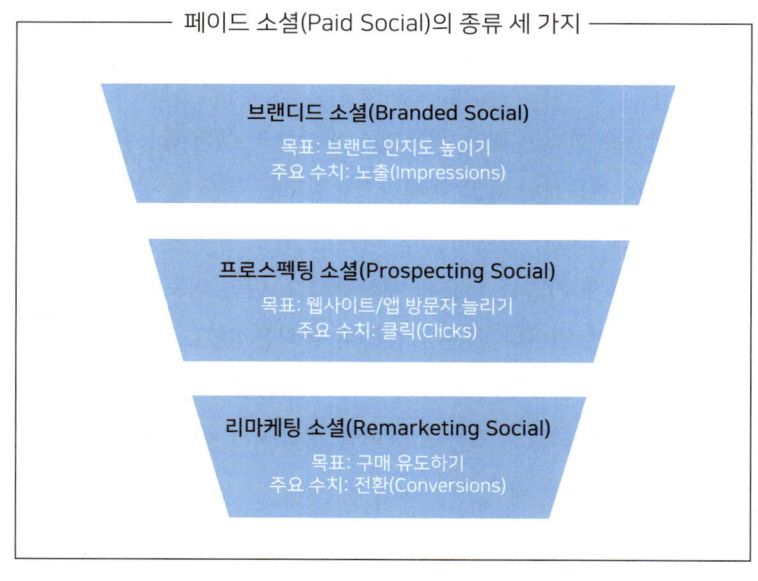

그림 2-6 페이드 소셜 종류 세 가지

페이드 소셜은 목표에 따라 총 세 가지로 분류할 수 있습니다. 첫째는 우리 브랜드의 인지도를 올리기 위해서 집행하는 브랜디드 소셜(Branded Social)입니다. 브랜디드 소셜은 순수하게 우리 광고를 많이 보여줌으로써 브랜드의 인지도를 높이는 것이 목표입니다. 따라서 광고 노출 수를 나타내는 노출(Impressions)값을 주요 지표로 관찰하거나, 브랜드 광고 효과 조사(Brand Lift Study)를 통해 광고 전후 소비자의 인식 변화를 살펴봅니다. 둘째는 프로스펙팅 소셜(Prospecting Social)입니다. 프로스펙팅은 한국어로 '가능성'으로 번역할 수 있습니다. 프로스펙팅 소셜의 가장 큰 목표는 잠재적으로 고객이 될 가능성이 있는 사람을 발굴하고 우리 웹사이트에 잠재 고객을 데려오는 것입니다. 그래서 광고를 보여주고 소비자가 광고를 클릭해서 우리 사이트에 들어오게 하는 것을 목표로 합니다. 셋째는 리마케팅 소셜(Remarketing Social)입니다. 이미 우리 홈페이지나 앱에 방문했거나 구매한 고객들에게만 광고를 보여주는 타기팅 형태입니다. 리마케팅 소셜의 목표는 전환이며, 이미 한 번 구매를 한 고객들을 대상으로 하는 만큼 신규 고객을 유치하는 것보다 효율이 좋다는 것이 특징입니다.

★ 디스플레이와 프로그래매틱

디스플레이 광고는 여러 사이트에 게시되는 이미지나 동영상 배너 광고들입니다. 포털 사이트 뉴스를 읽을 때 옆에 뜨는 이미지 광고들이 디스플레이 광고의 한 예입니다. 광고 유형의 특성상 디자인이 중요하기 때문에 자주 소재를 바꿔주며 테스트를 해야 합니다. 디스플레이 광고도 페이드 소셜과 같이 브랜디드 디스플레이, 프로스펙팅 디스플레이, 리마케팅 디스플레이로 목표를 구분하여 각각 다른 전략을 사용해야 합니다.

디스플레이 광고는 과거 수동 예약 방식으로 집행되었습니다. 광고를 집행하고 싶은 웹사이트 관리자에게 소재와 광고 집행 시간을 전달하면, 수동으로 배너 광고가 업로드되는 방식입니다. 하지만 디지털 공간에는 여러 개의 웹사이트들과 앱들이 존재하고, 광고를 집행하고 싶은 지면을 일일이 찾아 계약 관리하기에는 어렵습니다. 이런 문제점을 해결하기 위해 등장한 것이 프로그래매틱 광고입니다.

프로그래매틱 광고는 웹사이트뿐만 아니라 앱, 웹사이트, 오디오, 디지털 옥외광고(Digital Out Of Home, DOOH) 등의 광고 지면을 머신러닝 시스템을 이용해 경매식으로 자동 구매하는 방식입니다. 프로그래매틱 광고의 작동 방식을 알기 위해서는 아래 요소들의 관계를 파악해야 합니다.

1. **광고 관리자**(Publisher / Supplier): 광고 지면을 제공하는 웹사이트, 앱 등의 관리자

2. **공급자 측 플랫폼**(Supply-Side Platform, SSP): 광고 관리자들이 광고 구좌를 관리하는 플랫폼
3. **광고 거래소**(Ad Exchange): 광고 관리자나 광고 구매자들이 디지털 광고 구좌를 거래하기 위해서 모인 가상의 마켓 플레이스
4. **실시간 경매 방식**(Real-Time Bidding): 광고를 실시간으로 거래하는 방식
5. **수요자 측 플랫폼**(Demand-Side Platform, DSP): 광고 구매자들이 여러 광고 지면들을 접근하여 광고를 구매하고 최적화하는 플랫폼
6. **수요자 관리 플랫폼**(Demand-Management Platform, DMP): 잠재 고객들의 데이터를 관리하는 플랫폼
7. **광고 구매자**(Advertiser): 광고를 구매하는 회사나 에이전시

위의 요소들을 바탕으로 설명하자면, 프로그래매틱은 **광고 관리자**가 **공급자 측 플랫폼**이나 **광고 거래소**에 본인의 광고 구좌 판매에 대한 거래 조건을 내세우면, **수요자 관리 플랫폼**에 올린 잠재 고객 정보를 바탕으로 **실시간 경매 방식**을 통해 **수요자 측 플랫폼**에서 **광고 구매자**가 광고를 구매하는 방식입니다.

프로그래매틱 광고 뒤에는 여러 이해관계자들이 얽혀 있지만, 디지털 마케터는 주로 수요자 측 플랫폼(DSP)를 사용하여 광고 관리를 하게 됩니다. 주요 수요자 측 플랫폼에는 구글 디스플레이&비디오 360(DV360)과 크리테오(Criteo)가 있습니다.

★ 어필리에이트 마케팅(Affiliate Marketing)

어필리에이트를 번역하면 제휴 마케팅이라는 뜻이지만, 디지털 마케팅 안에 속한 어필리에이트 마케팅은 제휴 마케팅 안에서도 일정 부분을 담당합니다. 어필리에이트 마케팅은 회사가 외부 웹사이트나 서비스와 제휴를 맺고 수익이 발생할 때마다 커미션을 제공하는 형태를 의미합니다. 우리가 흔히 아는 쿠팡 파트너스가 어필리에이트 마케팅의 한 형태입니다. 사용자에게 홍보를 유도하고, 홍보를 통해 누군가 상품을 구매했을 때 수익을 공유하는 프로그램입니다. 어필리에이트 마케팅을 활용하면 입소문 효과를 통해 자연스럽게 고객 네트워크를 확장시킬 수 있다는 장점이 있습니다. 어필리에이트 마케팅은 이해하기는 쉬워도 상당히 기술적인 분야입니다. 이커머스 회사에서 일하는 경우 외부 파트너사와 상품 데이터를 공유할 수 있는 피드를 만들고 관리할 수 있어야 하기 때문입니다. 어필리에이트 플랫폼에서 일할 경우 다양한 제휴사를 관리하면서 트래킹 설치와 데이터를 분석하는 일을 하게 됩니다.

★ 검색 엔진 최적화(Search Engine Optimization)

검색 엔진 최적화, 줄여서 SEO는 구글이나 네이버와 같은 검색 엔진의 무료 검색 결과를 최적화하는 일입니다.

그림 2-7 SEO와 검색 광고

검색 광고와 SEO는 검색 페이지에 나오는 결과를 통해서 마케팅을 한다는 공통점이 있지만, 검색 광고는 돈을 주고 집행하는 유료 광고이고, SEO의 검색 결과는 무료로 나오는 결과입니다. 위의 예시를 보면 검색 광고의 URL 앞에는 '광고'라는 표기가 되어 있는 반면, SEO 검색 결과 앞에는 아무런 표시가 뜨지 않습니다. 검색 광고는 내가 원하는 문구를 사용하여 좀 더 빠르게 성과를 보고 싶은 경우에 사용되고, SEO는 구글 알고리즘이 선호하는 방식으로 웹사이트를 개선해야 하기 때문에 장기적인 전략으로 사용됩니다. 한 화면에서 검색 결과가 보이는 만큼 검색 광고와 SEO는 서로의 퍼포먼스를 방해하지 않도록 통합된 전략을 짜는 것이 중요합니다.

SEO는 크게 테크니컬 SEO(Technical SEO)와 콘텐츠 SEO(Content SEO)로 나누어집니다. 테크니컬 SEO는 검색 엔진이 자사의 사이트를 잘 읽고 해석할 수 있도록 세팅을 하고, 사이트 속도를 높이고 구조를 변경해 사용자 경험을 개선하는 것을 말합니다. 테크니컬 SEO는 코드를 기반으로 하는 작업이기 때문에 개발자의 도움이 종종 필요합니다. 콘텐츠 SEO 같은 경우는 웹사이트 키워드 검색 결과 랭킹을 높이기 위해서(상위 페이지에 노출되기 위해) 관련된 키워드를 넣은 페이지 제목을 적거나, 이미지 설명을 포함하는 등 콘텐츠를 개선하는 것을 의미합니다. 테크니컬 SEO 기반이 잘 다져 있다고 해도, 노출될 콘텐츠가 없으면 검색 결과에 노출이 되지 않습니다.

반대로 콘텐츠 SEO로 콘텐츠를 잘 만들어 놓아도 사이트가 느리거나 테크니컬 SEO의 보조가 없으면 검색 결과가 노출이 되지 않습니다. 따라서 SEO 전략을 세울 때는 이 두 가지 요소를 함께 고려해야 합니다.

★ 검색 광고(Paid Search)

검색 광고는 검색 결과 페이지에 유료로 집행하는 광고입니다. 클릭 당 비용을 지불하기 때문에 Pay Per Click(PPC)라고도 부릅니다. 검색 광고는 글자 위주로 노출되는 텍스트 광고와 제품의 이미지와 가격이 노출되는 쇼핑 광고, 크게 두 가지로 나누어집니다.

검색창에 사용자가 직접 관련 키워드를 입력해야 광고 결과가 노출되기 때문에 다른 채널보다 전환율이 높습니다. 따라서, 많은 기업들이 검색 광고를 퍼포먼스 마케팅 핵심 전략 채널로 사용하는 경우가 많습니다.

수익 창출에 가장 중요한 채널인 것에 더해 검색 광고는 퍼포먼스 마케팅 채널 중에 가장 복잡하고 기술적인 채널이기 때문에 배워두면 기본기를 다지기 좋습니다. 이 책에서는 검색 광고를 위주로 퍼포먼스 마케팅을 배울 예정입니다.

4. 디지털 마케팅 필수 이론, 디지털 마케팅 퍼널 이해하기

이제 디지털 마케팅의 분야에 대해서 배워봤으니, 이 채널들을 디지털 마케팅 퍼널 이론에 적용해 볼 시간입니다. 퍼널(Funnel)이라는 단어를 한국어로 번역하면 '깔때기'입니다. 디지털 마케팅 퍼널은 말 그대로 깔때기처럼 생겼습니다. 깔때기로 무엇을 걸러내는 과정을 생각해 보면 처음 입구에서는 많은 내용물이 있지만 아래로 내려갈수록 아주 일부분의 내용물이 남게 됩니다. 디지털 마케팅 퍼널은 이 깔때기의 원리를 고객 여정에 적용합니다.

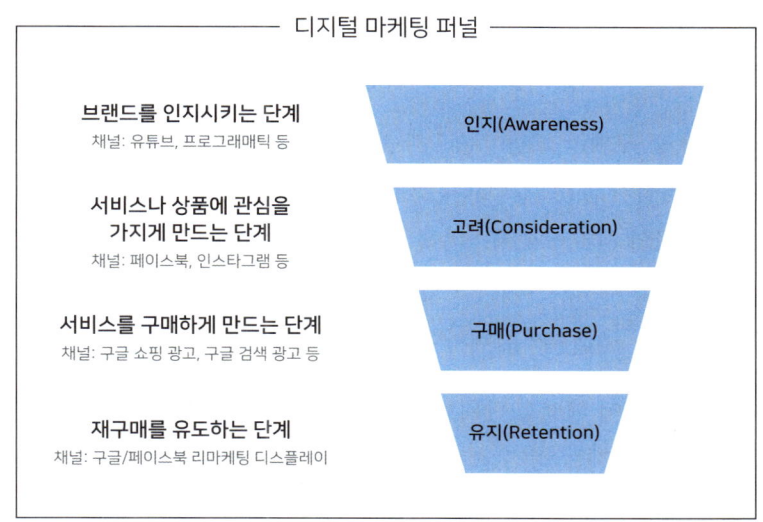

그림 2-8 디지털 마케팅 퍼널

처음 인지(Awareness) 단계는 브랜드를 알리는 단계입니다. 이 단계에서는 최대한 많은 고객들에게 우리 브랜드에 대한 광고를 보여주는 것이 중요합니다. 그래야 깔때기 아래로 가면서 많은 사람들이 이탈해도 구매를 할 고객을 남길 수 있기 때문입니다. 디지털 마케팅 채널 중 인지 단계에서 가장 많이 쓰는 채널은 유튜브입니다. 유튜브 광고 중에는 동영상 길이가 6초밖에 안되는 범퍼 광고라는 상품이 있습니다. 사실 6초라는 시간 동안 소비자들을 설득해서 우리 서비스를 구매하게 만들기는 힘듭니다. 하지만 우리 브랜드가 어떤 서비스인지는 빠르게 담아낼 수 있습니다. 이렇게 인지 단계에서는 소비자들에게 우리 광고를 많이 보여줬는지를 나타내는 수치인 노출을 목표로 합니다.

고려(Consideration)는 우리 서비스나 상품에 관심을 가지게 하는 단계입니다. 연애에 빗대어 보자면 연인이 될 것 같은 사람에게 나의 매력을 어필하면서 나와 사귈까 말까 고려하게 만드는 단계입니다. 고려 단계에서는 주로 소셜 미디어 채널들을 이용합니다. 페이스북이나 인스타그램 광고를 통해 우리 서비스의 혜택을 지속적으로 보여주면서 우리 서비스 구매를 고려하게 만듭니다.

구매(Purchase)는 우리 서비스를 구매하게 만드는 단계입니다. 소비자가 구매할 때 가장 중요하게 생각하는 가격이나 배송 혜택, 서비스와 같은 요소들을 강조하며 마케팅을 합니다. 구매 단계에서 가장 많이 쓰는 채널은 검색 광고나 구글 쇼핑 광고입니다. 보통 소셜 미디어의 광고들은 우리가 피드를 넘기면서 자연스럽게 볼 수 있지만, 검색 광고는 우리가 그 서비스에 관심을 가지고 검색창에 관련 검색어를 입력해서 검색을 해야만 볼 수 있습니다. 따라서 구매 의도가 높은 소비자들을 타기팅할 수 있습니다. 우리가 배울 퍼포먼스 마케팅이 이 구매 단계에 해당합니다. 퍼포먼스를 낸다는 말은 즉 구매를 일으킨다는 말과 동일하기 때문입니다.

유지(Retention)는 한 번 구매한 고객이 재구매를 할 수 있게 유도하는 단계입니다. 아무래도 우리 서비스를 구매한 경험이 없는 고객보다는 이용해 본 경험이 있는 고객을 한 번 더 구매시키는 게 쉽습니다. 이미 우리의 서비스와 시스템에 익숙한 상태이기 때문입니다. 이 기존 고객을 대상으로 마케팅을 하는 것을 리마케팅이라고 합니다. 주로 타기팅이 가능한 모든 채널에서 리마케팅을 진행하고, 주 매체는 구글 디스플레이나 페이스북을 많이 사용합니다.

이렇게 네 가지 퍼널 단계에 대해서 배워보았습니다. 각 단계의 위치에 따라 위 단계는 상위 퍼널(Upper Funnel), 중간 단계는 중간 퍼널(Mid Funnel), 마지막 아래 단계는 하위 퍼널(Lower Funnel)이라고 부릅니다. 인지 단계는 상위 퍼널, 고려 단계는 중간 퍼널, 구매 단계와 유지 단계는 하위 퍼널에 해당합니다. 모든 디지털 마케팅 전략은 퍼널을 고려해서 세우기 때문에 각각의 퍼널의 특성에 익숙해지는 것이 좋습니다.

5. 우리 고객은 어떤 사람일까? 페르소나 이해하기

디지털 마케팅에서 주로 쓰이는 광고 플랫폼인 구글이나 페이스북은 몇십 억의 유저들이 사용하는 플랫폼입니다. 우리의 광고를 모든 유저에게 보여줄 수 있다면 좋겠지만, 그러기엔 예산이나 시간의 제약이 있습니다. 사람들이 하루에 한 번씩만 광고를 본다고 가정했을 때, 클릭당 10원으로 계산해도 하루에 몇백 억의 광고비를 지불해야 하기 때문입니다. 그렇기 때문에 전략적인 접근이 필요합니다.

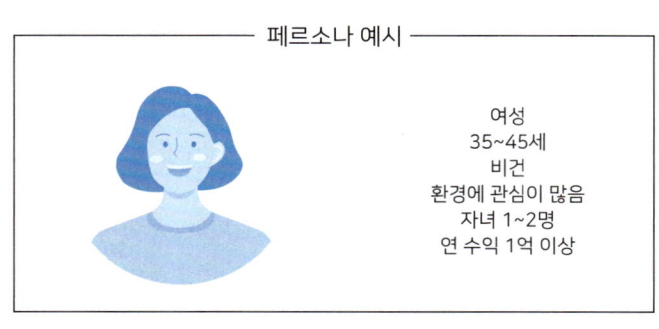

그림 2-9 페르소나 예시

우리 상품을 구매할 것 같은 잠재 고객들만 타기팅하기 위해 사용하는 것이 페르소나(Persona)입니다. 페르소나는 우리가 타기팅할 고객들을 대표하는 가상의 프로필을 의미합니다. 예를 들어, 페르소나를 "환경에 관심이 많은, 비건의, 자녀가 1-2명 있는, 연수익 1억 이상의 35-45살 사이의 여성"과 같이 정의할 수 있습니다.

페르소나는 디지털 마케팅을 포함해 모든 마케팅 채널에서 기준으로서 사용하는 프로필이기 때문에, 여러 팀과 협업을 통해 정의합니다. 구글 애널리틱스와 같은 분석 플랫폼에서 데이터를 확인하는 것뿐만 아니라, 고객 설문 조사나 인터뷰를 통해 고객들을 대표하는 특징을 알아내야 합니다. 페르소나를 정의할 때 주의해야 할 점은 데이터의 함정에 빠지지 않아야 한다는 것입니다. 예를 들어, 남자 넥타이 비즈니스를 운영 중이라고 했을 때, 온라인 비즈니스 방문자 트렌드 데이터 분석을 통해 남성 고객의 방문율이 80%를 차지한다는 것을 알아냈습니다. 하지만, 여기서 섣불리 남자 고객을 우리의 메인 페르소나로 정의하고 여성 고객들을 마케팅 활동에서 배제해서는 안 됩니다. 여성 고객들이 실제로 오프라인 매장에서 선물용으로 넥타이를 구매해서 매출의 절반을 차지할 수도 있기 때문입니다. 따라서 페르소나는 온라인, 오프라인 데이터를 모두 고려하고, 소비자들이 상품을 구매하기까지의 의사결정 과정을 이해해야 합니다.

구글 광고에는 이런 페르소나 전략을 활용하기 위해서 여러 고객 특성을 타기팅할 수 있는 옵션을 제공하고 있습니다. 다음 장에서는 퍼포먼스 마케팅 직무 소개에 대해 다루고, 4장에서 페르소나를 바탕으로 어떻게 퍼포먼스 마케팅 캠페인을 만드는지에 대해서 배워보겠습니다.

— 3장 —

퍼포먼스 마케터, 이런 일을 합니다

취업 준비생 때 제가 가장 어려움을 느꼈던 부분은 실제로 현업에 있는 사람들이 어떻게 일하는지 모른다는 것이었습니다. 앞으로 몇십 년 동안 매일 8시간을 보내면서 하게 될 일인데, 정확히 무슨 일을 하게 될지 모르고 제 적성과 맞을지 몰라서 답답했습니다. 그렇기 때문에 책이나 뉴스 기사들을 통해 어렴풋이 내가 하게 될 일을 추측할 수밖에 없었습니다. 하지만 이런 공식적인 매체들을 통해 소개된 직무들은 좋은 점만 부각되고 나쁜 점들은 잘 드러나지 않기 마련입니다. 그렇게 좋은 모습만 기대하고 브랜드 마케터로 입사했을 때 실제 했던 일들은 제가 생각했던 것과 달라서 후회를 많이 했습니다. 따라서 이번 3장에서는 퍼포먼스 마케터로 입사했을 때 하게 될 일에 대해서 가감 없이 소개하고자 합니다. 실제로 제 글을 통해 퍼포먼스 마케터가 하는 일이 매력적이지 않다고 느껴도 괜찮습니다. 그 또한 독자님의 시행착오와 시간을 아껴주는 것이기 때문입니다.

1. 퍼포먼스 마케터가 하는 일과 담당 업무

퍼포먼스 마케터가 하는 일은 크게 광고 플랫폼 관리, 데이터 분석, 매체 전략 수립 세 가지로 나누어집니다. 첫째, 광고 플랫폼 관리는 광고를 시작할 수 있도록 플랫폼에 광고와 키워드, 타기팅을 설정하는 일입니다. 보통 대행사를 쓰는 인하우스 퍼포먼스 마케팅 팀에서 일하는 경우는 설정 자체는 대행사에게 맡기고 모든 것이 제대로 설정되었는지 점검하는 일을 합니다. 둘째, 데이터 분석은 우리가 집행하고 있는 광고 캠페인이 효율적으로 운영되고 있는지 분석하는 일입니다. 퍼포먼스 마케팅의 수치들은 모두 긴밀하게 연결되어 있기 때문에 수치 간의 관계를 잘 이해하고, 개선점을 파악해서 수치를 개선할 수 있는 테스트 계획을 세워야 합니다. 마지막으로, 매체 전략 수립은 여러 플랫폼들의 성과를 분석하고, 예산 재분배를 통해 효율을 개선시키는 일을 말합니다. 이에 더해 우리가 테스트해보지 않은 플랫폼을 테스트해 보거나 론칭하기도 합니다.

2. 퍼포먼스 마케터의 하루 일과 엿보기

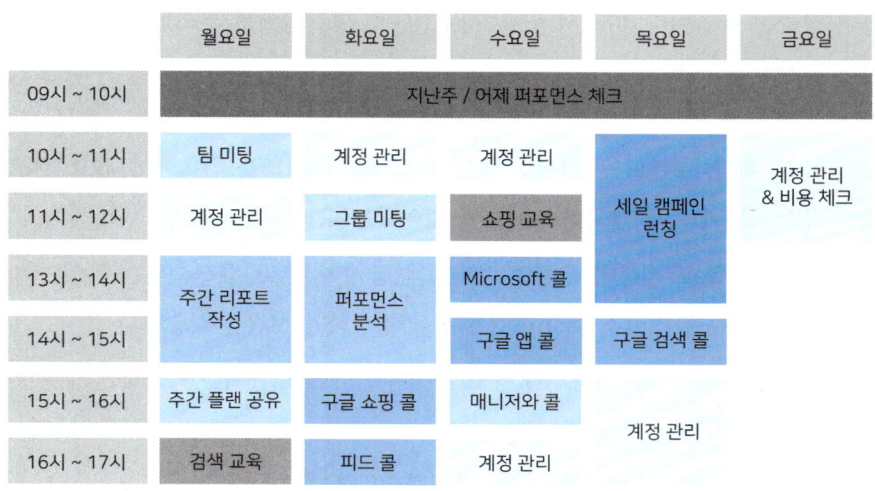

그림 3-1 퍼포먼스 마케터의 일과

퍼포먼스 마케터의 하루를 좀 더 생생하게 상상해 볼 수 있도록 일과를 요일별, 시간별로 정리해 보았습니다. 참고로 이 일과는 에이전시 팀이 아닌 인하우스 퍼포먼스 마케팅 팀을 기준으로 작성되었습니다.

- **월~금 9~10시**: 퍼포먼스 마케터에게 가장 중요한 시간은 출근 후 한 시간 내입니다. 이때는 모든 것을 제쳐 두고 전날의 퍼포먼스를 체크해야 합니다. 갑자기 너무 높아지거나 낮아진 수치는 없는지 확인하고, 어제 등록한 광고 소재가 있다면 리뷰 절차를 통과했는지, 지역별, 브랜드별로 성과를 분석합니다. 월요일 같은 경우는 특히 더 바쁜 시간입니다. 월요일은 지난주 성과를 한꺼번에 볼 수 있는 날이기 때문에 주 단위로 퍼포먼스가 어떻게 변화했는지 분석하는 데 많은 시간을 씁니다.

- **월 10~11시**: 분석을 통해 얻은 인사이트를 퍼포먼스 마케팅 팀원들과 공유합니다. 지난주에 퍼포먼스가 좋았는지 나빴는지 평가하고, 그렇게 평가한 이유는 무엇인지 공유합니다. 분석에 그치지 않고 이것을 개선하기 위해 이번 주에 진행할 일의 계획도 함께 공유합니다.

- **월 11~12시**: 앞에서 공유한 계획을 실행하는 시간입니다. 예를 들어, 어떤 캠페인의 퍼포먼스가 좋지 않았다면 예산을 줄이거나 타깃을 수정하는 등 플랫폼에서 설정을 바꾸는 일을 합니다.

- **월 13~15시**: 일주일 중에서 가장 중요하면서도 스트레스를 받는 시간입니다. 기업들은 주간, 월별, 분기, 연간 단위로 퍼포먼스를 관리합니다. 월요일은 한 주가 끝나고 새로운 주를 시작하는 날입니다. 따라서 월요일은 지난주 퍼포먼스를 분석하고 새로운 전략을 분석하기 가장 좋은 날입니다. 지난주 퍼포먼스를 정리하고 개선할 점은 무엇인지 분석 후 이번 주 계획을 세우는 주간 리포트를 작성합니다. 리포트를 작성하기 위해서는 나라, 캠페인 타입, 채널, 브랜드 등 다양한 분류를 고려해 데이터를 추출해야 하고, 광고 플랫폼 내의 어떤 요인에 의해 데이터의 변화가 일어났는지 분석을 해야 합니다.
- **월 15~16시**: 리포트 작성이 끝나면 팀원들과 함께 이번 주 우선순위는 무엇인지, 새롭게 진행될 테스트는 무엇인지 다시 미팅을 통해 정리하는 시간을 갖습니다.
- **월 16~17시 / 수 11~12시**: 매니저가 광고 플랫폼 안에서 새롭거나 익숙하지 않은 기능을 팀원들에게 교육하는 시간입니다.
- **화 11~12시**: 월요일 미팅이 퍼포먼스 마케팅 팀 내 미팅이었다면, 화요일 미팅은 디지털 마케팅 그룹 전체 미팅입니다. SEO, Paid Social, 디스플레이, 어필리에이트 팀을 포함한 여러 팀이 참석해서 각자의 계획을 공유하고, 서로 시너지가 일어날 수 있는 분야가 있는지 논의합니다.
- **화 13~15시**: 그룹 미팅에서 나온 질문들을 바탕으로 좀 더 심도 있게 퍼포먼스를 분석하는 시간입니다. 예를 들어 영국 시장 내 어떤 브랜드의 퍼포먼스가 확 떨어졌다면 왜 떨어졌는지, 광고 설정은 제대로 되어 있는지, 혹시나 퍼포먼스 변화를 야기한 외부 요인은 없었는지를 체크합니다.
- **화 15~16시 / 수 13~15시 / 목 14~15시**: 보통 규모가 있는 브랜드의 퍼포먼스 마케팅 팀에서 일한다면, 구글이나 마이크로소프트에서 이 계정의 활동을 컨설팅해 줄 수 있는 담당 어카운트 매니저를 배정해 줍니다. 어카운트 매니저는 광고 성과를 개선할 전략을 함께 세우기도 하고, 신제품을 교육해 주기도 하고, 계정에서 잘못된 설정이 없는지 확인해 주기도 합니다. 채널(쇼핑, 검색, 앱)별로 매주 전략 회의를 합니다.
- **화 16~17시**: 온라인에서 물건을 판매하는 이커머스 분야에서 일한다면 피드 관리 플랫폼을 필수로 운영해야 합니다. 피드는 상품 데이터를 저장하는 데이터베이스입니다. 피드 관리 플랫폼은 이 데이터들을 각각의 광고 채널의 설정에 맞게 변환해 주는 플랫폼입니다. 피드를 관리해 주는 매니저와도 매주 미팅을 합니다.
- **수 15~16시**: 매니저와 함께 주간 계획을 점검해 보고, 궁금한 점을 질문하고 답변하는 시간입니다. 이외에도 개인적인 커리어 발전에 대한 이야기를 나누기도 합니다.

- **목 10~14시**: 패션 회사 같은 경우는 여름, 겨울에 제품 할인 프로모션을 진행합니다. 이때 세일 첫날의 매출이 엄청나기 때문에 세일이 시작하는 시간에 정확히 맞춰 퍼포먼스 마케팅 광고도 함께 바뀌어야 합니다. 1년에 가장 많은 매출이 발생하는 날이기 때문에 다들 예민해지고 할 일도 많아집니다. 보통 세일을 시작하는 날이면 하루를 꼬박 플랫폼 관리에만 보내야 할 정도로 일이 많습니다.

- **금 10~12시**: 금요일은 플랫폼 내의 설정을 최대한 변화시키지 않는 날입니다. 다른 날 같은 경우는 혹시라도 실수를 했다면 다음 날 고칠 수 있지만, 금요일에 실수를 하면 주말 동안 고칠 수 없기 때문입니다. 따라서 금요일은 퍼포먼스에 크게 영향을 미치지 않는 사소한 선에서만 플랫폼을 관리합니다. 그런데 12시 이후에는 뭐 하냐고요? 저의 옛날 회사는 여름에는 12시에 업무를 종료하는 Summer Hour라는 제도가 있었습니다. 영국, 특히 디지털 마케팅 업계에서는 금요일 조기 퇴근 제도가 흔한 편입니다.

3. 퍼포먼스 마케팅에 대한 오해

첫 번째로 가장 흔한 오해는 퍼포먼스 마케터는 수학을 잘해야 한다는 것입니다. 아무래도 데이터를 많이 다루는 직무이다 보니 이런 오해가 생긴 듯합니다. 하지만 퍼포먼스 마케터에게 필요한 수학 능력은 덧셈, 뺄셈, 나눗셈, 곱셈 정도입니다. 이조차도 엑셀이나 계산기가 해주기 때문에 산수 능력을 뽐낼 일은 별로 없습니다. 물론 숫자 감각이 있다면 도움이 되긴 합니다. 살짝 고백하건대 저 또한 수능에서 수리는 5등급을 맞았습니다. 그러니 저처럼 수포자이신 분들도 크게 걱정하지 않으셔도 됩니다.

두 번째 오해는 외향적인 사람은 퍼포먼스 마케팅을 하기 힘들다는 것입니다. 아무래도 퍼포먼스 마케팅은 하루 종일 모니터 앞에 앉아서 엑셀과 씨름해야 하는 직무이다 보니 사람과 함께 일하면서 에너지를 얻는 타입은 약간 지루할 수 있습니다. 하지만 직급이 올라갈수록 미팅이 많아지고 사람들과 소통할 일이 많아지기 때문에, 외향적인 사람은 직급이 올라갈수록 만족도가 높아지는 편입니다. 퍼포먼스 마케팅을 하기 위해서 꼭 외향적이어야 한다, 내향적이어야 한다는 법칙은 없지만 브랜드 마케팅을 할 때보다는 확실히 사람을 대할 일이 적긴 합니다.

세 번째는 창의력이 필요 없다는 오해입니다. 보통 데이터를 통해서 모든 것이 결정되기 때문에 창의력을 발휘할 일이 없어 보일 수도 있습니다. 창의력을 그저 새로운 아이디어를 내고 카피를 쓰는 것에만 제한하면 퍼포먼스 마케팅에서는 잘 쓸 일이 없지만, 만약 기존의 틀을 깨고 새로운 논리를 적용하는 창의력이라면 퍼포먼스 마케팅에서 아주 유용하게 쓰일 수 있습니다.

4. 퍼포먼스 마케팅이 과연 내 적성과 맞을까?

퍼포먼스 마케팅과 잘 맞는 사람의 첫 번째 유형은, 꼼꼼하고 인내심이 많은 사람입니다. 퍼포먼스 마케터는 많은 시간을 엑셀과 씨름하며 보냅니다. 큰 회사에서 계정 하나를 업로드할 때 엑셀 파일 하나에 몇만, 몇십만 개 줄의 데이터를 변경해야 하기 때문입니다. 그런데 만약 이 엑셀 파일에서 물음표 하나만 주소에 잘못 들어가면 트래킹이 되지 않을 수도 있습니다. 따라서 꼼꼼한 성격이라면 엑셀 작업을 할 때 많은 도움이 됩니다. 또한, 데이터를 가공하는 과정에서 약간의 수작업이 필요할 때가 많아서 인내심이 높으면 도움이 됩니다. 저 같은 경우는 단순 반복 작업을 할 때 음악을 들으며 뇌를 쉬게 할 수 있어서 이런 작업들을 은근히 좋아하는 편입니다.

두 번째는 배우는 것을 좋아하는 사람입니다. 퍼포먼스 마케팅은 기업의 광고 운영 플랫폼을 사용하여 광고를 운영합니다. 이 말은 결국 이 플랫폼을 운영하는 기업이 자신의 입맛대로 언제든지 플랫폼을 업데이트할 수 있다는 말입니다. 플랫폼이 업데이트될 때마다 퍼포먼스에도 크게 영향을 끼치기 때문에 새로운 기술이 나올 때마다 발맞추어 빠르게 학습해야 합니다. 또한, 유럽의 개인정보보호법(GDPR) 같이 유저들을 보호하기 위해서 새로운 법들이 계속 생겨나기 때문에 퍼포먼스 마케터도 이에 맞춰 전략을 변경해야 합니다. 따라서 시시때때로 변화하는 시장과 기술을 이해하기 위해서 퍼포먼스 마케터는 쉴 새 없이 공부해야 합니다. 똑같은 일을 지겨워하고 새로운 것을 배우기 좋아하는 사람들에게는 퍼포먼스 마케팅이 천직입니다. 필자의 경우에도 퍼포먼스 마케팅을 처음 시작할 때랑 지금과 하는 일이 천차만별로 다르고 매년 발전하는 것을 느끼고 있습니다.

세 번째는 컴퓨터와 친한 사람입니다. 아무래도 프로그램을 다루는 일이고, 엑셀도 자주 사용하는 직무이다 보니 새 기술을 빠르게 익히는 사람에게 유리합니다. 또한, 퍼포먼스 마케팅 커리어를 발전시키면서 코딩이나 데이터 분석 쪽에 발을 담글 기회가 많은데, 이때 새 기술을 익히는 데 부담이 없으면 유리하게 작용할 수 있습니다.

5. 퍼포먼스 마케팅의 장점

퍼포먼스의 가장 큰 장점은 전문성을 쌓을 수 있다는 것입니다. 앞에서 설명드린 것과 같이 퍼포먼스 마케팅은 진입장벽이 높고, 기술을 익히는 데 시간이 걸리는 편입니다. 쉽게 흉내 내거나 대체될 수 없는 기술을 가지고 있다는 점은 취업 시장에서 아주 유리하게 작용합니다.

두 번째는 회사의 가장 중요한 목표를 이루는 팀에서 일할 수 있다는 것입니다. 회사의 궁극적인 목표는 매출을 창출하는 것입니다. 회사가 어려워진다면 매출을 직접적으로 창출하지 않는 팀일수록 우선적으로 해고가 이루어집니다. 하지만 퍼포먼스 마케팅은 돈을 투입하면 바로 매출을 상승시킬 수 있는 영역으로 모든 전략에 핵심적인 팀입니다. 또한, 모든 성과가 수치로 책정되는 만큼 비즈니스에 직접적으로 도움이 됐다는 것을 쉽게 증명할 수 있어 연봉이나 승진 협상에 유리합니다.

세 번째는 수요가 많다는 것입니다. 아직 업계가 신생이라 전문가가 부족한 것에 비해 기업들이 디지털화되는 속도는 훨씬 빠릅니다. 따라서, 퍼포먼스 마케팅 분야는 항상 인력 부족에 시달리고 있다고 말할 정도로 채용이 활발하게 이루어지고 있습니다. 또한, 업계의 역사가 오래되지 않은 만큼 경력을 오래 쌓은 전문가가 많지 않습니다. 따라서 빨리 업계에 뛰어들어서 경력을 쌓는다면 다른 직무에 비해서 빨리 승진하는 편입니다.

네 번째는 업계가 젊고 재밌다는 것입니다. 특히 에이전시 같은 경우 제조업처럼 설비에 투자가 필요 없는 만큼 인력에 대한 투자가 많은 편입니다. 좋은 인재를 유치하고 유지하기 위해서는 복지와 건강한 회사 문화를 만들어야 하기 때문에 대부분 젊고 재밌는 문화를 가지고 있는 편입니다.

6. 퍼포먼스 마케팅의 단점

반면 단점은 성과에 대한 압박이 심하다는 것입니다. 앞서 회사에서 가장 중요한 매출을 가져오는 팀이라는 것을 장점으로 말했는데, 반대로 이것이 단점이 될 수 있습니다. 만약 퍼포먼스 마케팅 채널의 성과가 나쁠 때는 말할 필요도 없고, 퍼포먼스가 좋을 때도 또한 스트레스가 될 수 있습니다. 경영진들이 퍼포먼스 마케팅 채널이 매출을 잘 일으킨다는 이유로 당장 예산을 더 투자해서 더 많은 매출을 창출하려 할 수 있습니다. 그러면 퍼포먼스 마케터들은 새 예산으로 다시 효율 계산을 하고, 모든 자동화 시스템의 설정을 다시 조정해야 합니다. 성과가 눈에 정확히 보인다는 것은 이처럼 양날의 검으로 작용할 수 있습니다. 조직에서 관심의 중심이 되기 때문입니다.

두 번째로는 실수에 대한 압박이 심하다는 것입니다. 퍼포먼스 마케팅에 주로 쓰이는 플랫폼들의 기능은 유기적으로 연결되어 있습니다. 이 말은 하나의 설정만 바꿔도 여러 요소들이 영향을 크게 받는다는 것입니다. 퍼포먼스 마케터들끼리 모이면 신입 때 나 이런 실수도 해 봤다는 무용

담을 가끔 늘어놓을 때가 있습니다. 그중 가장 심한 것은 설정 하나로 몇천만 원을 날려봤다, 실수로 전 세계 광고 캠페인을 삭제해 봤다 같은 것들이 있습니다. 약간만 집중하지 않아도 큰 손해를 끼칠 수 있으니 모든 것이 완벽해야 한다는 부담감과 압박이 있습니다. 아마도 퍼포먼스 마케터라면 갑자기 본인이 했던 실수가 떠올라서 저녁이나 휴일에 퇴근을 해서도 컴퓨터를 켜서 확인해 본 경험이 누구나 있을 것이라 생각됩니다. 하지만 주니어 때는 매니저가 같이 설정을 꼼꼼히 체크해 주기도 하고, 경력이 쌓일수록 실수가 줄어드니 너무 크게는 걱정하지 않으셔도 됩니다. 저도 한때는 영국에 내보내야 할 광고를 미국에 내보낸 큰 실수를 한 적도 있는데 아직까지도 잘 커리어를 이어 나가고 있습니다.

마지막 단점은 직급이 높은 사람들의 퍼포먼스 마케팅에 대한 이해도가 낮다는 것입니다. 현재 마케팅 조직에서 가장 높은 직책인 CMO 같은 경우 15-20년 경력을 가지고 있을 확률이 높습니다. 이 연차 같은 경우는 그들이 실무에 있을 때 디지털보다는 인쇄 광고나 TV 광고 등의 전통 매체가 주류를 이루었습니다. 따라서, 디지털 매체의 실무를 직접 다뤄본 적이 없기 때문에 매체에 대한 이해도가 낮을 수밖에 없습니다. 이런 상황에서 퍼포먼스 마케터는 단순히 본인의 업을 잘하는 것에 그치지 않고, 조직의 수장들에게 디지털 마케팅 채널의 특성을 설명하면서 우리가 왜 이런 전략을 취하는지 계속해서 교육하고 설득해야 합니다. 만약 의사 결정권자가 보수적이라면 새로운 기술을 테스트해 볼 기회를 놓치게 될 수 있습니다. 또한, 설명이 제대로 전달되지 않았을 경우 잘못된 방향으로 전략이 흘러갈 수도 있습니다. 그래서 저는 회사를 고를 때 디지털 마케팅 조직이 마케팅 조직에서 독립되어서 존재하는지, 만약 아니라면 마케팅 최고 책임자가 디지털 마케팅 쪽에 경력이 있는지 꼼꼼하게 살펴보는 편입니다. 그렇지 않다면 제 직장 생활이 앞으로 힘들어질 것이라는 것을 알기 때문입니다.

― 4장 ―

퍼포먼스 마케팅의 핵심, 검색 광고 이해하기

1. 퍼포먼스 마케팅을 구글 애즈 플랫폼으로 배워야 하는 이유

퍼포먼스 마케팅은 위에서 배웠던 것처럼 여러 플랫폼을 이용해서 할 수 있습니다. 예를 들어, 페이드 소셜(Paid Social) 플랫폼인 페이스북을 통해서도 수익 향상을 목표로 하는 캠페인을 집행할 수 있습니다. 하지만 퍼포먼스 마케팅 공부를 처음 시작하는 사람은 구글 검색 광고 플랫폼으로 공부를 시작하는 것을 강력 추천합니다. 구글 검색 광고 플랫폼은 2000년 10월 23일에 출시되었고, 세계에서 가장 오래된 광고주가 직접 광고를 운영하고 관리할 수 있는 플랫폼입니다. 또한, 전 세계에서 가장 많이 쓰이는 퍼포먼스 마케팅 플랫폼입니다. 구글 검색 광고 플랫폼은 가장 복잡하고 세밀한 기능을 많이 가지고 있고, 정교한 타기팅 기능을 제공합니다. 따라서 구글 검색 광고로 공부를 시작하면 후발주자로 시작한 타 플랫폼들의 기능들은 쉽게 이해하실 수 있습니다. 검색 광고가 디지털 마케팅의 분야 중 가장 기술적이다 보니 채용 시장에서도 가장 우대를 받는 편입니다.

우리나라에서 검색 점유율이 가장 높은 네이버의 검색 광고 플랫폼으로 공부를 시작해야 하는 것 아닌지 궁금해하시는 분도 있을 것이라 생각됩니다. 네이버로 공부를 시작하는 것을 추천드리지 않는 이유는 네이버의 검색 광고 플랫폼은 구글에 비해 덜 정교하고 쓸 수 있는 기능도 제한되어 있기 때문입니다. 따라서 구글 검색 광고 플랫폼을 먼저 공부하고, 추후 네이버 검색 광고를 배우고 싶으면 구글에는 있고 네이버에는 없는 기능들을 위주로 살펴보시면 됩니다. 그럼 따로 네이버 검색 광고 플랫폼을 공부할 필요 없이 쉽게 기능들을 익히실 수 있습니다.

2. 경매와 비슷한 구글 검색 광고의 원리

구글 검색 광고는 키워드 기반 타기팅 상품입니다. 소비자가 특정 키워드를 검색했을 때 우리 광고를 보여주는 방식입니다. 검색 광고는 소비자가 클릭을 할 때마다 비용이 발생하므로 PPC(클릭당 지불: Pay Per Click)라고 부르기도 하고 SEM(검색 엔진 마케팅: Search Engine Marketing)이라고 부르기도 합니다.

그림 4-1 구글 검색 광고의 원리

구글은 사용자가 일정 키워드를 검색할 때 진행되는 실시간 광고 입찰을 통해 게재할 광고를 결정합니다. 간단하게 예를 들면 경매 형식과 유사합니다. "운동화"라는 키워드가 있으면 여러 기업들이 우리의 광고를 보여주기 위해 이 키워드에 클릭당 최대 얼마를 지불할 의향이 있는지 입찰가를 시스템에 입력하고, 가장 높은 입찰가를 제출한 기업의 광고를 보여주는 식입니다. 하지만 구글은 이 경매 방식에서 약간 복잡한 요소들을 추가합니다. 일반 경매와는 달리, 구글은 서비스 내 사용자 경험을 고려해야 합니다. 무작정 가장 비싼 입찰가를 제출한 기업의 광고만 보여줬다가는 사용자와 관련 없는 광고들을 보여줄 수도 있고 이는 사용자의 서비스 만족도를 하락시킬 수 있기 때문입니다. 따라서 구글의 광고 입찰에서는 총 세 가지 요소로 광고의 게재 순서를 결정합니다.

1. **입찰가**: 광고 클릭 1회당 최대 얼마나 지불할 수 있는지 시스템에 입력한 값입니다.
2. **광고의 품질**: 구글 광고 및 연결된 웹사이트가 사용자에게 얼마나 관련성이 높고 유용한지를 고려합니다.
3. **광고 확장 및 다른 광고 형식의 예상 효과**: 광고를 만들 때 광고와 함께 노출되는 전화번호나 추가 링크들과 같은 추가 소재를 광고 확장이라고 합니다. 광고 확장 관련성이 높으면 낮은 비용으로 높은 순위에 게재될 수 있습니다.

결론적으로 관련도가 높은 광고 확장 소재를 활용하고, 광고의 품질을 높이고, 입찰가를 적절하게 조절하는 것이 검색 광고 효율을 높일 수 있는 전략입니다.

3. 구글 검색 광고 구조 이해하기

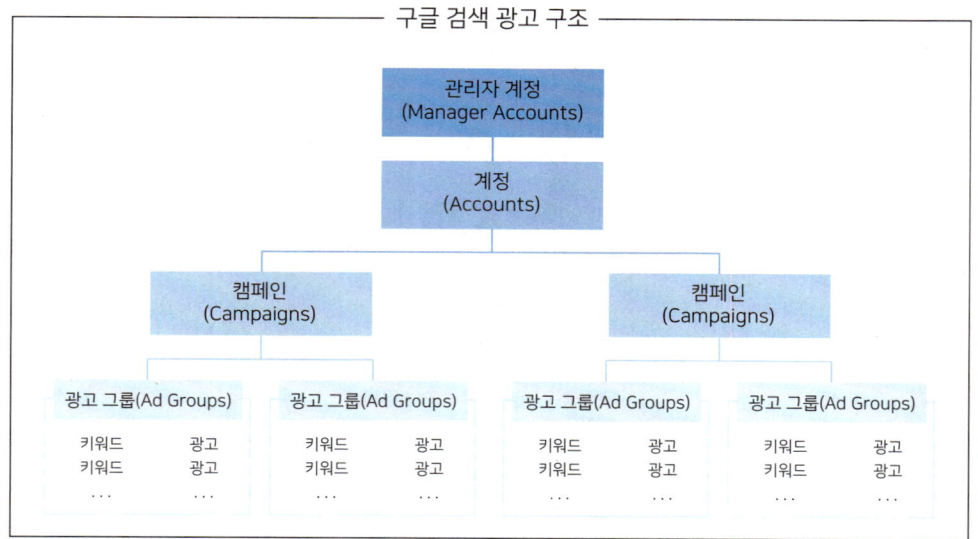

그림 4-2 구글 검색 광고 구조

해리 포터를 보신 분들이라면 불사조 기사단에서 시리우스 블랙의 집에서 블랙 가문의 가계도를 보신 기억이 나실 것이라고 생각합니다. 마치 나무뿌리가 자라듯 확장하는 구조라, 이것을 영어로는 패밀리 트리(Family Tree)라고 합니다. 이와 같이 구글 애즈에서도 계정, 캠페인, 광고 그룹 순으로 쭉쭉 뿌리를 뻗어 나가는 것을 트리라고 부릅니다. 구글 광고의 구조는 관리자 계정, 계정, 캠페인, 광고 그룹으로 크게 나눠집니다.

★ **관리자 계정(Manager Accounts)**

관리자 계정은 여러 계정을 한 번에 관리하는 상위 단계의 그룹이라고 생각하시면 됩니다. 예전에는 MCC(My Client Centre)라고 불리기도 했습니다. 관리자 계정은 여러 하위 계정 설정을 한 번에 관리할 수 있는 계정입니다. 대행사 같은 경우 에이전시의 관리 계정에 클라이언트의 하위 관리 계정을 연결시켜서 관리하기도 합니다.

★ **계정(Accounts)**

계정은 여러 캠페인이 속해 있는 단위입니다. 계정 당 하나의 통화와 시간대를 설정할 수 있기 때문에(예. 영국 시각, 통화 파운드) 글로벌 기업 같은 경우는 나라 별로 계정을 생성합니다. 또한, 데이터를 좀 더 쉽게 볼 수 있게 광고 상품(예. 디스플레이, 쇼핑, 검색 광고) 별로 계정을 따로 생성하기도 합니다. 위의 트리와 가계도를 비유한 것에서 차용해서 계정은 영어로는 Child Accounts(아이 계정)라고 부르기도 합니다.

★ 캠페인(Campaigns)

캠페인은 여러 광고 그룹을 한꺼번에 관리하기 위한 상위 카테고리입니다. 여러 광고 그룹의 언어, 예산 설정을 한 번에 관리할 수 있습니다. 보통 캠페인은 브랜드 홈페이지의 구조를 기반으로 구성하는 것이 좋습니다. 예를 들어, 홈페이지 상위 메뉴가 "의류", "액세서리", "신발", "화장품"으로 구성되어 있으면 각각의 메뉴 당 캠페인을 하나씩 생성하는 식입니다.

★ 광고 그룹(Ad Groups)

광고 그룹은 광고와 키워드를 포함하고 있는 껍데기이며 캠페인 아래 단계입니다. 비슷한 광고와 키워드를 함께 관리할 수 있도록 묶어 두는 역할을 합니다. 위에서 "의류"라는 캠페인을 생성했다면, 광고 그룹은 "상의", "하의", "드레스" 등의 하위 그룹으로 구성할 수 있습니다.

★ 광고, 광고 확장, 키워드

광고(Ads)

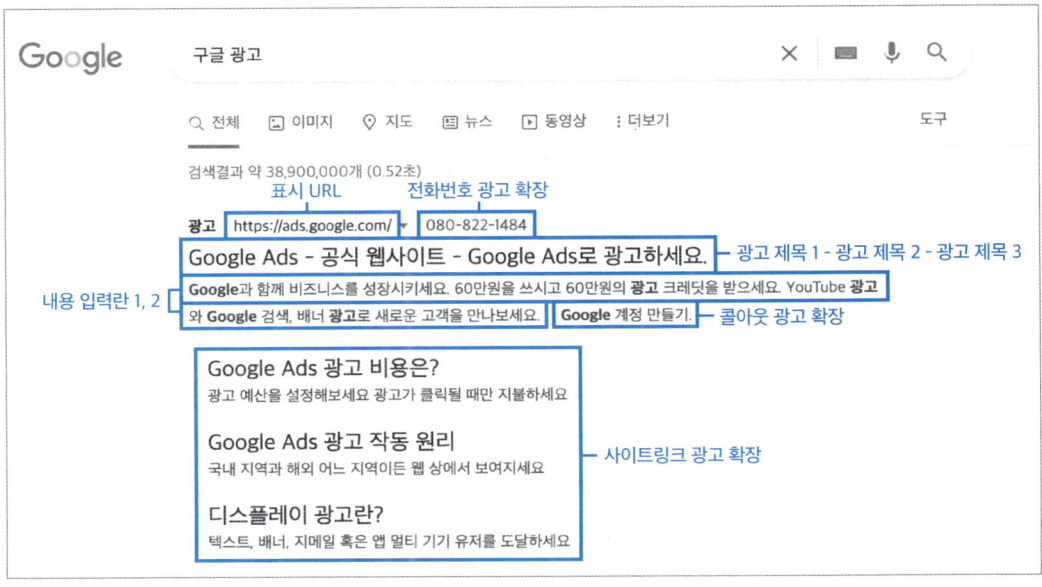

그림 4-3 구글 광고 예시

광고는 소비자에게 보이는 우리 브랜드를 홍보하는 소재입니다. TV라는 광고 매체에서는 영상이라는 형태로 광고가 노출된다면, 구글 검색 광고에서는 구글 검색 결과 창에서 글자 형태로 광고가 노출됩니다. 광고는 크게 광고 제목, 내용 입력란, 경로, 확장 소재로 이루어집니다.

광고 제목(Headlines)
광고 제목은 고객의 눈에 가장 잘 띄는 부분이며, 클릭이 가능한 영역입니다. 따라서 사용자들이 검색할 것 같은 키워드를 포함하거나 서비스를 대표하는 문구들을 입력하는 것이 좋습니다. 검색 결과에서 최대 3개의 제목이 노출될 수 있습니다.

내용 입력란(Description Line)
내용 입력란에는 제품 또는 서비스에 대한 세부정보를 포함합니다. 행동을 유도하거나 서비스의 혜택을 담으면 좋습니다. 검색 결과에서 최대 2개의 내용 입력란이 노출될 수 있습니다.

표시 URL(Display URL)
표시 URL은 웹사이트 주소를 보여주는 영역입니다.

광고 확장(Ad Extensions)
광고 확장은 광고에 덧붙일 수 있는 추가 정보입니다. 확장 소재를 사용하는 이유는 소비자에게 필요한 정보를 더 많이 제공함으로써 광고의 클릭률을 높일 수 있기 때문입니다. 위 예시에서 전화번호 광고 확장, 콜아웃 광고 확장, 사이트링크 광고 확장을 확인할 수 있습니다. 전화번호 광고 확장은 사업장의 전화번호를 추가할 수 있는 영역입니다. 콜아웃 광고 확장은 제품의 혜택이나 중요한 정보를 담은 짧은 문구를 활용해 클릭을 유도하는 소재이며, 사이트링크는 메인 광고 URL과 연관 있는 URL들을 추가로 보여주는 소재입니다. 광고 확장의 종류에 대해서는 5장 검색 광고 캠페인 실습에서 자세히 다뤄보겠습니다.

키워드(Keywords)
키워드는 제품이나 서비스와 관련있는 단어로 소비자가 해당 단어를 검색했을 때 광고를 노출시키기 위해서 광고주가 직접 선택하는 단어입니다. 앞에서 말한 것처럼 구글 검색 광고는 키워드 타기팅 상품이기 때문에 키워드는 검색 광고의 핵심입니다. 키워드의 종류에 대해서 자세히 알아보기 전에 키워드(Keywords)와 검색어(Search Terms)의 차이점에 대해서 배워보겠습니다.

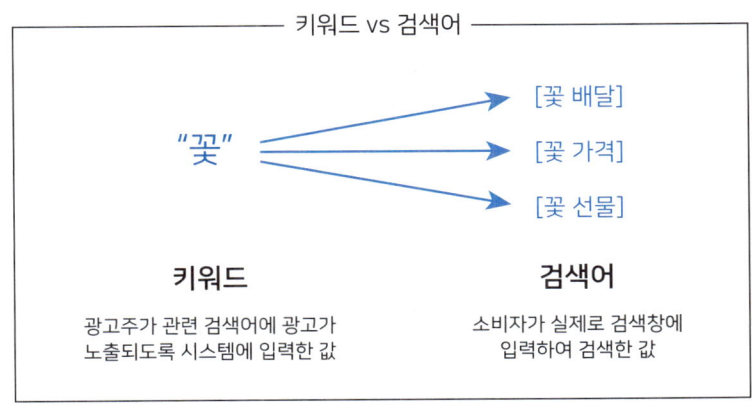

그림 4-4 키워드와 검색어의 차이점

키워드(Keywords)는 광고를 보여주기 위해서 타기팅하는 단어를 의미하며 제품이나 서비스와 연관된 단어를 설정할 수 있습니다. 키워드가 광고 플랫폼에서 광고주가 직접 시스템에 업로드한 단어라면, 소비자가 검색창에 실제로 검색한 단어를 검색어(Search Terms)라고 합니다. 예를 들어, 우리가 "꽃"이라는 키워드를 플랫폼에서 타기팅한다면, 고객이 검색한 [꽃 배달], [꽃 가격], [꽃 선물]이라는 검색어에 우리의 광고가 노출될 수 있습니다. 같은 단어를 쓰더라도 키워드의 검색 유형에 따라 광고가 노출되는 검색어가 천차만별로 달라지기도 합니다. 키워드의 검색 유형은 총 세 가지 종류로 나뉩니다.

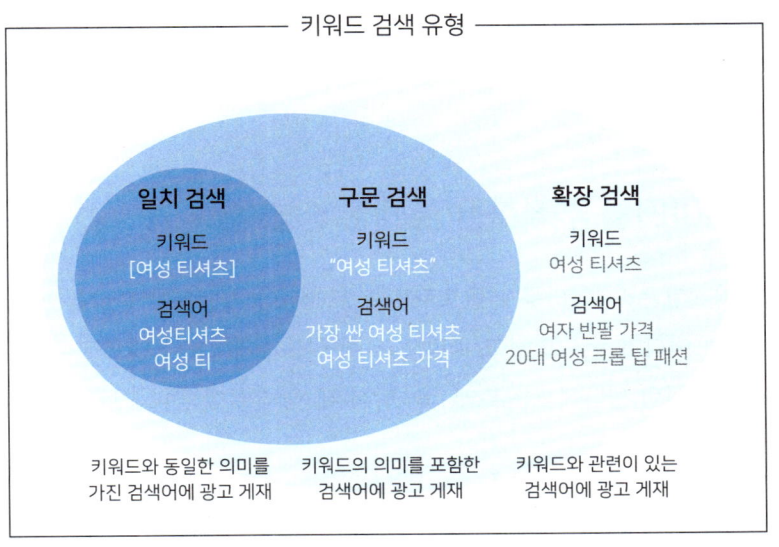

그림 4-5 키워드 검색 유형

4장 퍼포먼스 마케팅의 핵심, 검색 광고 이해하기

일치 검색(Exact Match)

일치 검색은 키워드와 동일한 의미를 갖는 검색어에 광고를 게재할 수 있는 키워드 검색 유형입니다. 예를 들어, [여성 티셔츠]라는 키워드를 사용했을 때 여성 티셔츠, 여성티셔츠, 여성 티와 같이 키워드와 아주 밀접한 검색어에만 광고가 노출됩니다. 키워드 앞뒤로 [키워드] 대괄호를 사용해서 표기합니다. 광고주의 의도와 정확히 일치하는 검색어에만 광고가 게재된다는 장점이 있지만 다른 유형에 비해 노출 수가 적습니다.

구문 검색(Phrase Match)

구문 검색은 키워드의 의미를 포함하는 검색어에 광고를 게재할 수 있는 키워드 검색 유형입니다. 설정한 키워드를 중심으로 앞뒤 검색어를 확장시키고 싶을 때 사용하는 유형입니다. 예를 들어, "여성 티셔츠"라는 키워드를 사용했을 때 가장 싼 여성 티셔츠, 여성 티셔츠 가격과 같은 키워드를 포함한 검색어에 노출될 수 있습니다. 키워드 앞뒤로 "키워드" 큰따옴표를 사용해서 표기합니다.

확장 검색(Broad Match)

확장 검색은 키워드와 관련이 있는 모든 검색어에 노출이 될 수 있습니다. 예를 들어, 여성 티셔츠라는 키워드를 사용했을 때 여자 반소매 가격, 20대 여성 크롭 탑 패션 등 다양한 키워드에 노출이 될 수 있습니다. 확장 검색은 앞뒤로 어떤 부호도 사용하지 않습니다. 확장 검색은 경쟁사 관련 키워드처럼 광고주가 의도하지 않는 키워드에도 노출이 될 수 있다는 단점이 있지만 스마트 자동 입찰에서 가장 효과적인 유형입니다.

4. 모든 데이터를 추적하는 트래킹 방법 배우기

앞서 퍼포먼스 마케팅은 "데이터를 기반으로", 즉 트래킹이 가능해야 한다는 것을 배웠습니다. 트래킹은 소비자가 어디서 광고를 보고 클릭하고, 어떻게 홈페이지나 앱으로 유입했는지 경로를 추적하는 일입니다. 이번 챕터에서는 트래킹의 방식 세 가지에 대해 배워보겠습니다.

★ 리다이렉트 트래킹(Redirect Tracking)

리다이렉트 트래킹은 사용자가 한 페이지에서 다른 페이지로 이동할 때 사용되는 트래킹 방식입니다. 예를 들어, 사용자가 A 사이트에 있는 배너를 클릭해서 C 사이트로 이동할 때, C 사이트를 보여주기 이전에 트래킹 쿠키가 심어져 있는 사이트 B로 잠시 보내는 방식(리다이렉트)입니다. 사이트 B에서 소비자의 정보를 읽고, 추적하는 작업이 수행됩니다. 이 작업은 보통 1초도 안 되는 시간에 일어나기 때문에 소비자는 대부분 알아차리지 못합니다.

★ UTM 트래킹(UTM Tracking)

UTM 트래킹은 Urchin Tracking Module의 약자로, 구글 애널리틱스의 전신인 Urchin 소프트웨어 회사에 의해 개발되었습니다. UTM 트래킹은 URL 뒤에 트래킹을 가능하게 하는 매개변수(Parameter)들을 추가해서 구글 애널리틱스나 어도비 애널리틱스 같은 분석 플랫폼으로 정보를 보내는 것입니다. 복잡한 설치 필요 없이 URL을 수정하는 것으로만 트래킹이 가능하게 하는 편리한 트래킹 방식입니다.

매개변수에는 총 다섯 가지 종류가 있습니다.

UTM 트래킹 구조

http://www.performance.com?utm_source=google&utm_medium=cpc&utm_campaign=purebrand&utm_term=performance

1) http://www.performance.com: 광고 URL
2) ?: UTM 트래킹의 첫 번째 파트는 ?로 시작하고, 두 번째부터는 &를 사용
3) utm_source=google: 트래픽의 출처 채널 이름(google)
4) utm_medium=cpc: 트래픽 활동의 목적(cpc)
5) utm_campaign=purebrand: 캠페인의 이름(purebrand)
6) utm_term=performance: 키워드(performance)

그림 4-6 UTM 트래킹 구조

- **UTM_SOURCE**(필수 항목): 트래픽이 어디서 왔는지 확인하는 부분입니다. Google, Facebook과 같은 플랫폼 이름을 입력할 수 있습니다.
- **UTM_MEDIUM**(필수 항목): 이 트래픽 활동의 목적을 명시하는 부분입니다. 이 부분은 각 플랫폼에서 정한 규칙을 따라야 합니다. 예를 들어, 구글 애널리틱스 같은 경우에는 검색 광고 같은 경우는 소문자로 cpc, 디스플레이 광고는 소문자로 display라고 지정해 줘야 한다는 규칙을 가지고 있습니다. 이 규칙을 따르지 않으면 데이터가 제대로 분류되지 않기 때문에 캠페인을 시작하기 전에 꼭 확인해야 하는 부분입니다.

- **UTM_CAMPAIGN**(필수 항목): 캠페인 이름을 입력하는 부분입니다.
- **UTM_TERM**(선택 항목): 검색어나 키워드를 입력하는 부분입니다.
- **UTM_CONTENT**(선택 항목): 사용자 클릭의 출처를 밝히는 곳입니다. 예를 들면 이미지나 버튼 등과 같은 소재 위치나 이름을 여기 넣을 수 있습니다.

보통 구글 광고 플랫폼은 구글 애널리틱스와 간편하게 연동이 되기 때문에 한 번만 설정 해놓으면 모든 URL 뒤에 자동으로 매개변수가 추가됩니다. 따라서 매번 URL에 매개 변수를 일일이 추가할 필요가 없습니다.

★ 픽셀 트래킹(Pixel Tracking)

픽셀 트래킹은 작은 코드의 조각으로 이루어진 '픽셀'을 웹사이트에 삽입해서 사용자에 대한 정보를 모으는 트래킹입니다. 픽셀은 상품 상세 정보 페이지나 주문 확인 페이지에 삽입되어 소비자가 해당 페이지를 방문할 때마다 정보를 추적할 수 있습니다.

일반적으로 구글 광고를 사용할 때는 UTM 트래킹과 픽셀 트래킹을 함께 이용합니다. 픽셀 트래킹을 통해 전환 추적을 설정해서 좀 더 정확하게 데이터를 수집합니다. 이 데이터들은 추후 자동화 입찰 시스템인 자동 입찰 전략을 사용하는 데 쓰입니다. 또한, UTM 트래킹을 통해 구글 애널리틱스에 정보를 보내 다른 채널들과 퍼포먼스를 비교하거나, 웹사이트에서의 사용자 행동을 이해하는 데 사용할 수 있습니다.

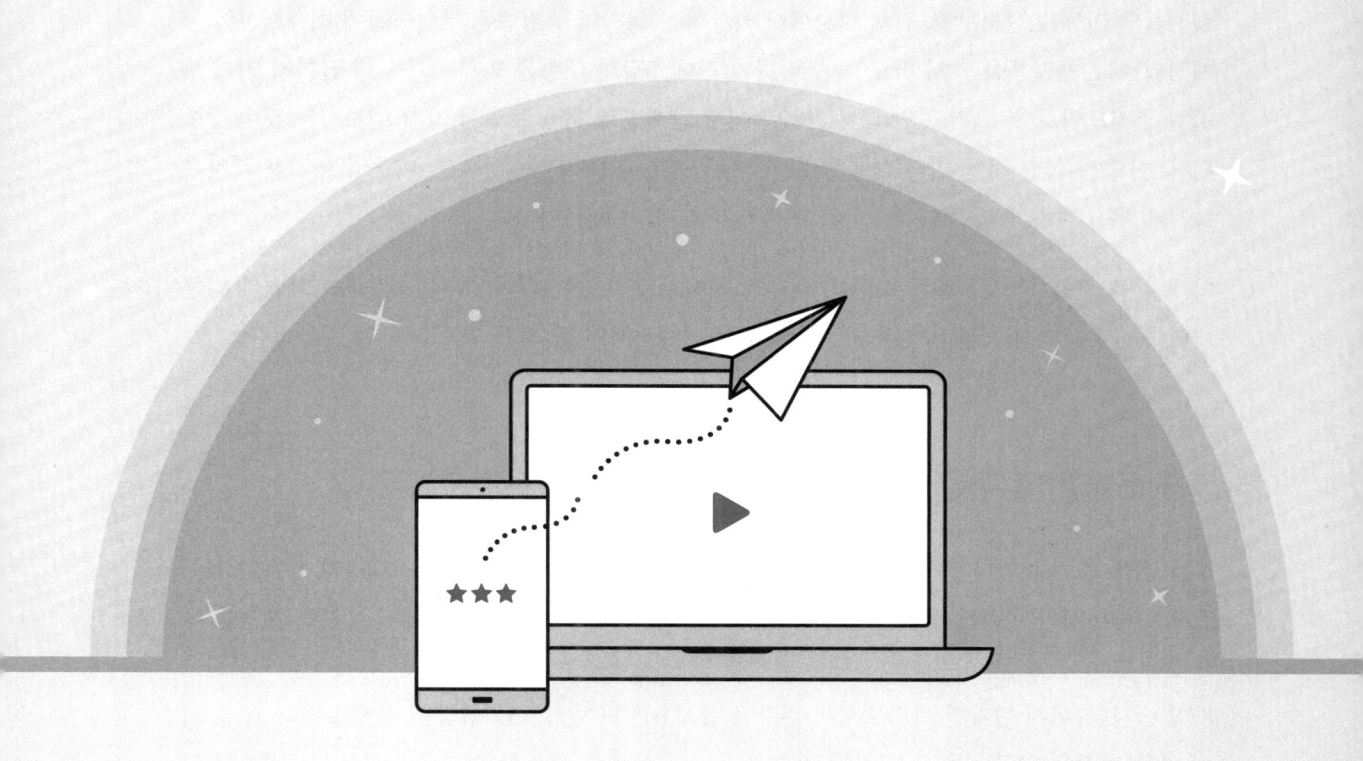

— 5장 —

직접 실습하며 배우는
구글 애즈 플랫폼

구글 검색 광고의 기본적인 이론을 배워봤으니 이제 실습 시간입니다. 구글 계정을 생성하고, 플랫폼들의 기능을 살펴보고, 실제 회사에서 사용하는 최적의 설정법은 무엇인지에 대해서 배워볼 예정입니다. 플랫폼을 켜서 바로 실습을 하기 전에, 5장의 내용을 먼저 처음부터 끝까지 읽어 보시길 추천드립니다. 그러고 난 다음 플랫폼에서 단계별로 책을 보면서 따라 해보시는 것이 좋습니다. 이렇게 실습 전에 미리 내용을 읽어 보는 것을 추천드리는 이유는, 이해가 어려운 부분은 표시해 두고 나중에 실습 때 한 번 더 자세히 볼 수 있기 때문입니다.

아래 나올 구글 광고 플랫폼 화면은 추후 업데이트될 수 있습니다. 혹시나 아래의 화면과 다른 화면이 나온다면 최대한 비슷한 기능을 찾아서 실습하시면 됩니다.

1. 5분만에 구글 애즈 계정 생성하기

구글 검색 광고는 안타깝게도 연습 계정이 없습니다. 키워드 기반 경매 시스템이기 때문에 실시간으로 데이터가 변화하기 때문입니다. 따라서 구글 검색 광고 실습을 위해서는 직접 계정을 생성해야 합니다. 보통 실무자들도 구글 계정을 만드는 것을 두려워하는데 전혀 어려워하실 필요가 없습니다. 아래 단계만 따라오시면 누구나 쉽게 5분 안에 계정을 생성할 수 있습니다. 구글 검색 광고 계정은 구글(지메일) 계정만 있으면 누구나 무료로 생성할 수 있습니다. 구글 계정이 없으신 분은 구글에 "Google 계정 만들기"를 검색해서 만드실 수 있습니다.

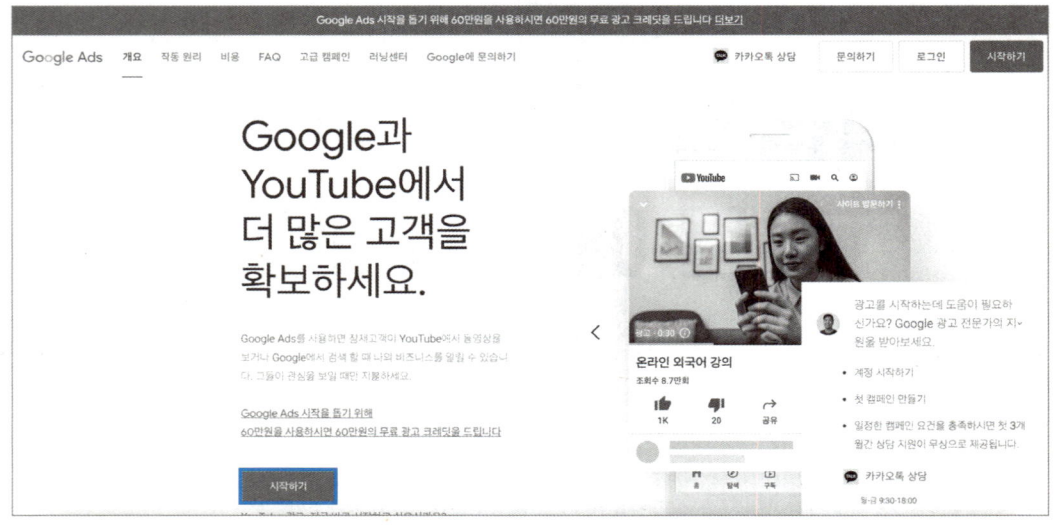

그림 5-1 구글 계정 생성 1

https://ads.google.com에 들어가서 [시작하기] 버튼을 클릭합니다. 참고로 하단의 언어 설정을 통해 편한 언어로 설정을 변경할 수 있습니다.

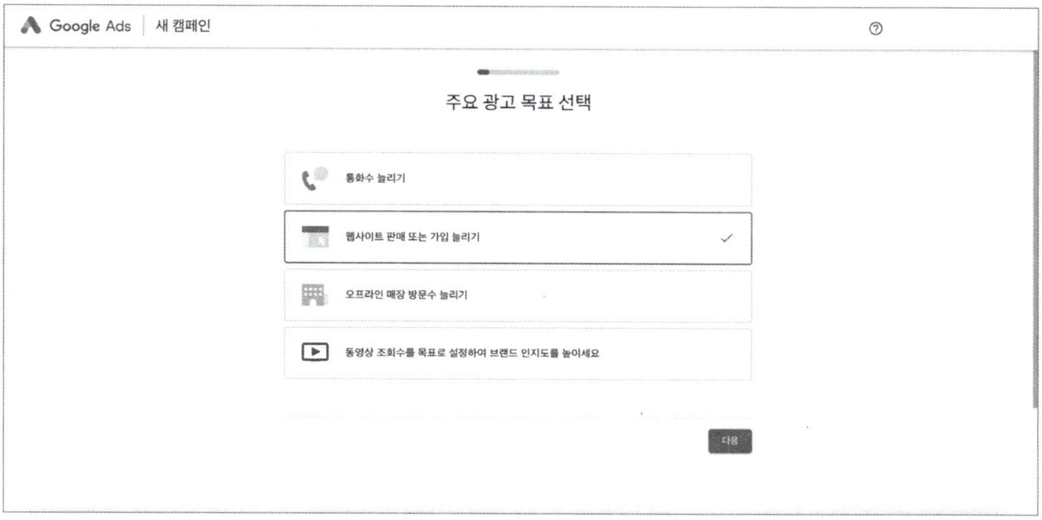

그림 5-2 구글 계정 생성 2

그림 5-3 구글 계정 생성 3

주요 광고 목표 선택 화면이 나옵니다. 하단으로 스크롤을 내려 [전문가 모드로 전환]을 클릭합니다.

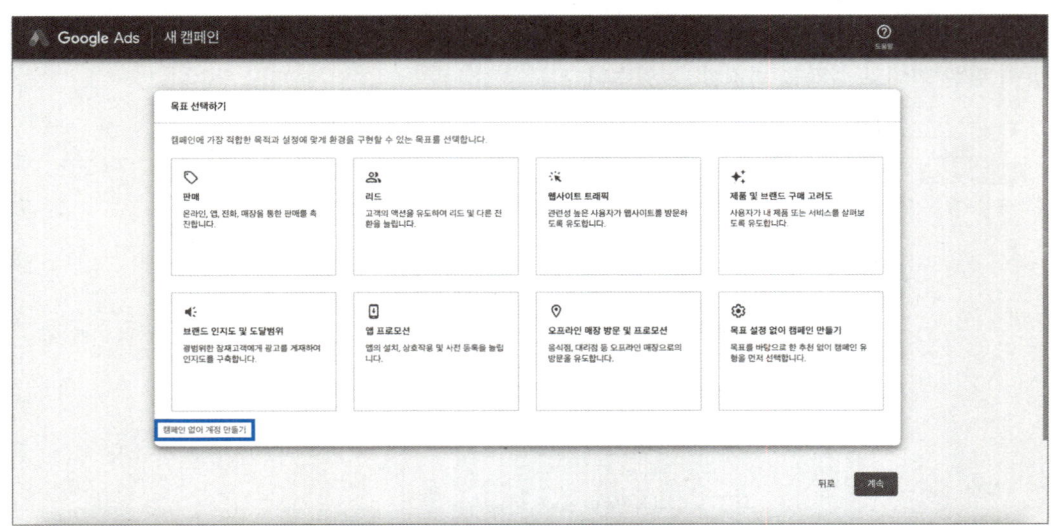

그림 5-4 구글 계정 생성 4

새 캠페인 생성 화면이 나옵니다. 왼쪽 하단에 있는 [캠페인 없이 계정 만들기] 버튼을 클릭합니다.

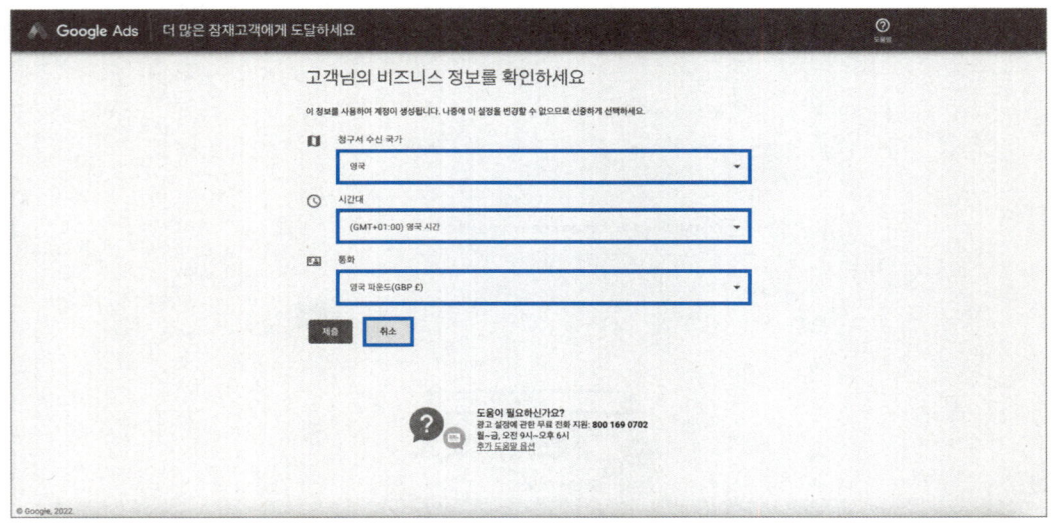

그림 5-5 구글 계정 생성 5

결제 정보 설정 화면이 나옵니다. 원하는 국가와 시간대, 통화 정보를 선택합니다. 이 정보는 계정 생성 후에 변경할 수 없습니다. 편의를 위해서 청구서 수신 국가는 [한국], 시간대는 [한국 시각], 통화는 [한국 한화]를 선택합니다.

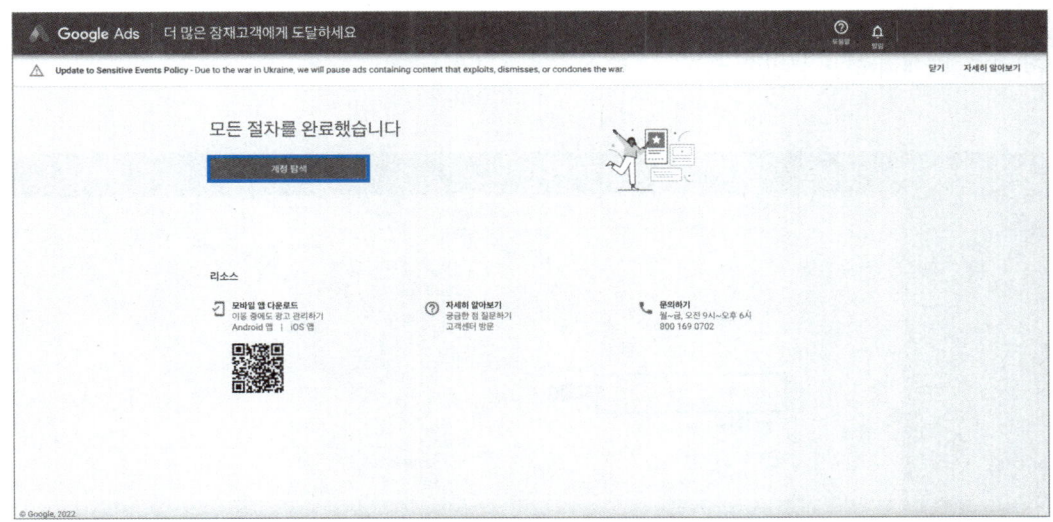

그림 5-6 구글 계정 생성 6

축하합니다! 구글 계정 생성이 완료되었습니다. 다음은 [계정 탐색]을 클릭해서 캠페인을 만들어 보겠습니다.

2. 캠페인 만들기

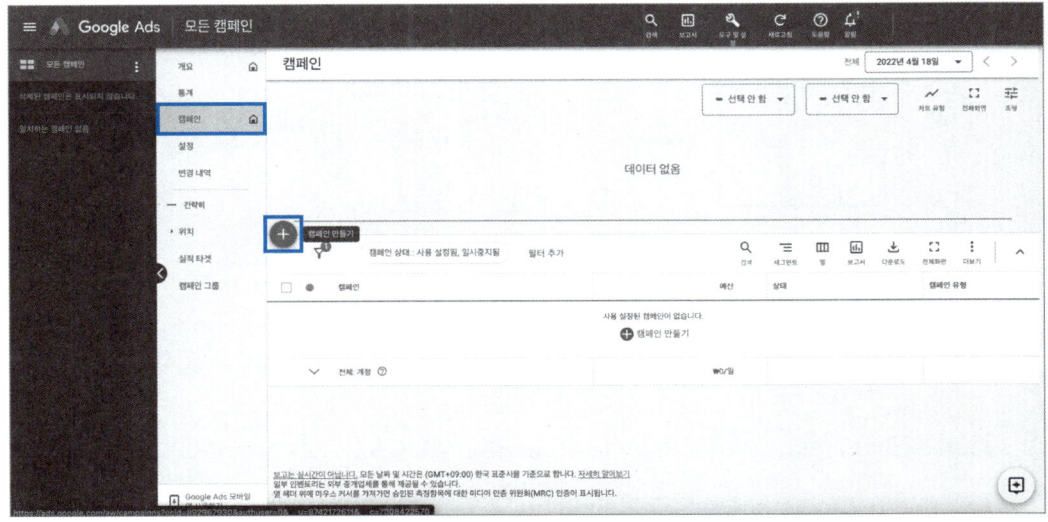

그림 5-7 캠페인 만들기 1

캠페인 실습은 우리가 구글의 마케팅 담당자가 되어 구글을 홍보한다고 가정해 보겠습니다. 좌측 메뉴의 [캠페인]을 클릭한 다음, [+] 버튼을 누릅니다.

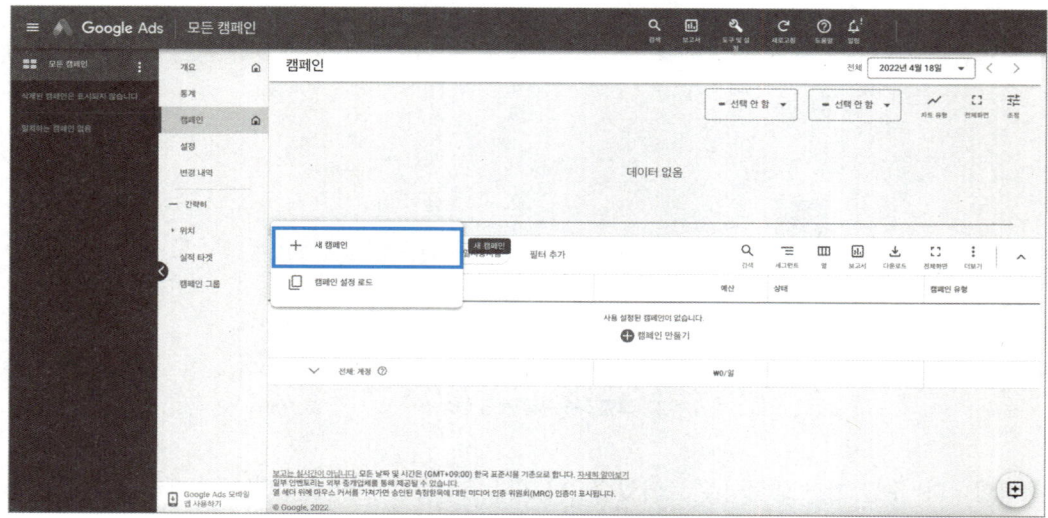

그림 5-8 캠페인 만들기 2

팝업창에서 첫 번째 메뉴인 [새 캠페인]을 클릭합니다.

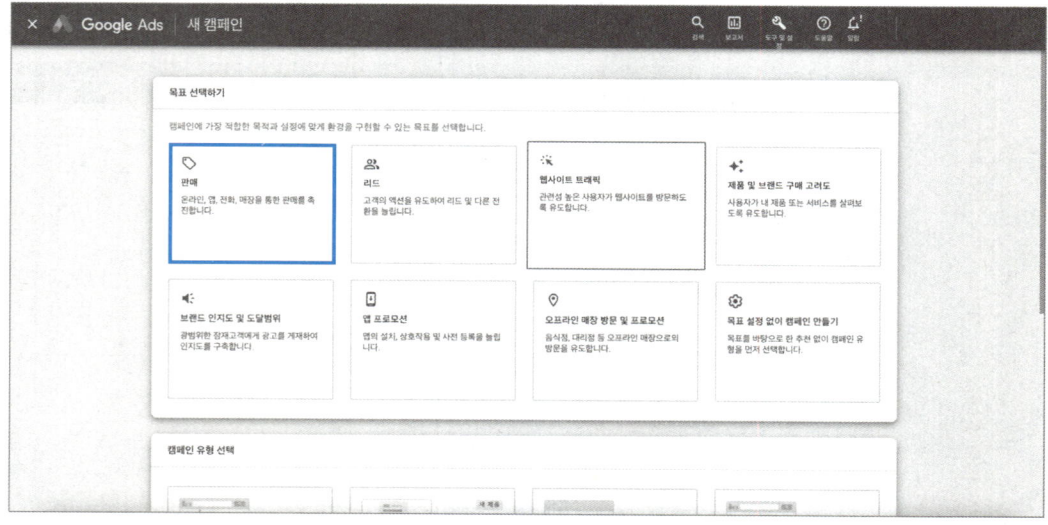

그림 5-9 캠페인 만들기 3

캠페인은 총 8가지의 목표를 설정할 수 있고, 목표 설정에 따라 추천하는 캠페인 유형이 달라집니다. 캠페인 유형은 검색 광고나, 디스플레이, 동영상과 같은 다양한 상품 종류를 의미합니다.

- **판매**: 상품의 판매 혹은 매출을 증가시키기 위한 목표입니다. 선택할 수 있는 캠페인 유형에는 검색, 실적 극대화, 디스플레이, 쇼핑, 동영상, 디스커버리가 있습니다.
- **리드**: 리드는 사용자가 정보를 담은 양식을 작성하게 하는 것이 목표입니다. 보통 가격이 높은 상품들은 사용자가 바로 구매를 망설이고, 구매 전에 상품에 대한 자세한 정보를 얻고 싶어할 때가 많습니다(예. 대학교 과정 등록). 그럴 때 리드 캠페인 유형을 통해 정보를 전송시킬 잠재 고객의 정보를 수집하고, 잠재 고객 데이터베이스를 쌓을 수 있습니다. 캠페인 유형에는 검색, 실적 극대화, 디스플레이, 쇼핑, 동영상, 디스커버리가 있습니다.
- **웹사이트 트래픽**: 웹사이트로 최대한 많은 사용자들이 방문하게 하는 목표입니다. 캠페인 유형에는 검색, 실적 극대화, 디스플레이, 쇼핑, 동영상, 디스커버리가 있습니다.
- **제품 및 브랜드 구매 고려도**: 사용자들이 우리 제품이나 서비스를 살펴보도록 유도하는 단계입니다. 앞에서 배운 디지털 마케팅 퍼널에서 고려(Consideration)에 해당하는 단계입니다. 위 단계인 인지(Awareness)보다는 사용자의 행동을 유발하는 상품을 사용하는 것이 좋습니다. 캠페인 유형에는 동영상이 있습니다.
- **브랜드 인지도 및 도달 범위**: 광범위한 잠재 고객에게 최대한 우리 서비스에 대한 광고를 많이 보여주고 인지도를 높이는 것이 목표입니다. 캠페인 유형에는 디스플레이, 동영상이 있습니다.
- **앱 프로모션**: 앱의 설치, 앱 내에서 액션을 유도하는 것이 목표입니다. 캠페인 유형은 앱 캠페인 하나뿐입니다.
- **오프라인 매장 방문 및 프로모션**: 오프라인 매장으로 방문을 유도하는 캠페인입니다. 캠페인 유형에는 실적 극대화와 지역이 있습니다.
- **목표 설정 없이 캠페인 만들기**: 따로 목표를 설정하지 않고 원하는 상품을 선택하여 캠페인을 생성할 수 있습니다.

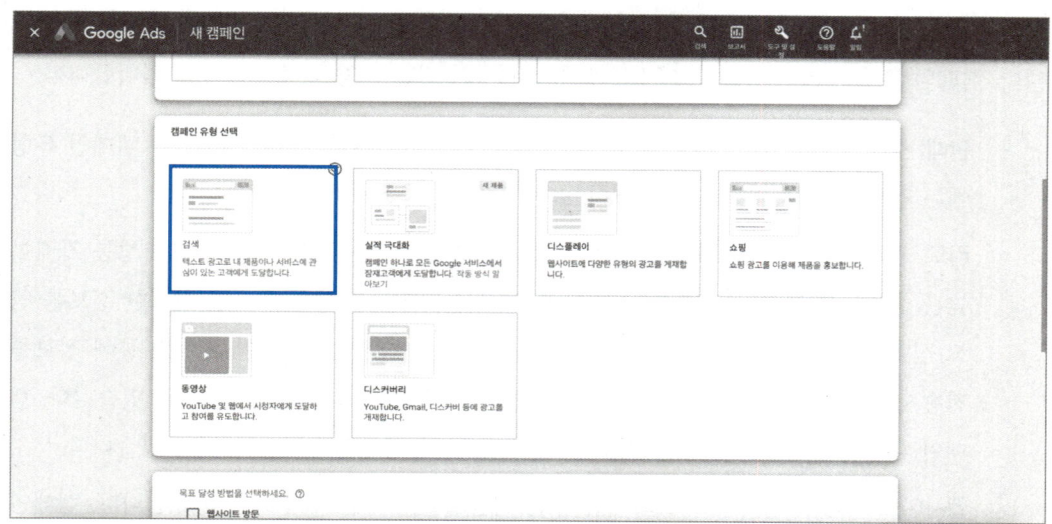

그림 5-10 캠페인 만들기 4

우리가 홍보할 구글에서는 실제로 상품을 구매할 수는 없지만, 임의로 목표는 [판매]를 선택하고, 캠페인 유형은 우리가 배울 [검색]을 선택합니다.

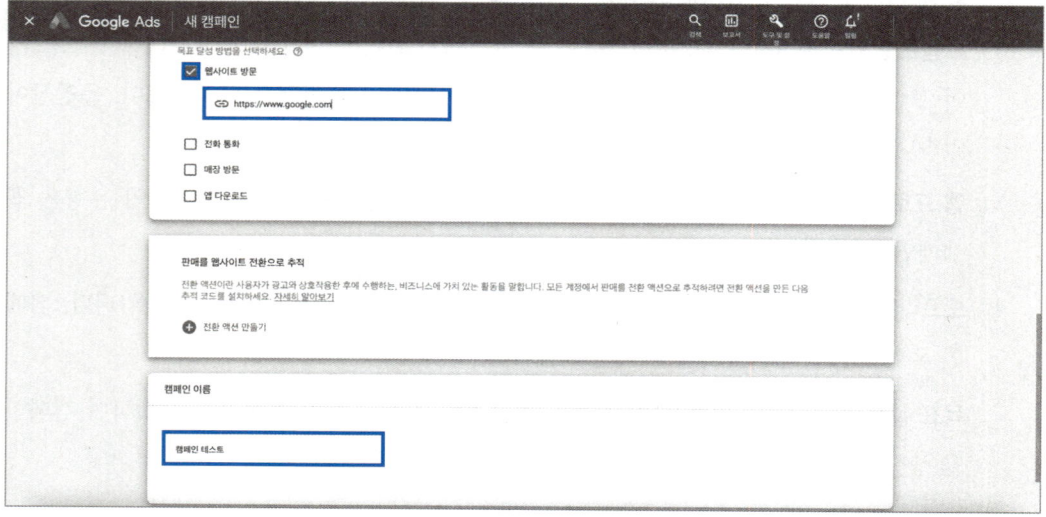

그림 5-11 캠페인 만들기 6

목표 달성 방법은 [웹사이트 방문]을 클릭하고 광고를 운영할 홈페이지 주소를 입력합니다. 홈페이지 주소는 https://www.google.com로 임의로 입력하겠습니다. [판매를 웹사이트 전환으로 추적] 부분은 지금 설정할 수 없기 때문에 넘어가고, 캠페인 이름을 "캠페인 테스트"로 입력하고 계속 버튼을 누릅니다.

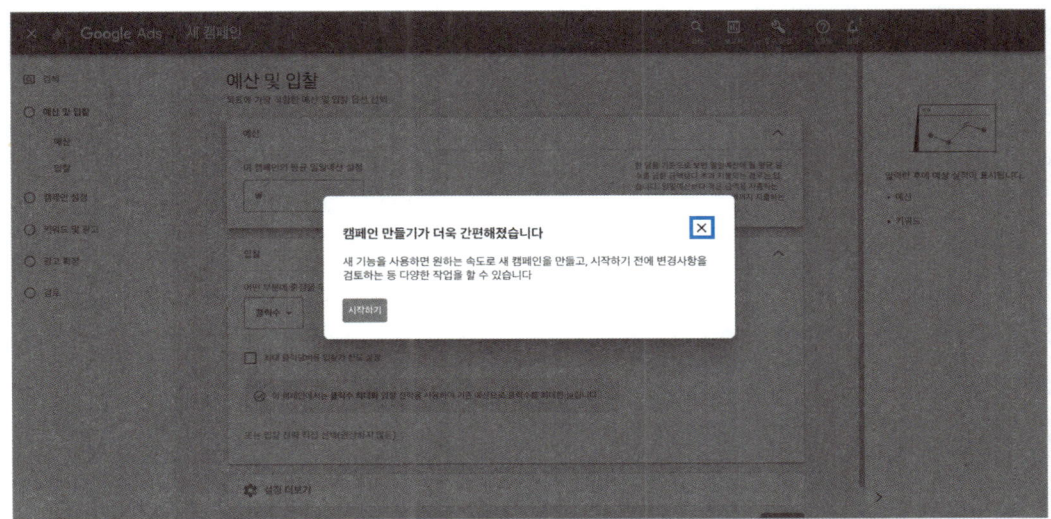

그림 5-12 캠페인 만들기 5

캠페인 만들기 가이드를 실행하기 위한 팝업창이 뜨는데, 일단 [X] 버튼을 누릅니다. 참고로 [시작하기] 버튼을 누르면 가이드가 뜨면서 캠페인 생성 방법에 대해서 가르쳐줍니다. 독자분들에게는 필자인 제가 도우미이기 때문에 가이드는 넘어가도록 합니다.

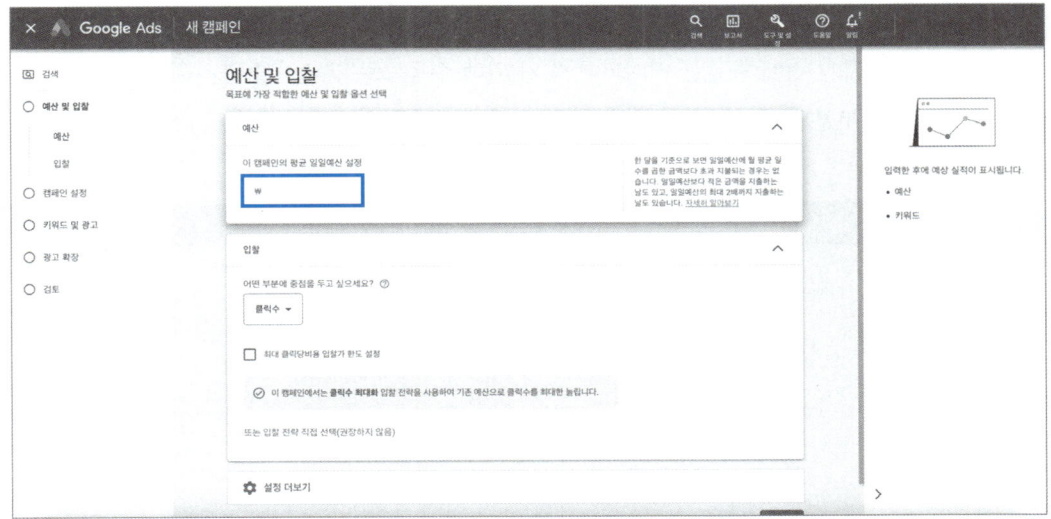

그림 5-13 캠페인 만들기 6

캠페인 설정의 가장 첫 단계, 예산과 입찰 설정 부분입니다. 예산은 임의로 10원을 입력합니다.

5장 직접 실습하며 배우는 구글 애즈 플랫폼   51

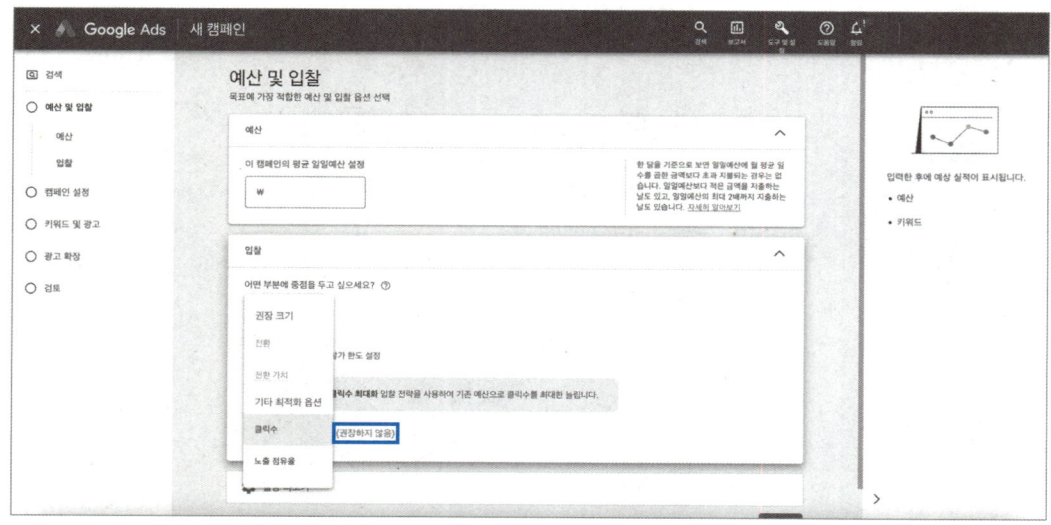

그림 5-14 캠페인 만들기 7

입찰 목표 종류에는 전환(Conversion)의 수를 늘리는 데 집중하는 [전환], 매출을 늘리는 데 집중하는 [전환 가치], 클릭 수를 최대화하는 [클릭 수], 우리 브랜드 광고의 노출 점유율을 최대한으로 늘리는 [노출 점유율]이 있습니다. 각각의 목표를 선택하면 구글 광고 시스템이 자동으로 캠페인을 관리해 줍니다. 위에서 매출을 최대화하는 것을 우리 캠페인의 목적으로 하겠다고 가정했었습니다. 이론대로라면 [전환 가치]를 목표로 설정해야 하지만 이번 실습에서는 캠페인 관리 과정을 자동화시키기 전에 충분한 데이터를 쌓기 위해 수동으로 캠페인을 관리해 보겠다고 가정하겠습니다. 아랫부분의 [입찰 전략 직접 선택(권장하지 않음)]을 선택합니다.

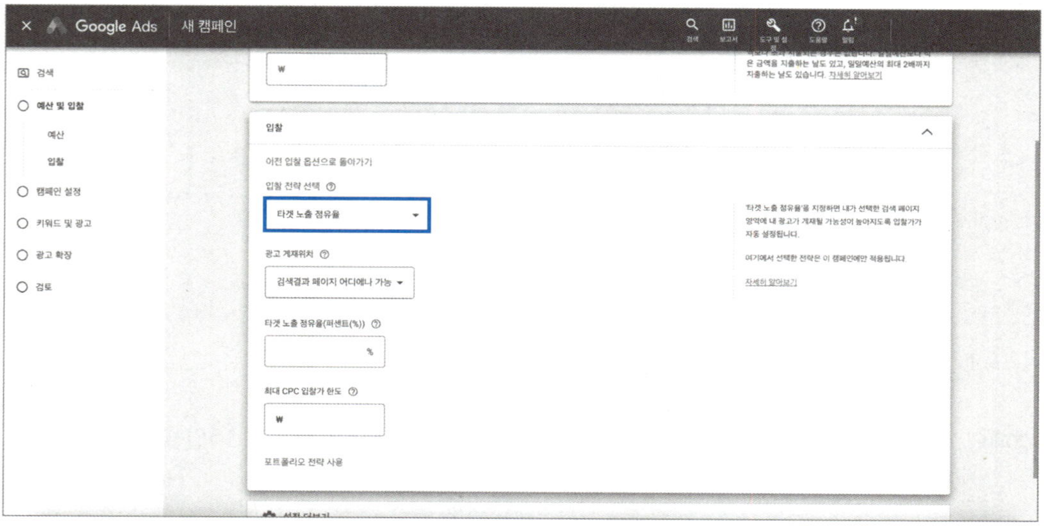

그림 5-15 캠페인 만들기 8

선택 후에는 타깃 노출 점유율로 자동으로 전략이 선택됩니다. 타깃 노출 점유율 옆의 화살표를 클릭하여 [수동 CPC]로 입찰 전략을 변경합니다. 수동 CPC 기능은 플랫폼 관리자가 직접 최대 클릭당 가격(CPC)을 설정하고, 수동으로 캠페인을 관리하겠다는 의미입니다.

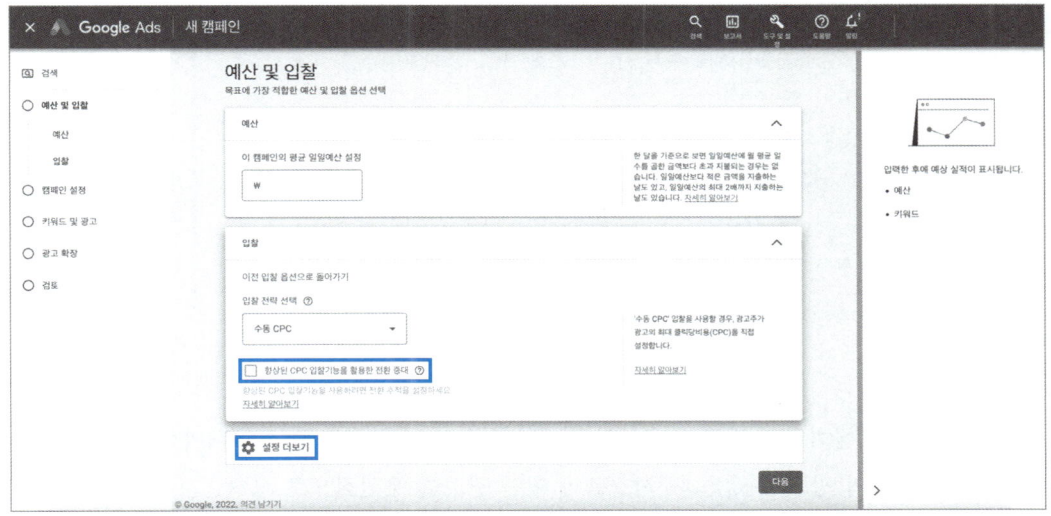

그림 5-16 캠페인 만들기 8

아래 향상된 [향상된 CPC 입찰 기능을 활용한 전환 증대]라는 옵션이 뜹니다. 연습 계정에서는 전환 추적이 설정되지 않아 이 설정이 비활성화로 뜹니다. 하지만 보통 수동 CPC로 캠페인을 운영하는 경우 이 옵션을 선택하는 경우가 많습니다. 향상된 CPC 입찰 기능은 자동으로 전환을 유도할 가능성이 큰 클릭의 최대 CPC 입찰가를 높이고 전환 가능성이 적은 클릭의 최대 CPC 입찰가를 낮추는 방식으로 작동합니다. 이 기능을 이용하면 전환 수를 늘리고 예산을 최대한 효율적으로 활용할 수 있습니다. 수동 CPC로 캠페인을 운영하더라도 이 기능을 활용하면 약간의 자동화 기술의 도움을 받을 수 있어 선택하는 것이 좋습니다. 다음 아래 [설정 더보기]를 클릭합니다.

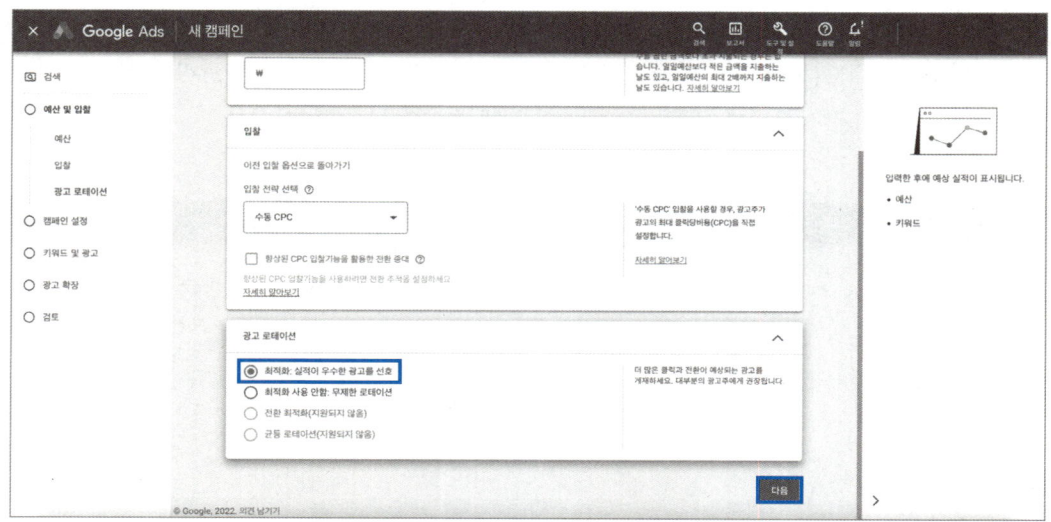

그림 5-17 캠페인 만들기 9

[설정 더 보기]를 클릭하면 광고 로테이션에 대한 설정이 나옵니다. 광고 로테이션은 한 광고 그룹 안에 여러 개의 광고가 있을 때 시스템이 어떤 광고를 우선적으로 보여줄지에 대한 설정입니다. [최적화]를 선택하면 실적이 우수한 광고를 우선적으로 노출시켜주고, [최적화 사용 안 함]을 선택하면 실적에 상관없이 모든 광고를 번갈아 가며 보여줍니다. 따라서 실적이 낮은 광고도 실적이 높은 광고만큼 노출될 가능성이 있습니다. 과거에는 다른 광고 두 가지를 동등한 조건(같은 노출값)에서 어떤 것이 더 실적이 높은지 테스트하는 A/B 테스트를 할 때 [최적화 사용 안 함] 조건을 많이 선택했었습니다. 하지만 지금은 [최적화 사용 안 함]을 선택하더라도 캠페인이 자동화 입찰 선택이 되어있으면 자동으로 최적화 설정으로 변경되기 때문에 해당 옵션은 잘 사용하지 않습니다. 따라서 [최적화]를 클릭하고 다음으로 넘어갑니다.

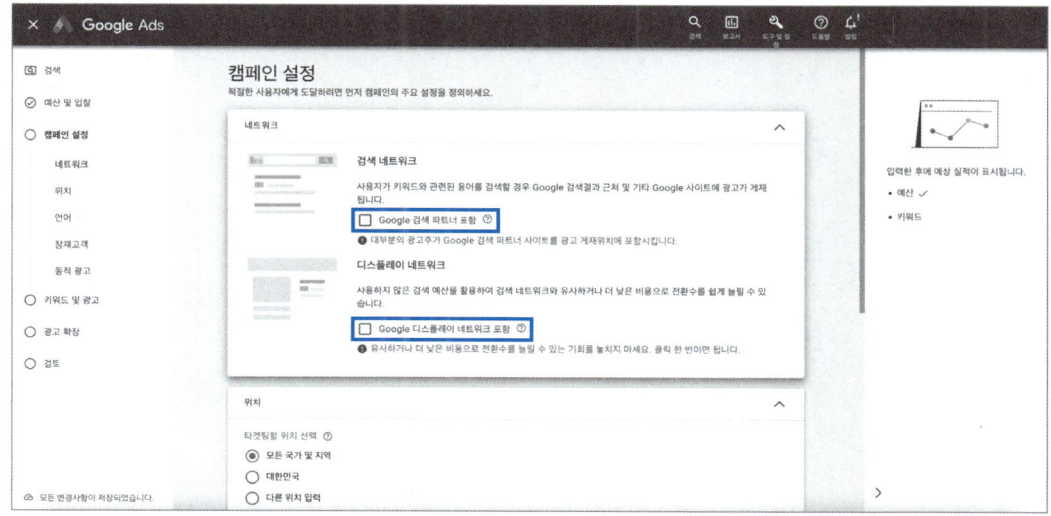

그림 5-18 캠페인 만들기 10

네트워크를 설정할 차례입니다. 검색 네트워크에서 [구글 검색 파트너 포함] 옵션이 있습니다. 이것은 구글이 파트너 관계를 맺은 여러 검색 네트워크 사이트들에 광고를 노출할지 말지 선택하는 것입니다. 이 사이트에는 유튜브나 구글 지도와 같은 구글의 서비스를 비롯해 아마존이나 월마트 같은 외부 사이트들도 포함됩니다. 만약 노출을 최대한 늘리고 싶다면 선택하는 것을 추천하고, 우리 서비스의 광고가 노출되는 곳을 면밀하게 관리하고 싶다면 선택하지 않는 것을 추천합니다. 구글 검색 파트너는 몇천 개, 몇만 개가 있고 의도치 않게 우리 브랜드 이미지와 맞지 않는 곳에 우리의 광고가 노출될 위험이 있기 때문입니다. 일단 체크 표시를 해제하고 넘어가도록 하겠습니다.

아래는 디스플레이 네트워크 설정입니다. 디스플레이 광고란 2장에서 배운 것처럼 이미지나 비디오를 소재로 사용해 집행하는 광고 형태를 말합니다. 구글 디스플레이 네트워크는 구글과 파트너 관계를 맺은 비디오나 이미지 광고 영역을 제공하는 사이트들입니다. 쉽게 예를 들어 티스토리 블로그를 운영하면 구글 애드센스를 이용하여 수익을 창출할 수 있습니다. 내 블로그 영역 중 일부에 구글 광고를 보여줌으로써 수익을 나눠 받는 형태입니다. 이때 티스토리가 구글의 디스플레이 네트워크 중 하나입니다. 신규 출시된 실적 최적화 상품을 이용하는 것이 아니라면 보통은 편의를 위해서 디스플레이와 검색 광고는 각각 캠페인을 생성해 관리하는 것이 용이합니다. 따라서 [구글 디스플레이 네트워크 포함] 체크 표시를 해제하고 다음으로 넘어가도록 하겠습니다.

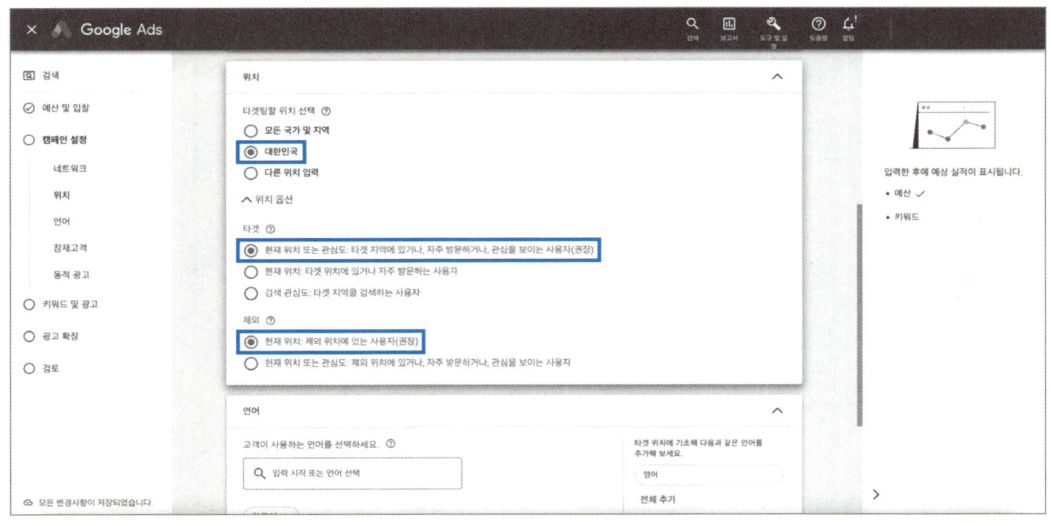

그림 5-19 캠페인 만들기 11

다음은 위치 설정입니다. 구글은 플랫폼에서 사용자의 설정, 기기, 동작 등 다양한 신호를 기반으로 사용자의 위치를 예측합니다. 구글 광고는 국가는 물론 도시, 지역 혹은 우편번호 단위로도 타기팅을 할 수 있습니다. 우리 비즈니스가 만약 오프라인 상점이 있을 경우 이런 위치 기반 타기팅은 아주 유용하게 쓰입니다. 지금은 일단 나라 단위인 [대한민국]을 선택하도록 하겠습니다.

아래 위치 옵션을 클릭하면 [타깃]과 [제외] 상세 설정이 뜹니다. 우선 타깃에 대해서 자세히 살펴보겠습니다. 보통 상품을 파는 이커머스 업계에서는 두 번째 옵션인 [현재 위치]를 선택하는 것이 일반적입니다. 여행 업계 같은 경우에는 3번 옵션도 유용하게 쓰일 수 있습니다. 권장 옵션인 첫 번째 타깃 방식을 선택하도록 하겠습니다.

1. **현재 위치 또는 관심도**: 타깃 지역에 있거나, 자주 방문하거나, 관심을 보이는 사용자(권장) – 아래 두 옵션을 둘 다 포함하는 옵션입니다.
2. **현재 위치**: 타깃 위치에 있거나 자주 방문하는 사용자 – 현재 우리가 설정한 위치에 있거나 출장이나 여행으로 해당 위치에 자주 방문하는 사용자들을 타기팅하는 옵션입니다.
3. **검색 관심도**: 타깃 지역을 검색하는 사용자 – 해당 지역에 관심이 있어서 타깃 지역을 검색하는 사용자입니다. 예로 해당 지역에 있지 않더라도 여행 목적지에 대해 알아보는 사람들도 여행 목적지 타기팅에 포함될 수 있습니다.

타기팅하고 싶지 않은 위치를 제외 옵션에 추가할 수 있습니다. 첫 번째 [현재 위치, 제외 위치에 있는 사용자]를 선택하면 제외 위치에 추가된 위치들이 타기팅에서 제외됩니다. 두 번째 옵션은 해당 위치에 있거나, 자주 방문하거나 검색 관심도를 보여주는 사용자들을 제외할 수 있는 옵션입니다. 일단 첫 번째 옵션을 선택하고 넘어갑니다.

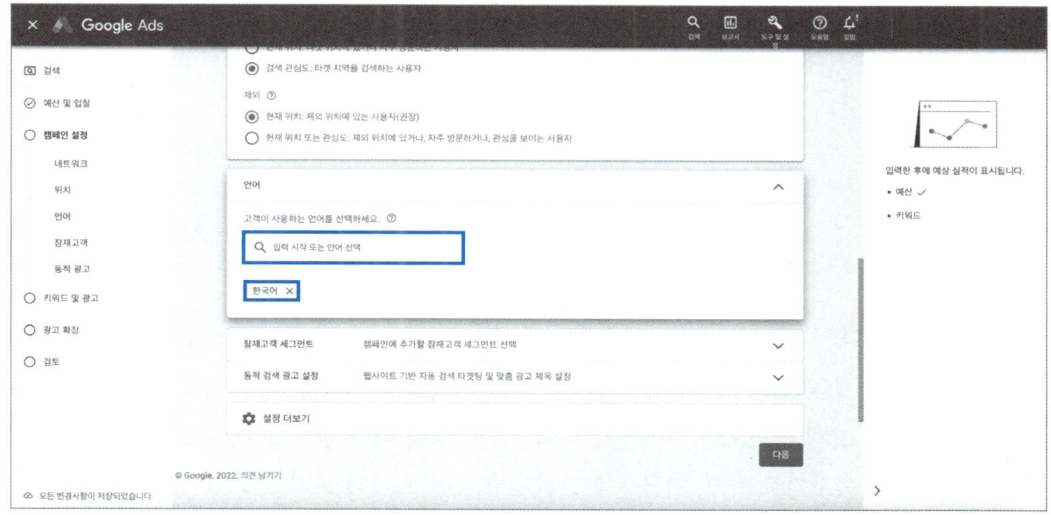

그림 5-20 캠페인 만들기 12

언어 타기팅을 선택할 차례입니다. 언어 타기팅은 우리가 원하는 언어를 사용하는 이용자들을 타기팅할 때 사용하는 옵션입니다. 구글은 다양한 신호를 사용하여 사용자가 구사할 수 있는 언어가 무엇인지 파악하고, 사용자가 이해하는 언어로 광고를 게재합니다. 이러한 신호에는 머신러닝 알고리즘에서 파생된 쿼리 언어, 사용자 설정, 기타 언어 신호가 포함될 수 있습니다. 예를 들어, 크롬 환경설정이 영어로 되어 있더라도 구글에서 검색할 때 주로 사용하는 언어가 한국어라면 한국어로 된 광고를 보여주는 등 여러 가지 데이터와 신호를 분석해서 사용자가 사용하는 언어를 파악합니다. 언어를 설정할 때는 우리가 작성할 광고 카피의 언어와 캠페인 세팅을 동일하게 하는 것이 좋습니다. 예를 들면 한국 마켓을 타깃으로 하더라도, 영어 사용자를 타깃으로 하는 영어 광고가 포함된 캠페인, 한국어 사용자를 타깃으로 하는 한국어 광고 캠페인 두 가지 캠페인을 동시에 운영할 수 있습니다. 일단 우리는 한국어 카피를 작성할 예정이므로 [한국어]를 선택하겠습니다.

그림 5-21 캠페인 만들기 13

잠재 고객(오디언스) 세그먼트는 우리가 원하는 프로필을 가진 고객들을 타기팅할 때 사용하는 옵션입니다. 잠재 고객은 퍼포먼스 마케팅 캠페인을 운영할 때 가장 중요한 요소 중 하나이므로 뒤에서 자세히 알아보기로 하고, 지금은 간단하게 기능을 소개해 드리겠습니다. 검색을 통해 우리가 원하는 잠재 고객 리스트를 선택할 수 있습니다. 일단 "패션"을 검색해서 [여성 의류] 카테고리에 구매 의도를 가진 잠재 고객 리스트를 추가해 보겠습니다.

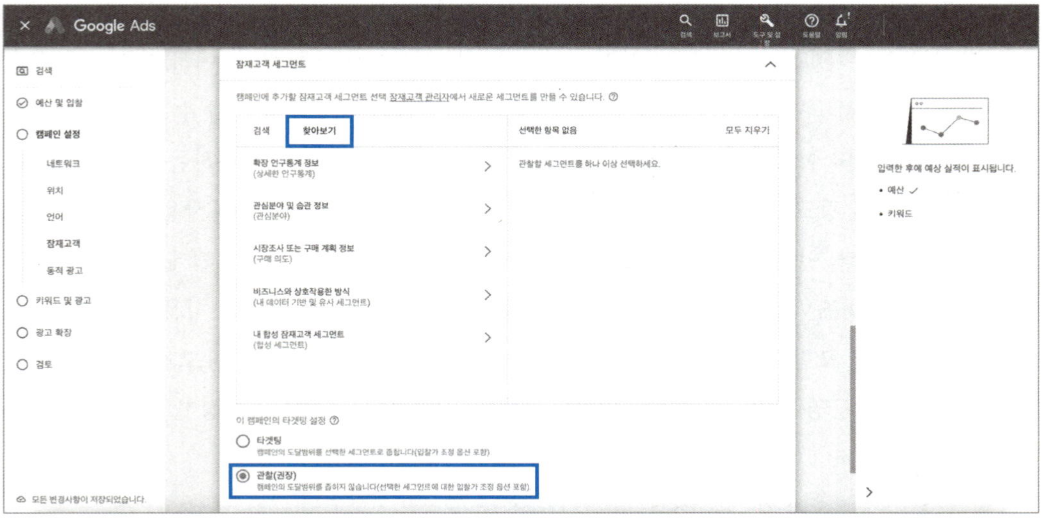

그림 5-22 캠페인 만들기 14

[찾아보기]를 통해 잠재 고객을 추가할 수 있습니다. 인구통계나 관심 분야, 구매 의도 등 여러 가지 리스트를 사용해 내가 원하는 잠재 고객들을 타기팅할 수 있습니다. 특정 잠재 고객은 따로 추가하지 않고 아래 이 캠페인의 타기팅 설정으로 넘어갑니다.

"이 캠페인의 타기팅 설정"을 통해 잠재 고객 타기팅 방식을 변경할 수 있습니다. 첫째 [타기팅]을 선택하면 내가 추가한 잠재 고객 리스트에 해당되는 고객들에게만 광고가 보이고, 둘째 [관찰]을 선택하면 잠재 고객 리스트에 있지 않은 사람들 포함, 모든 고객들을 타기팅하되 내가 추가한 잠재 고객 리스트에 대한 데이터를 쌓을 수 있습니다. 보통 캠페인을 시작할 때는 관찰로 시작하고, 각각의 잠재 고객의 퍼포먼스에 따라 잠재 고객을 타기팅에서 제외하기도, 캠페인 세팅을 [타기팅]으로 변경하기도 합니다. [관찰]을 선택하고 아래로 넘어가도록 하겠습니다.

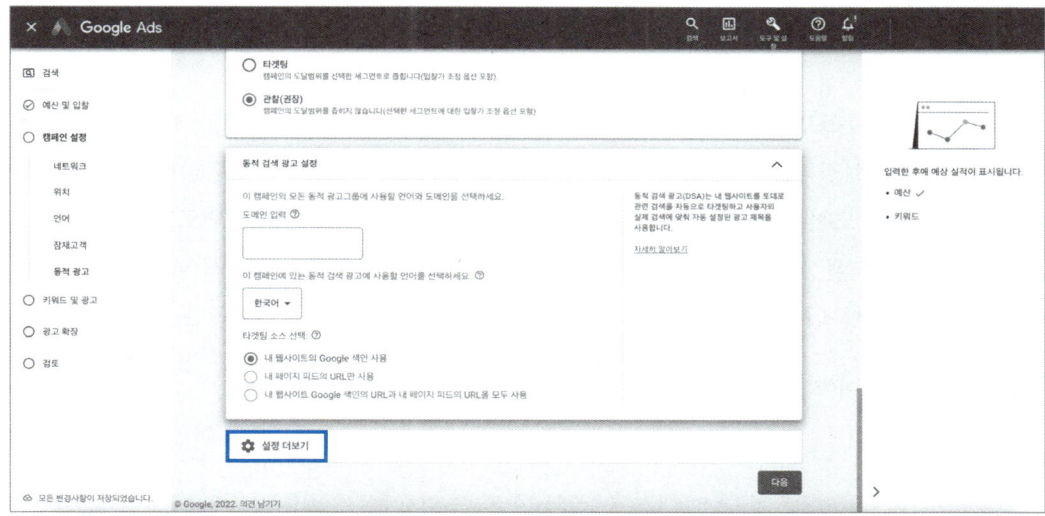

그림 5-23 캠페인 만들기 15

동적 검색 광고(Dynamic Search Ads)는 내 웹사이트에 입력된 정보를 토대로 자동으로 키워드를 타기팅하고, 광고 제목 또한 자동으로 생성되는 상품입니다. 일단 해당 캠페인에서는 사용하지 않겠습니다. 하단의 [설정 더보기]를 클릭합니다.

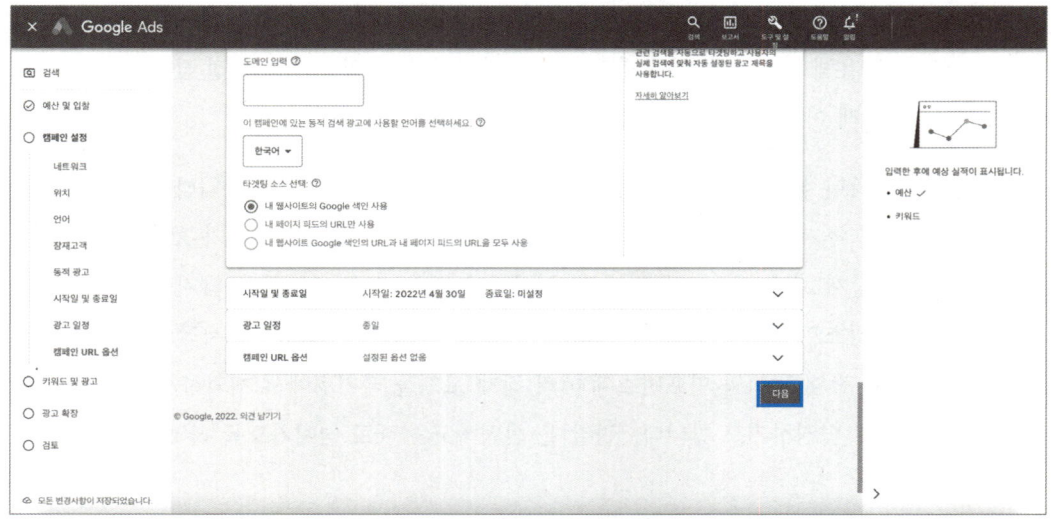

그림 5-24 캠페인 만들기 16

[설정 더보기]를 누르면 [시작일 및 종료일], [광고 일정], [캠페인 URL 옵션]이 나옵니다. [시작일 및 종료일]을 설정하면 설정된 기간에 자동으로 캠페인이 시작되고, 종료됩니다. 특정 시즌에만 진행하는 프로모션을 진행할 때 유용합니다. [광고 일정]은 요일별, 시간별로 광고가 노출되기 원하는 시간을 설정할 수 있습니다. [캠페인 URL 옵션]은 캠페인 레벨에서 트래킹과 URL을 설정할 수 있는 부분입니다. 일단 세 설정 다 그대로 놔두고 [다음]을 클릭합니다.

모든 캠페인 설정이 완료되었습니다. 이어서 광고 그룹을 만들어보겠습니다.

3. 광고 그룹 만들기

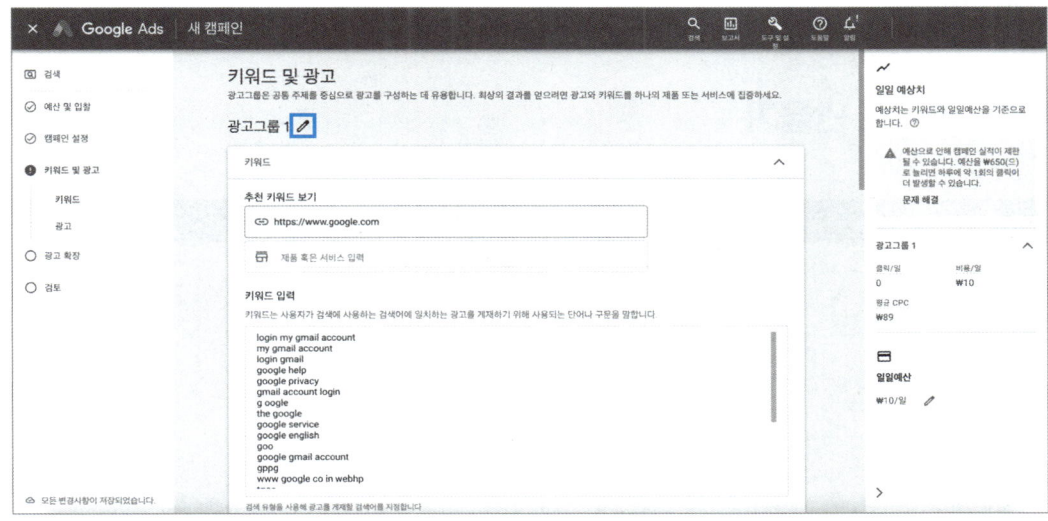

그림 5-25 광고 그룹 만들기 1

캠페인 설정을 마치면, 친절하게도 구글이 광고 그룹도 자동으로 생성해 줍니다. 광고 그룹은 위에서 배운 것처럼 캠페인 하위 단계이며, 키워드와 광고를 묶어주는 그룹입니다. 광고 그룹 1 옆의 [연필 모양]을 누르면 광고 그룹 이름을 변경할 수 있습니다.

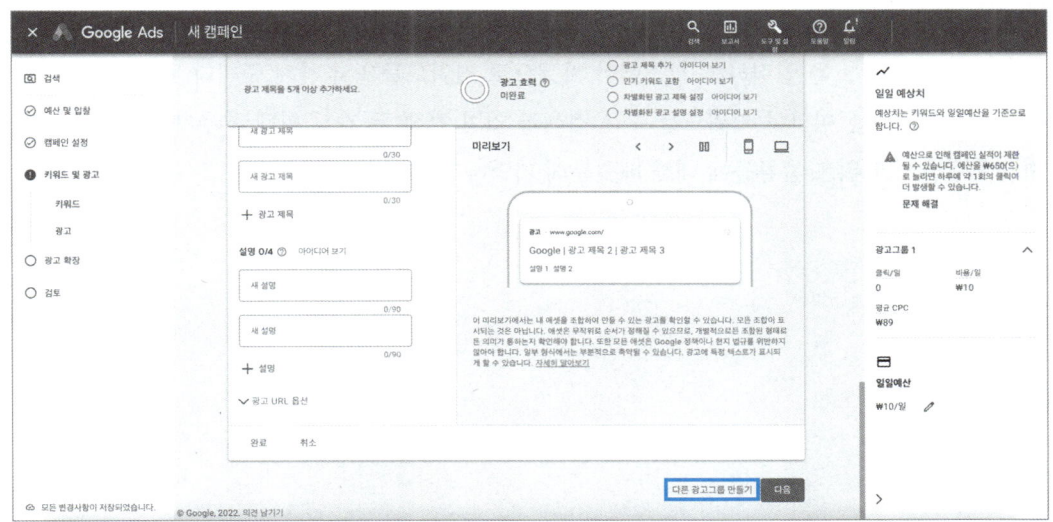

그림 5-26 광고 그룹 만들기 2

광고 그룹을 추가하고 싶다면 하단의 [다른 광고 그룹 만들기]를 클릭하면 됩니다. 실습에서는 따로 다른 광고 그룹은 만들지 않고, 광고 그룹 안의 키워드와 광고를 추가해 보겠습니다.

4. 키워드 만들기

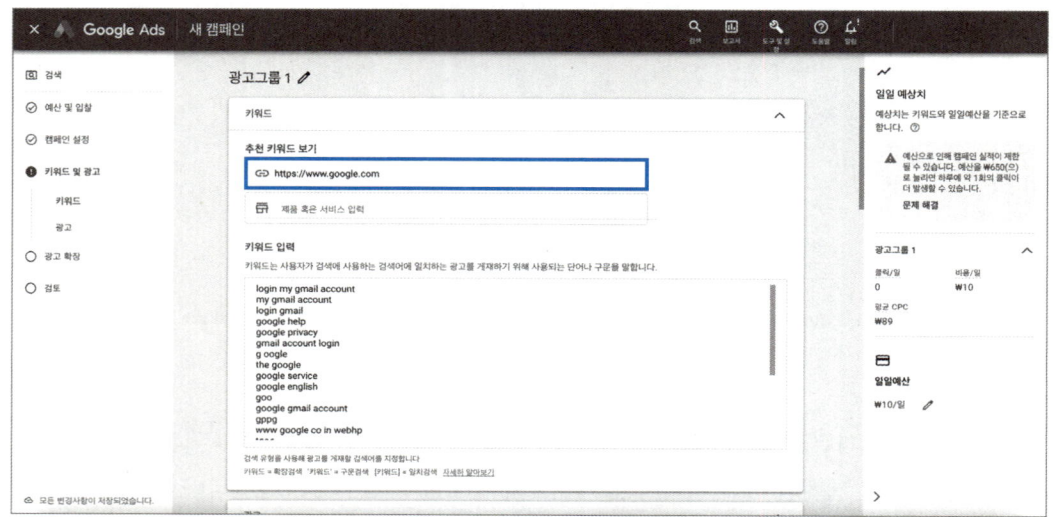

그림 5-27 키워드 추가하기 1

광고 그룹을 생성하는 화면에서 이동하지 않고 바로 키워드를 생성할 수 있습니다. 광고를 연결시킬 홈페이지 주소를 입력하면 시스템이 자동으로 키워드들을 추천해 줍니다. 이 모든 키워드들을 지우고 "구글"이라는 키워드를 구문 검색과 일치 검색 두 가지 형태로 추가해 보겠습니다. 책의 초반에서 키워드 종류들에 대해 배웠는데 기억하시나요?

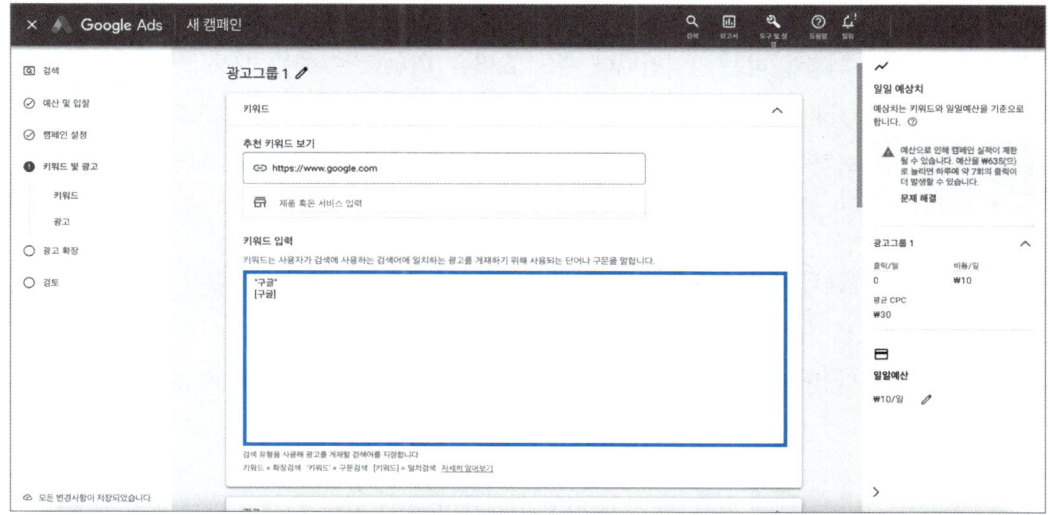

그림 5-28 키워드 추가하기 2

키워드를 대량으로 업로드할 때는 키워드의 종류를 쉽게 구분하기 위해서 기호를 사용합니다. 구문 검색은 앞뒤로 큰따옴표, 예를 들어 "구글"을 입력하면 되고, 일치 검색은 키워드 앞뒤로 대괄호, 예로 [구글]을 입력하면 됩니다. 우리가 타기팅하고 싶은 키워드 두 개를 입력했으니 아래로 내려가 광고를 추가해 보겠습니다.

5. 광고 만들기

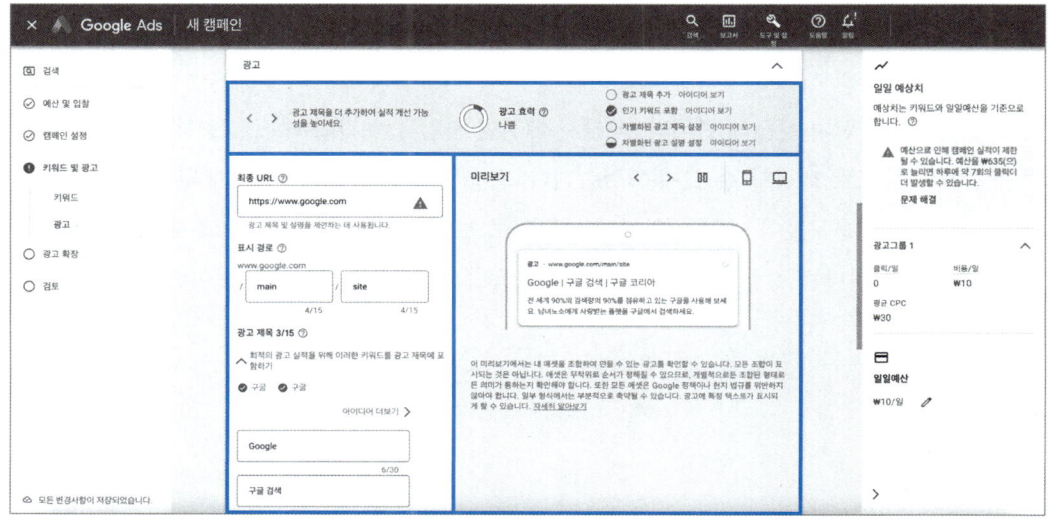

그림 5-29 광고 추가하기 1

광고는 아래로 스크롤을 내리면 바로 생성 가능합니다. 상단 부분은 이 광고의 효력(퀄리티)을 표시해 주는 가이드 역할을 하는 영역입니다. 광고 효력은 '미완료', '나쁨', '보통', '좋음'에서 '매우 좋음'까지 평가를 사용해 광고 문구의 관련성, 품질, 다양성을 측정합니다. 광고 효력이 높을수록 광고 실적을 극대화하는 데 도움이 됩니다. 따라서 광고를 설정할 때는 광고 효력이 매우 좋음이 뜰 때까지 계속 좋은 문구를 테스트해 보는 중요합니다.

아래 창은 왼쪽 하얀색 부분과 오른쪽 회색 부분으로 나눠집니다. 하얀색 부분은 입력 부분이고, 오른쪽 회색 부분은 우리가 입력한 값이 실제로 광고 지면에서는 어떻게 보이는지 확인하는 미리 보기 화면입니다. 이 영역들에 대해 설명하기 전에 우리가 세팅할 광고의 종류에 대해 알아보겠습니다.

앞장에서 광고 구조에 대해 배울 때 실제 검색 결과 화면에서 광고 제목은 최대 3개, 설명은 최대 2개 노출될 수 있다는 것을 배웠습니다. 과거에는 이 영역들을 활용하는 것이 제한적이었습니다. 확장 텍스트 광고를 이용했기 때문입니다.

확장 텍스트 광고는 광고를 입력하는 란이 광고 제목 3개, 설명 2개입니다. 광고 제목 1에 입력한 부분이 실제 광고 게재 화면에서도 광고 제목 1에 노출되고, 광고 제목 2는 위치 2에 노출되는 형태였습니다. 하지만 이 광고 형태는 광고의 위치별 퍼포먼스를 테스트하기 위해서 여러 광고를 동시에 올려서 테스트를 해야 하기 때문에 비효율적이고, 결과를 비교하기도 힘들었습니다. 따라서 확장 텍스트 광고는 현재 은퇴하였고, 단점들을 보완해서 출시한 것이 반응형 검색 광고입니다.

반응형 검색 광고는 구글 검색 광고의 기본 설정 형태이고 우리가 만들 광고 형태이기도 합니다. 반응형 광고는 광고 제목 최대 15개, 설명은 4개까지 입력이 가능합니다. 이렇게 여러 광고 문구를 추가하면 구글의 시스템이 자동으로 번갈아 가며 여러 위치에 카피를 노출하며 광고 카피 당 최적의 위치는 어딘지 분석해 줍니다. 따라서 예전엔 사람들이 직접 테스트를 하고 결과를 분석하던 것을 자동으로 해결할 수 있게 되었습니다. 반응형 검색 광고를 만들 때 주의해야 할 점은 우리가 업로드한 문구들이 다양한 위치에 무작위로 보일 수 있기 때문에 광고 제목들이 이어지게 작성하면 안 된다는 것입니다. 각각의 카피는 독립적이고, 어느 위치에 보이더라도 어색하지 않아야 합니다.

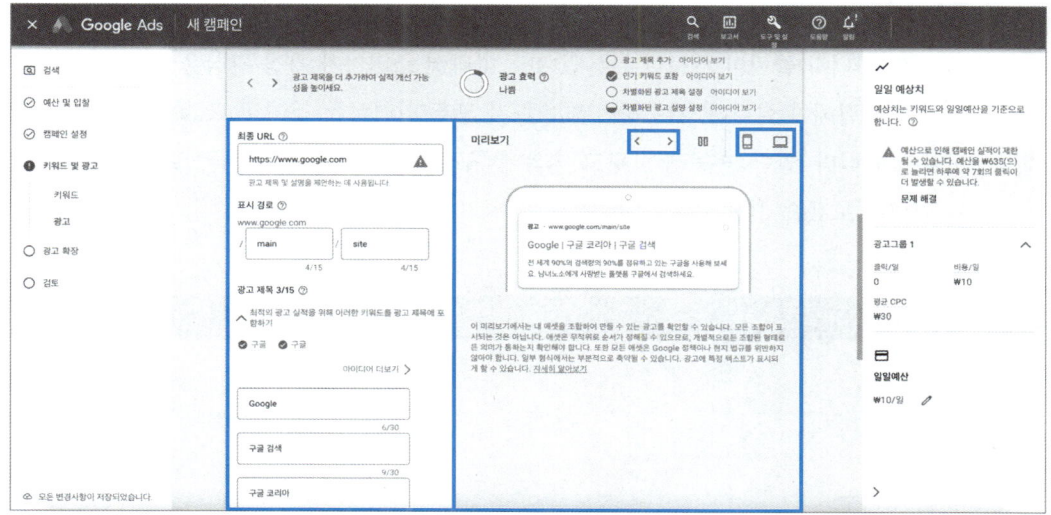

그림 5-30 광고 추가하기 2

다시 화면으로 돌아가 보겠습니다. 먼저 오른쪽 회색 화면의 미리 보기를 살펴보겠습니다. 미리 보기 화면은 실제로 구글 검색 결과 화면에 우리 광고가 어떻게 노출될지 미리 보여주는 영역입니다. [우측 상단의 아이콘]을 클릭해서 모바일, 데스크톱 간 화면 전환도 가능합니다. [화살표]를 클릭해보면서 다양한 반응형 검색 광고의 조합도 확인해 볼 수 있습니다.

다음은 왼쪽 흰색의 입력 부분을 확인해 보겠습니다.

- **최종 URL**: 광고를 클릭했을 때 이동하는 URL을 입력하는 공간입니다. 키워드를 세팅할 때도 최종 URL을 입력할 수 있는데, 키워드와 광고 둘 다 최종 URL이 설정되어 있는 경우는 키워드 URL이 우선시되어 키워드 URL로 연결됩니다. 키워드 URL이 입력되지 않았을 때는 자동으로 광고 URL로 연결됩니다.

- **표시 경로**: 표시 경로는 광고 화면에 노출되면서 소비자들에게 이 광고를 클릭하면 어떤 URL로 연결될지 힌트를 주는 영역입니다. 우측 미리 보기를 보면 최종 URL 뒤에 표시 경로가 추가된 것을 볼 수 있습니다. 주의해야 할 점은 표시 경로는 일종의 장식일 뿐이지 실제로 연결되는 URL의 일부분이 아니라는 것입니다. 예를 들어, 표시 경로 1에는 main, 표시 경로 2에는 site를 입력해서 미리 보기에 www.google.com/main/site 이렇게 하나의 URL이 생성된 것을 볼 수 있습니다. 하지만 보이기만 이렇게 보일 뿐 광고를 클릭하면 표시 경로는 무시되며 최종 URL인 https://www.google.com으로 연결됩니다.

- **광고 제목**: 광고 제목은 광고에서 가장 크게 주목받는 영역입니다. 파란색으로 굵게 표시될 뿐만 아니라 클릭이 가능한 부분입니다. 따라서 소비자가 가장 관심을 가질 정보를 간단하게 입력해야 합니다. 가능하다면 15가지 모두 입력하는 것이 광고 효력을 높이는 데 도움이 됩니다. 일단 연습 삼아 광고 제목에 "구글", "구글 검색", "구글 코리아"를 차례대로 입력해 보겠습니다.

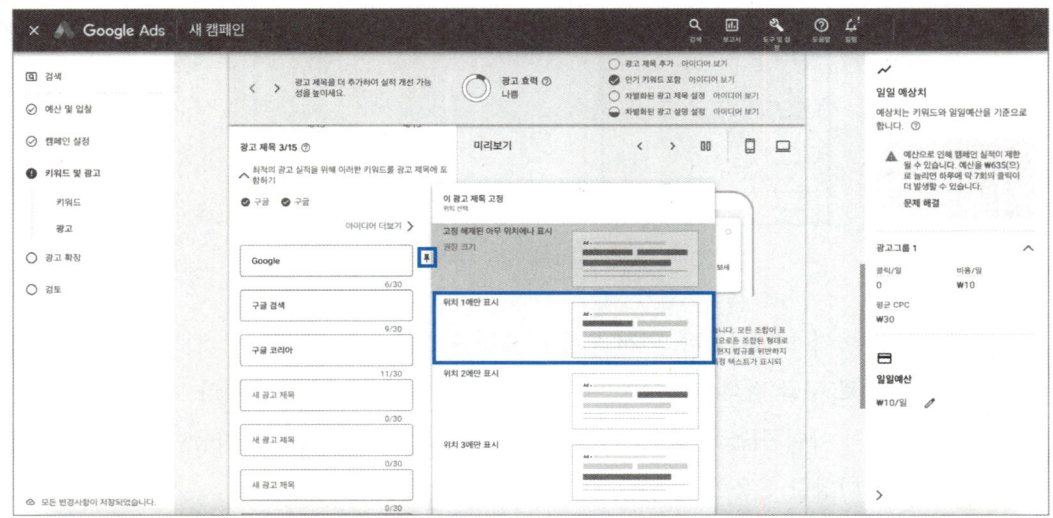

그림 5-31 광고 추가하기 4

앞에서 반응형 검색 광고를 사용할 시 15가지 광고 제목이 위치 1, 2, 3에 무작위로 노출된다고 배웠습니다. 하지만 광고 제목 중에 특정 위치에 꼭 표시하고 싶은 것이 있으면 광고 제목 옆의 [핀]을 클릭하면 됩니다. 그러면 광고 제목 고정 옵션이 뜨고 내가 고정하고 싶은 위치를 선택할 수 있습니다. 예를 들어, "XX 공식 홈페이지"같이 홈페이지를 대표하는 정보는 위치 1에 고정해두는 것이 좋습니다. 위에서는 광고 제목 "Google"을 [위치 1에만 표시]되도록 고정하겠습니다.

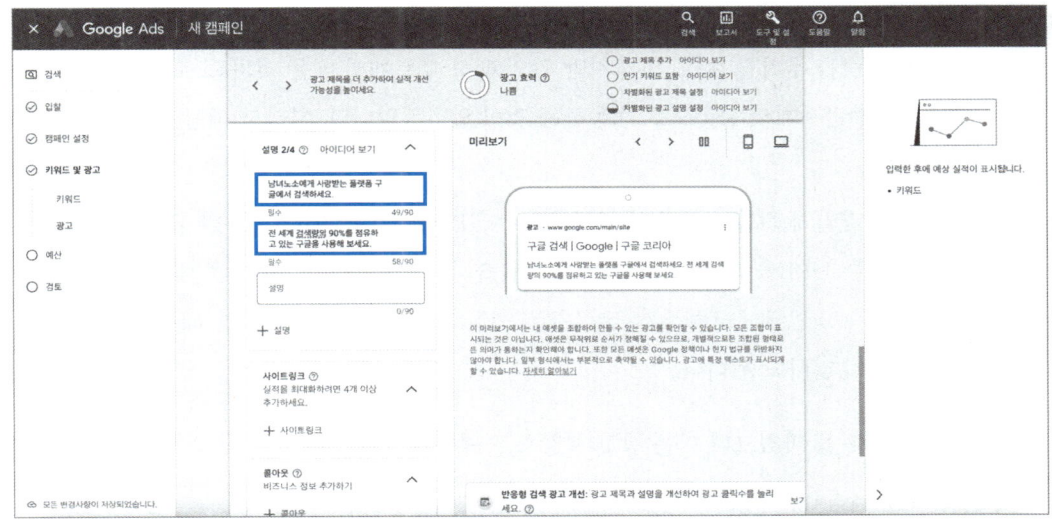

그림 5-32 광고 추가하기 5

- **설명**: 설명은 광고 제목에서 담지 못했던 혜택이나 설명을 담는 영역입니다. 제목은 최대 15개까지 입력이 가능했지만 설명은 최대 4개까지 입력 가능합니다. 제목과 마찬가지로 가능한 4개 모두 작성하는 것이 좋습니다. 이번 실습에서는 "남녀노소에게 사랑받는 플랫폼 구글에서 검색하세요.", "전 세계 검색량의 90%를 점유하고 있는 구글을 사용해 보세요." 두 가지 설명만 입력하도록 하겠습니다.

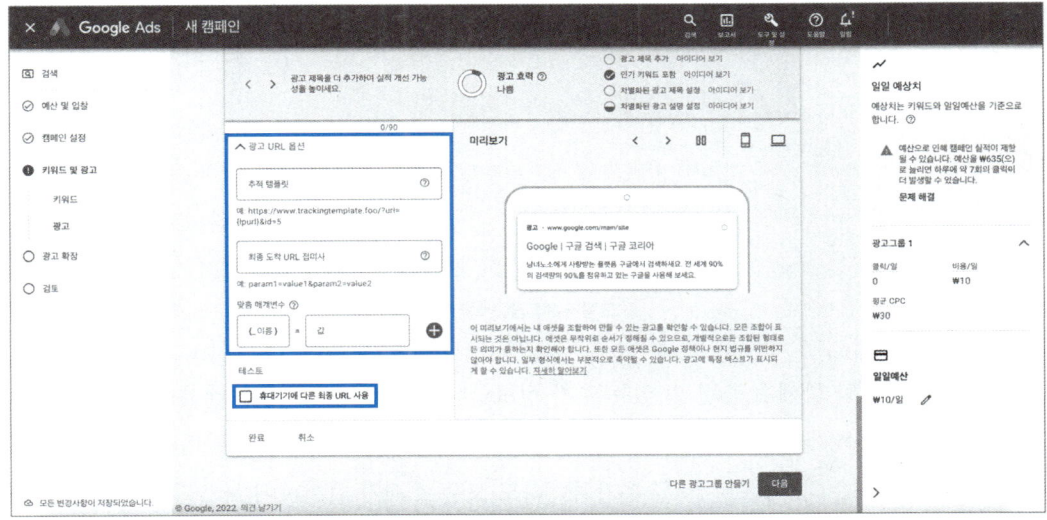

그림 5-33 광고 추가하기 6

- **광고 URL 옵션**: 광고 URL 옵션은 트래킹 템플릿들을 추가하는 곳입니다. 광고 URL 옵션에서 템플릿을 추가할 수 있긴 하지만 위 트래킹 부분에서 배운 것처럼 트래킹은 계정 단위 및 상위 단계에서 자동으로 적용하는 것이 일반적입니다. 따라서 해당 부분은 비워 둬도 됩니다.
- **테스트**: 모바일에 적합한 랜딩 페이지가 따로 있다면 모바일에서 접속한 유저들에게 데스크톱과 다른 URL을 사용해서 보여줄 수 있습니다. 요즘 웹사이트들은 대부분 반응형(데스크톱이나 모바일에 맞춰 자유자재로 포맷이 자동으로 변경되는 형식)이기 때문에 따로 URL을 사용하지 않아도 됩니다.

광고와 키워드 세팅을 마쳤으니 다음 광고 확장으로 넘어가 보겠습니다.

6. 광고 확장 만들기

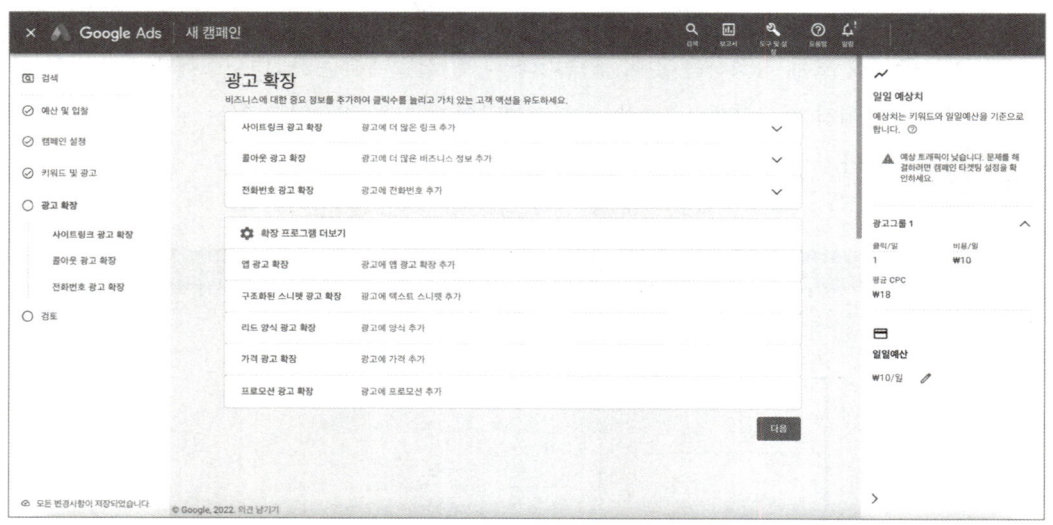

그림 5-34 광고 확장 1

광고 확장은 광고와 함께 노출될 수 있는 추가 정보입니다. 필수적으로 추가해야 하는 것은 아니지만, 추가하면 소비자들과 관련된 정보를 노출할 수 있어 퍼포먼스가 향상됩니다. 광고 확장에는 여러 가지가 있는데, 이 모든 것을 추가하더라도 모든 소재가 한꺼번에 노출되는 것이 아니라 구글의 알고리즘에 의해서 광고 실적 개선을 도와줄 것 같은 소재들만 자동으로 노출이 됩니다. 광고 확장의 종류에는 홈페이지에서 자동으로 정보를 가져와 알아서 소재를 만들어주는 자동 확장이 있고, 직접 설정할 수 있는 수동 확장이 있습니다. 자동 확장은 간편하게 설정을 켜 주기만 하면 다른 세팅 과정이 필요하지 않습니다. 위 그림에 나와 있는 확장 소재들은 모두 수동으로 설정하는 수동 확장 소재들입니다. 확장 소재의 종류에 대해 알아보기 위해서 종류별로 하나씩 살펴보겠습니다. 확장 소재 같은 경우는 종류가 많기 때문에 따로 실습은 하지 않고 편하게 읽어 보시는 것을 추천드립니다.

★ 사이트링크 광고 확장

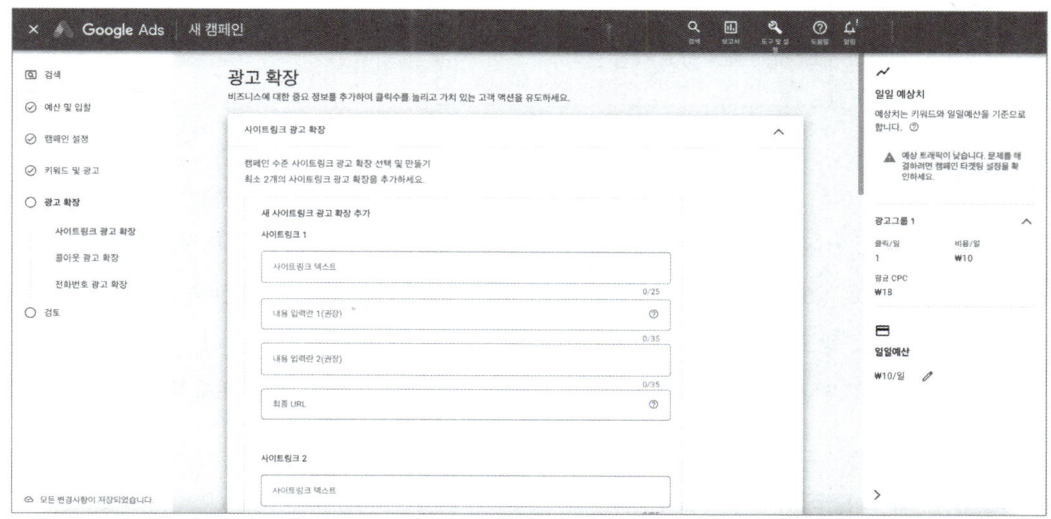

그림 5-35 사이트링크 광고 확장 설명

사이트링크는 메인 광고 URL과 연관 있는 다양한 URL을 추가해 클릭을 유도하는 소재입니다. 예를 들어 메인 URL이 홈페이지 메인 페이지로 이어진다면, 사이트링크를 옷, 액세서리, 화장품 관련 페이지로 설정할 수 있습니다. 사용자가 만약 화장품 페이지를 방문하려고 했다면 메인 페이지를 통해 화장품 페이지로 이동하는 게 아니라, 사이트링크를 통해 바로 화장품 페이지로 이동해 소비자의 이동 경로를 짧게 만들어줄 수 있습니다.

사이트링크를 추가하기 위해서는 제목이 될 사이트링크 텍스트와, 사이트링크 텍스트를 자세하게 설명하는 내용 입력란 1과 내용 입력란 2, 그리고 이 사이트링크를 클릭했을 시 연결될 최종 URL을 입력하면 됩니다. 사이트링크 광고 확장을 노출하기 위해서는 최소 2개의 사이트링크를 추가해야 합니다.

그림 5-36 사이트링크 광고 확장 예시

위 예시에서 박스 안에 들어있는 링크들이 사이트링크입니다. 첫 번째 사이트링크를 예로 들어보면 "Google Ads 광고 비용은?" 부분이 사이트링크 텍스트이고 "광고 예산을 설정해 보세요"가 내용 입력란 1, "광고가 클릭될 때만 지불하세요"가 내용 입력란 2가 됩니다. 그리고 "Google Ads 광고 비용은?" 부분을 클릭하면 최종 URL로 설정된 페이지로 이동을 하게 됩니다.

★ 콜아웃 광고 확장

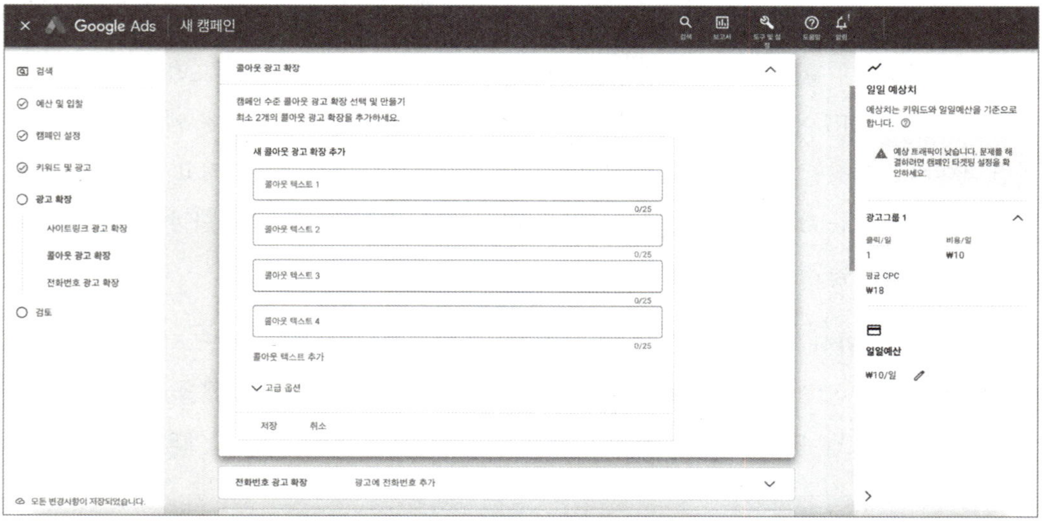

그림 5-37 콜아웃 광고 확장

사용자에게 제품의 혜택을 홍보해 관심을 유도하기 위한 짧은 문구를 콜아웃이라고 합니다. "전 상품 무료배송", "24시간 고객상담" 같은 문구를 사용할 수 있습니다. 사이트링크와 마찬가지로 최소 2개 이상의 콜아웃을 추가해야 합니다.

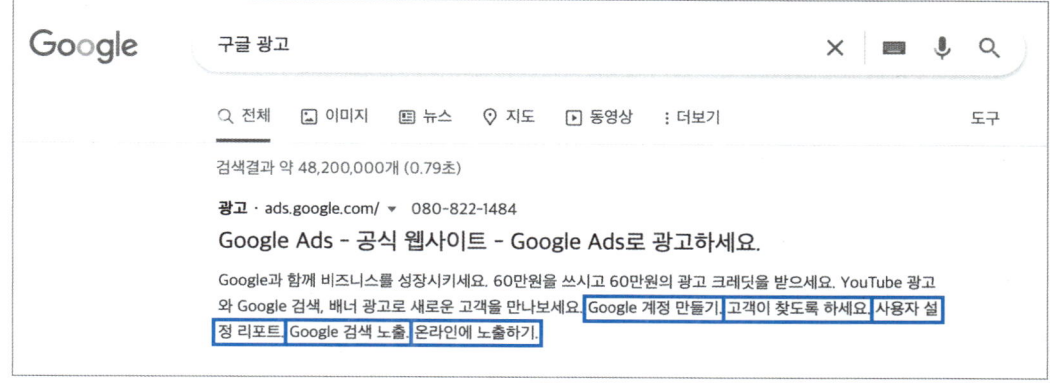

그림 5-38 콜아웃 광고 확장 예시

예시를 보면 광고 설명란과는 달리 짧고 눈길을 끄는 문구들로 이루어진 것을 볼 수 있습니다.

★ 전화번호 광고 확장

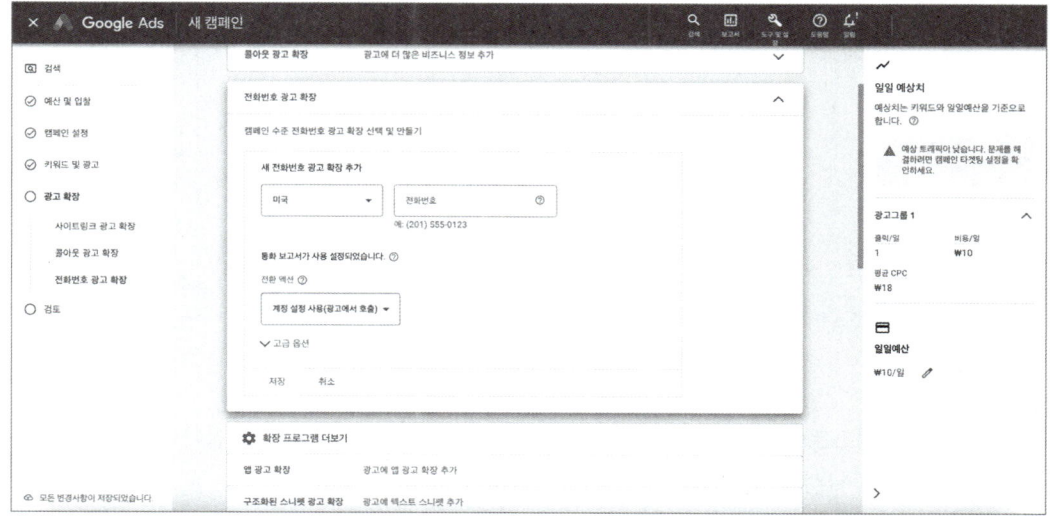

그림 5-39 전화번호 광고 확장

매장이나 비즈니스의 전화번호를 추가해서 사용자에게 전화 통화를 유도하는 소재입니다.

그림 5-40 전화번호 광고 확장 예시

광고 URL 옆에 노출됩니다. 모바일에서 전화번호를 클릭 시 바로 전화를 걸 수 있습니다.

★ 앱 광고 확장

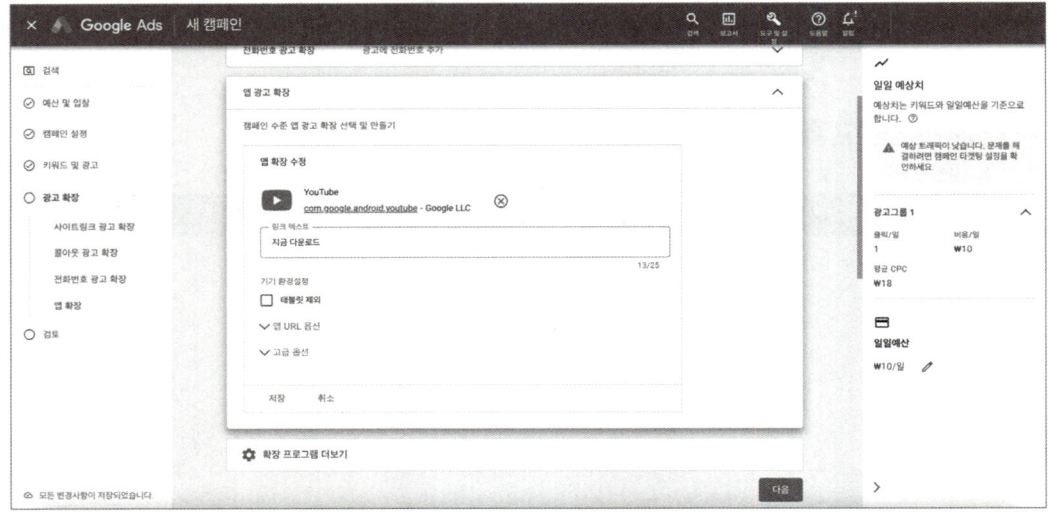

그림 5-41 앱 광고 확장

구글 플레이나 앱스토어에 있는 자사의 앱 다운로드를 유도하는 확장 소재입니다. 예시로는 유튜브 앱을 추가해 보았습니다. 모바일 앱 플랫폼 Android 혹은 iOS를 선택하고, 앱 이름을 검색해서 간단하게 추가할 수 있습니다. 앱 다운로드를 유도할 수 있는 링크 텍스트도 함께 추가할 수 있습니다.

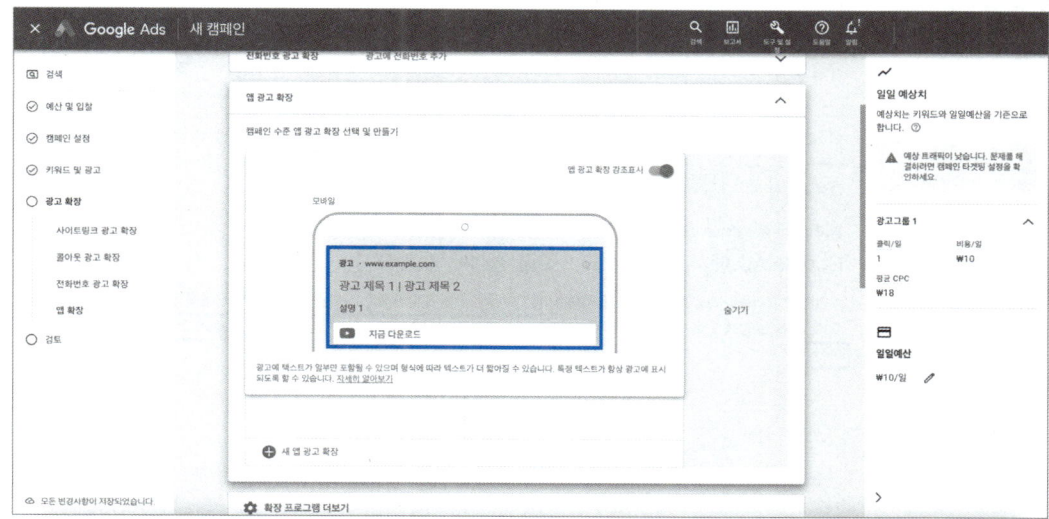

그림 5-42 앱 광고 확장 예시

앱을 연결하면 다음과 같이 텍스트 광고 밑에 앱 아이콘과 링크 텍스트가 뜹니다.

★ 구조화된 스니펫 광고 확장

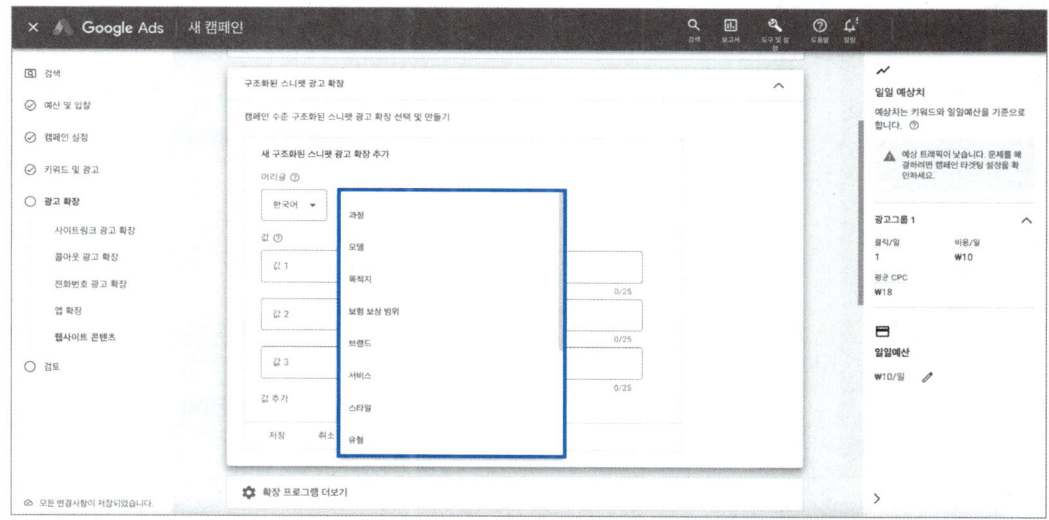

그림 5-43 구조화된 스니펫

구조화된 스니펫은 구글이 정해놓은 카테고리 중 하나를 선택해 상세 정보를 추가할 수 있는 확장 소재입니다. 예를 들어, 한 홈페이지 안에서 여러 브랜드를 판매한다면 [브랜드]라는 카테고리를 선택해서 판매하는 브랜드들의 이름을 나열할 수 있습니다.

그림 5-44 구조화된 스니펫 예시

위 예시를 살펴보면 [유형] 카테고리를 선택해 구글 광고에서 어떤 종류의 광고를 집행할 수 있는지 나열해 놓은 것을 볼 수 있습니다.

★ 리드 양식 광고 확장

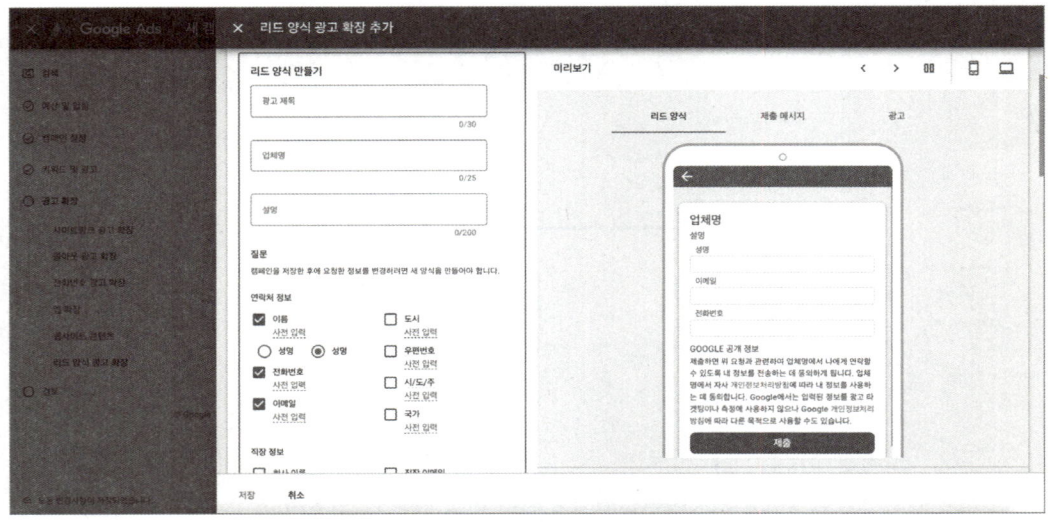

그림 5-45 리드 양식

특정 문서 양식을 통해 소비자의 정보를 제출하게 유도하는 확장 소재입니다. 예를 들어 대학교에서 신입생 입시 설명회를 할 때, 이 확장 소재를 통해서 고객의 이메일 정보를 받고 입시 설명회 자료를 메일로 전송하는 데 사용할 수 있습니다.

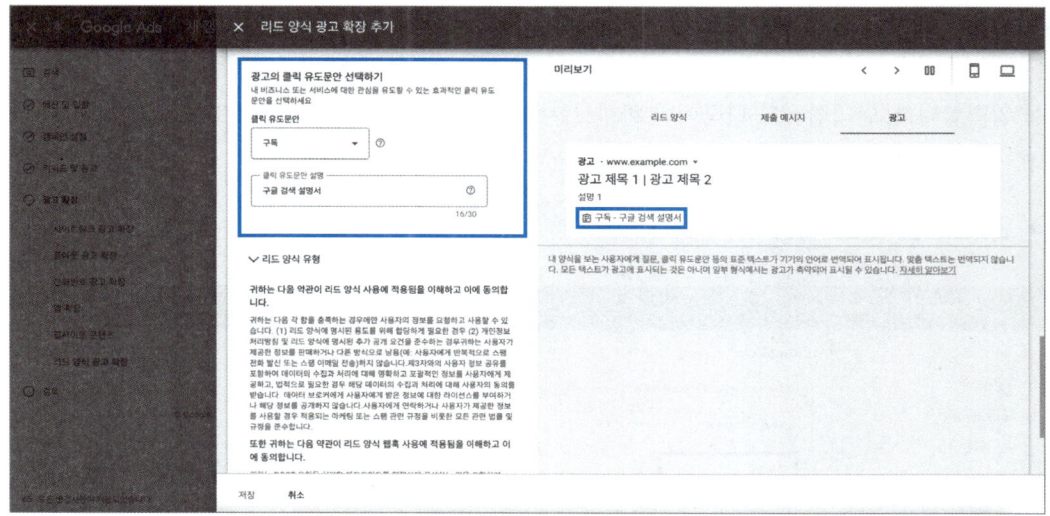

그림 5-46 리드 양식 예시

구조화된 스니펫과 마찬가지로 머리글을 선택하고, 클릭을 유도하는 문안을 작성할 수 있습니다. 우측 미리 보기를 살펴보면, 광고 밑에 양식을 작성할 수 있는 아이콘이 뜹니다.

★ 가격 광고 확장

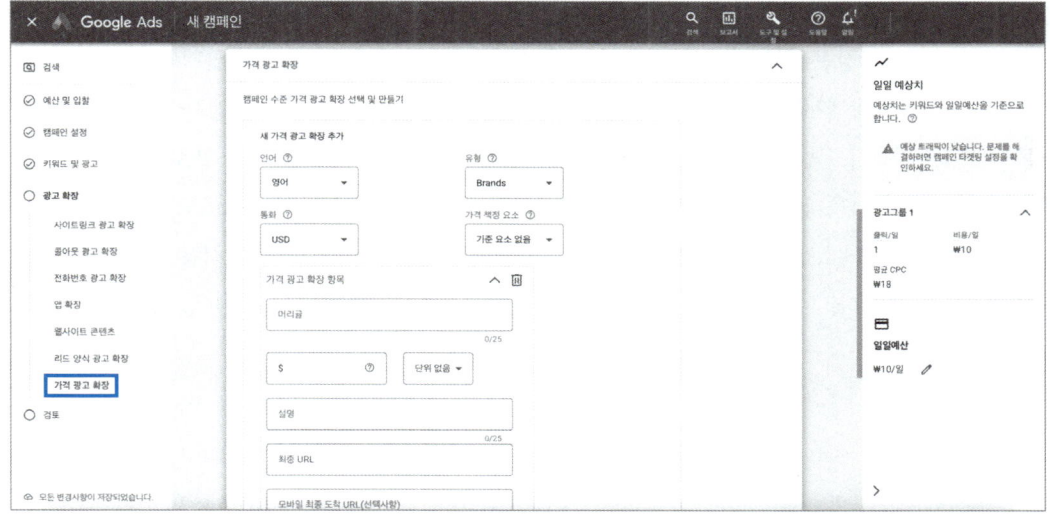

그림 5-47 가격 광고 확장

5장 직접 실습하며 배우는 구글 애즈 플랫폼　75

광고에서 바로 제품 가격을 확인할 수 있도록 제품 정보를 추가하는 확장 소재입니다. [언어], [유형], [통화], [가격 책정 요소(최소, 최대, 평균가격)]를 선택하고, 머리글과 가격, 설명, 연결 URL을 입력합니다. 안타깝게도 한국어나 한화로는 아직 지원이 되지 않는 확장 소재입니다.

★ 프로모션 광고 확장

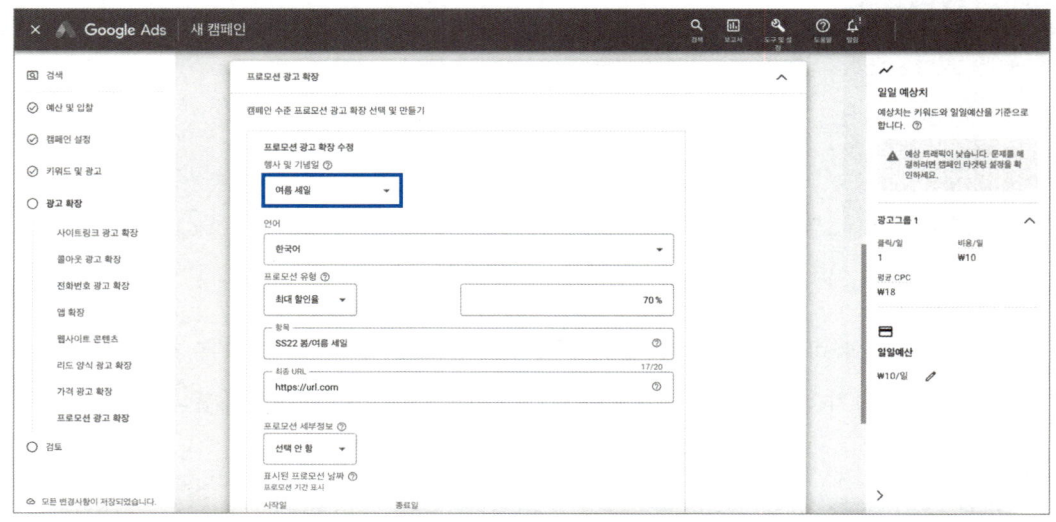

그림 5-48 프로모션 광고 확장 1

프로모션 광고 확장은 세일이나 이벤트가 있을 때 홍보하기 위한 확장 소재입니다. 프로모션 광고 확장은 광고 내에서 굵은 표시로 표시되어 눈길을 끄는 데 유용합니다. [행사 및 기념일]에서 [블랙 프라이데이], [박싱 데이] 등 여러 가지 이벤트를 선택할 수 있습니다. 프로모션 유형에서 [할인가], [할인율]을 선택하고 설명과 URL, 진행될 기간을 입력합니다. [프로모션 세부정보]를 선택하면 프로모션 코드를 입력할 것인지, 일정 금액 이상 구매 시 할인이 적용되게 할 것인지 선택할 수 있습니다.

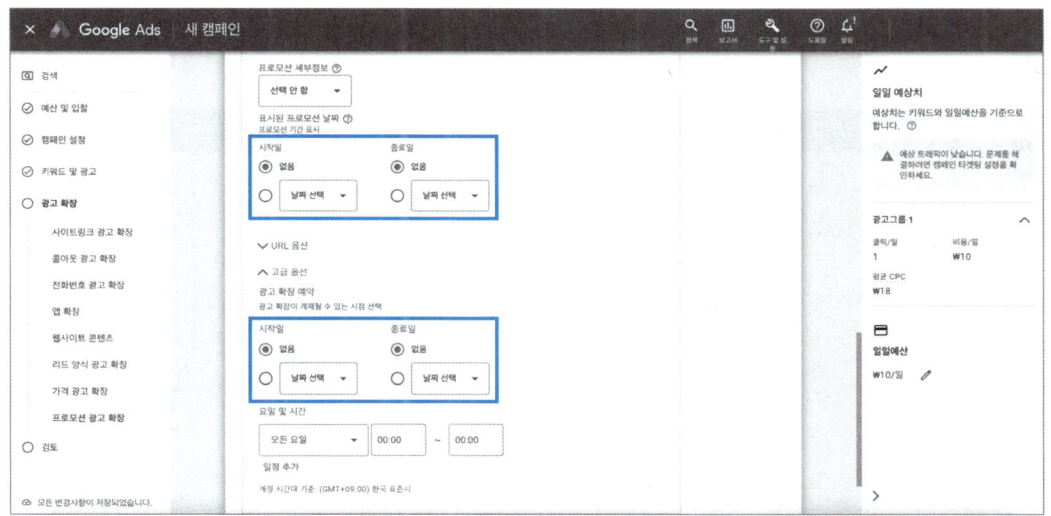

그림 5-49 프로모션 광고 확장 2

주의해야 할 점은 입력해야 할 날짜 종류가 두 가지라는 것입니다. [표시된 프로모션 날짜]는 프로모션의 진행 기간을 보여주는 것이고, [광고 확장 예약]의 날짜는 이 확장 소재가 구글 광고에서 노출되는 날짜를 지정하는 것입니다. 두 가지를 잘 구분해서 입력해야 합니다.

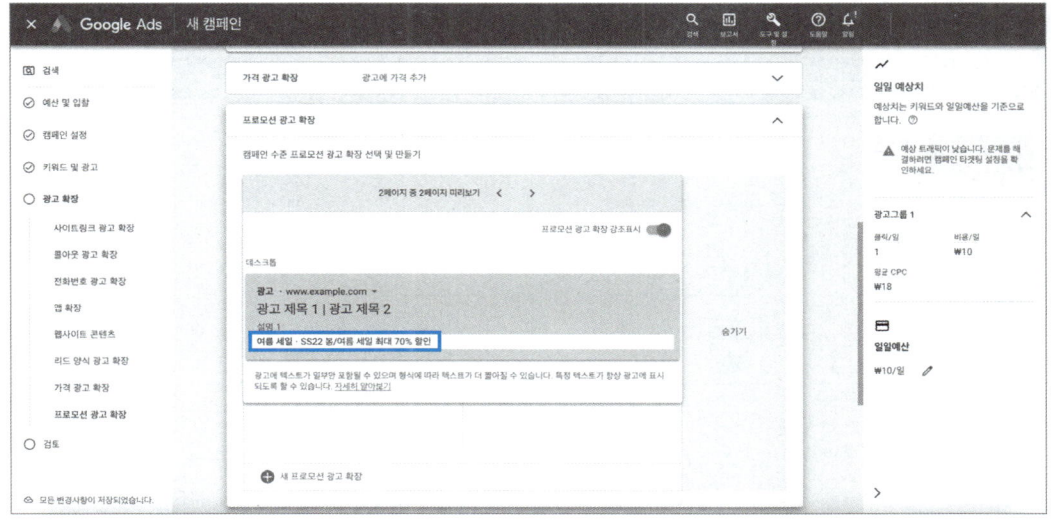

그림 5-50 프로모션 광고 확장 3

미리 보기를 보면 광고 제목과 설명란 밑에 굵은 글씨로 확장 소재가 표시되는 것을 알 수 있습니다. 주목도가 높으므로 프로모션 기간에는 프로모션 광고 확장을 필수로 추가해 주는 것이 좋습니다.

7. 검토

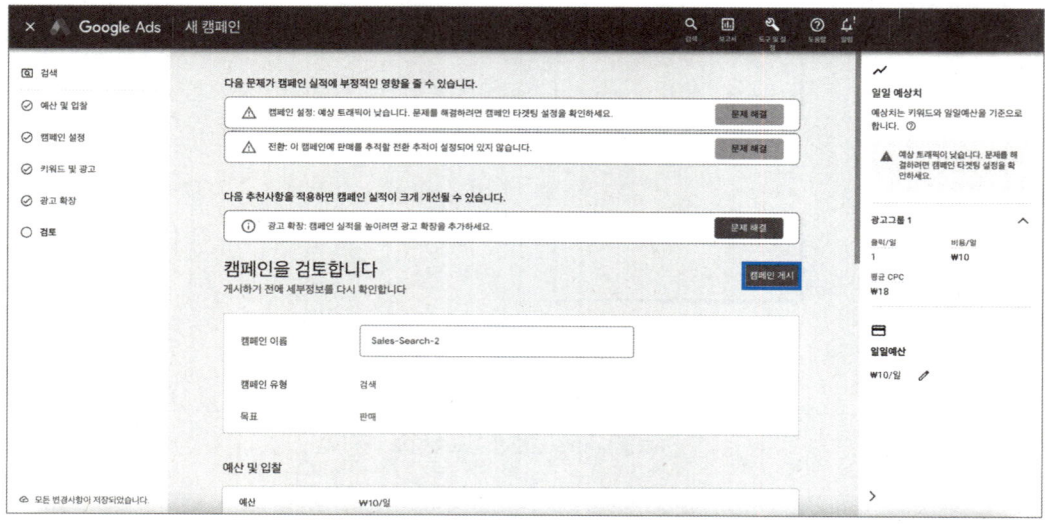

그림 5-51 검토

모든 설정이 완료되었습니다. [캠페인 게시]를 클릭하면 캠페인과 광고 그룹, 광고와 키워드가 한 번에 게시됩니다.

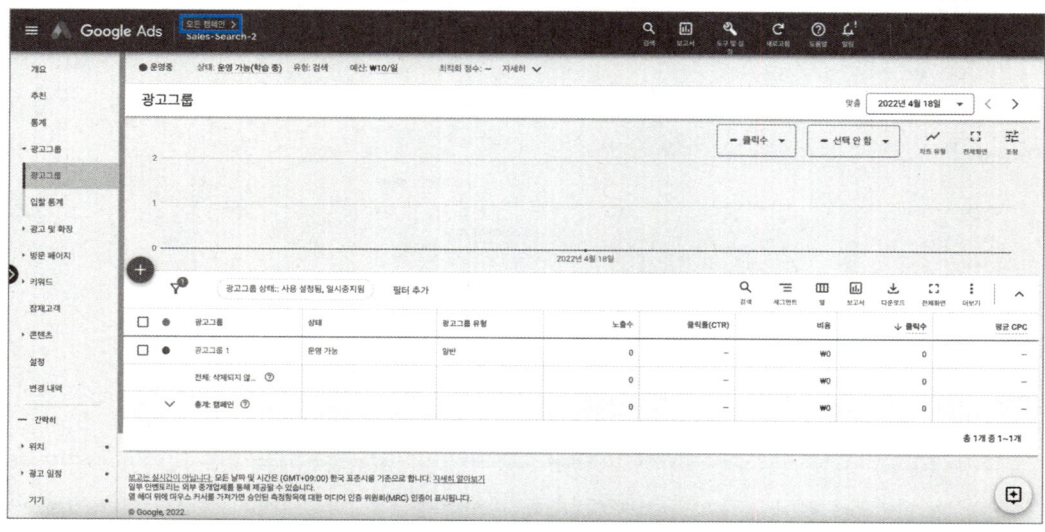

그림 5-52 검토 2

다음은 광고 그룹 페이지로 이동하게 되는데, 최상단 [모든 캠페인]을 클릭해 캠페인 페이지로 이동합니다.

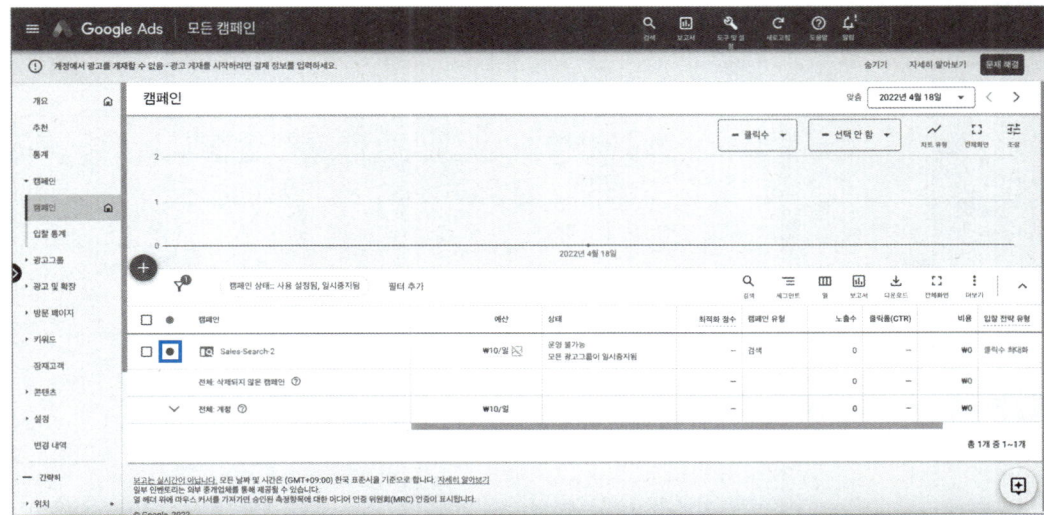

그림 5-53 검토 3

캠페인명 좌측의 동그라미는 캠페인의 상태를 의미합니다. 이 동그라미가 초록색일 때는 캠페인이 현재 운영 중이라는 뜻입니다. 해당 캠페인을 실제로 운영할 것이 아니기 때문에 상태를 일시중지로 변경할 예정입니다.

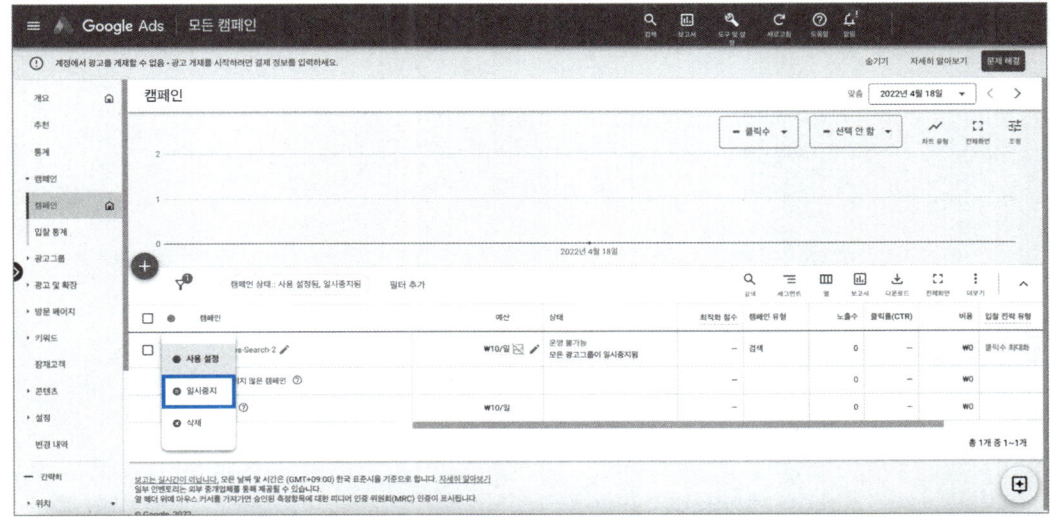

그림 5-54 검토 4

[일시중지]를 클릭합니다.

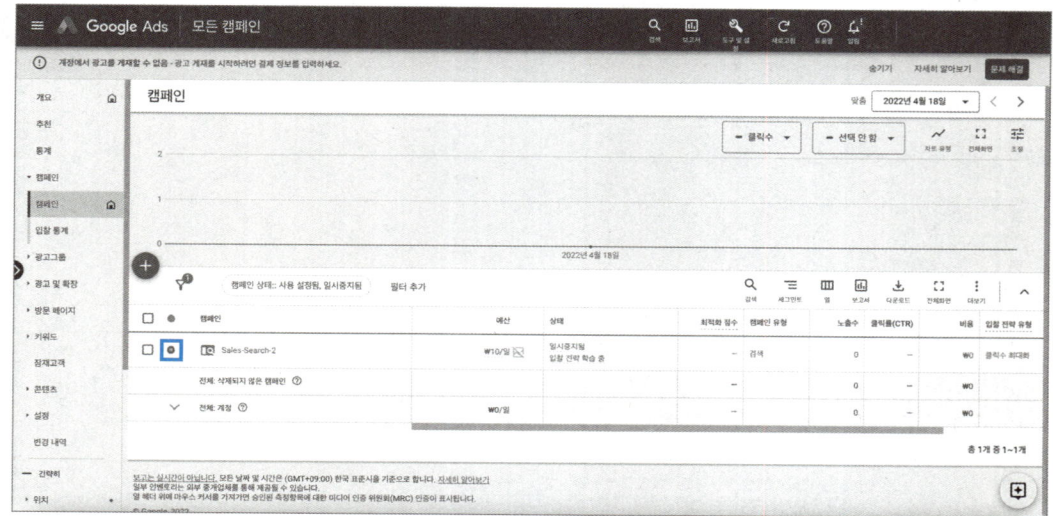

그림 5-55 검토 5

초록색 동그라미가 일시중지 아이콘으로 성공적으로 변경되었습니다.

— 6장 —

실무 과제를 통해 배우는 구글 애즈 에디터

5장에서 구글 애즈 플랫폼에서 검색 광고 캠페인을 만드는 방법에 대해 배워보았습니다. 글로벌 기업에서는 국가별로 계정을 생성하고, 계정 당 캠페인을 작게는 10개에서 많게는 500개까지 생성합니다. 20개국에 우리 브랜드를 서비스한다고 가정했을 때, 한 계정당 500개의 캠페인을 만든다면 총 10,000개가 넘는 캠페인을 생성해야 합니다. 위에서 하나의 캠페인을 만드는 데 대략 30분에서 한 시간이 걸렸다고 가정한다면, 10,000개가 넘는 캠페인을 이런 방식으로 만들었다간 죽을 때까지 캠페인만 생성해야 할지도 모릅니다.

다행히 구글은 퍼포먼스 마케터들의 시간을 아끼기 위해 캠페인 대량 관리 프로그램인 구글 애즈 에디터(Google Ads Editor)를 운영하고 있습니다. 구글 애즈 에디터를 이용하면 캠페인, 광고 그룹, 광고, 키워드, 확장 소재 등을 대량으로 업로드하고 수정할 수 있습니다. 또한, 오프라인에서 작업이 가능해 인터넷이 안 되는 곳에서 작업을 한 뒤 인터넷이 될 때 수정 사항을 한꺼번에 업로드할 수 있다는 장점도 있습니다. 6장에서는 구글 애즈 에디터의 구조를 배워보고, 캠페인을 플랫폼에 업로드하는 실습을 해 보도록 하겠습니다.

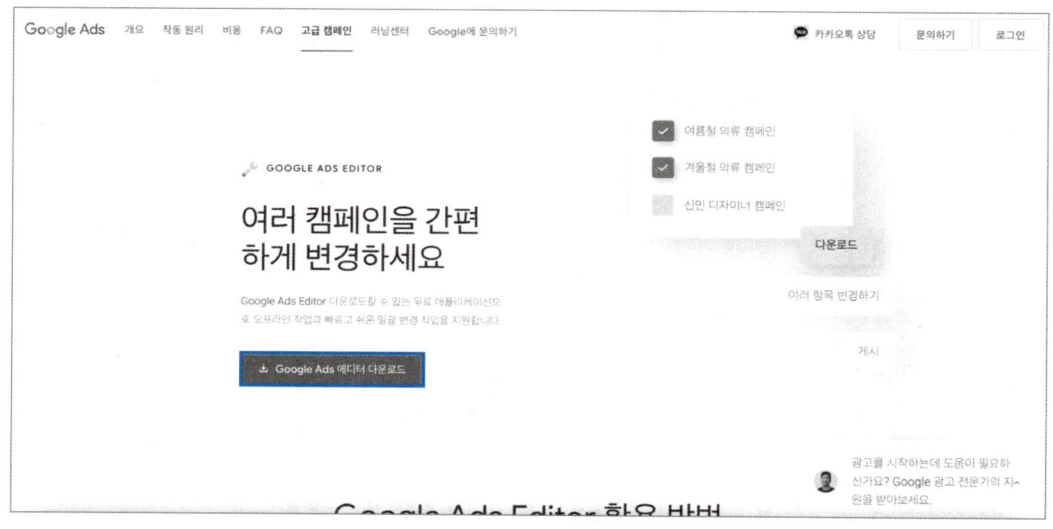

그림 6-1 구글 애즈 에디터

구글 광고 에디터는 구글 광고 홈페이지(https://ads.google.com/intl/ko_kr/home/tools/ads-editor/) 혹은 구글에 구글 애즈 에디터를 검색해서 다운로드할 수 있습니다.

1. 구글 애즈 에디터 설치하기

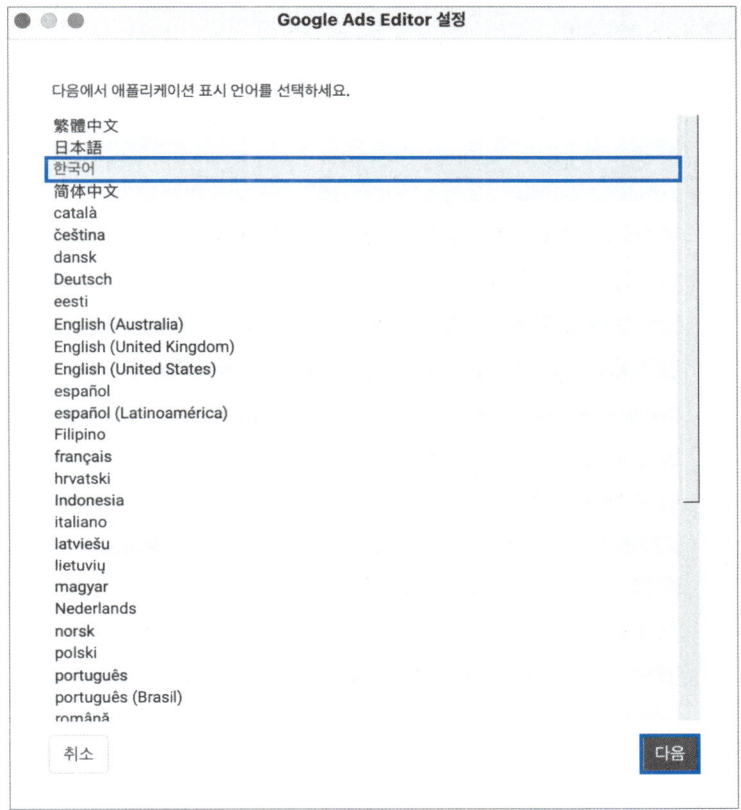

그림 6-2 구글 애즈 에디터 설치 1

설치는 맥 환경에서 진행됐습니다. 윈도우에서도 비슷한 단계로 진행하시면 됩니다. 파일을 다운로드하고 실행하면 표시 언어 선택 창이 뜹니다. [한국어]를 선택합니다.

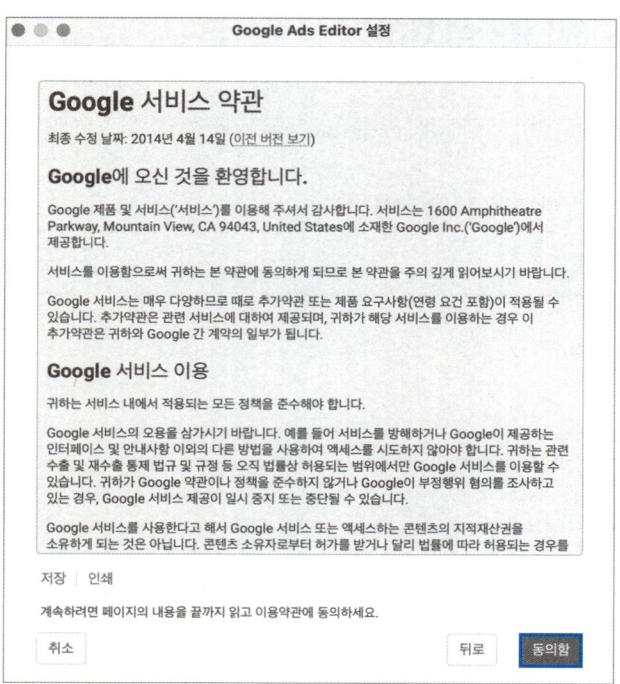

그림 6-3 구글 애즈 에디터 설치 2

스크롤을 내려 약관을 모두 읽고 [동의함]을 클릭합니다.

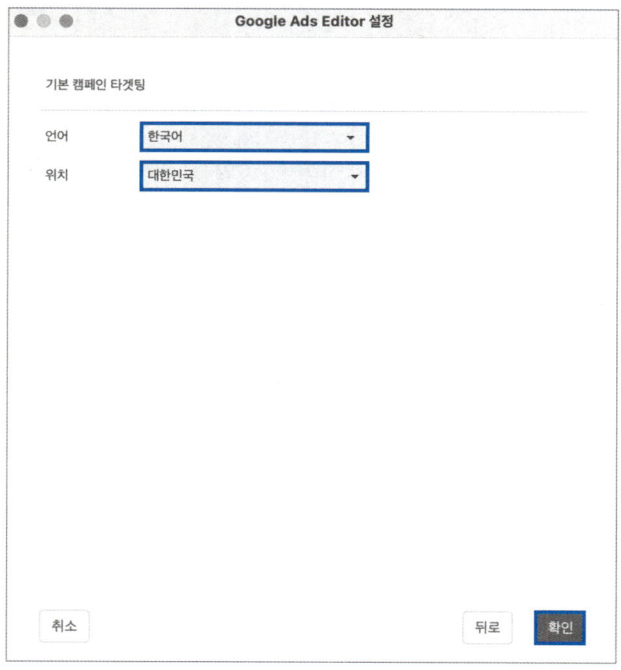

그림 6-4 구글 애즈 에디터 설치 3

기본 캠페인 타기팅은 신규 캠페인을 생성할 때 기본으로 어떤 언어, 위치를 설정할 것인지 선택하는 것입니다. 캠페인 타기팅은 언제나 변경할 수 있기 때문에 크게 의미는 없지만 일단 언어는 [한국어], 위치는 [대한민국]을 선택합니다.

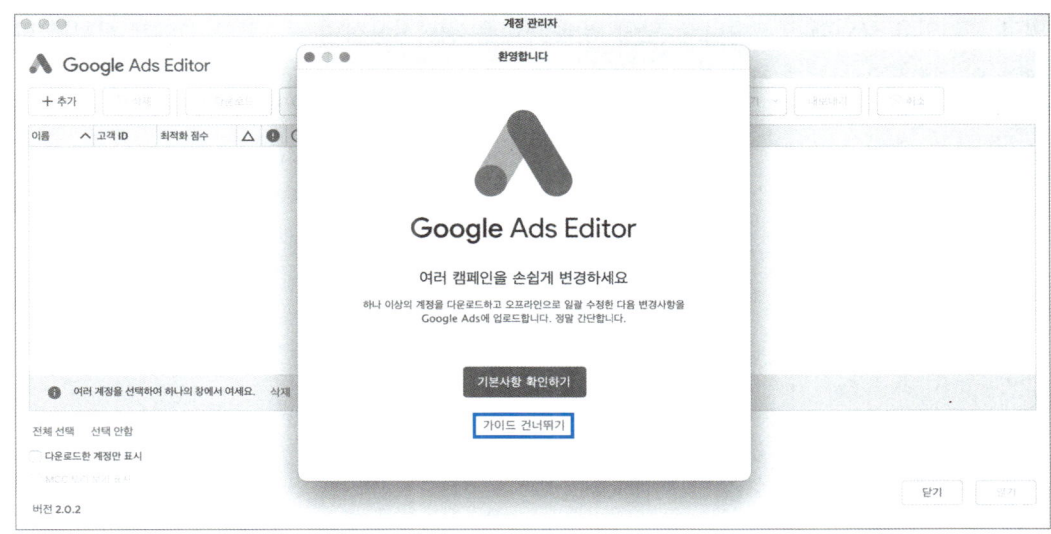

그림 6-5 구글 애즈 에디터 설치 4

구글 애즈 에디터가 실행되면서 팝업창이 뜹니다. [가이드 건너뛰기]를 클릭합니다.

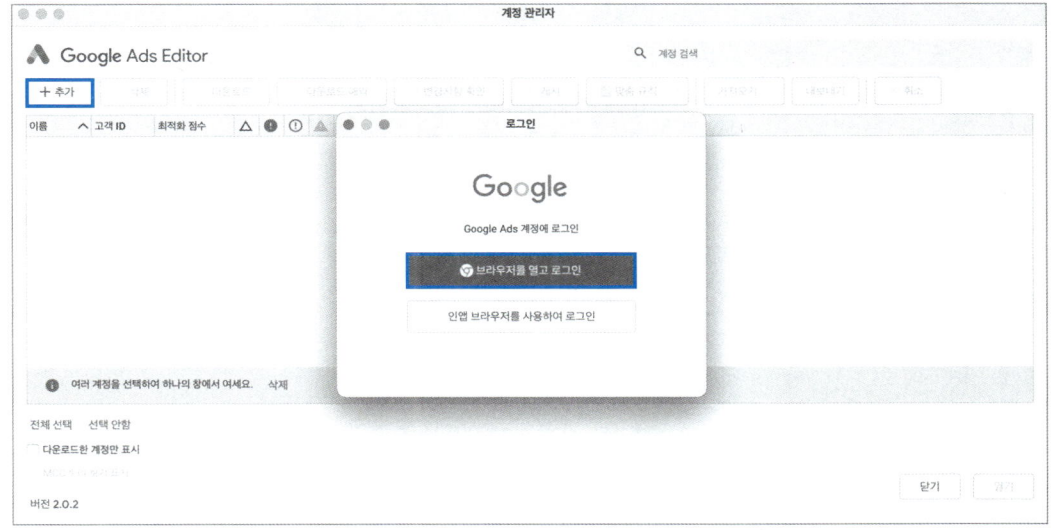

그림 6-6 구글 애즈 에디터 설치 5

가장 먼저 해야 할 일은 5장에서 생성한 구글 광고 계정과 에디터를 연결하는 것입니다. [추가] 버튼을 누르고 구글 광고 계정에 로그인합니다. 크롬이 있는 경우 [크롬 브라우저를 열고 로그인]을 하면 되고, 없는 경우 [인앱 브라우저를 사용하여 로그인]을 클릭합니다. 인앱 브라우저 로그인 옵션을 누르면 에디터 내에서 구글 로그인 정보를 입력하는 창이 뜹니다. 크롬 브라우저를 열고 로그인을 클릭해 보겠습니다. 만약 인앱 브라우저를 사용하여 로그인 옵션에서 오류가 나는 경우 크롬을 설치하고 시도해 보는 것을 추천드립니다.

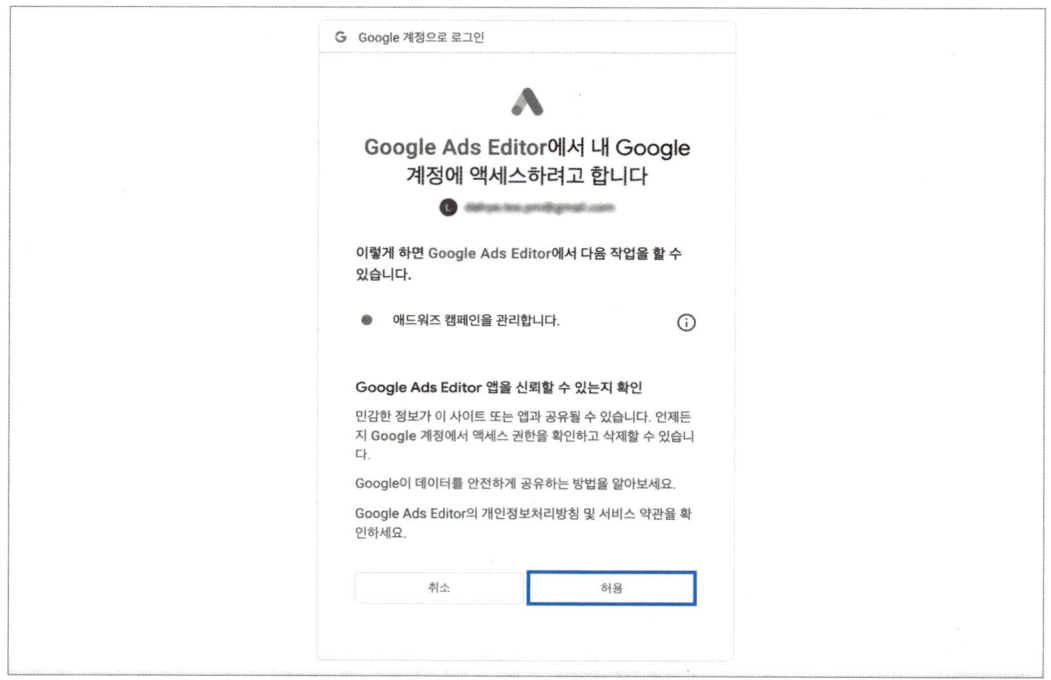

그림 6-7 구글 애즈 에디터 설치 6

구글 광고 계정과 연결된 구글 계정을 선택하면 다음과 같이 액세스 요청이 뜹니다. [허용]을 클릭합니다.

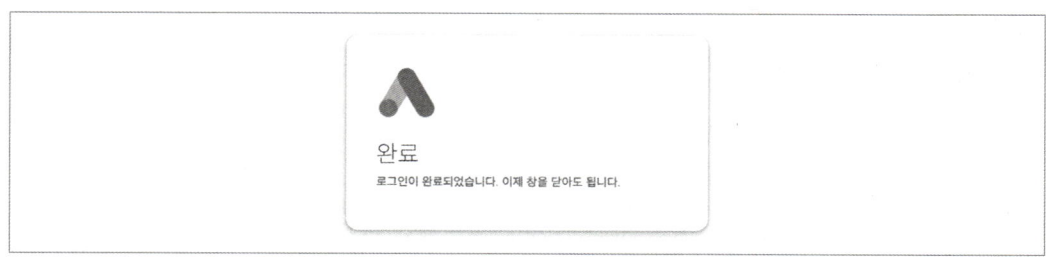

그림 6-8 구글 애즈 에디터 설치 7

구글 광고 계정과 에디터가 연결되었습니다. 다시 에디터로 돌아갑니다.

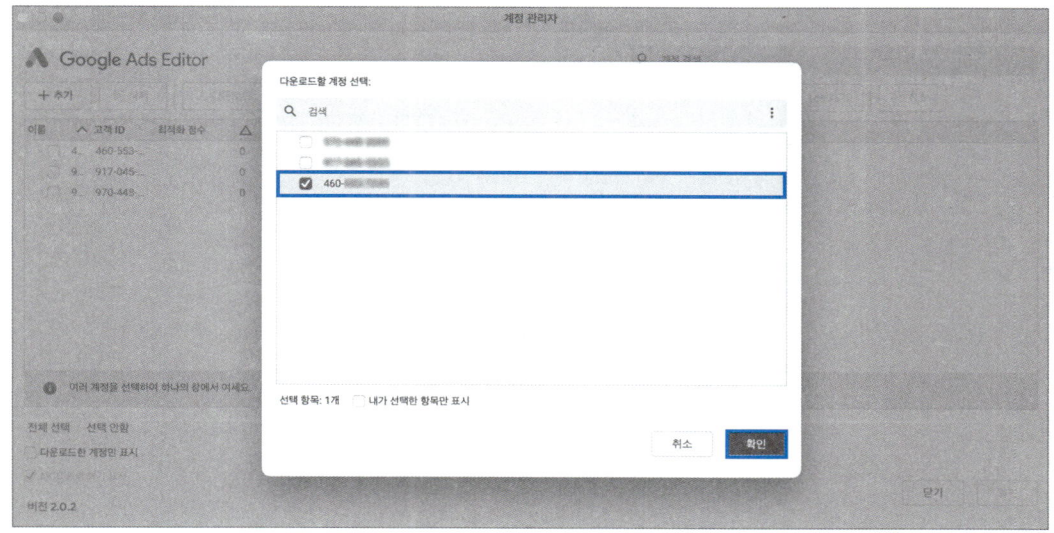

그림 6-9 구글 애즈 에디터 설치 8

에디터와 연결할 계정을 선택합니다. 보통 구글 계정과 연결된 계정이 많을 경우 위처럼 선택 옵션이 뜨는데, 우리는 실습 때 하나만 생성했으니 하나의 옵션만 뜰 것입니다. 선택하고 [확인]을 클릭합니다.

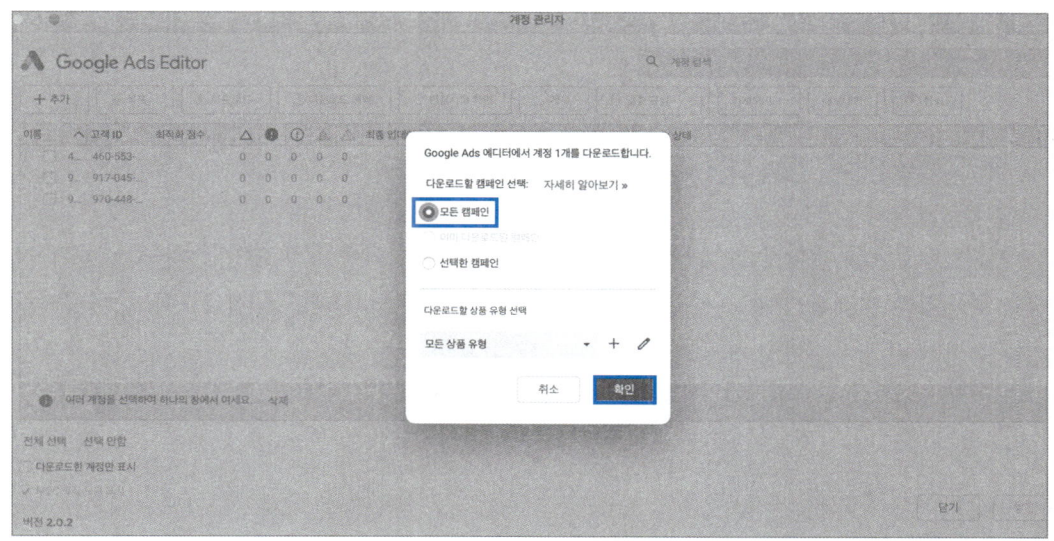

그림 6-10 구글 애즈 에디터 설치 9

계정을 연결하면 캠페인 다운로드 팝업창이 뜹니다. [모든 캠페인]을 선택하고 [확인]을 누릅니다.

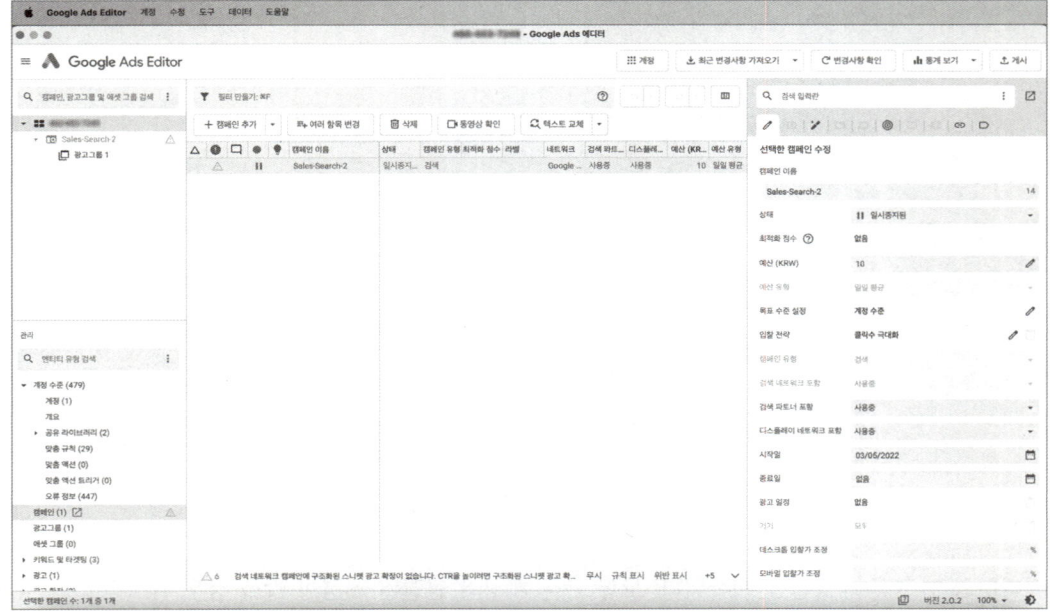

그림 6-11 구글 애즈 에디터 설치 10

캠페인 다운로드가 완료되면 구글 애즈 에디터가 자동으로 실행됩니다. 우리가 플랫폼에서 세팅한 캠페인이 다운로드된 것을 볼 수 있습니다.

2. 구글 애즈 에디터 구조 살펴보기

캠페인을 대량 업로드하기 전에 구글 애즈 에디터의 구조에 대해서 자세히 살펴보겠습니다. 지금은 완벽하게 이해하지 않으셔도 괜찮습니다. 실습을 하면서 캠페인을 업로드하고, 에디터의 기능을 여러 번 사용하면서 천천히 이해하셔도 됩니다.

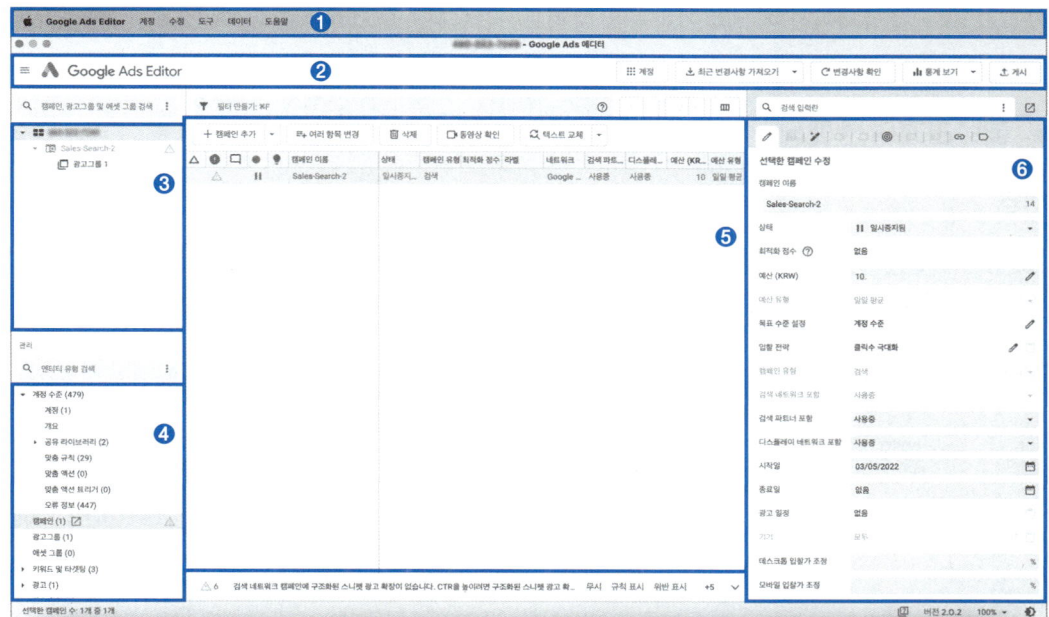

그림 6-12 구글 애즈 에디터의 구조

구글 애즈 에디터의 화면은 총 여섯 구간으로 나눌 수 있습니다.

- ❶ **애플리케이션 메뉴**: 상위 메뉴입니다. 유용한 도구나 계정 설정 등을 포함하고 있습니다. 해당 메뉴에 있는 기능들은 나머지 구간에서도 찾아볼 수 있기 때문에 자주 쓰는 메뉴는 아닙니다.

- ❷ **툴바**: 해당 구간은 계정을 불러오거나, 변경사항을 가져오거나 업로드할 때, 혹은 통계 데이터를 가져올 때 사용됩니다. 계정 전반의 큰 변화를 만들 때 사용합니다.

- ❸ **트리 보기**: 캠페인, 광고 그룹, 키워드별로 그룹을 펼쳐보거나 접을 수 있는 곳입니다. 화살표를 이용해서 트리를 펼치고, 접을 수 있습니다.

- ❹ **유형 목록**: 트리에서 선택한 항목들의 데이터나 구조를 상세하게 살펴볼 수 있는 구간입니다. 트리에서 캠페인을 클릭하고, 유형 목록에서 광고 그룹을 클릭하면 트리에서 선택한 캠페인 내 광고 목록을 데이터 보기에서 확인할 수 있습니다.

- ❺ **데이터 보기**: 트리 보기나 유형 목록에서 선택한 항목들을 자세하게 볼 수 있는 공간입니다. 작업을 할 때 이 구간을 가장 많이 보게 됩니다.

- ❻ **수정 패널**: 데이터 보기에서 선택한 항목의 설정을 확인하면서 수정할 수 있는 구간입니다.

가장 먼저 애플리케이션 메뉴의 기능들을 살펴보겠습니다.

★ 애플리케이션 메뉴

계정

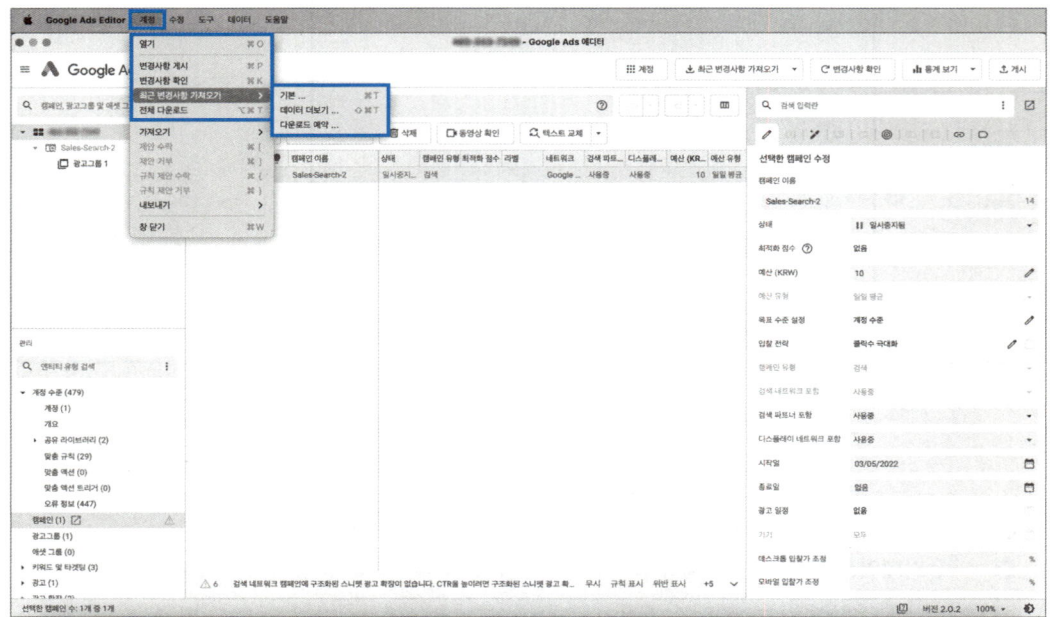

그림 6-13 에디터 상단메뉴 1

- **열기**: 다른 계정을 불러올 수 있습니다.
- **변경사항 게시**: 에디터에서 변경한 작업들을 플랫폼에 게시할 수 있습니다.
- **변경사항 확인**: 에디터에서 변경한 작업들을 확인할 수 있습니다. 보통 게시 전에 변경사항들을 확인할 때 사용합니다.
- **최근 변경사항 가져오기**: 최근 변경사항 가져오기는 에디터에서 작업을 시작하기 전, 꼭 거쳐야 하는 과정입니다. 구글 애즈 에디터는 오프라인에서 작업이 이루어지기 때문에 실시간으로 변경사항이 적용되지 않습니다. 일반적으로 구글 광고 계정은 회사 안에서 여러 명이 동시에 관리하는 경우가 많습니다. 내가 작업하는 동안 누가 플랫폼에서 동시 작업을 했고, 내가 추후에 변경사항을 게시하면 동료가 작업한 것에 내 작업을 덮어씌울 확률이 있습니다. 따라서 에디터에서 작업을 시작하기 전에는 꼭 최근 변경사항 가져오기를 클릭해서 최신 데이터로 업데이트해야 합니다. 가져오기 방법에는 기본, 데이터 더 보

기, 다운로드 예약 이렇게 세 가지 옵션이 있습니다.

- **기본**: 일부 캠페인을 변경하는 경우 해당 옵션을 선택해 빠르게 데이터를 가져올 수 있습니다.
- **데이터 더 보기**: 많은 캠페인을 변경할 경우 선택하는 옵션입니다. 해당 옵션에서는 기본 옵션에서는 볼 수 없는 첫 페이지 예상 입찰가, 품질평가점수와 같은 추가 데이터를 다운로드할 수 있습니다.
- **다운로드 예약**: 매일 자동 다운로드 시간을 예약해 데이터를 다운하는 시간을 절약할 수 있습니다.

다운로드 옵션을 선택하면 어떤 캠페인을 다운로드할지 물어봅니다. [모든 캠페인], [이미 다운로드한 캠페인], [선택한 캠페인]과 같은 옵션이 있습니다. 보통 처음 작업을 시작할 때는 [모든 캠페인]을 다운로드하는 것이 좋습니다.

- **전체 다운로드**: 해당 옵션은 현재까지 작업한 것을 모두 되돌리고 처음부터 시작하고 싶을 때 사용합니다. 현재까지 작업한 것을 모두 삭제함과 동시에 가장 최근의 플랫폼 변경사항을 다운로드합니다.

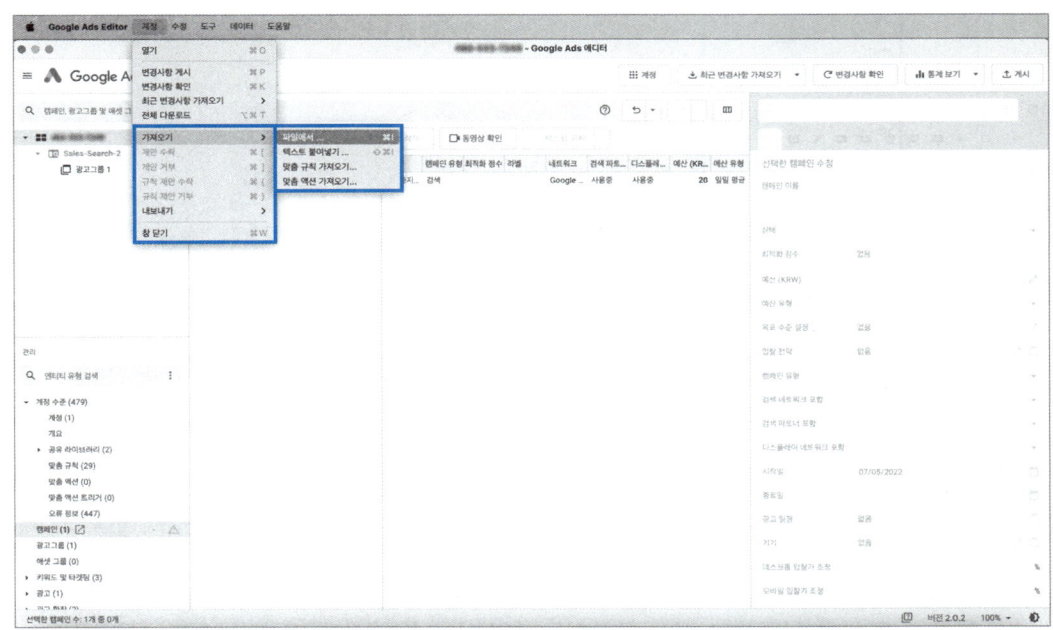

그림 6-14 에디터 상단메뉴 2

- **가져오기**: 가져오기는 일정한 형식으로 된 업로드 파일을 올리는 메뉴입니다. 캠페인, 광고 그룹, 맞춤 규칙, 액션까지 대량으로 가져올 수 있는 기능입니다.
- **제안 수락, 제안 거부, 규칙 제안 수락, 규칙 제안 거부**: 캠페인이나 규칙 데이터를 등록하면 에디터가 변경된 내용을 보기 쉽게 다른 색으로 표시해서 보여줍니다. 이것을 제안이라고 합니다. 제안이 수락되면 변경 내용이 확정되고, 제안을 거부하면 모든 변경사항이 제거됩니다.
- **내보내기**: 내보내기는 에디터의 데이터들을 쉽게 엑셀 파일 등으로 추출할 때 쓰는 기능입니다. 계정 데이터를 파일로 백업해 놓고 싶을 때 해당 기능을 사용합니다.
- **창 닫기**: 에디터 창을 닫을 때 사용합니다.

수정

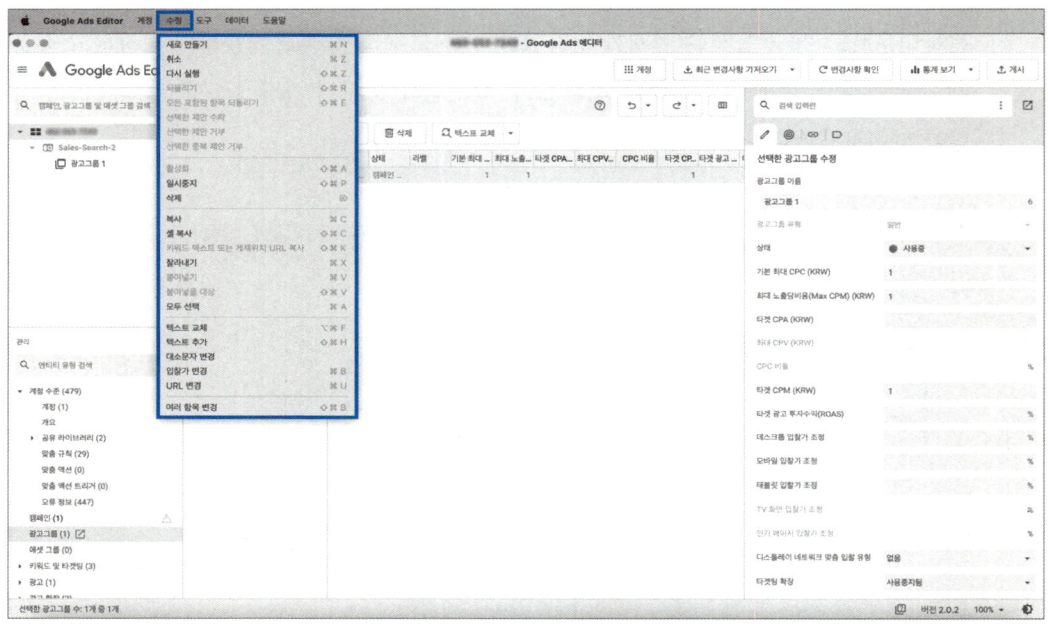

그림 6-15 에디터 상단메뉴 3

- **새로 만들기**: 새로운 개체를 생성할 때 사용됩니다. 예를 들어, 광고 그룹 탭에 있을 때 새로 만들기를 누르면 새 광고 그룹이 생성됩니다.
- **취소, 다시 실행, 되돌리기**: 실행한 작업을 취소하거나, 다시 실행, 되돌리고 싶을 때 쓰입니다.

- **선택한 제안 수락, 선택한 제안 거부, 선택한 중복 제안 거부**: 위에 설명한 제안 수락, 제안 거부 옵션과 같습니다.
- **활성화, 일시 중지, 삭제**: 캠페인이나 광고 그룹, 키워드를 활성화(라이브), 일시 중지, 삭제하고 싶을 때 사용합니다.
- **복사, 셀 복사, 키워드 텍스트 또는 게재 위치 URL 복사, 잘라내기, 붙여넣기, 붙여놓을 대상, 모두 선택**: 여러 개체들을 복사하거나 붙여넣기, 변경할 때 쓰입니다.
- **텍스트 교체, 텍스트 추가, 대소문자 변경, 입찰가 변경, URL 변경**: 광고 카피나 URL을 대량으로 수정할 수 있는 기능입니다.
- **여러 항목 변경**: 스프레드시트 형식을 통해서 대량 변경을 하고 싶을 때 사용하는 기능입니다.

도구

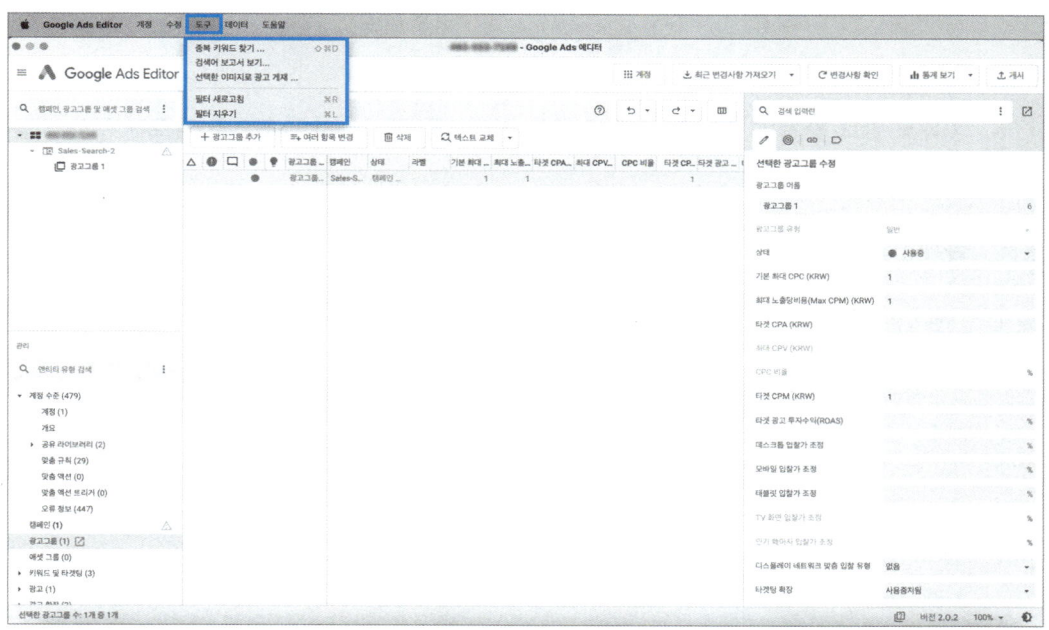

그림 6-16 에디터 상단메뉴 4

도구 메뉴에는 계정 운영을 편리하게 도와주는 기능들이 모여 있습니다.

- **중복 키워드 찾기**

그림 6-17 에디터 상단메뉴 5

중복 키워드 찾기 도구는 계정 내에 중복 키워드들이 있는지 자동으로 검토해 주는 기능입니다.

- **검색어 보고서 보기**

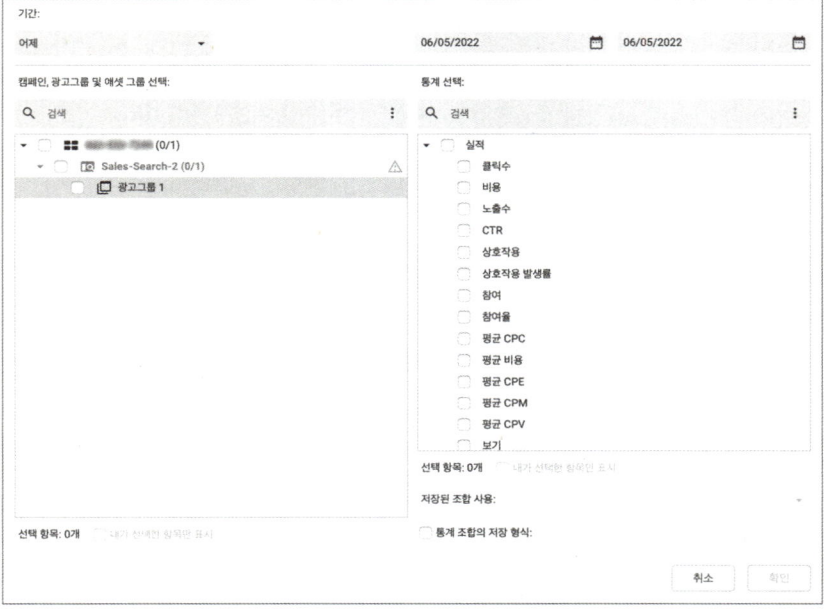

그림 6-18 에디터 상단메뉴 6

검색어 보고서는 실제 캠페인의 실적 데이터를 다운로드해 볼 수 있는 기능입니다. 우측의 클릭 수나 비용 같은 수치들을 선택하면 캠페인, 광고 그룹, 키워드별로 실적을 확인할 수 있습니다. 실적을 기반으로 키워드 입찰가를 대량으로 변경할 때 유용합니다.

- **선택한 이미지로 광고 게재**: 이미지 소재를 활용할 때 쓰이는 기능입니다.
- **필터 새로고침, 필터 지우기**

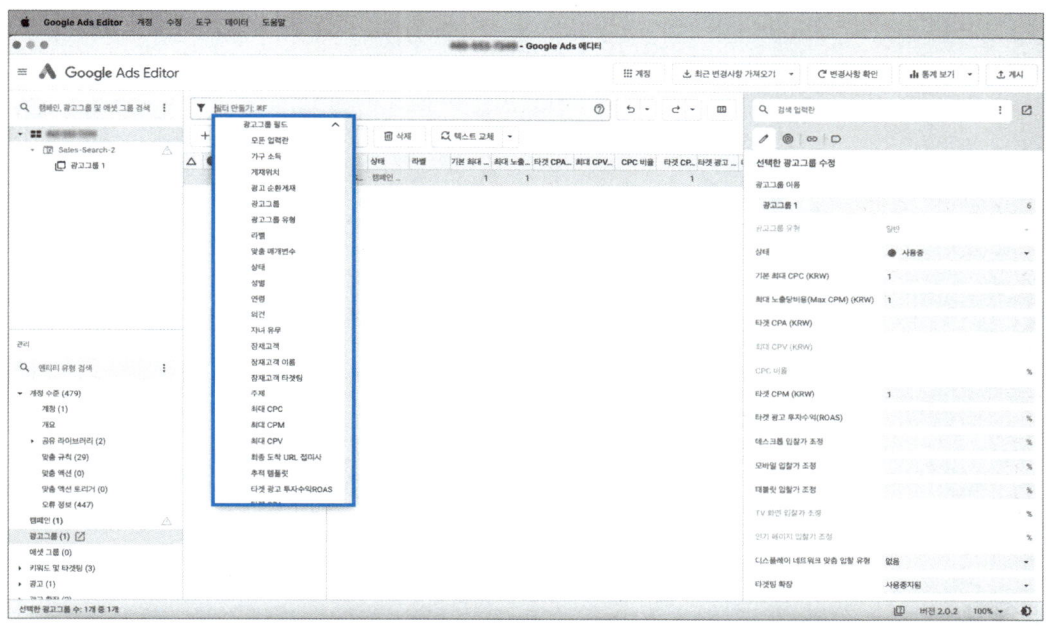

그림 6-19 에디터 상단메뉴 7

필터는 특정 조건을 걸어서 해당 조건에 맞는 항목들만 표시하고 싶을 때 쓰입니다. 필터 새로고침은 필터링된 결과를 새로고침하고 싶을 때 쓰고, 필터 지우기는 현재 적용된 모든 필터를 제거할 때 쓰입니다.

데이터

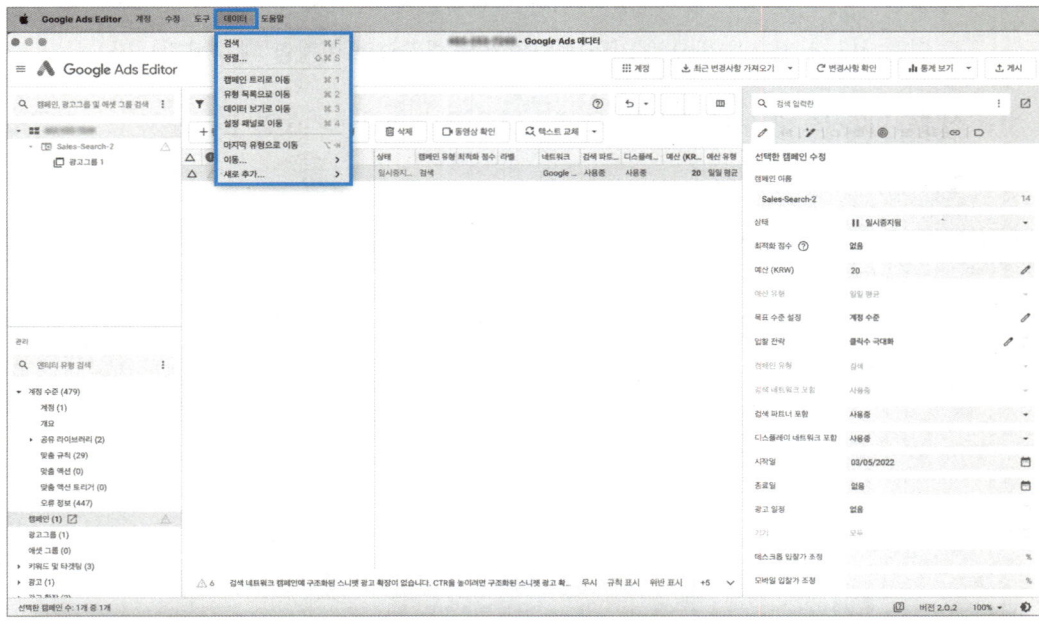

그림 6-20 에디터 상단메뉴 8

데이터는 데이터를 검색하거나 정렬, 에디터 내에서 특정 구간으로 이동하는 데 쓰입니다.

도움말

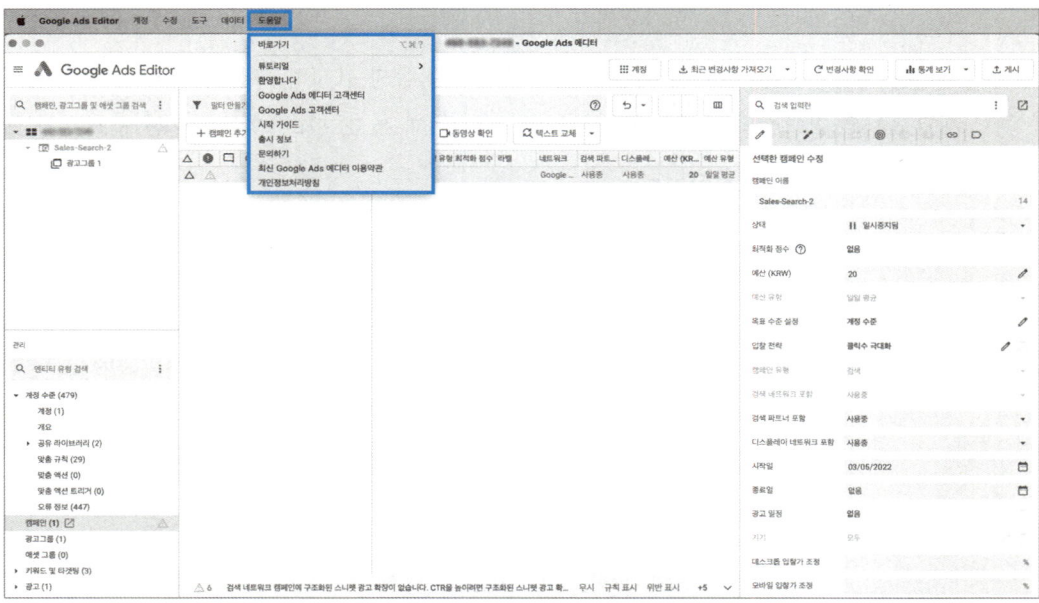

그림 6-21 에디터 상단메뉴 9

도움말 메뉴에는 계정을 운영하면서 궁금한 점이나 도움이 필요할 때 사용할 수 있는 기능들이 모여있습니다.

★ 툴바

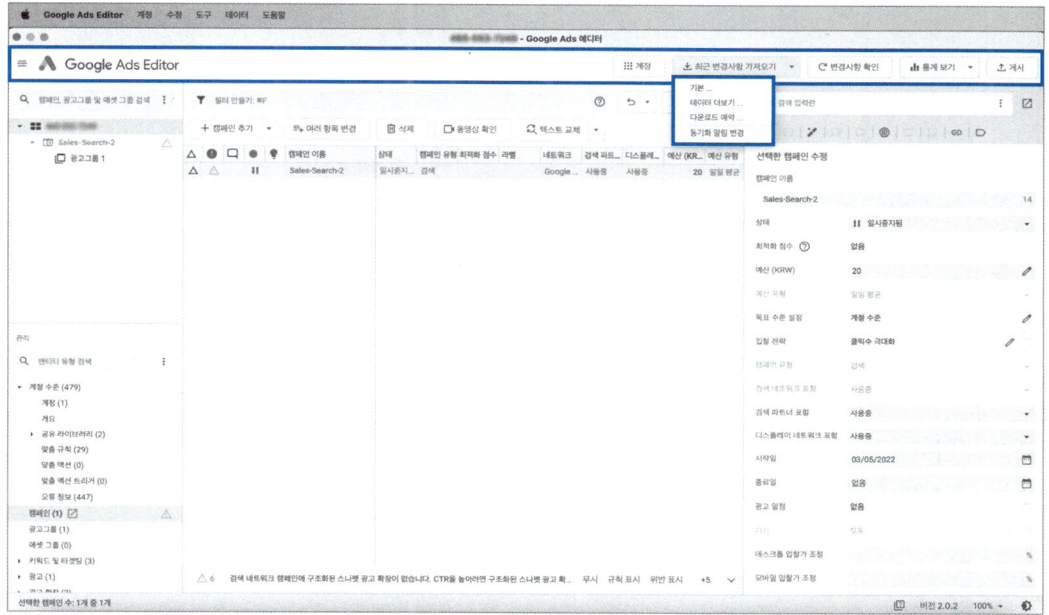

그림 6-22 툴바

툴바에서는 애플리케이션 메뉴에 있던 기능들을 똑같이 사용할 수 있습니다. 애플리케이션 메뉴에 일일이 들어가서 살펴볼 필요 없이 기능을 사용할 수 있어 편리합니다.

- **계정**: 계정이 여러 개인 경우 해당 버튼을 눌러서 계정을 전환할 수 있습니다.
- **최근 변경사항 가져오기**: 위에 설명했던 것처럼 최신 데이터를 가져오는 기능입니다. 플랫폼에서 변경된 사항을 포함해, 다른 사람이 에디터에서 작업했던 내용도 가져옵니다. 구글 애즈 에디터에서 작업을 시작하기 전 습관처럼 꼭 써야 하는 기능입니다.
- **변경사항 확인**: 에디터에서 변경한 사항을 확인하는 기능입니다.
- **통계 보기**: 각종 데이터를 다운로드할 수 있는 기능입니다.
- **게시**: 변경사항을 시스템에 전송하는 기능입니다. 플랫폼에 실시간으로 변경사항이 게시됩니다.

★ 트리 보기

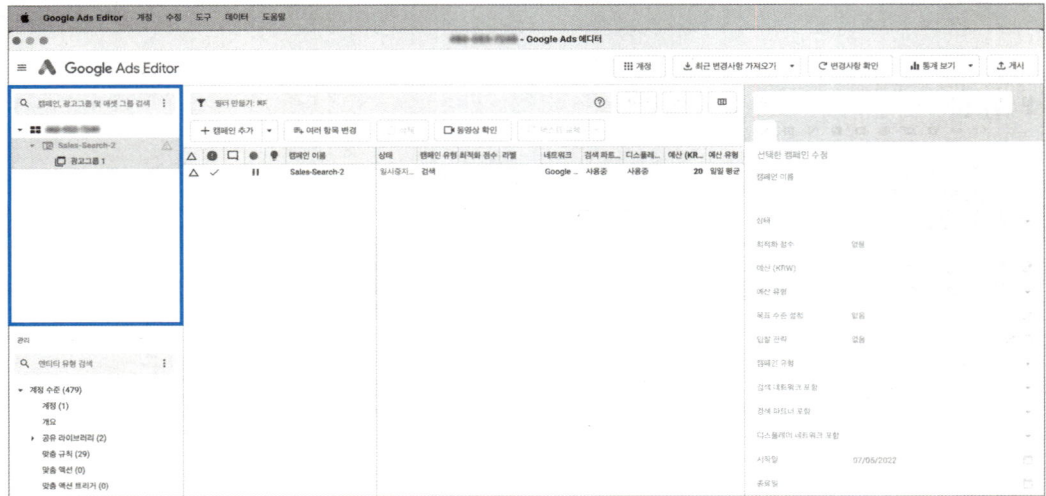

그림 6-23 트리 보기

트리 보기에서는 계정에 속한 캠페인과 광고 그룹을 펼치거나 접어볼 수 있습니다. 계정의 구조를 한눈에 파악하기 좋습니다.

★ 유형 목록

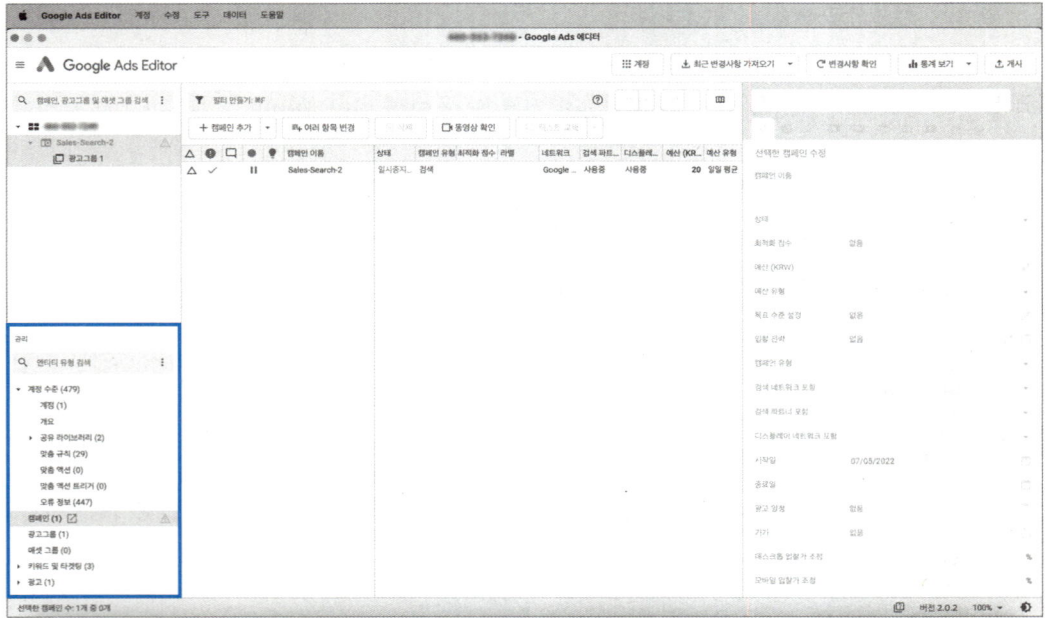

그림 6-24 유형 목록 1

유형 목록은 트리 보기에서 봤던 계정, 캠페인, 광고 그룹 안의 항목들을 더 상세히 살펴볼 수 있는 공간입니다. 각각의 항목들을 자세히 살펴보겠습니다.

계정 수준

- **계정**

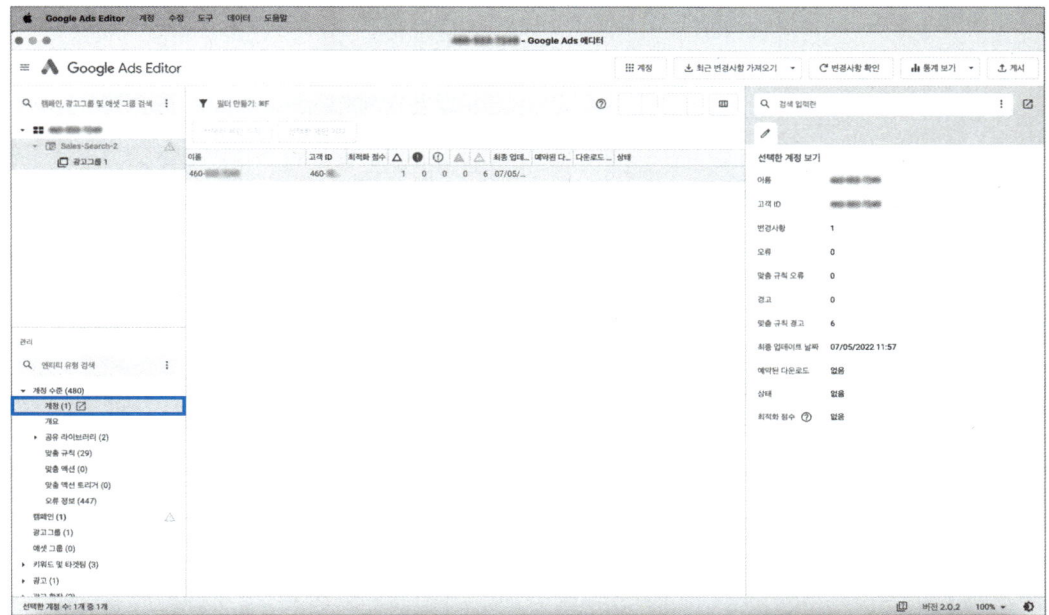

그림 6-25 유형 목록 2

계정의 자세한 정보를 확인할 수 있는 곳입니다. 고객 ID, 최종 업데이트 날짜 및 여러 정보를 확인할 수 있습니다.

- **개요**

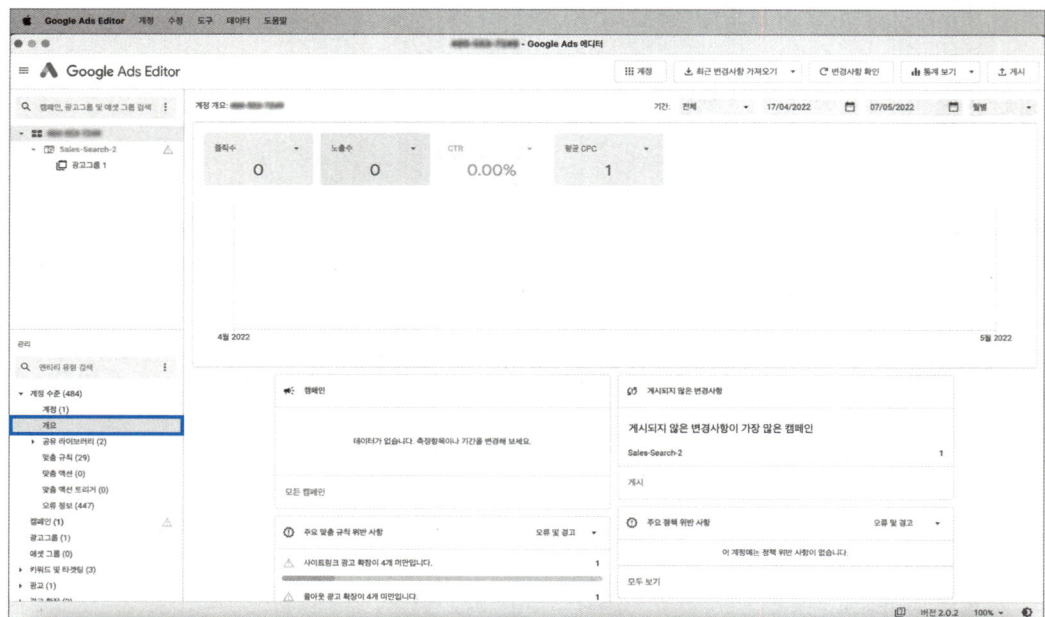

그림 6-26 유형 목록 3

계정이나 캠페인의 요약 사항을 확인할 수 있는 곳입니다. 데이터를 볼 수도 있고, 여러 오류나 변경사항 또한 확인할 수 있습니다. 우측 상단의 기간 설정을 통해 내가 원하는 날짜의 데이터를 확인할 수도 있습니다.

- **공유 라이브러리**

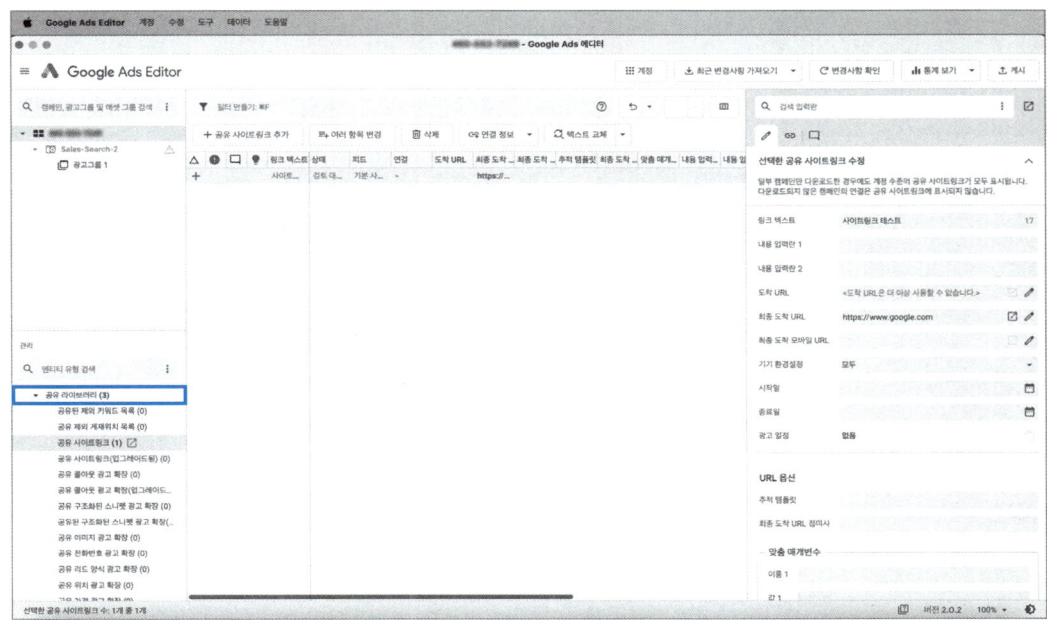

그림 6-27 유형 목록 4

앞에서 확장 소재들에 대해 배웠습니다. 확장 소재를 관리하는 가장 이상적인 방법은 모든 캠페인에 맞춤 확장 소재를 추가하는 것입니다. 하지만 캠페인 수가 몇백 개가 넘어가면 확장 소재들을 하나하나 추가하는 것은 불가능하게 됩니다. 이때 공유 라이브러리를 이용하면 편리합니다. 공유 라이브러리에서는 업로드했던 모든 확장 소재를 한눈에 볼 수 있는 곳입니다. 이 확장 소재들을 광고 계정 레벨, 캠페인, 광고 그룹 수준에 연결하면 하나의 확장 소재를 여러 캠페인이나 광고 그룹에 한꺼번에 추가하는 것이 가능해집니다.

- **맞춤 규칙**

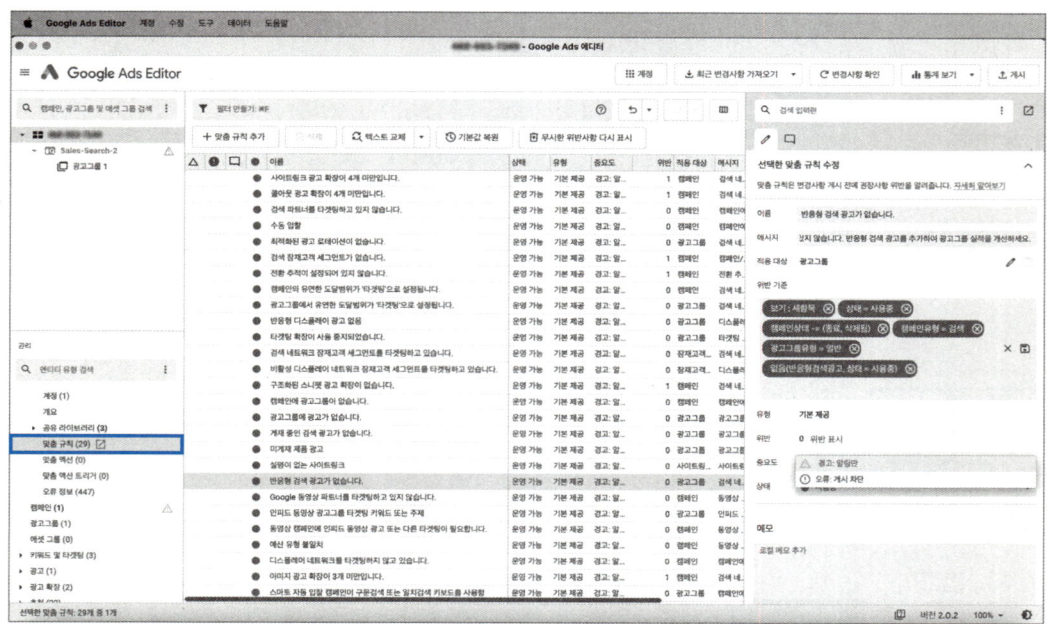

그림 6-28 유형 목록 5

맞춤 규칙은 예상치 않은 오류나 실수가 일어났을 때, 자동으로 경고 알림을 보내주거나 게시를 차단해 주는 역할을 합니다. 예를 들어, 세일 기간이 아닌데 광고 카피에 "세일"이라는 단어가 들어있으면 알림을 보내줄 수 있습니다. 화면을 보시면 이미 기본적으로 여러 규칙이 추가되어 있는 것을 확인할 수 있습니다. 원하는 규칙을 선택하여 적용하면 됩니다.

- **맞춤 액션**

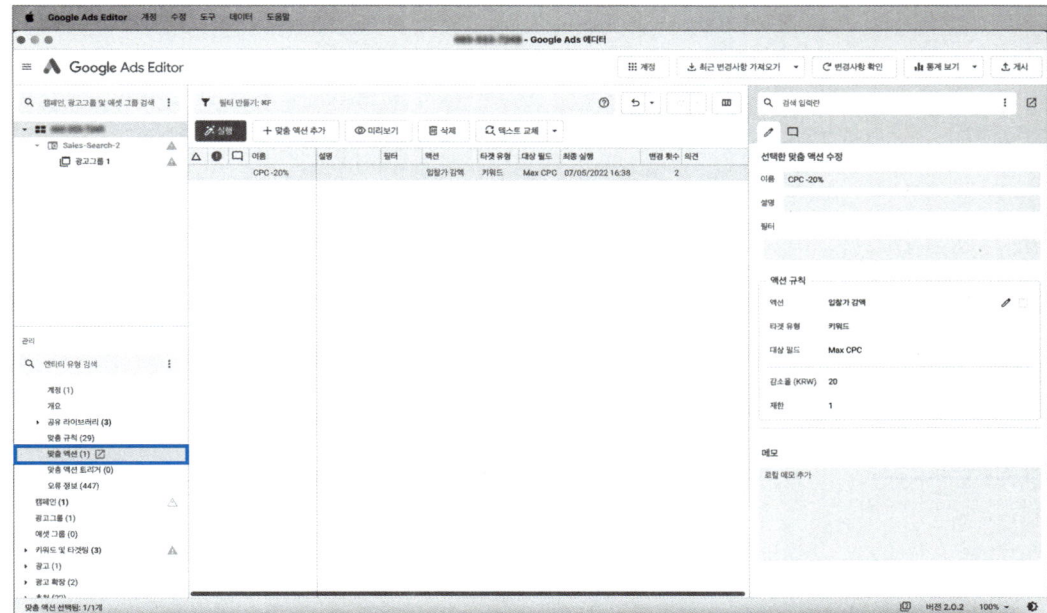

그림 6-29 유형 목록 6

맞춤 액션은 규칙을 통해 특정 액션을 실행시키는 기능입니다. 예를 들어, 특정 기간 동안 전환이 0이었다면 CPC를 20% 낮춘다는 액션을 설정하고 필요할 때마다 실행시킬 수 있습니다. 반복적으로 특정 액션을 실행할 때 유용합니다.

- **맞춤 액션 트리거**

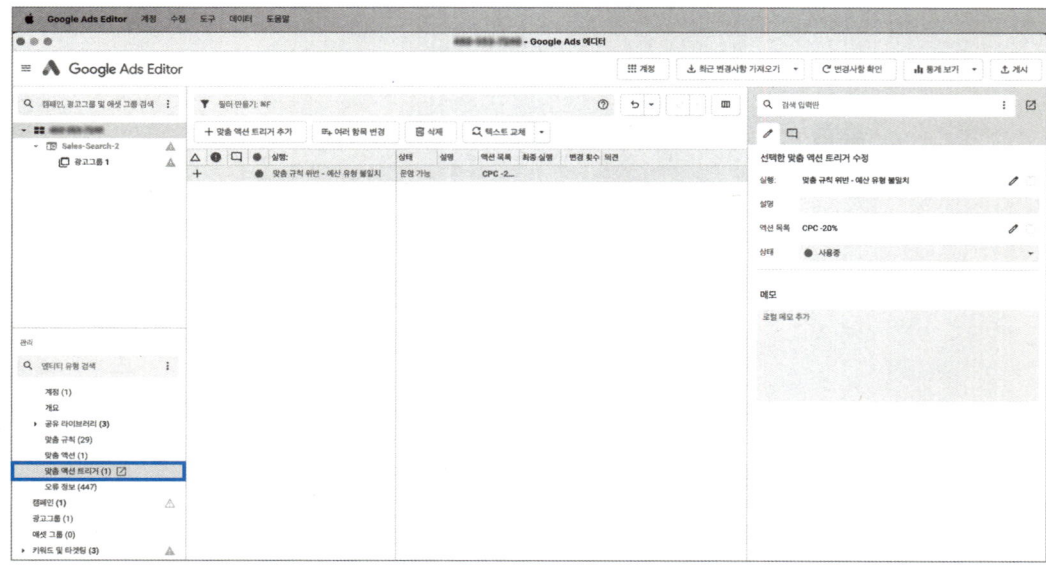

그림 6-30 유형 목록 7

액션 트리거는 규칙과 액션을 결합할 수 있는 기능입니다. 특정 규칙에 위반될 경우 맞춤 액션에서 설정한 액션을 실행하는 방식으로 사용할 수 있습니다.

- **오류 정보**

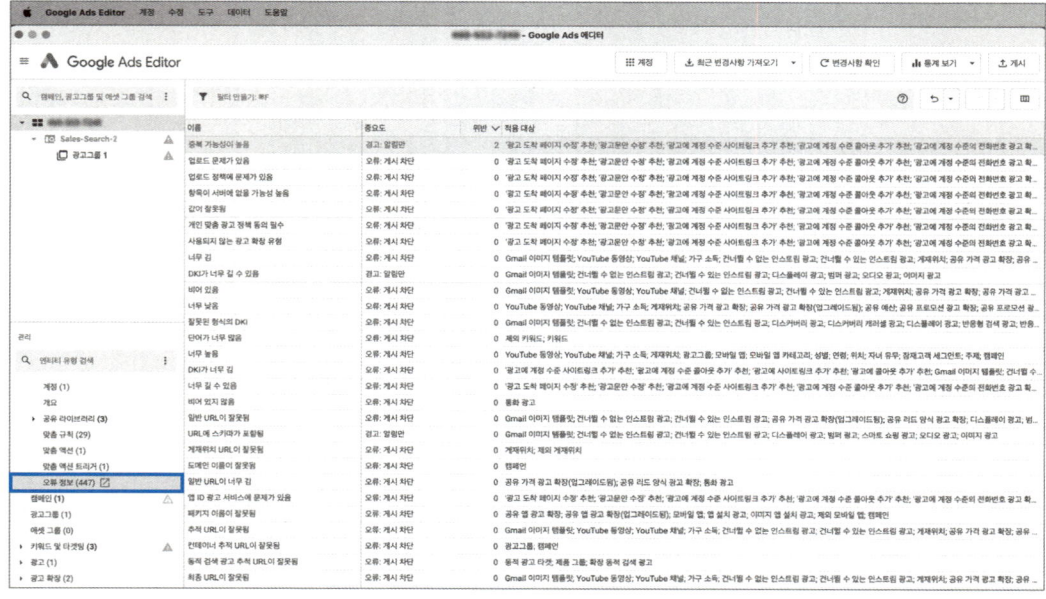

그림 6-31 유형 목록 8

오류 정보에서는 모든 오류 정보를 보여주고, 우리가 올린 캠페인에 어떤 문제가 있는지 보여줍니다. 경고는 품질 점수가 낮아지는 등 약간의 페널티가 있을 수 있지만 게시는 됩니다. 하지만 오류가 생기면 아예 캠페인이 게시가 안 되므로 오류는 항상 긴밀하게 확인하는 것이 중요합니다.

캠페인

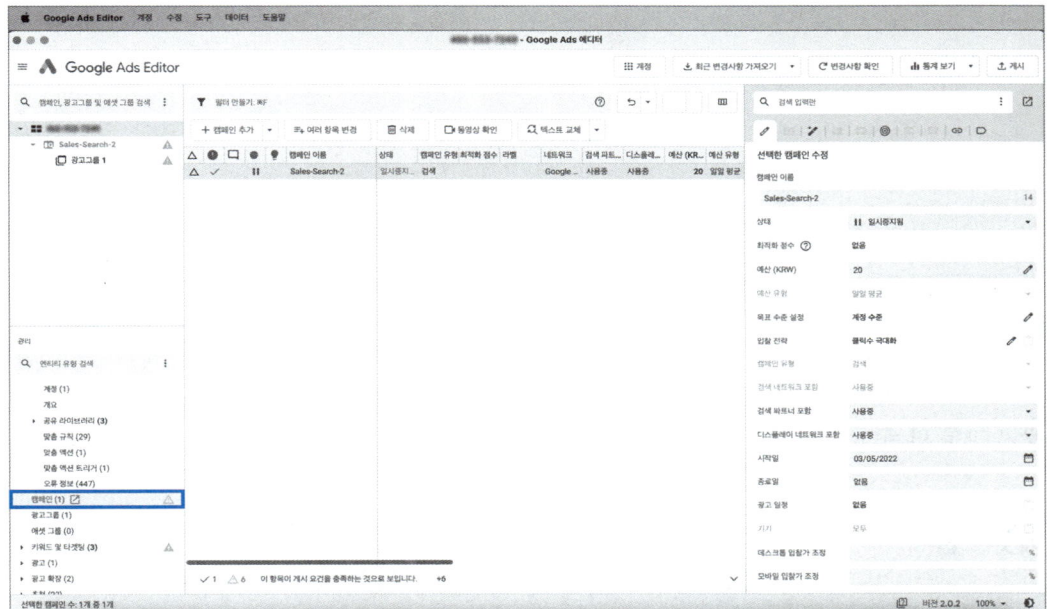

그림 6-32 유형 목록 9

캠페인 단계의 설정을 확인할 수 있는 유형 목록입니다.

광고 그룹

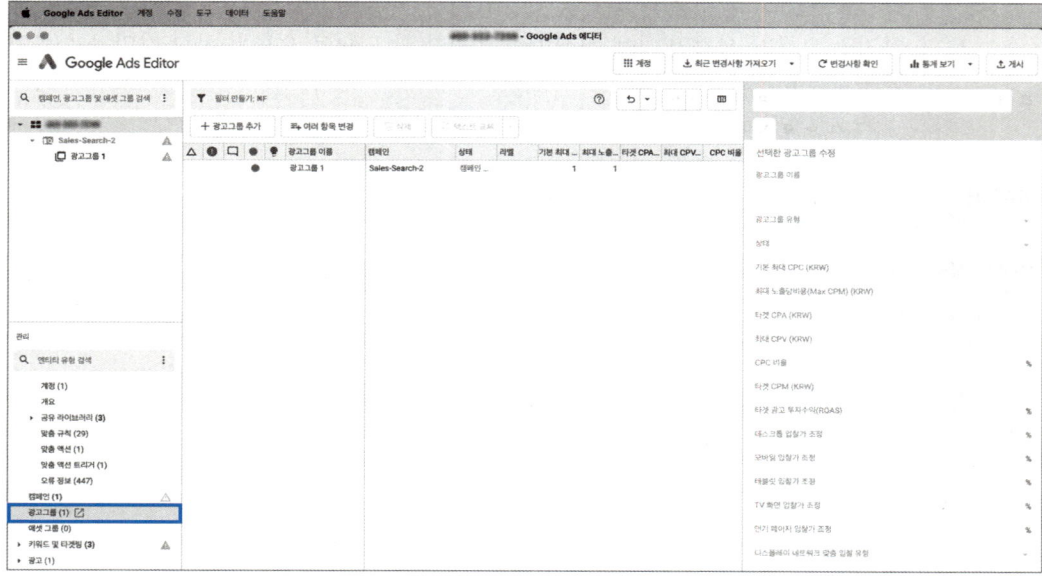

그림 6-33 유형 목록 10

광고 그룹 단계의 설정을 확인할 수 있는 유형 목록입니다.

에셋 그룹

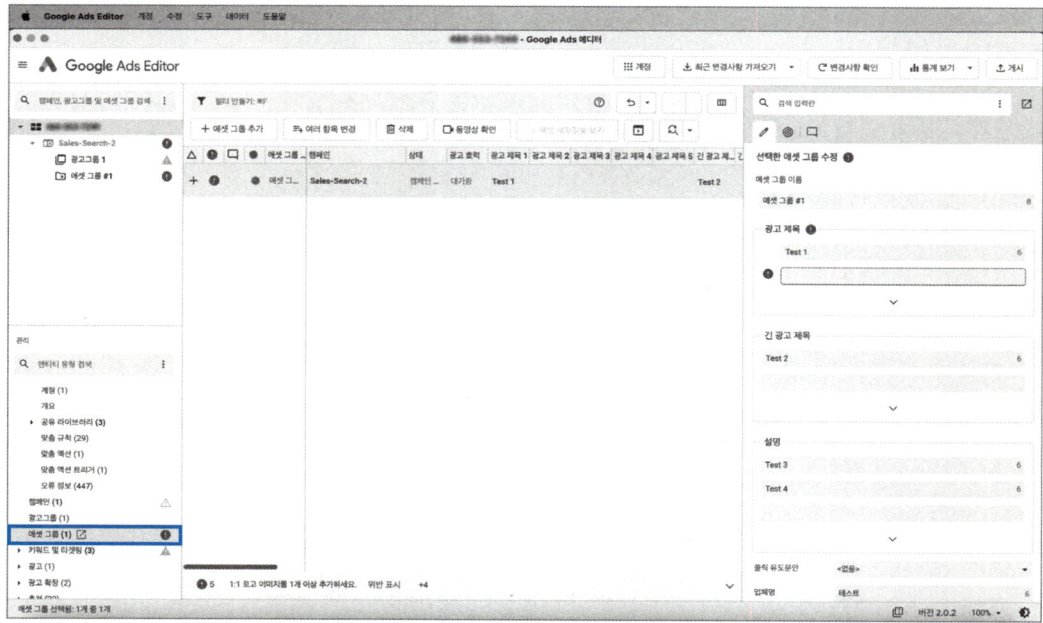

그림 6-34 유형 목록 11

에셋 그룹은 실적 극대화 상품과 같이 검색, 디스플레이, 동영상 등의 여러 상품을 한꺼번에 타기팅하는 상품에 쓰입니다. 광고 텍스트, 로고, 이미지, 동영상을 하나로 묶은 에셋 그룹을 추가해서 편하게 여러 캠페인에 적용할 수 있습니다.

키워드 및 타기팅

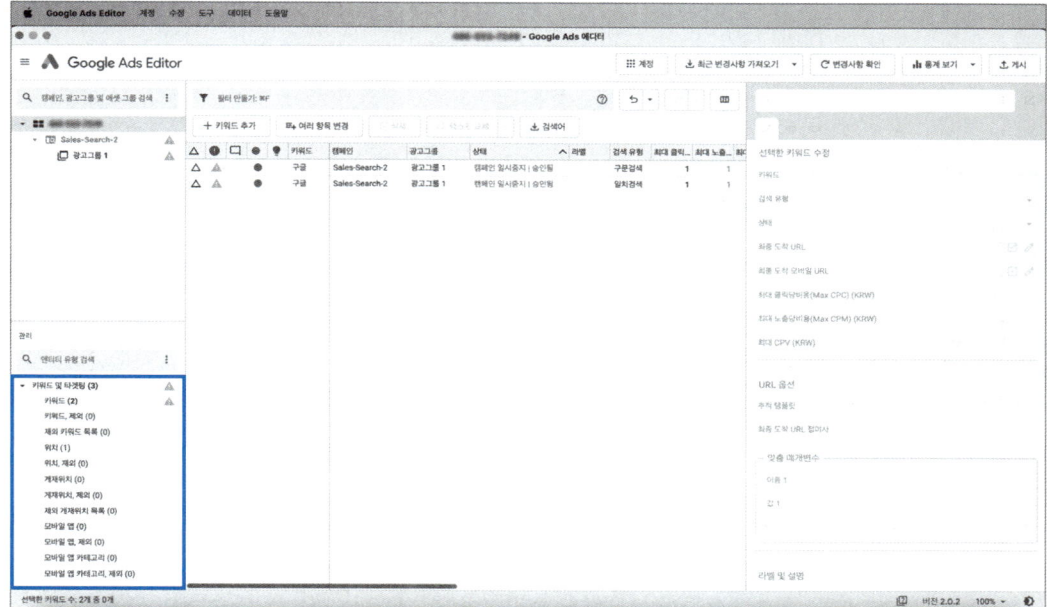

그림 6-35 유형 목록 12

키워드를 포함 기기, 위치, 성별, 게재 위치를 타기팅할 수 있는 곳입니다.

광고

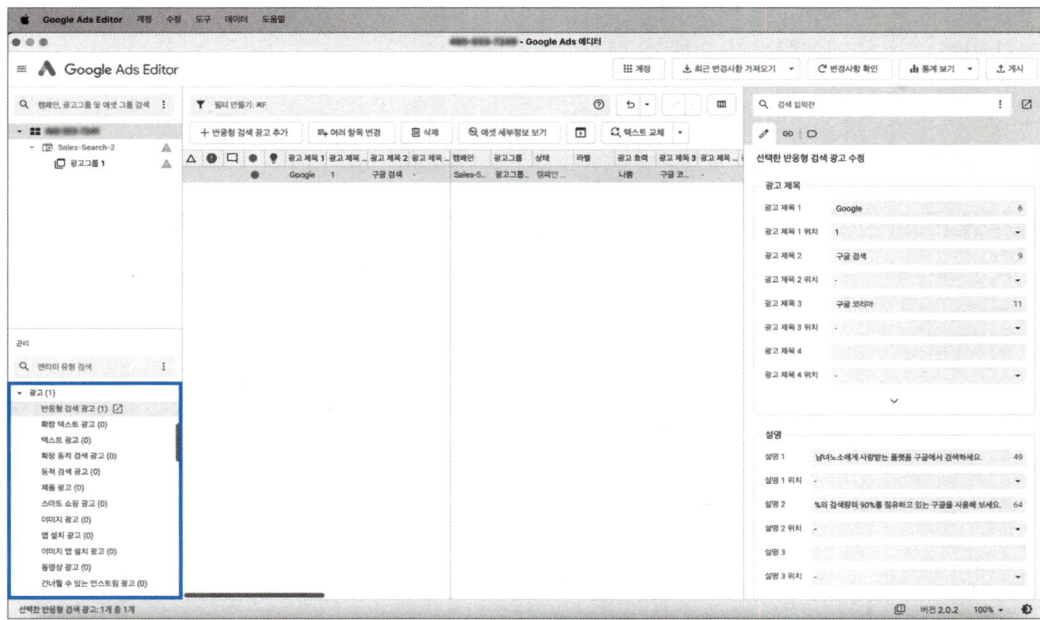

그림 6-36 유형 목록 13

여러 광고 소재들을 확인할 수 있는 곳입니다. 우리는 검색 광고를 설정 중이므로, 반응형 검색 광고를 위주로 실습해 볼 예정입니다.

광고 확장

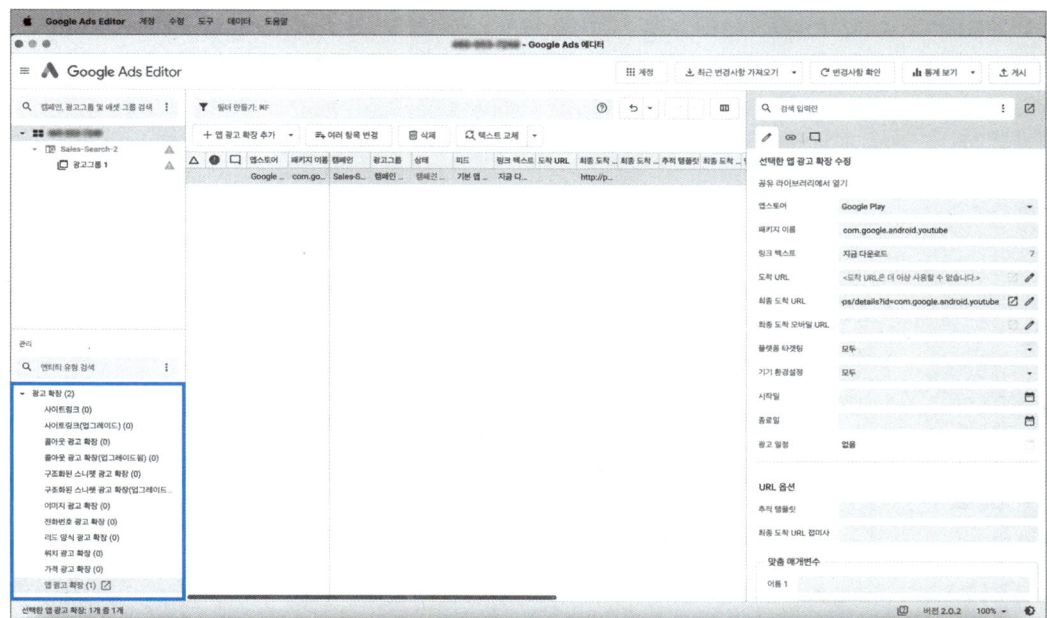

그림 6-37 유형 목록 14

광고 확장 소재를 추가하는 메뉴입니다. 확장 소재를 추가할 때마다 계정, 캠페인, 광고 그룹 중 어느 수준에서 추가할 것인지 선택해야 합니다. 이곳에서 추가한 모든 광고 확장 소재들은 공유 라이브러리에서 확인하고 관리할 수 있습니다.

추천

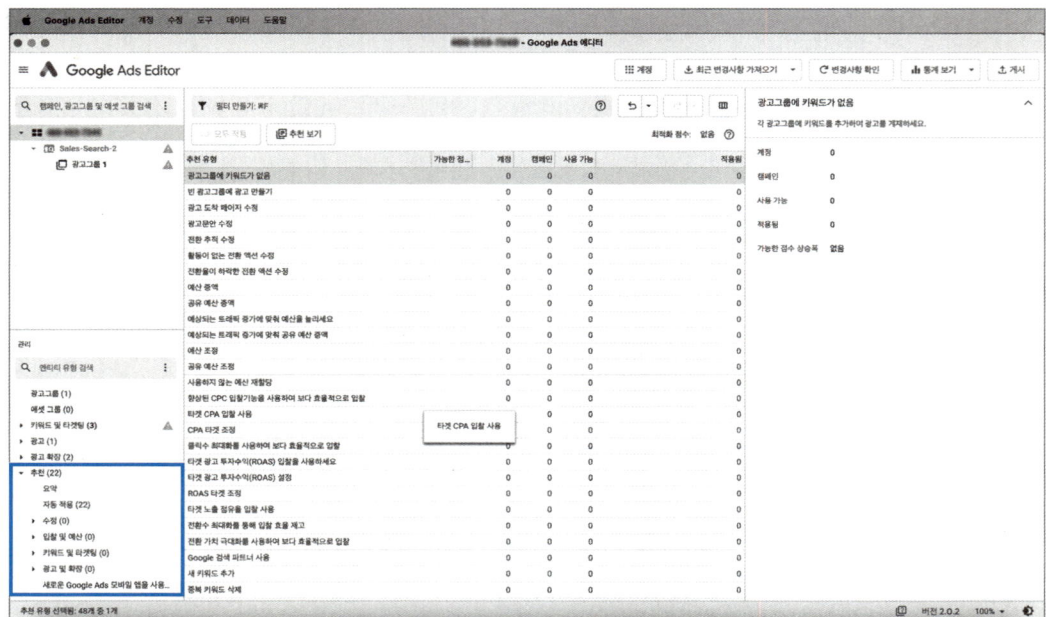

그림 6-38 유형 목록 15

구글 애즈는 점수를 통해 우리가 설정한 캠페인이 구글의 최적화 기준에 맞는지 보여줍니다. 추천 영역에서는 점수를 향상시킬 수 있는 액션들을 보여줍니다. 최적화 점수가 높을수록 광고의 효율도 개선될 가능성이 높아집니다.

★ 데이터 보기

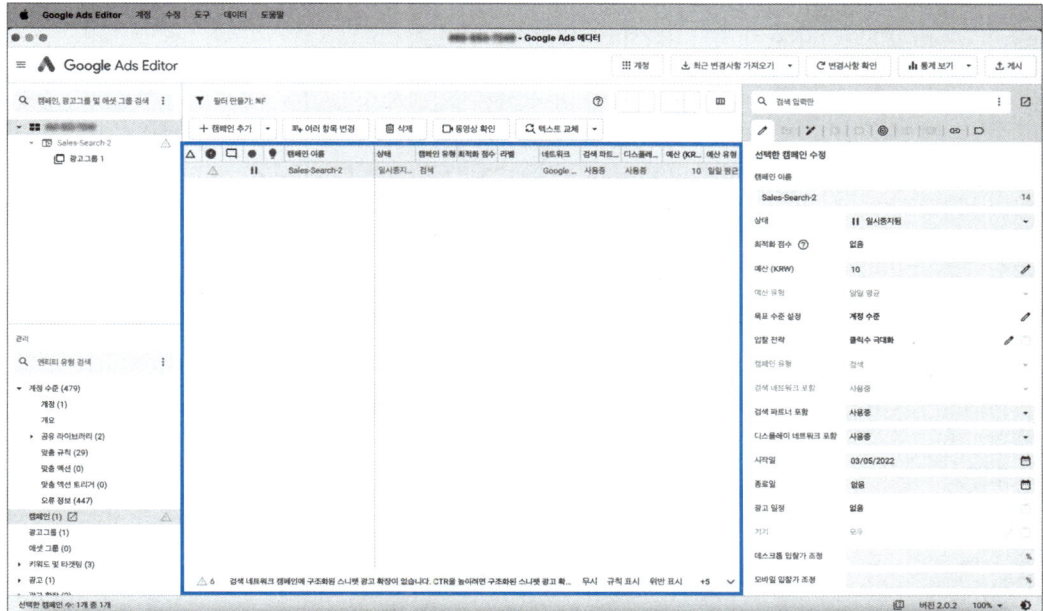

그림 6-39 데이터 보기

데이터 보기는 트리 보기와 유형 목록을 선택할 때마다 상세 내용을 보여주는 곳입니다. 트리 보기와 유형 목록이 일종의 메뉴라면, 데이터 보기는 상세 페이지라고 할 수 있습니다. 데이터를 변경하고 싶을 때면 유형 목록에서 선택하고, 데이터 보기에서 변경하면 됩니다.

★ 수정 패널

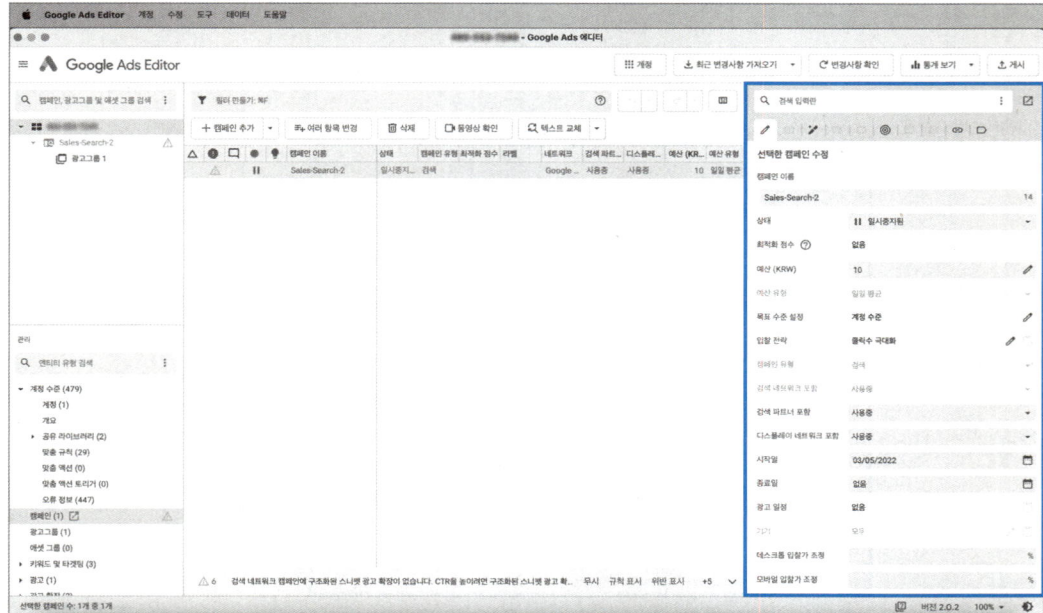

그림 6-40 수정 패널

데이터 보기에서 선택한 항목들의 설정을 변경할 수 있습니다. 대량 선택을 통해 여러 캠페인이나 광고 설정을 한 번에 변경할 수 있어 편리합니다.

3. 실습 과제 설명

구글 애즈 에디터의 구조를 배워봤으니, 캠페인을 업로드해 볼 시간입니다. 기술적인 설명에 들어가기 전에, 몰입을 위해서 가상의 상황을 설정해 보겠습니다. 우리는 신입으로 이커머스 플랫폼 "흰다"의 퍼포먼스 마케팅 인하우스 팀에 입사를 해서 팀장으로부터 아래와 같은 과제를 받았습니다.

"다음 달에 우리 흰다 플랫폼에 새로운 패션 브랜드 "베어"가 론칭됩니다. 해당 브랜드를 홍보하기 위한 구글 애즈 검색 광고 캠페인을 업로드해 주세요. 베어 컬렉션에 대한 정보와 평소에 우리가 사용하는 페르소나 정보는 아래를 참조해 주세요."

★ 흰다 회사 소개

회사 정보

- 총 800개 디자이너 입점 중인 온라인 럭셔리 패션 플랫폼
- 첫 구매 시 10% 할인
- 전 상품 무료배송 및 무료반품
- 디자이너 단독 컬렉션 입점 중
- 신상품 매일 입고

고객 페르소나

- 2-30대 여성
- 연 소득 1억 원 이상 (상위 5%)
- 서울과 부산에 고객의 70% 이상 거주
- 새 시즌 패션 상품에 관심이 많음
- 환경보호에 관심이 많고 비건
- 반려동물과 함께 거주
- 자가 주택 소유
- 자전거로 출퇴근을 하고 주말마다 자전거 동호회에 방문
- 커피를 즐겨 마시며 원산지를 꼼꼼히 확인함
- 가족 영화를 좋아함

★ 베어 디자이너 론칭 캠페인

- **캠페인 기간**: 2025년 5월 1일 ~ 2025년 5월 31일
- **캠페인 총예산**: 5,000,000원
- **목표**: 매출 창출
- **타깃 국가**: 대한민국

- **상품 및 URL 정보**

디자이너 메인 URL

디자이너 이름	URL
베어	https://www.heenda.com/designer/bear

상위 카테고리 URL 정보

상위 카테고리	URL
의류	https://www.heenda.com/designer/bear/clothing
신발	https://www.heenda.com/designer/bear/shoes
액세서리	https://www.heenda.com/designer/bear/accessories

하위 카테고리 URL 정보

하위 카테고리	URL
티셔츠	https://www.heenda.com/designer/bear/clothing/t-shirts
청바지	https://www.heenda.com/designer/bear/clothing/jeans
샌들	https://www.heenda.com/designer/bear/shoes/sandals
운동화	https://www.heenda.com/designer/bear/shoes/trainers
모자	https://www.heenda.com/designer/bear/accessories/hats
가방	https://www.heenda.com/designer/bear/accessories/bags

상품 URL 정보

상위 카테고리	하위 카테고리	제품명	URL
의류	티셔츠	베어 우피 티셔츠	https://www.heenda.com/designer/bear/clothing/t-shirts/bear-woofie-t-shirts
의류	청바지	베어 워키 청바지	https://www.heenda.com/designer/bear/clothing/jeans/bear-walkie-jeans
신발	샌들	베어 해피 샌들	https://www.heenda.com/designer/bear/shoes/sandals/bear-happy-sandals
신발	운동화	베어 트리트 운동화	https://www.heenda.com/designer/bear/shoes/trainers/bear-treat-trainers
액세서리	모자	베어 소시지 모자	https://www.heenda.com/designer/bear/accessories/hats/bear-sausage-hats

상위 카테고리	하위 카테고리	제품명	URL
액세서리	가방	베어 드링킹 가방	https://www.heenda.com/designer/bear/accessories/bags/bear-drinking-bags

4. 일괄 업로드 템플릿 다운로드

앞에서 구글 애즈 에디터에 대한 여러 가지 장점을 설명했습니다. 이 중 가장 큰 장점은 다수의 캠페인, 광고 그룹, 키워드를 일괄 업로드할 수 있다는 것입니다. 위의 정보를 바탕으로 업로드할 템플릿을 다운로드하고 작성해 보겠습니다.

템플릿은 대량의 데이터를 다뤄야 하기 때문에 보통 엑셀 파일 형식을 사용합니다. 구글 애즈의 공식 템플릿은 구글 애즈 서포트(https://support.google.com/google-ads/answer/10702525)에서 다운로드할 수 있습니다. 실습에서 사용할 템플릿 다섯 가지를 다운로드하도록 하겠습니다.

★ 새 캠페인 만들기

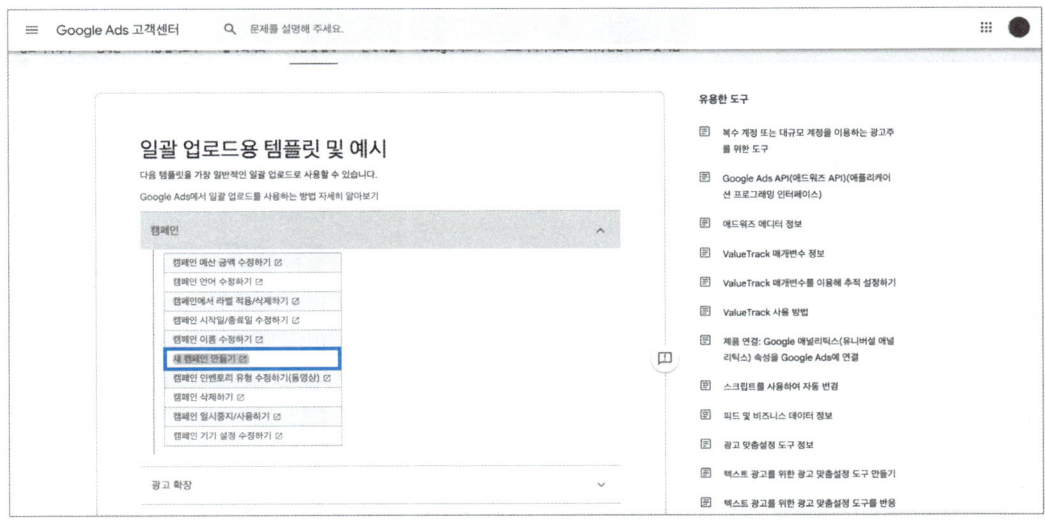

그림 6-41 일괄 업로드 템플릿 1

캠페인 메뉴를 펼쳐 [새 캠페인 만들기] 템플릿을 다운로드합니다.

★ 사이트링크 광고 확장

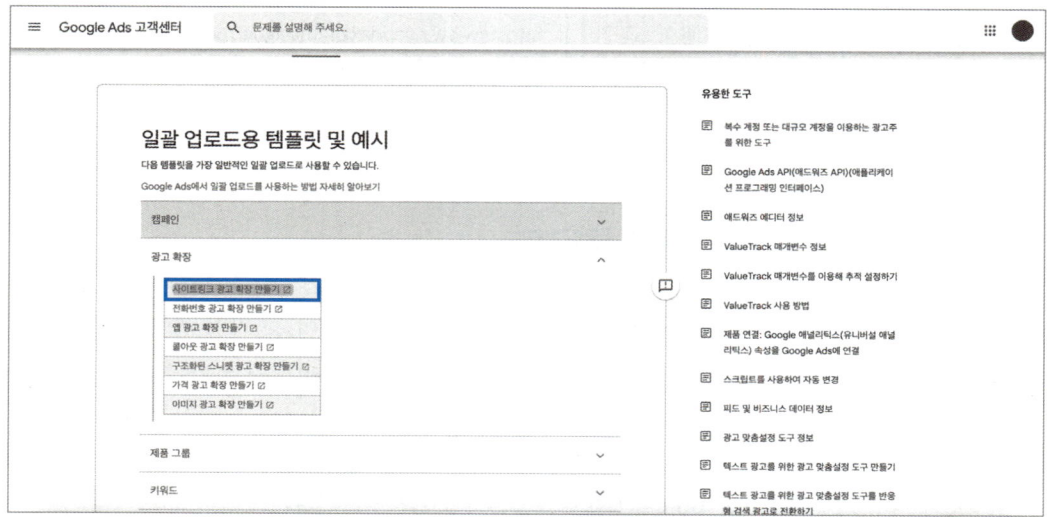

그림 6-42 일괄 업로드 템플릿 2

광고 확장 메뉴를 펼쳐 [사이트링크 광고 확장 만들기] 템플릿을 다운로드합니다.

★ 광고 그룹 만들기

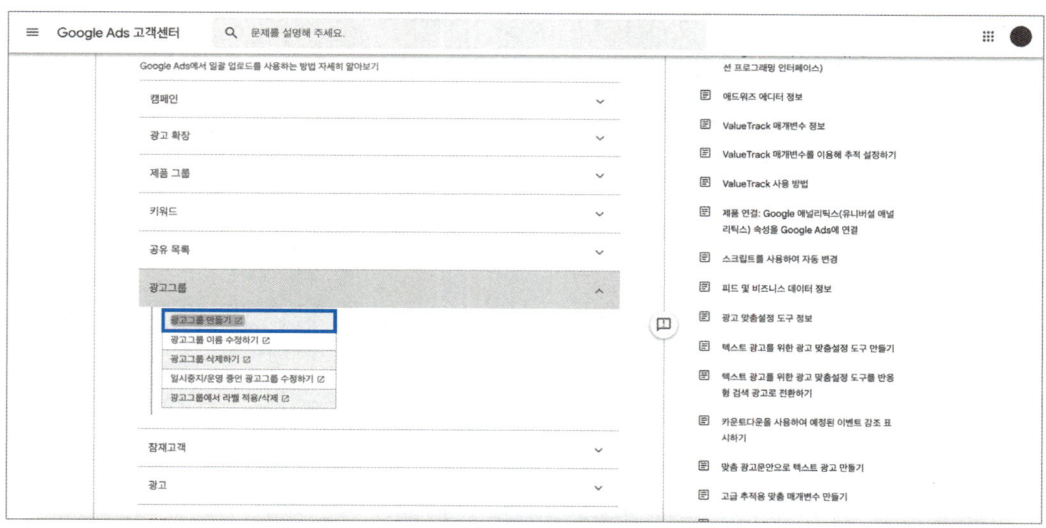

그림 6-43 일괄 업로드 템플릿 3

광고 그룹 메뉴를 펼쳐 [광고 그룹 만들기] 템플릿을 다운로드합니다.

★ 키워드 추가하기

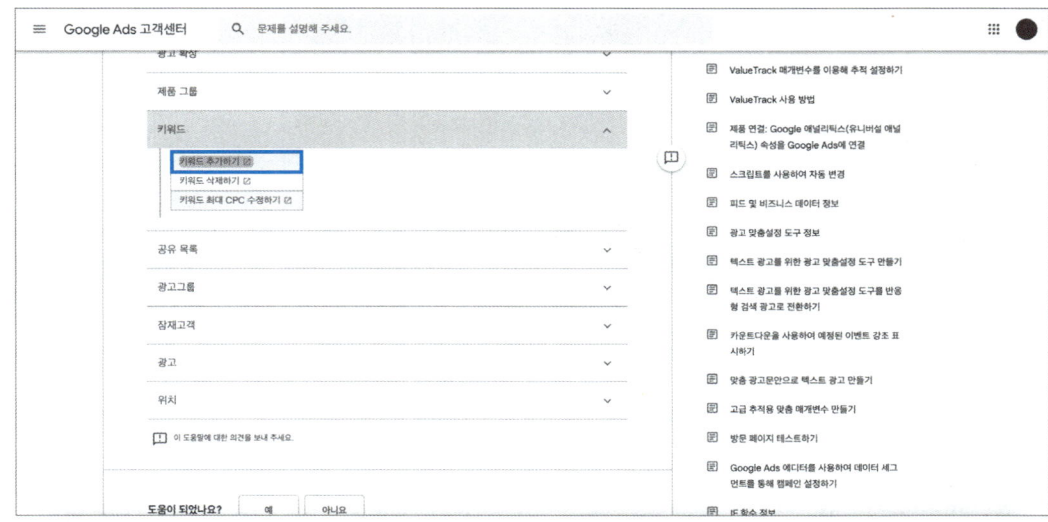

그림 6-44 일괄 업로드 템플릿 4

키워드 메뉴를 펼쳐 [키워드 추가하기] 템플릿을 다운로드합니다.

★ 반응형 검색 광고 만들기

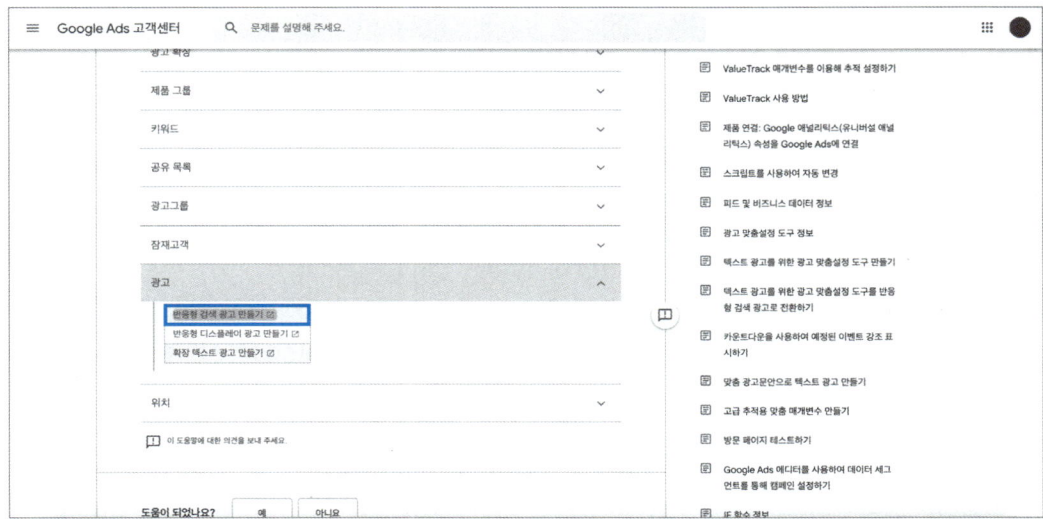

그림 6-45 일괄 업로드 템플릿 5

광고 메뉴를 펼쳐 [반응형 검색 광고 만들기] 템플릿을 다운로드합니다.

이제 템플릿을 모두 내려받았으니 새 캠페인 만들기 템플릿부터 차례대로 데이터를 입력해 보겠습니다.

5. 캠페인 만들기

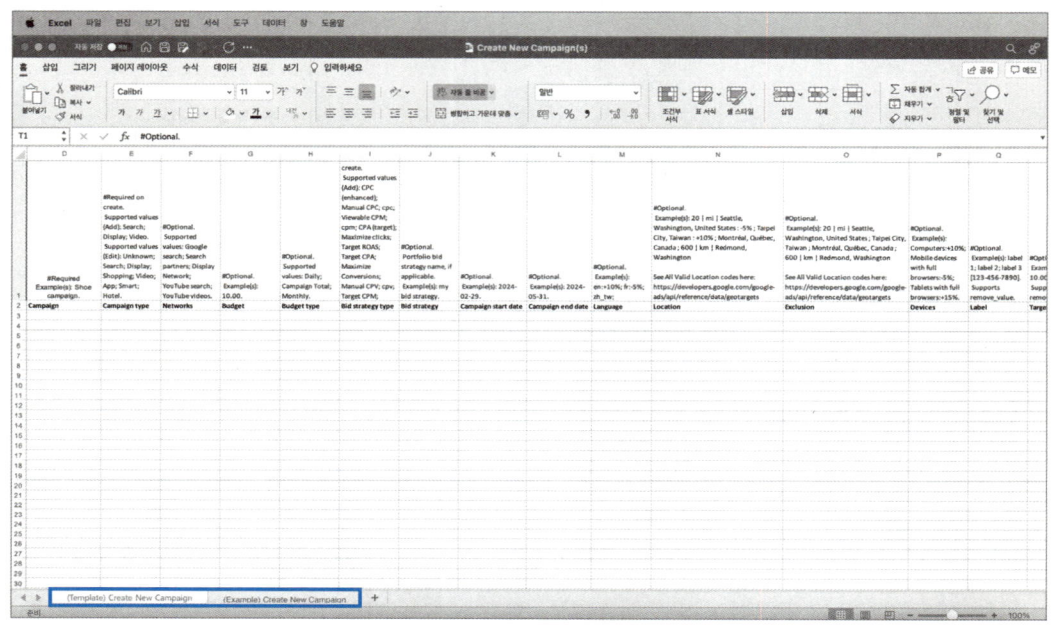

그림 6-46 새 캠페인 만들기 1

파일을 열어보면 총 두 가지 시트가 있습니다. 첫 번째는 실제로 플랫폼에 업로드할 시트입니다. 첫 행에 #으로 시작하는 줄이 있습니다. 이는 각각의 열이 무엇을 의미하고, 어떤 데이터를 입력해야 하는지 설명을 담은 줄입니다. 데이터가 #으로 시작하면 업로드를 할 때 자동으로 무시되므로 그대로 놔두셔도 됩니다. 데이터 중에 Required는 캠페인을 업로드하려면 꼭 포함되어야 할 열이고, Optional은 필수가 아니라 옵션으로 추가할 수 있는 열입니다. 시스템에 업로드해야 하는 정보라 영어로 작성되어 있는데, 아래에서 자세히 설명해 드릴 테니 걱정하지 않으셔도 됩니다.

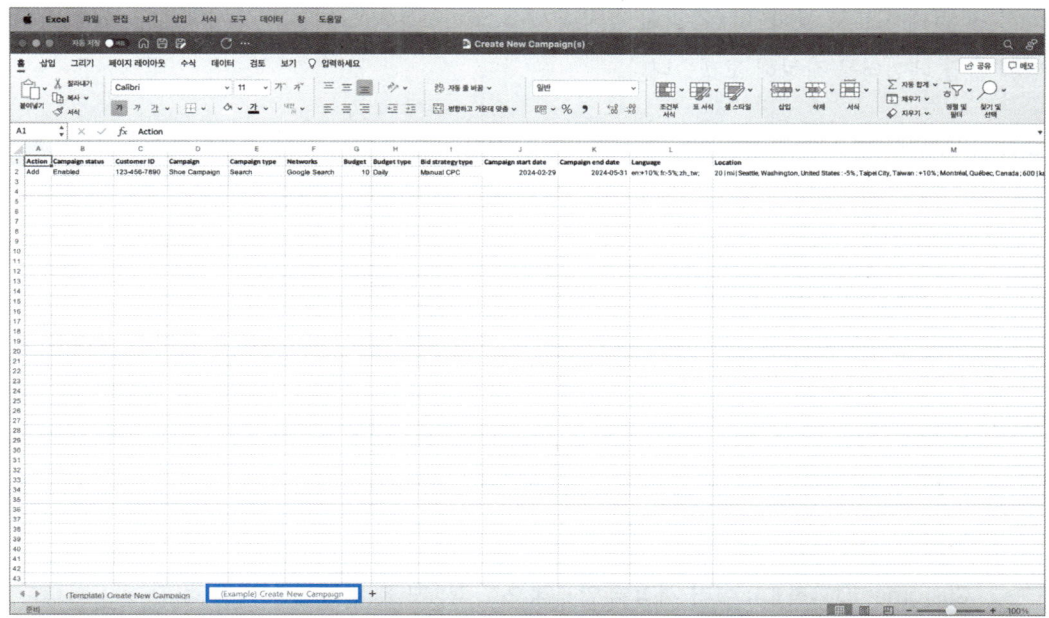

그림 6-47 새 캠페인 만들기 2

두 번째 시트는 실제로 업로드할 때 어떤 데이터를 입력해야 하는지 예시를 보여주는 시트입니다. 데이터를 입력할 때 참고하면 좋습니다.

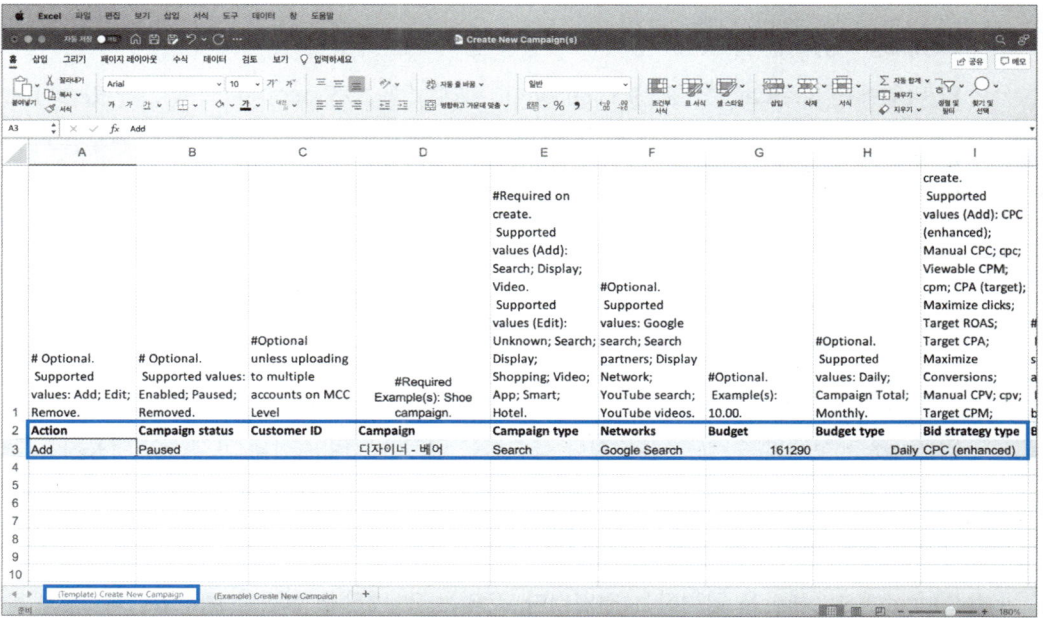

그림 6-48 새 캠페인 만들기 3

6장 실무 과제를 통해 배우는 구글 애즈 에디터 119

다시 첫 번째 시트로 돌아가서 각각의 열이 무엇을 의미하는지 살펴봄과 동시에 구글 애즈 에디터에 올릴 데이터를 작성해 보겠습니다.

- **Action**(수행할 작업): Add(새 캠페인 만들기), Edit(기존 캠페인 수정하기), Remove(캠페인 제거하기) 이 세 가지 명령어 중에 선택할 수 있습니다. 새로운 캠페인을 만들 예정이니 "Add"를 입력합니다.

- **Campaign Status**(캠페인 상태): Enabled(활성화), Paused(일시 중지), Removed(제거하기) 세 가지 명령어가 있습니다. 새로운 캠페인을 만들 때는 항상 Paused(일시 중지) 상태로 올린 다음 에디터에서 모든 데이터를 한 번 더 확인하고, 설정이 완벽할 때 에디터 내에서 Enabled(활성화) 상태로 바꾸는 게 좋습니다. 혹시나 실수가 있을 경우 에디터에서 확인하는 게 더 편하고, 한 번 더 실수를 체크할 수 있기 때문입니다. 셀에 "Paused"를 입력합니다.

- **Customer ID**(계정 ID): 여러 계정에 일괄적으로 캠페인을 업로드할 때 계정 간 데이터를 구분하기 위해 입력하는 ID입니다. 현재 계정이 하나뿐이므로 비워둡니다.

- **Campaign**(캠페인 이름): 캠페인 이름을 입력하는 열입니다. 보통 캠페인을 론칭할 때는 쉽게 필터링하기 위해 계정 내 공통된 이름 구조를 갖는 것이 중요합니다. 지금은 하나의 캠페인만 론칭을 하지만 캠페인 이름 구조는 "디자이너 – [디자이너 이름]"으로 통일하도록 하겠습니다. 이 구조에 맞춰 "디자이너 – 베어"를 입력합니다.

- **Campaign Type**(캠페인 타입): 캠페인 타입을 입력하는 열입니다. 새로 만들 수 있는 캠페인 타입에는 Search(검색 광고), Display(디스플레이 광고), Video(비디오 광고)가 있습니다. Shopping(쇼핑 광고), App(앱 광고), Smart(스마트 광고), Hotel(호텔 광고) 같은 경우는 에디터에서 생성할 수 없고 수정만 가능합니다. "Search"를 입력합니다.

- **Networks**(네트워크): 네트워크는 우리 광고가 보일 위치를 선택하는 열입니다. Google Search(구글 검색), Search Partners(구글과 파트너십에 있는 모든 검색 파트너들), Display Network(디스플레이 네트워크), Youtube Search(유튜브 검색), Youtube Videos(유튜브 비디오)가 옵션으로 있습니다. 검색 광고를 론칭할 경우에는 Google Search나 Search Partners를 선택할 수 있습니다. 흰다 플랫폼은 연 소득 1억 이상의 고객들이 이용하는 곳이라 Search Partners를 선택하는 것보다 노출 수는 조금 적어지겠지만 신빙성이 보장되는 "Google Search"를 선택하겠습니다.

- **Budget**(예산): 예산을 입력하는 열입니다. 우리는 일 예산을 설정할 예정입니다. 앞의 과제 소개에서 캠페인 예산은 500만 원이었고, 5월 한 달(31일)간 소비할 예정이므로 500만

원 나누기 31일을 한 값인 161290을 입력합니다.

- **Budget Type**(예산 종류): 예산을 어떻게 소비할지 정하는 열입니다. Daily(일일 예산), Campaign Total(캠페인 총예산), Monthly(월 예산)를 설정할 수 있습니다. 캠페인 총예산이나 월 예산을 설정하면 구글의 시스템이 자동으로 퍼포먼스가 좋은 날에는 예산을 많이 소비하고, 나쁜 날에는 예산을 적게 소비합니다. 단점은 캠페인 기간이 끝나기도 전에 예산을 조기 소진할 수 있다는 것입니다. 캠페인 기간 내내 광고를 운영하고 싶다면 일 예산으로 설정해두고 퍼포먼스에 따라 예산을 조정하는 게 좋습니다. "Daily"를 입력합니다.

- **Bid Strategy Type**(입찰 전략): 구글 광고의 가장 큰 강점, 자동 입찰 전략을 선택하는 열입니다. 입찰 전략은 머신 러닝과 AI가 여러 데이터를 분석해서 자동으로 캠페인을 운영해 주는 자동화 시스템입니다. 입찰 전략에 대해서는 아래에서 자세히 다뤄보겠습니다. 자동화에서 가장 중요한 것은 시스템이 캠페인을 최적화할 수 있도록 충분한 데이터를 제공하는 것입니다. 하지만 계정을 새로 생성할 경우는 활용할 데이터가 없기 때문에 일정 기간 동안은 수동으로 캠페인을 운영하면서 데이터를 축적하고, 충분한 데이터가 쌓였을 때 자동화를 하는 것이 좋습니다. 수동으로 캠페인을 운영하는 방식에는 Manual CPC(수동 CPC), CPC(Enhanced) (향상된 CPC 입찰 기능)가 있습니다. CPC는 Cost Per Click 즉, 클릭당 지불하는 가격으로, 클릭 입찰가를 의미합니다. Manual CPC를 선택하면 우리가 설정한 CPC에 맞춰 광고가 운영됩니다. 반면 향상된 CPC 입찰 기능은 우리가 설정한 CPC를 기반으로 하되, 전환이 일어났거나 전환 가치가 높은 키워드의 CPC를 자동으로 조절해 주는 기능입니다. 정확한 CPC를 달성하는 것이 목표가 아닌 이상, 향상된 CPC 입찰 기능을 통해 시스템이 자동화할 수 있는 약간의 여유를 주는 것이 좋습니다. "CPC(Enhanced)"를 입력합니다.

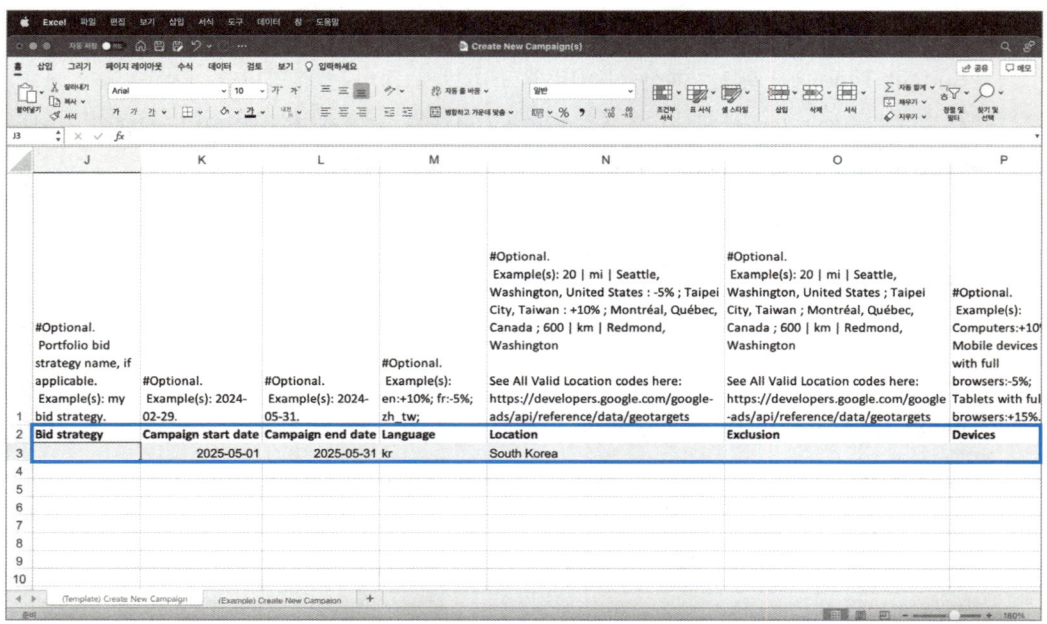

그림 6-49 새 캠페인 만들기 4

- **Bid Strategy**(입찰 전략): 앞에서 설정한 입찰 전략의 이름을 관리하기 편하게 지정해 주는 열입니다. 해당 캠페인은 입찰 전략을 사용하지 않으므로 비워둡니다.

- **Campaign Start Date**(캠페인 시작일): 캠페인이 시작될 날짜를 입력하는 열입니다. 일정 기간만 운영되는 세일이나 프로모션과 관련된 캠페인을 운영할 경우 유용하게 쓰입니다. 캠페인의 시작 날짜인 2025-05-01을 형식에 맞게 입력합니다.

- **Campaign End Date**(캠페인 종료일): 캠페인이 종료될 날짜를 입력하는 열입니다. 캠페인 종료일을 입력하면 캠페인이 활성화 상태이더라도 종료일에 맞춰 자동으로 광고 운영이 중단됩니다. 캠페인 종료일인 2025-05-31을 입력합니다.

- **Language**(한글 이름): 사용자의 언어 설정에 따라 타기팅할 수 있는 옵션입니다. 예를 들어, 한국어 사용자를 타기팅한다면, 광고 문구도 한국어로 작성하는 것이 좋습니다. "kr"을 입력합니다.

- **Location**(위치): 광고를 보여줄 위치를 지정하는 열입니다. "South Korea"를 입력합니다.

- **Exclusion**(제외 위치): 광고를 보여주지 않을 제외 위치를 지정하는 열입니다. 해당 열은 비워둡니다.

- **Devices**(기기): 해당 열을 통해 특정 기기의 비드 값을 높이거나 낮출 수 있습니다. 해당 열은 비워둡니다.

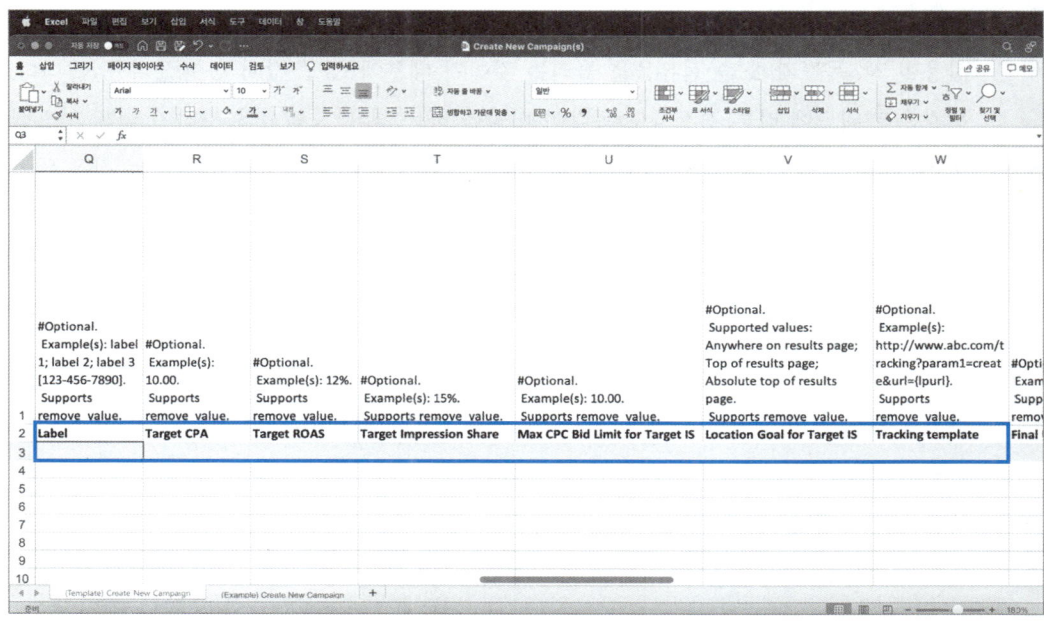

그림 6-50 새 캠페인 만들기 5

- **Label**(라벨): 라벨은 캠페인들을 그룹으로 편하게 관리해 주기 위한 기능입니다. 예를 들어, 세일 중인 브랜드 캠페인들은 "세일"이라는 라벨을 지정해서, 나중에 필요할 때 편하게 필터링할 수 있습니다. 필수 항목은 아니므로 비워둡니다.

- **Target CPA**(타깃 CPA): 타깃 CPA 입찰은 입찰 전략 중 하나인데, 전환 당 비용(CPA)을 지정해 많은 전환이 일어나게 유도하는 전략입니다. 이 열에서는 달성하고 싶은 CPA 타깃이 얼만지 입력하면 됩니다. 해당 캠페인은 타깃 CPA 입찰 전략을 쓰고 있지 않으므로 비워둡니다.

- **Target ROAS**(타깃 ROAS): 타깃 ROAS 입찰 전략은, 광고 수익률의 목표를 지정해 효율적으로 전환 가치를 발생시키는 자동화 전략입니다. 해당 열에서 타깃 ROAS 수치를 지정할 수 있습니다. 해당 캠페인은 타깃 CPA 입찰 전략을 쓰고 있지 않으므로 비워둡니다.

- **Target Impression Share**(노출 점유율 타깃): 타깃 노출 점유율 전략은, 광고 노출 점유율 목표를 달성하기 위한 자동화 전략입니다. 노출 점유율은 우리 광고가 최대로 노출될 수 있었던 수와 실제로 노출된 수는 얼마인지 비율을 보여주는 수치입니다. 이 열에서는 달성하고 싶은 Target Impression Share가 얼마인지 입력하면 됩니다. 해당 캠페인은 타깃 노출 점유율 전략을 사용하고 있지 않으므로 비워둡니다.

- **Max CPC Bid Limit for Target IS**(노출 점유율 타깃 최대 CPC 제한 값): 타깃 노출 점유율 전략을 사용할 시, 목표가 노출 점유율을 늘리는 것이기 때문에 CPC 값이 높아질 수 있습니다. 똑같은 키워드에 다른 경쟁사도 똑같이 비딩을 하는 경우, 노출을 확보하기 위해 시스템이 CPC 값을 높일 수 있기 때문입니다. CPC가 일정 금액 이상으로 높아지는 것을 원치 않는다면 해당 열에 최대로 지불하고 싶은 CPC 값을 입력하면 됩니다. 해당 캠페인은 타깃 노출 점유율 전략을 사용하고 있지 않으므로 비워둡니다.

- **Location Goal for Target IS**(노출 점유율 위치 목푯값): 타깃 노출 점유율 전략을 사용할 시 광고를 검색 결과 페이지에서 어디에 보여주고 싶은지 위치를 지정할 수 있습니다. 해당 캠페인은 타깃 노출 점유율 전략을 사용하고 있지 않으므로 비워둡니다.

- **Tracking Template**(트래킹 템플릿): 트래킹 템플릿은 URL 뒤에 붙여서 트래킹을 가능하게 하는 요소입니다. 구글 애널리틱스가 계정 단위에 연결되어 있다면 이 템플릿을 캠페인마다 추가할 필요는 없습니다. 해당 셀은 비워둡니다.

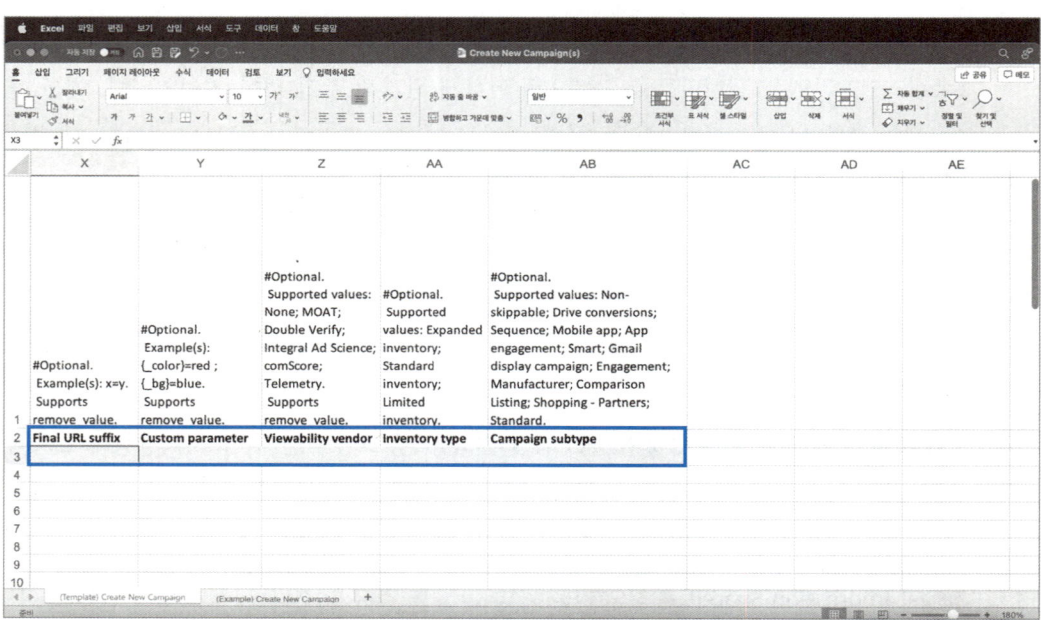

그림 6-51 새 캠페인 만들기 6

- **Final URL Suffix**(최종 URL 접미사): 최종 URL 접미사는 사용자가 광고를 클릭한 이후 이동하는 위치를 추적하게 할 수 있게 해주는 요소입니다. 해당 셀은 비워둡니다.

- **Custom Parameter**(맞춤 매개변수): 맞춤 매개변수를 사용하면 사용자를 더 정교하게 분리할 수 있습니다. 예를 들어, 사용자가 회원인지, 비회원인지 구분하는 매개변수를 넣어서

사용자의 특징을 파악할 수 있습니다. 해당 셀은 비워둡니다.

- **Viewability Vendor**(조회 가능성 벤더): 조회 가능성은 전체 노출된 광고 중 유의미한 노출이 차지하는 비율을 말합니다. 해당 열에는 조회 가능성을 측정해주는 벤더들의 정보를 입력하는 란입니다. 해당 셀은 비워둡니다.

- **Inventory Type**(인벤토리 종류): 인벤토리 종류는 광고를 보여줄 콘텐츠의 종류를 선택하는 요소입니다. 보통 동영상 광고를 세팅할 때 유용하게 쓰입니다. Standard Inventory(기본 인벤토리), Expanded Inventory(확장 인벤토리), Limited Inventory(제한적인 인벤토리) 이렇게 세 가지 옵션 중 선택할 수 있습니다. 기본 인벤토리는 뮤직비디오나 영화 예고편 같은 가장 기본적인 콘텐츠에 광고를 보여줍니다. 확장 인벤토리는 구글 수익화 기준 자격을 통과한 모든 콘텐츠에 광고를 보여줍니다. 제한적인 인벤토리는 약간의 부적절한 언어나 성적인 암시만 있어도 콘텐츠를 보여주지 않는 가장 제한적인 옵션입니다. 해당 셀은 비워두도록 하겠습니다.

- **Campaign Subtype**(캠페인 하위 타입): 캠페인의 좀 더 자세한 종류를 설정해 주는 열입니다. 해당 셀은 비워두도록 하겠습니다.

이제 작성한 데이터를 구글 애즈 에디터에 업로드할 차례입니다. 우리는 캠페인 하나만 올릴 예정이라 한 행만 작성하였습니다. 한 행만 작성하면 캠페인 하나를 론칭할 때 필요한 정보가 모든 정보가 포함된다니 정말 효율적이죠? 여러 캠페인을 동시에 추가할 때는 한 행 당 하나의 캠페인을 추가 입력하면 됩니다.

처음에 구글 애즈 에디터의 구조에 대해서 살펴볼 때 데이터를 여러 방식으로 업로드를 할 수 있다고 배웠습니다. 엑셀 파일을 통째로 업로드할 수도 있고, 엑셀 파일 안에서 필요한 데이터만 선택해서 붙여넣을 수도 있습니다. 개인적으로는 내가 원하는 데이터만 골라서 업로드할 수 있는 방식인 후자를 선호하는 편입니다. 후자의 방식으로 데이터를 올려보겠습니다.

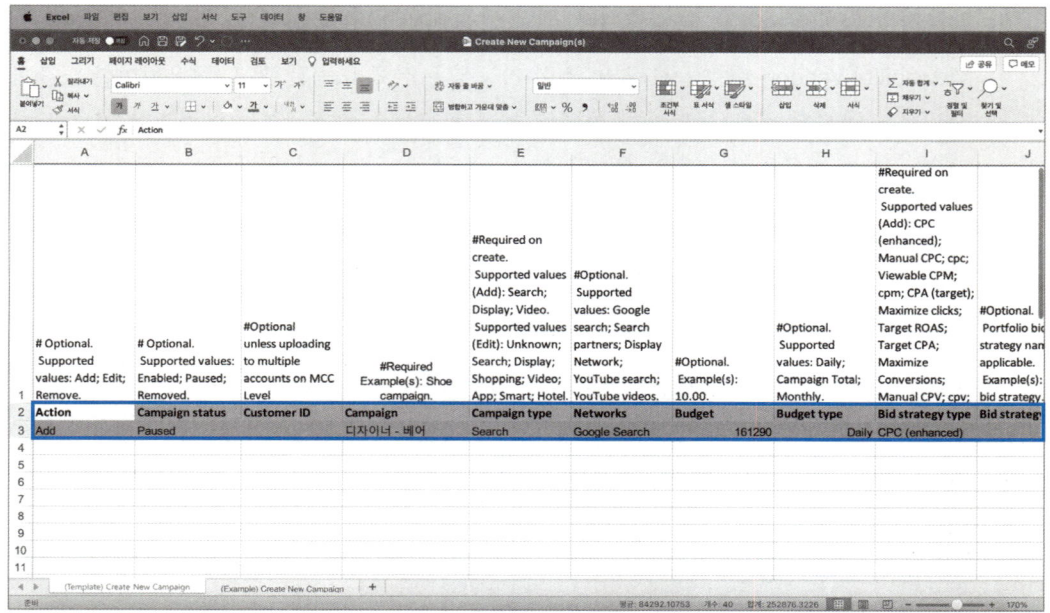

그림 6-52 새 캠페인 만들기 7

업로드할 행들은 꼭 제목 행(2행)을 포함해야 합니다. 제목 행과 우리가 입력한 데이터가 있는 행인 2, 3행을 전체 선택하고 복사한 뒤 에디터로 돌아갑니다.

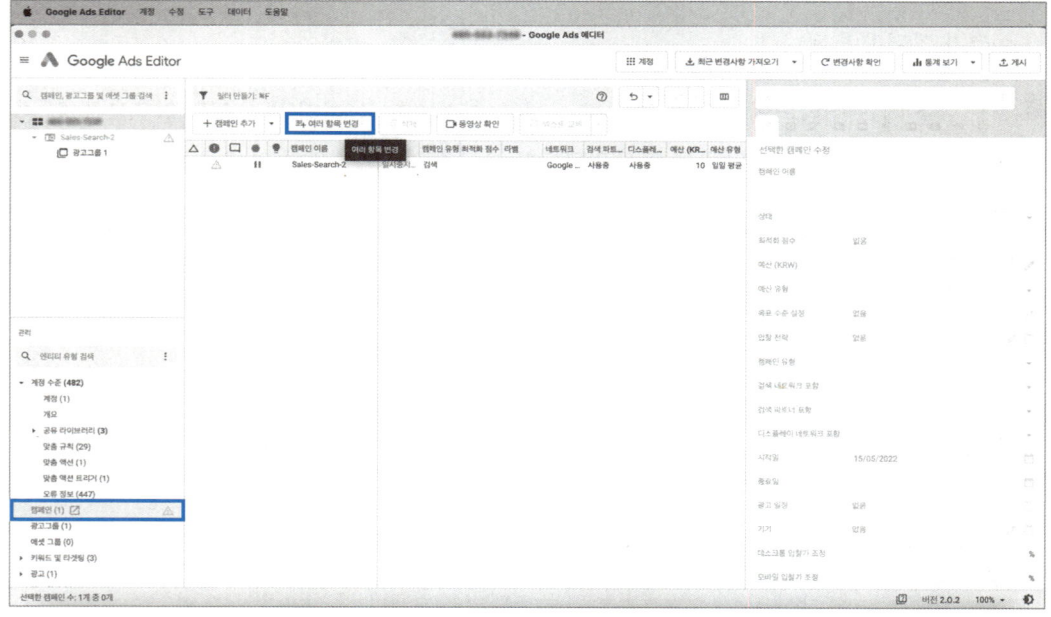

그림 6-53 새 캠페인 만들기 8

126

우리가 변경할 항목은 캠페인이니 유형 목록에서 캠페인이 잘 선택되었는지 확인하고 [여러 항목 변경(대량 업로드)]을 클릭합니다.

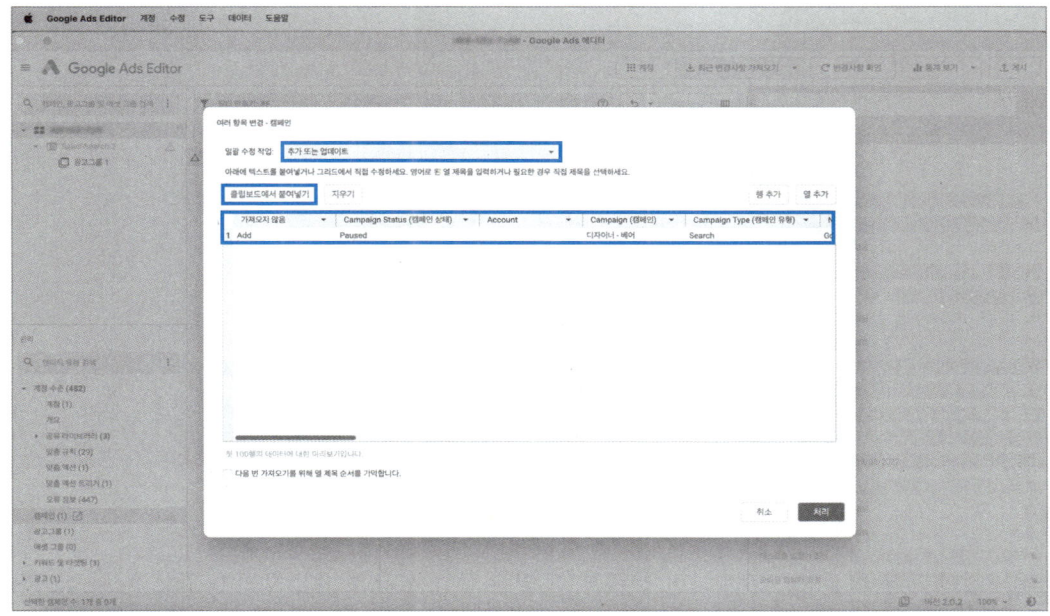

그림 6-54 새 캠페인 만들기 9

새 캠페인을 만드는 것이므로 일괄 수정 작업에서 [추가 또는 업데이트]를 선택하고 [클립보드에서 붙여넣기]를 클릭합니다. 그럼 복사해 뒀던 데이터가 자동으로 아래 붙여넣기 됩니다. 회색으로 표시된 행이 헤더인데, 데이터를 올리기 전에 이 행을 꼼꼼하게 살펴보는 것이 중요합니다. 예를 들어, 첫 데이터처럼 "가져오지 않음"이라는 값이 뜨면 우리가 입력한 헤더 값과 구글 시스템이 요구하는 값이 일치하지 않아서 업로드가 되지 않기 때문입니다. 구글 공식 사이트에서 템플릿을 다운로드해서 입력한 값인데 왜 데이터를 읽지 못하는 것일까요? 구글 애즈 플랫폼은 자주 업데이트되는데 관련 문서가 업데이트 속도를 따라가지 못하기 때문입니다. 따라서 이렇게 헤더가 일치하지 않을 경우를 대비해 데이터를 업로드할 때 항상 헤더를 확인하는 것이 좋습니다.

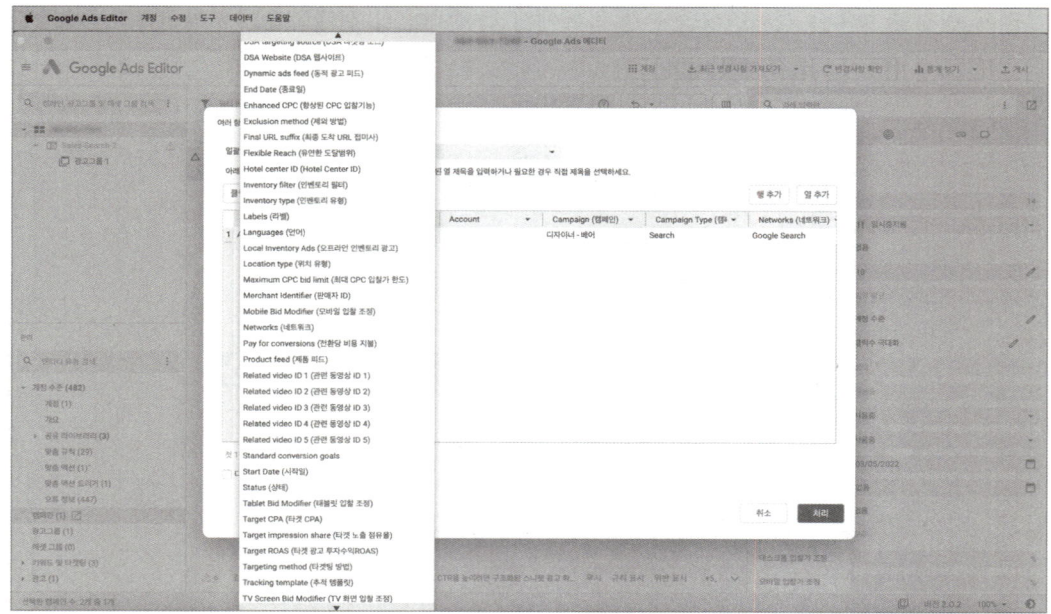

그림 6-55 새 캠페인 만들기 10

헤더 옆의 작은 화살표를 클릭하면 선택할 수 있는 목록이 나옵니다. 우리가 찾는 Action 열은 목록에 없습니다. 이는 예전에는 Action 열이 있었지만, 현재는 에디터가 자동으로 캠페인 이름을 인식해 기존에 있던 캠페인이라면 수정을 하고, 새로운 캠페인이면 자동으로 추가가 되기 때문입니다. 목록에서 나가 그대로 가져오지 않음으로 놔둡니다. 그럼 해당 열은 자동으로 데이터가 업로드되지 않습니다.

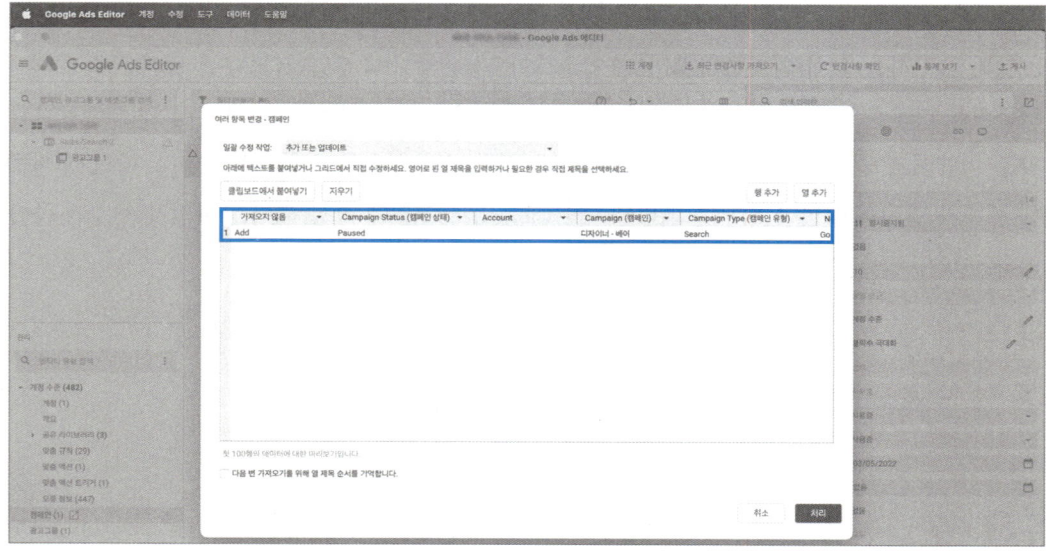

그림 6-56 새 캠페인 만들기 11

캠페인 상태, 계정, 캠페인, 캠페인 유형 모두 입력한 값 그대로 잘 업로드되었습니다. Account (계정)는 엑셀 파일에서 값을 입력하지 않았기 때문에 빈칸으로 보입니다. 입력하지 않을 데이터 열들은 엑셀에서 미리 삭제해도 됩니다.

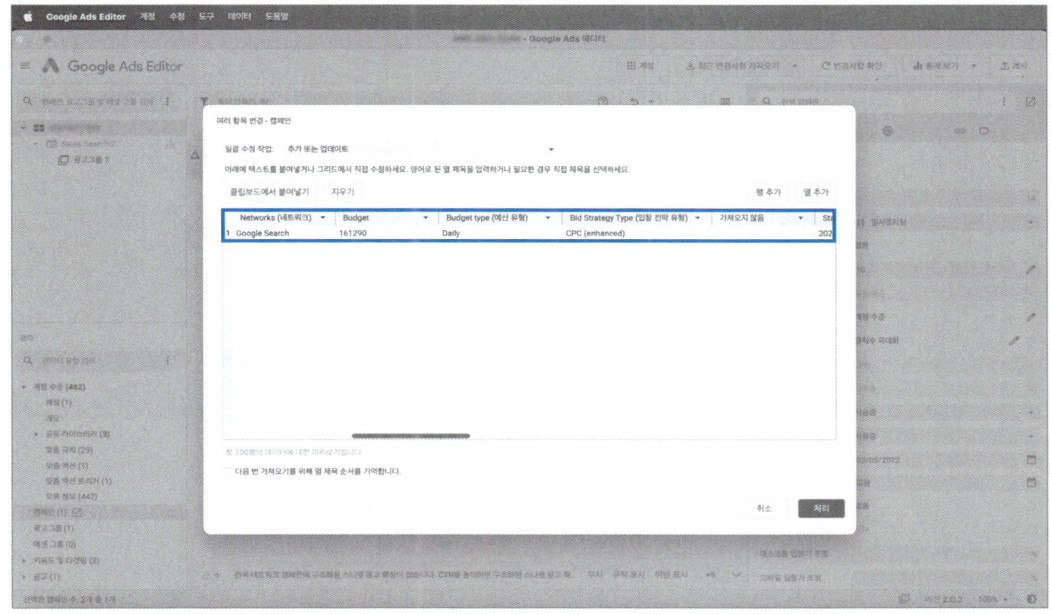

그림 6-57 새 캠페인 만들기 12

네트워크, 예산, 예산 유형, 입찰 전략 유형까지 잘 업로드가 되었습니다. 다음 열은 입찰 전략(Bid Strategy)의 이름을 지정하는 열이었는데 아무 데이터도 입력하지 않았으므로 가져오지 않음으로 업로드되었어도 무시해도 됩니다.

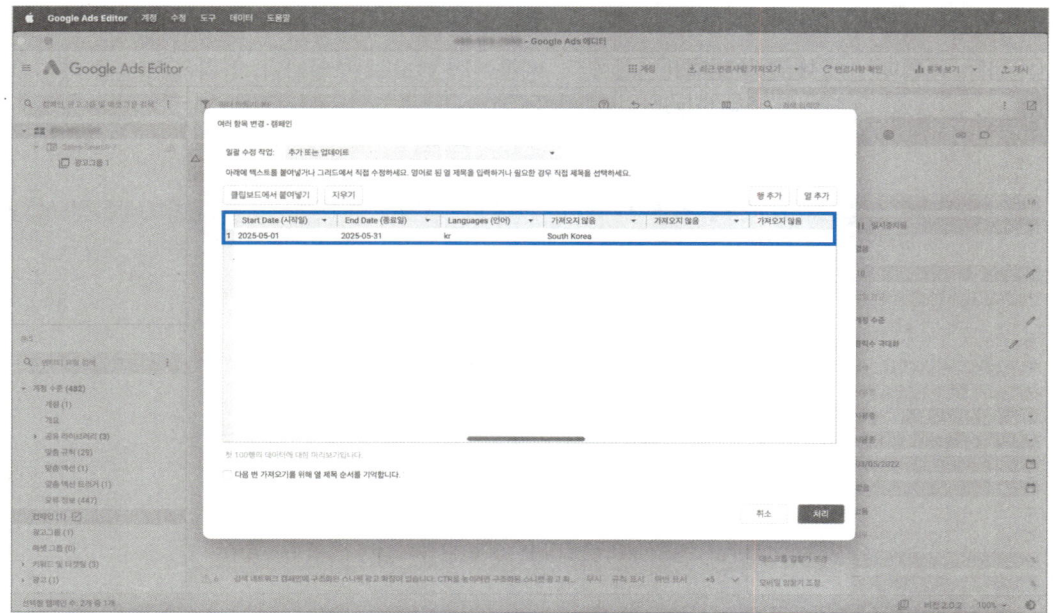

그림 6-58 새 캠페인 만들기 13

시작일, 종료일, 언어까지 잘 업로드되었습니다. 그런데 South Korea라고 입력된 열의 헤더가 가져오지 않음으로 업로드되었습니다. 값을 보니 위치와 관련된 헤더를 찾아야 할 것 같습니다. 화살표를 눌러서 목록을 확인합니다.

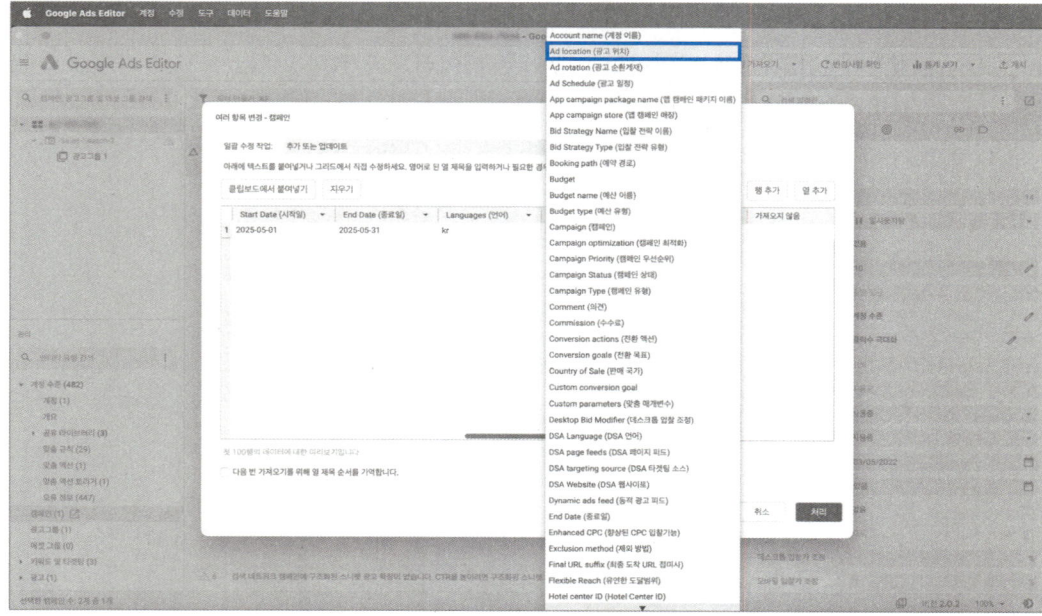

그림 6-59 새 캠페인 만들기 11

목록을 확인해 보니 Ad Location(광고 위치)라는 헤더가 있습니다. 기존의 파일에서는 Location이었기 때문에 자동으로 데이터를 읽어오지 못했습니다. [Ad Location(광고 위치)]을 선택해 줍니다.

그림 6-60 새 캠페인 만들기 12

우리가 올릴 데이터는 광고 위치가 마지막이었고, 나머지 열들은 비워두었습니다. 그럼 더 이상 처리할 데이터가 없다는 의미이므로 [처리] 버튼을 클릭해서 데이터를 검증해 보겠습니다.

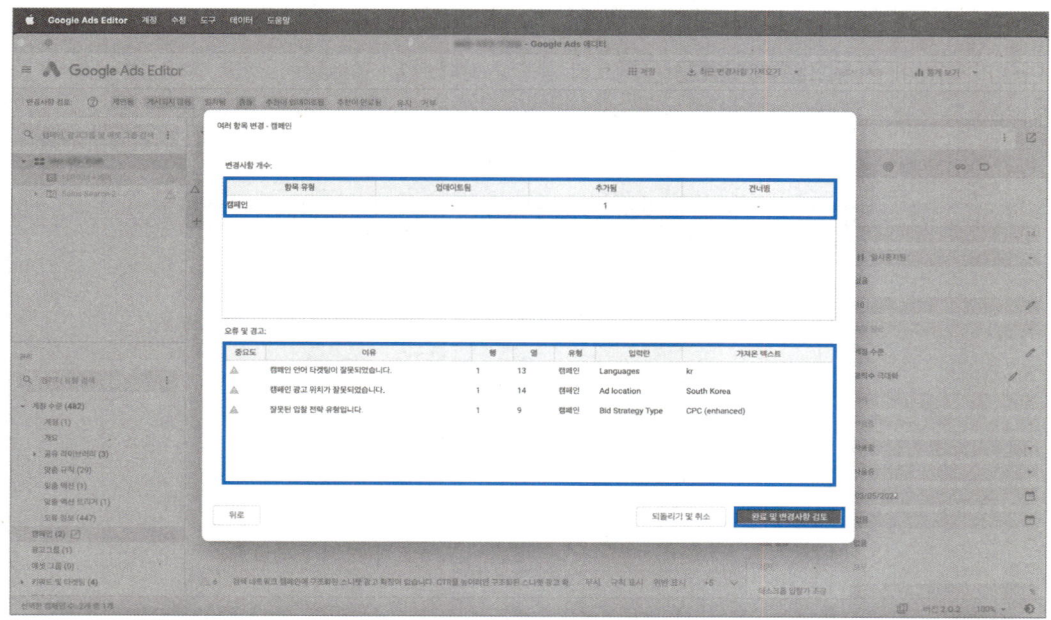

그림 6-61 새 캠페인 만들기 13

해당 팝업은 우리가 올린 데이터를 통해서 어떤 유형이 변경되었는지, 문제가 있다면 어떤 문제가 있는지 확인하는 창입니다. 먼저 캠페인이 하나가 성공적으로 추가되었다는 것을 볼 수 있습니다. 하지만 밑의 오류 및 경고 부분을 보면 세 가지 오류가 있습니다. 입력란에서 헤더는 제대로 입력되었지만 데이터가 잘못되었다는 것을 보면 입력한 명령어에 문제가 있었습니다. 되돌리기 및 취소를 클릭해서 엑셀 파일 안의 내용을 수정하고 다시 업로드할 수도 있고, 일단 [완료 및 변경사항 검토]를 클릭 후 플랫폼에서 직접 값을 수정할 수도 있습니다. [완료 및 변경사항 검토]를 클릭합니다.

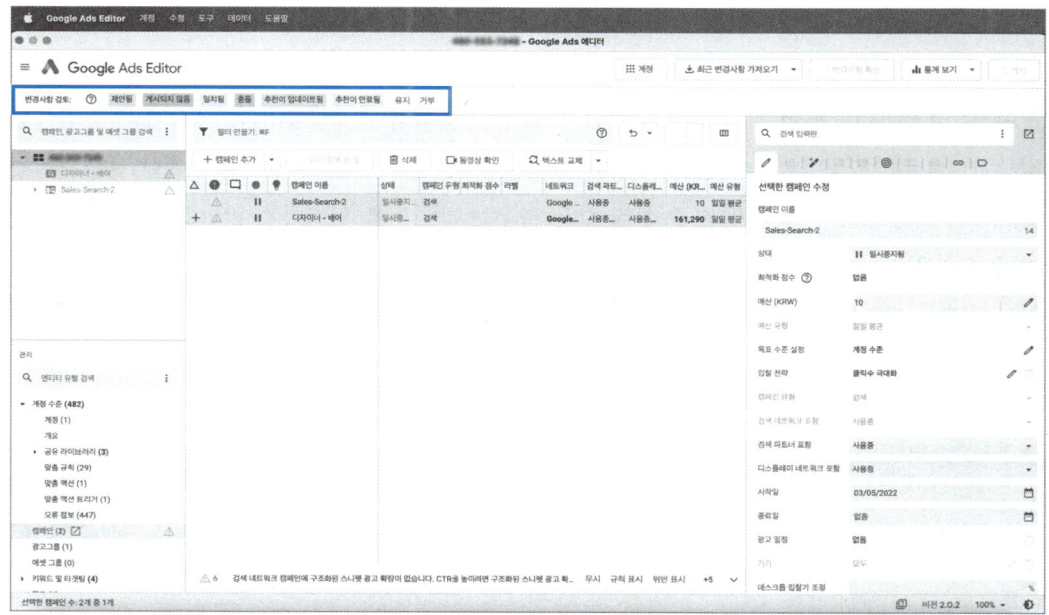

그림 6-62 새 캠페인 만들기 14

변경사항을 쉽게 검토할 수 있도록 변경사항이 강조가 되어 있습니다. [유지]를 클릭하면 캠페인이 업로드되고, [거부]를 누르면 캠페인 업로드가 취소됩니다. [유지]를 클릭합니다.

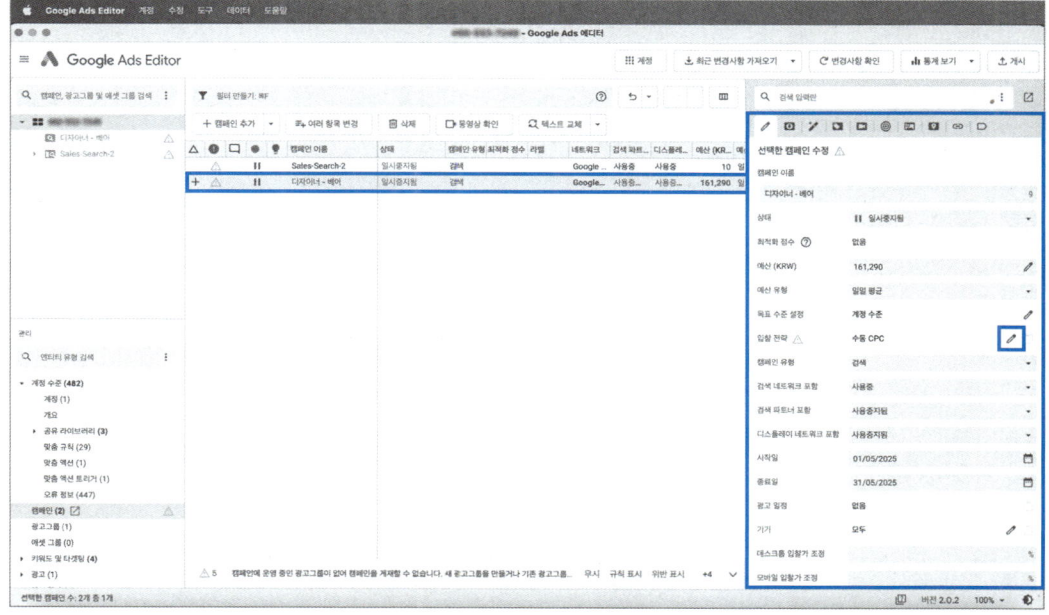

그림 6-63 새 캠페인 만들기 15

캠페인 "디자이너 - 베어"가 성공적으로 업로드된 것을 확인할 수 있습니다. 캠페인을 플랫폼으로 게시하기 전에 업로드된 내용이 맞는지 한 번 더 확인해 보겠습니다. 중앙 화면의 데이터 보기에서 "디자이너 - 베어" 캠페인을 클릭합니다. 우측 수정 패널에서 캠페인 설정에 대한 자세한 정보가 뜹니다. 이곳에서 정보를 확인해 보겠습니다. 캠페인 이름, 상태, 예산, 예산 유형까지는 업로드한 그대로입니다. 목표 수준 설정 같은 경우는 데이터를 입력하지 않았으므로 그대로 계정 수준으로 놔둡니다. 하지만 입찰 전략은 "향상된 CPC 입찰 기능(CPC -enhanced-)" 값을 입력했는데 수동 CPC로 되어있습니다. 업로드를 할 때 오류가 났기 때문에 기본값으로 자동으로 설정된 것으로 보입니다.

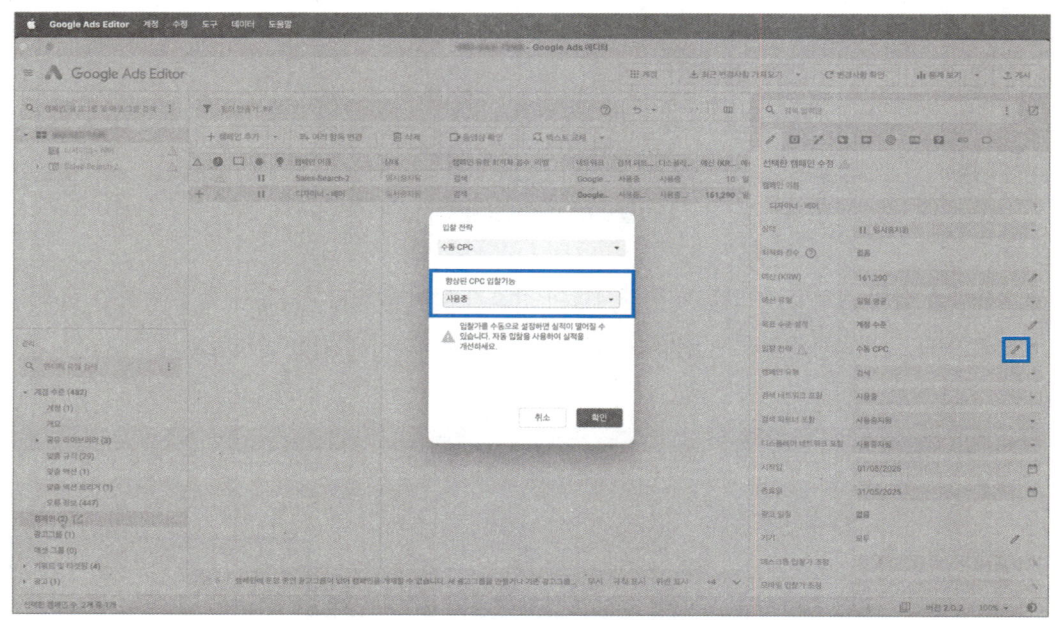

그림 6-64 새 캠페인 만들기 16

[연필 모양]의 수정 버튼을 누르면 향상된 CPC 입찰 기능을 [사용 중]으로 수정할 수 있습니다.

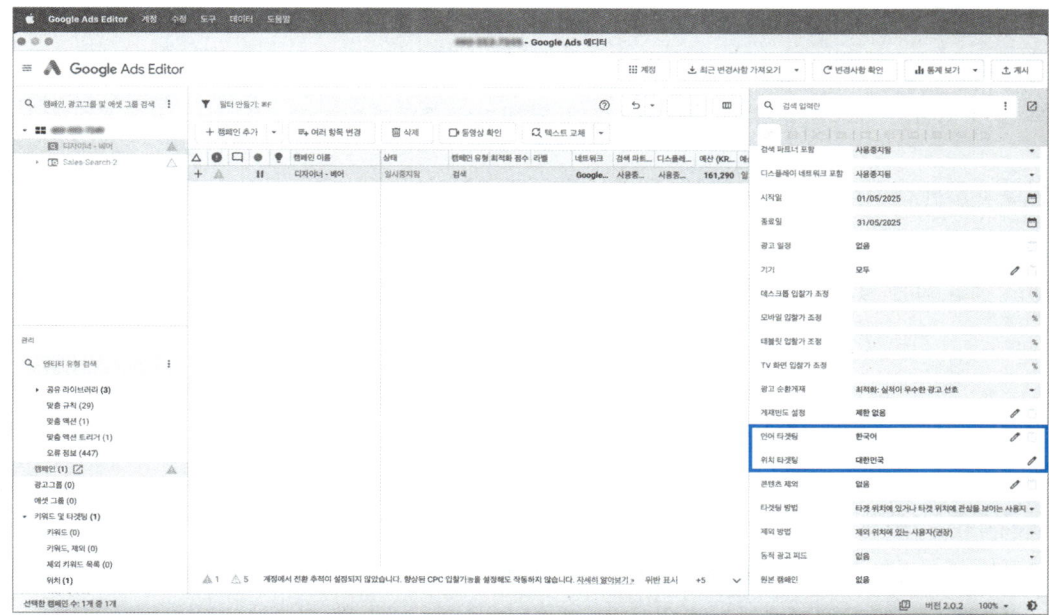

그림 6-65 새 캠페인 만들기 17

업로드를 했을 때 입찰 전략 말고도 언어와 위치 타기팅에서 오류가 났었습니다. 하단으로 스크롤을 내려 해당 항목을 찾습니다. 언어 타기팅과 위치 타기팅을 확인해 보니 한국어와 대한민국으로 잘 설정이 되어있습니다. 아마 에디터 기본 설정이 한국어와 대한민국으로 되어 있어서 그런 것 같습니다. 설정이 잘 되어 있으므로 따로 변경하지 않습니다.

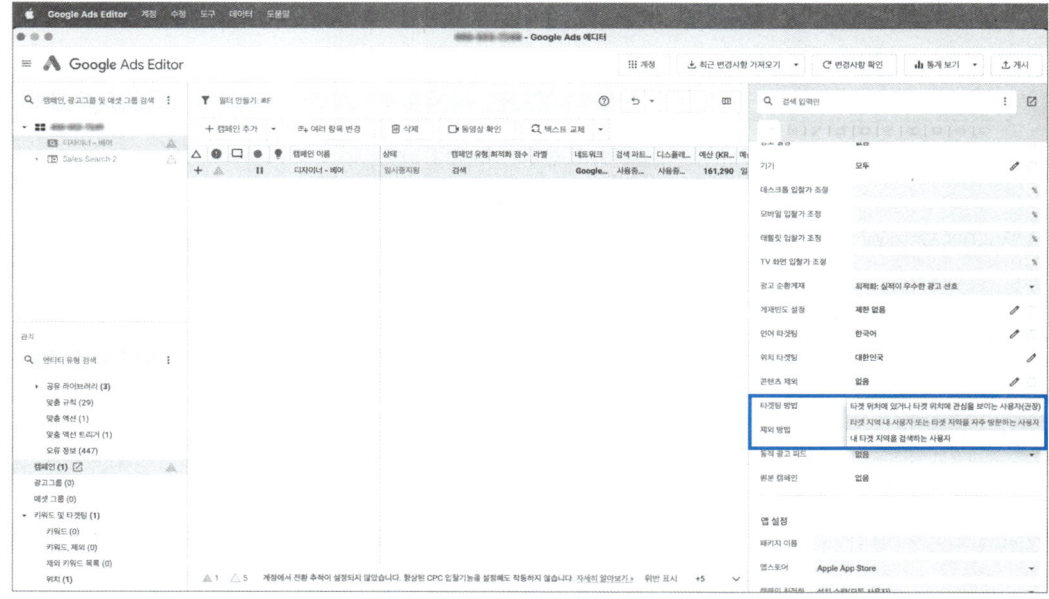

그림 6-66 새 캠페인 만들기 18

마지막으로 엑셀 파일에서는 입력하지는 않았지만 타기팅 방법만 변경하고 캠페인 세팅을 완료하도록 하겠습니다. 대한민국에 위치하는 사용자만 타기팅하기 위해서 [타깃 지역 내 사용자 또는 타깃 지역을 자주 방문하는 사용자]로 설정을 변경해 줍니다.

이렇게 캠페인 업로드가 완료되었습니다. [게시]를 클릭하면 데이터가 서버로 전송이 됩니다. 업로드된 데이터를 서버로 업로드하는 [게시]는 캠페인의 하위 목록인 광고 그룹, 키워드, 광고, 확장 소재를 모두 업로드한 뒤에 하도록 하겠습니다.

6. 광고 그룹 만들기

광고 그룹은 캠페인에 속하는 하위 그룹입니다. 캠페인을 디자이너 단위로 생성하였다면, 광고 그룹은 베어라는 디자이너 아래에 속해 있는 카테고리로 구성하는 것이 좋습니다. 위에서 봤던 베어 디자이너의 카테고리들을 다시 살펴보겠습니다.

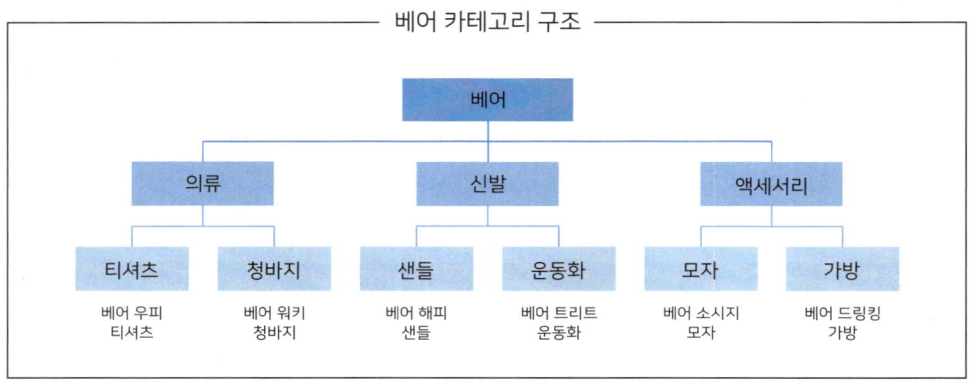

그림 6-67 디자이너 카테고리 구조

이런 구조로 카테고리들이 있을 경우 디자이너 이름과, 메인 카테고리, 서브 카테고리들의 광고 그룹을 각각 생성해 주는 것이 좋습니다. 광고 그룹은 안에 속해 있는 키워드와 광고를 함께 묶어 관리와 퍼포먼스 분석이 용이하게 만들기 위해 생성합니다. 메인 카테고리 3가지로만 광고 그룹을 생성하고, 서브 카테고리를 메인 카테고리 안에 포함시킬 수도 있겠지만, 그럴 경우 서브 카테고리의 퍼포먼스를 확인하고 싶을 때 필터링이 어려워집니다. 따라서, 메인 카테고리, 서브 카테고리 각각의 광고 그룹을 생성해 보겠습니다. 여기에 추가로 베어 디자이너 이름과 관련된 키워드도 타기팅하기 위해 "베어 – 디자이너 – 일반" 광고 그룹도 함께 추가합니다. 캠페인 이름 구조로 캠페인의 이름을 통일한 것처럼, 광고 그룹도 공통된 이름 구조를 가지고 있어야 합니다. 광고 그룹의 이름 구조는 [디자이너 이름] - [메인 카테고리] - [서브 카테고리]로 정하겠습니다. 메인 카테고리들은 서브 카테고리가 없으니 세 번째 구조를 "일반"이라는 값으로 설정하도록 하겠습니다. 위의 조합을 모두 고려했을 때 총 10가지의 광고 그룹 조합을 만들 수 있습니다.

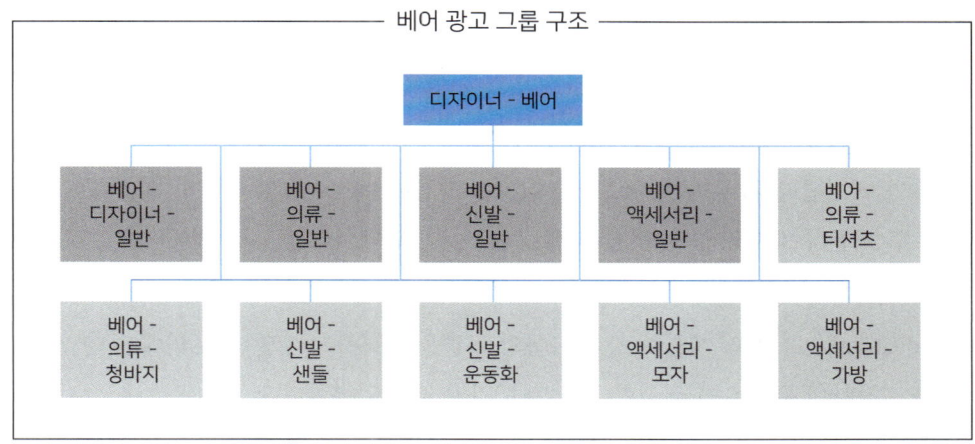

그림 6-68 베어 광고 그룹 구조

광고 그룹 만들기 엑셀 템플릿을 열어서 위 광고 그룹들을 업로드하기 위한 데이터를 입력해 보겠습니다.

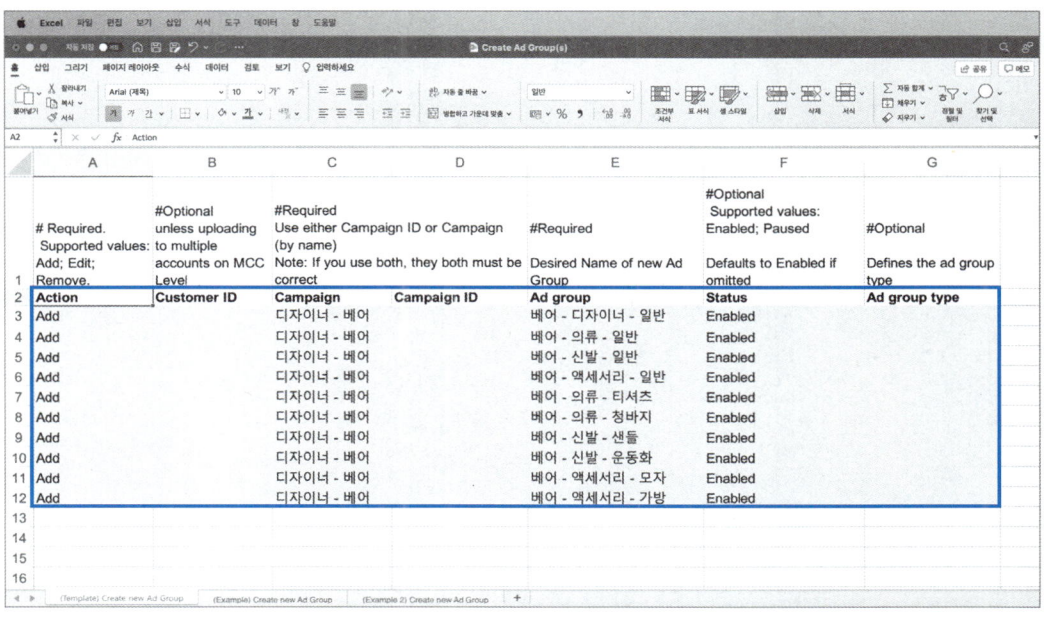

그림 6-69 광고 그룹 만들기 1

6장 실무 과제를 통해 배우는 구글 애즈 에디터   137

- **Action**(수행할 작업): 캠페인 열과 동일합니다. 새로운 광고 그룹을 추가하는 것이니 "Add"를 입력합니다.
- **Customer ID**(계정 ID): 캠페인 열과 동일합니다. 여러 계정의 데이터를 한꺼번에 업로드하는 것이 아니라 비워둡니다.
- **Campaign**(캠페인): 캠페인 이름을 입력하는 열입니다. 생성하는 모든 광고 그룹에 해당되는 캠페인 이름을 지정해 줘야 합니다. "디자이너 - 베어" 캠페인에 해당하는 광고 그룹을 생성할 예정이므로 모두 동일한 값을 입력합니다.
- **Campaign ID**(캠페인 ID): 캠페인 ID를 입력하는 공간입니다. 캠페인을 생성한 이후 캠페인 ID가 지정됩니다. 우리는 새로운 캠페인을 생성할 예정이므로 입력하지 않아도 됩니다. 추후 기존의 캠페인을 수정하더라도, 캠페인 이름 데이터를 통해 데이터를 자동으로 매칭할 수 있기 때문에 캠페인 ID 정보는 항상 입력하지 않아도 됩니다.
- **Ad Group**(광고 그룹): 생성할 광고 그룹의 이름을 입력하는 열입니다. 위에서 나열했던 모든 가능한 경우의 수를 입력합니다. 총 10가지 열을 입력합니다.
- **Status**(광고 그룹 상태): 앞에서, 캠페인 상태는 만일의 실수를 대비하여 한 번 더 체크하기 위해 일시 중지 상태로 업로드했었습니다. 캠페인이 중지되어 있으면 하위 단계인 광고 그룹도 운영이 되지 않기 때문에 광고 그룹은 업로드할 때 Enabled(활성화) 상태로 업로드해도 됩니다. 모든 열에 "Enabled" 값을 입력합니다.
- **Ad Group Type**(광고 그룹 종류): 광고 그룹 종류를 지정하는 열입니다. 검색 광고에서는 광고 그룹 종류를 따로 지정해 줄 필요가 없으므로 해당 열은 비워둡니다.

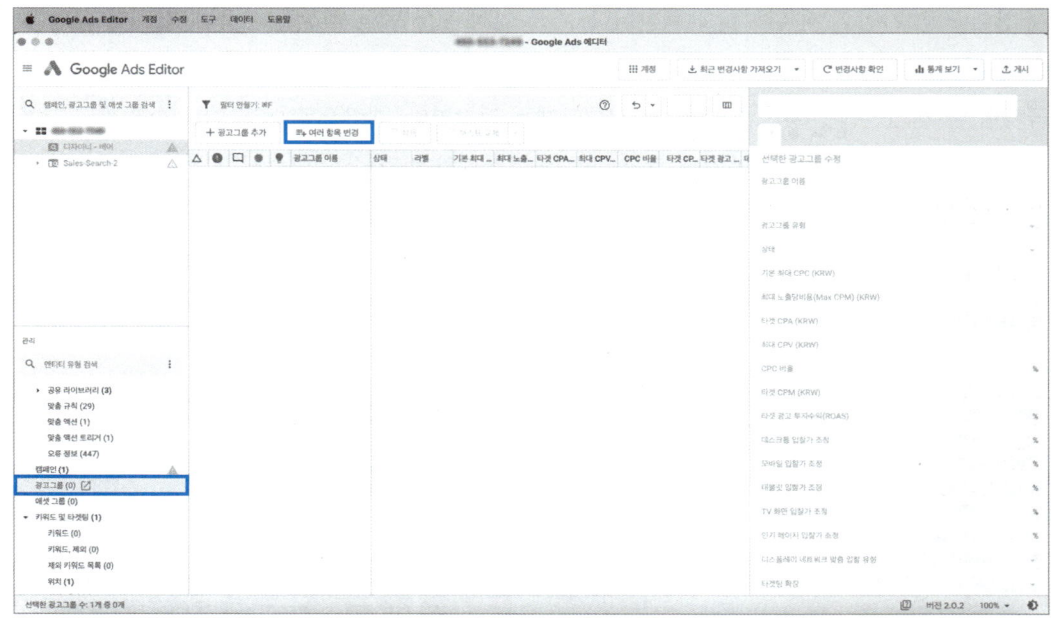

그림 6-70 광고 그룹 만들기 2

데이터 입력이 끝났으면 엑셀에서 데이터를 복사한 다음, 에디터로 넘어옵니다. 앞에서 배웠던 것처럼 유형 목록에서 변경할 항목인 [광고 그룹]을 먼저 선택합니다. 다음 [여러 항목 변경] 버튼을 클릭합니다.

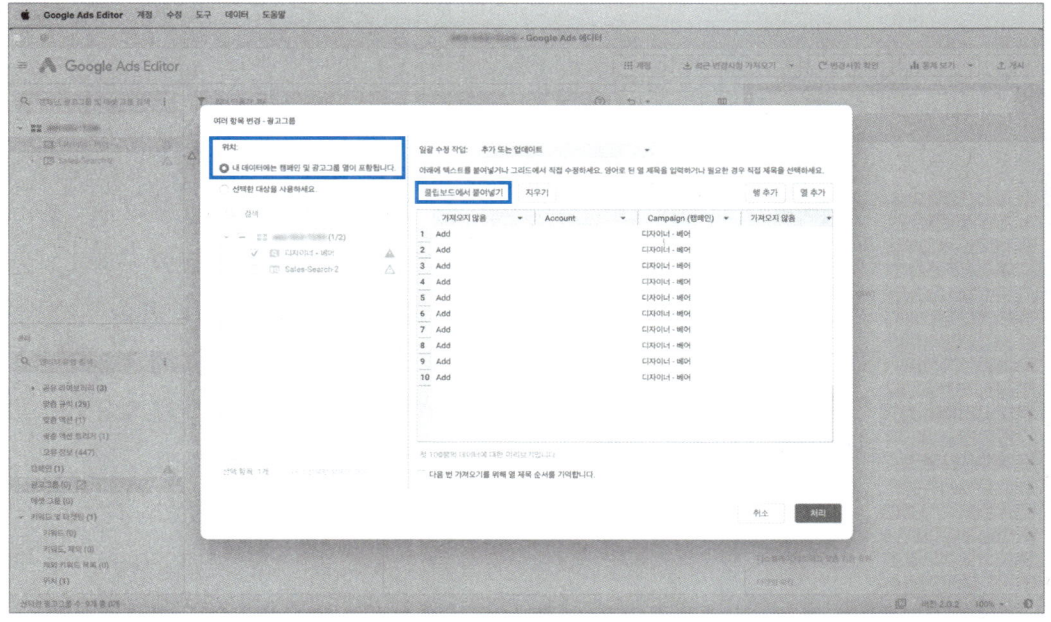

그림 6-71 광고 그룹 만들기 3

새 창이 뜨면 가장 먼저 위치를 선택합니다. 기본 설정은 [선택한 대상을 사용하세요.]로 되어 있습니다. 해당 옵션을 사용하면 아래에서 선택되어 있는 캠페인에만 광고 그룹이 추가됩니다. 지금처럼 한 캠페인에만 광고 그룹을 업로드할 때는 괜찮지만, 대량으로 여러 캠페인에 광고 그룹을 업로드할 때면 잘못된 캠페인에 광고 그룹을 업로드하게 될 수도 있습니다. 대신 우리가 입력한 광고 그룹에 맞는 캠페인이 입력될 수 있도록 [내 데이터에는 캠페인 및 광고 그룹 열이 포함됩니다.]를 클릭합니다. 그리고 [클립보드에서 붙여넣기]를 통해 엑셀 파일에서 복사한 데이터들을 붙여 넣습니다.

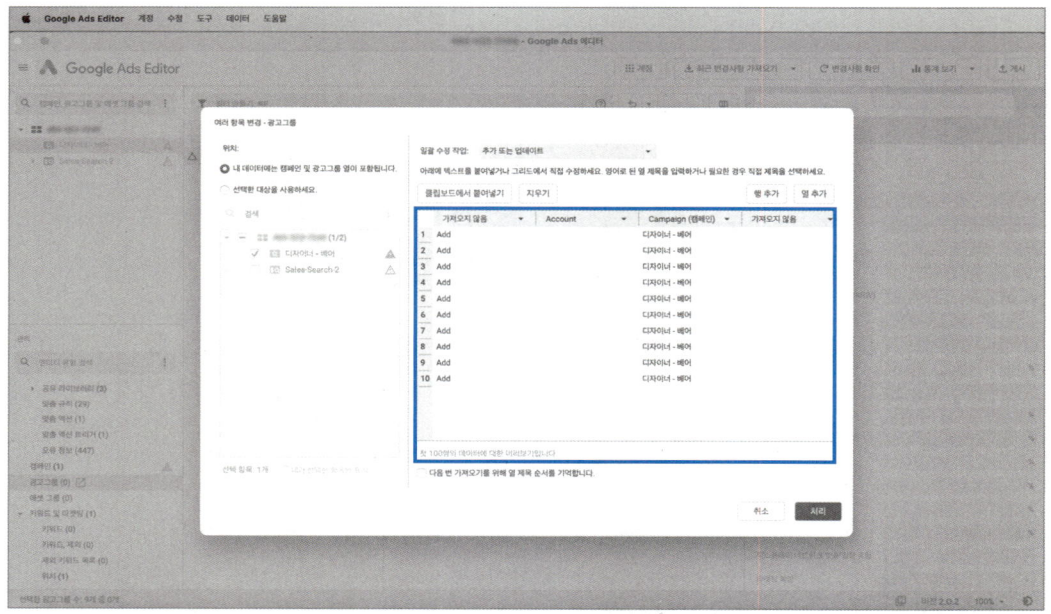

그림 6-72 광고 그룹 만들기 4

미리 보기를 통해 데이터가 잘 붙여 넣어졌는지 확인합니다. 첫 번째 열인 Action(수행할 작업)은 캠페인과 마찬가지로 "가져오지 않음"으로 불러와졌습니다. 앞에서 설명했듯이 구글이 자동으로 데이터를 읽어서 데이터가 존재하지 않으면 자동으로 "가져오지 않음"으로 변경되니 해당 열은 무시해도 됩니다. Account(계정 이름) 데이터는 비워 놓은 그대로 잘 업로드가 되었습니다. Campaign(캠페인 이름)도 입력한 그대로 업로드되었습니다. 캠페인 ID는 가져오지 않음으로 불러와졌지만 데이터를 입력하지 않았으므로 무시해도 됩니다.

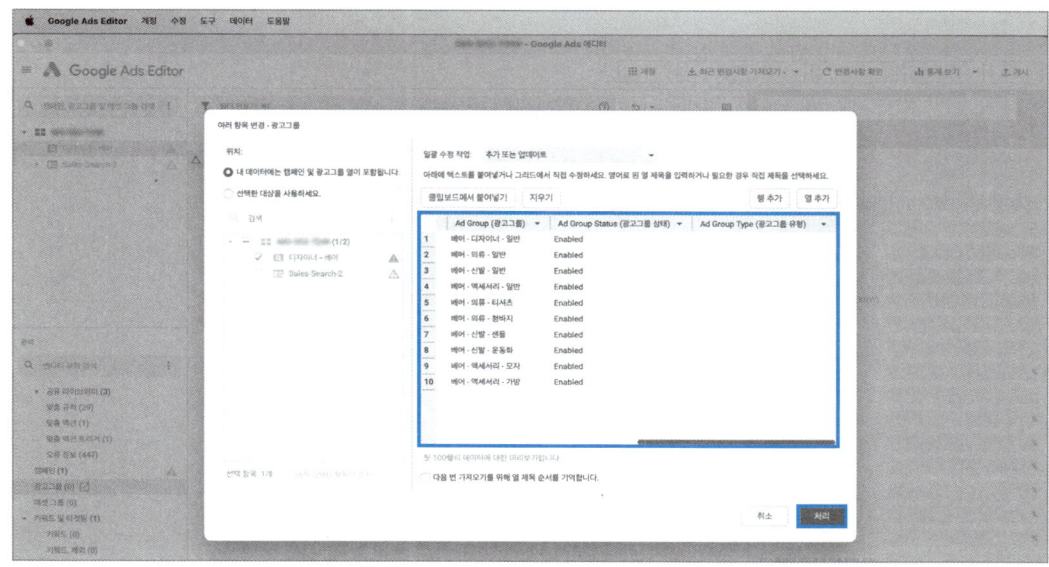

그림 6-73 광고 그룹 만들기 5

Ad Group(광고 그룹), Ad Group Status(광고 그룹 상태), Ad Group Type(광고 그룹 유형)도 입력한 값 그대로 잘 업로드되었습니다. [처리] 버튼을 클릭해서 데이터를 에디터에 업로드합니다.

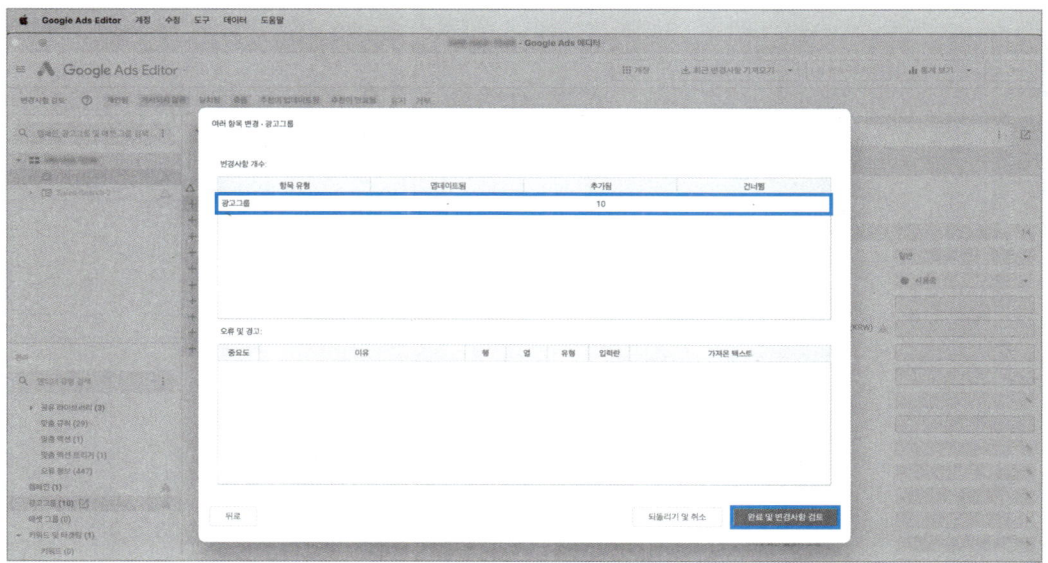

그림 6-74 광고 그룹 만들기 6

처리 사항을 확인합니다. 광고 그룹 10개가 오류 없이 추가된 것을 확인할 수 있습니다. [완료 및 변경사항 검토]를 클릭합니다.

6장 실무 과제를 통해 배우는 구글 애즈 에디터 141

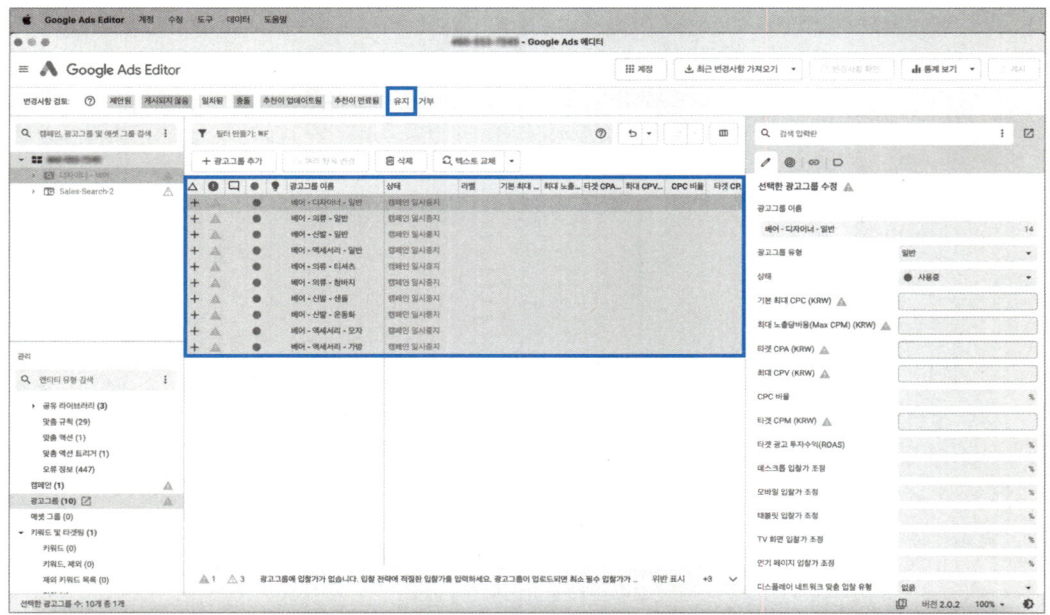

그림 6-75 광고 그룹 만들기 7

변경사항들이 강조 표시된 것을 볼 수 있습니다. [유지]를 클릭해서 변경사항 제안을 모두 수락합니다.

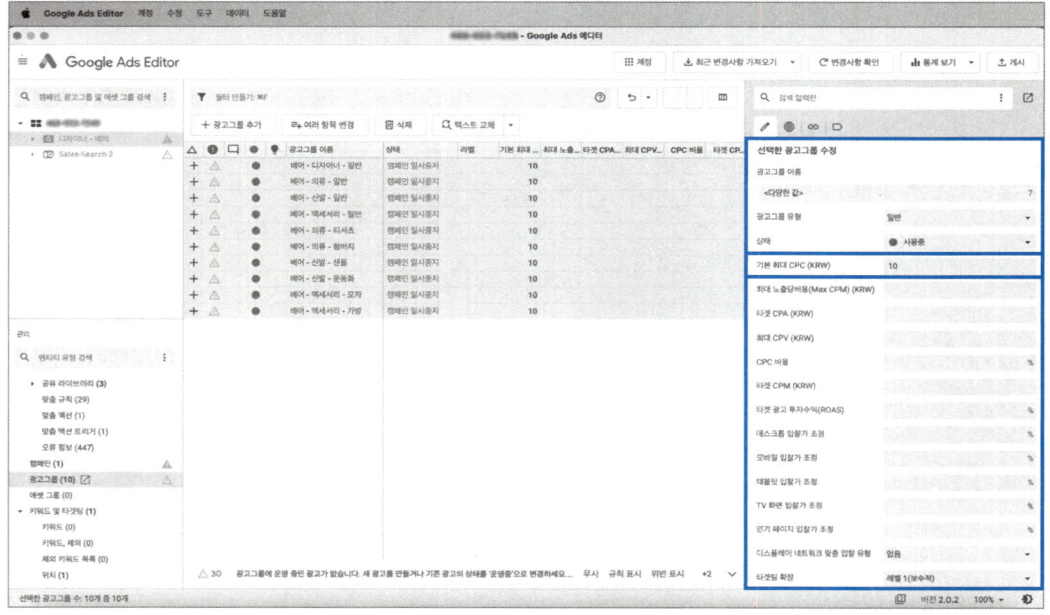

그림 6-76 광고 그룹 만들기 8

우측 수정 패널을 통해 상세 정보를 설정해 보겠습니다. 대부분의 옵션이 필수로 설정해야 하는 항목은 아닙니다. 하지만 캠페인에서 향상된 CPC 입찰 기능을 설정해 줬기 때문에 광고 그룹에서도 기본 최대 CPC를 얼마로 할지 설정해 줘야 합니다. 일단 10(원)을 입력합니다. 광고 그룹 단계에서 기본 최대 CPC를 설정하는 것은 그렇게 중요하지 않은데, 대부분의 회사에서 CPC 설정은 하위 단계인 키워드에서 관리하기 때문입니다. 키워드 레벨에서 CPC가 설정된 경우, 항상 광고 그룹의 설정보다 우선됩니다. 예를 들어, 광고 그룹에서 기본 최대 CPC가 10원으로 설정되고, 광고 그룹 안의 어떤 키워드의 기본 최대 CPC가 30원으로 설정되었다고 가정해 보겠습니다. 그렇다면 광고 그룹 설정의 10원은 무시되고 시스템은 키워드의 기본 최대 CPC인 30원을 기반으로 광고를 운영하게 됩니다.

광고 그룹 설정이 완료되었습니다. 다음은 우리가 타기팅할 키워드들을 업로드하도록 하겠습니다.

7. 키워드 만들기

키워드는 검색 광고를 만들 때 가장 중요한 요소입니다. 검색 광고의 원리는 사용자들이 검색하는 키워드를 기반으로 바탕으로 우리 광고를 보여주는 것입니다. 따라서, 해당 키워드들을 검색했을 때 우리 광고가 노출될 수 있도록 우리 브랜드와 최대한 연관도가 높은 키워드들을 타기팅하는 것이 중요합니다.

앞에서 생성 가능한 모든 광고 그룹의 경우의 수를 파악했던 것처럼, 키워드를 추가할 때도 광고 그룹에 어떤 키워드를 포함할지 결정해야 합니다. 키워드는 광고 그룹, 캠페인 간 중복되지 않아야 하고, 광고 그룹과 최대한 연관이 높은 키워드들을 잘 분류 지어서 업로드하는 것이 중요합니다. 또한, 비슷한 단어가 있을 경우 모든 단어를 다 나열하는 것이 좋습니다.

위 규칙을 적용해 각각의 광고 그룹에 들어갈 키워드들을 나열해 본다면 아래와 같습니다.

광고 그룹	키워드	규칙
베어 - 디자이너 - 일반	베어	
	베어 흰다	①
베어 - 의류 - 일반	베어 의류	
	베어 옷	②

광고 그룹	키워드	규칙
베어 - 신발 - 일반	베어 신발	
베어 - 액세서리 - 일반	베어 액세서리	
베어 - 의류 - 티셔츠	베어 티셔츠	
	베어 반소매	
	베어 우피 티셔츠	③
베어 - 의류 - 청바지	베어 청바지	
	베어 워키 청바지	
베어 - 신발 - 샌들	베어 샌들	
	베어 해피 샌들	
베어 - 신발 - 운동화	베어 운동화	
	베어 스니커즈	
	베어 트리트 운동화	
베어 - 액세서리 - 모자	베어 모자	
	베어 소시지 모자	
베어 - 액세서리 - 가방	베어 가방	
	베어 백	
	베어 드링킹 가방	

1. **규칙 ①**: 디자이너 이름뿐만 아니라, 디자이너 이름 + 플랫폼 이름 관련된 키워드도 리스트업 해야 합니다. 사용자가 흰다 플랫폼 안의 베어 디자이너를 찾기 위해 두 단어를 함께 검색할 수 있기 때문입니다.

2. **규칙 ②**: 의류, 옷과 같이 뜻은 같지만 여러 단어로 불릴 수 있는 단어들은 다 키워드로 리스트업 해주는 게 좋습니다.

3. **규칙 ③**: 제품명 같은 경우는 가장 하위 카테고리 광고 그룹에 포함하는 것이 좋습니다.

위 키워드 리스트를 바탕으로 에디터에 올릴 엑셀 파일에 데이터를 입력해 보겠습니다.

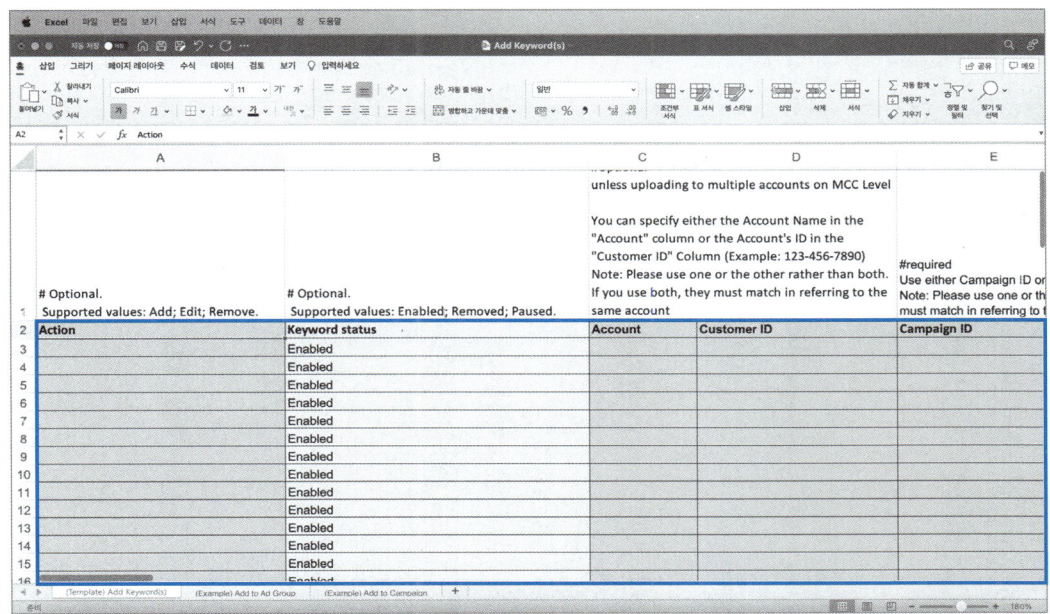

그림 6-77 키워드 만들기 1

이번 키워드 업로드 파일에서는 필요 없는 열은 삭제하도록 하겠습니다. 필요 없는 열은 진한 회색으로 필요한 열은 옅은 회색으로 강조 처리하였습니다.

- **Action**(수행할 작업): 캠페인, 광고 그룹 업로드 시 해당 열은 시스템에서 읽어오지 못했습니다. 삭제합니다.

- **Keyword status**(키워드 상태): 키워드 상태입니다. "Enabled(활성화)"를 입력합니다.

- **Account**(계정), **Customer ID**(계정 ID): 캠페인, 광고 그룹과 동일합니다. 여러 계정에 한꺼번에 키워드를 올리는 것이 아니기 때문에 업로드하지 않아도 됩니다. 해당 열들은 삭제합니다.

- **Campaign ID**(캠페인 ID): 캠페인 ID를 입력해 주는 공간입니다. 캠페인 이름을 통해 캠페인 정보를 자동으로 불러올 수 있기 때문에 필수적이지 않은 열입니다. 삭제합니다.

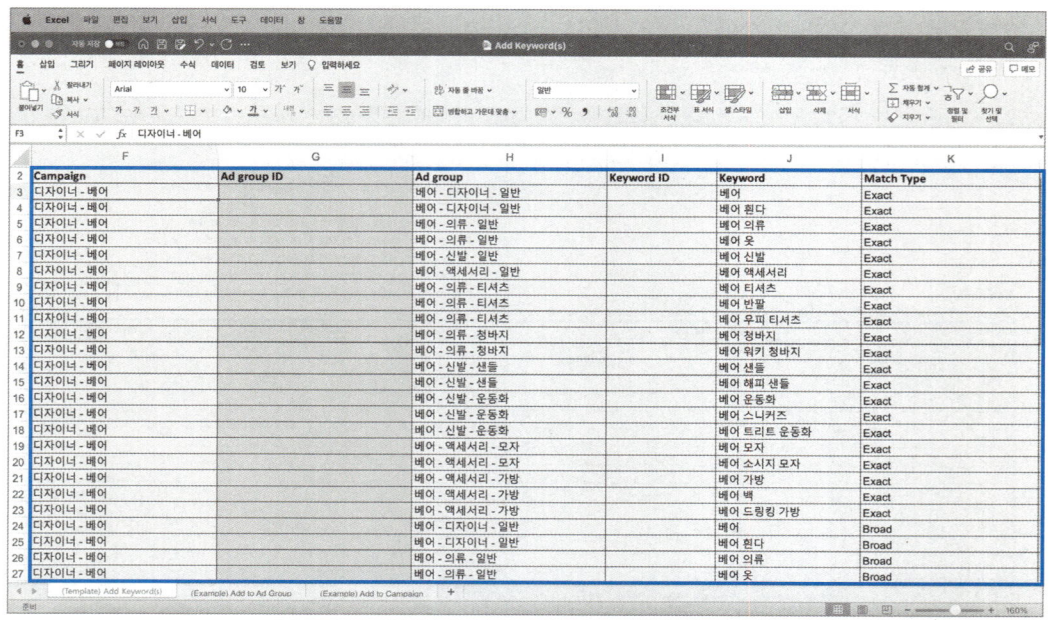

그림 6-78 키워드 만들기 2

- **Campaign**(캠페인): 캠페인 이름을 입력하는 열입니다. "디자이너 - 베어" 캠페인에 해당하는 키워드를 생성할 예정이므로 모두 동일한 값을 입력합니다.

- **Ad Group ID**(광고 그룹 ID): 광고 그룹에 부여되는 고유의 ID 값입니다. 해당 값이 없어도 광고 그룹 이름을 통해서 정보를 불러올 수 있습니다. 해당 열은 삭제합니다.

- **Ad Group**(광고 그룹): 생성할 광고 그룹의 이름을 입력하는 열입니다. 위에서 나열했던 모든 가능한 경우의 수를 입력합니다.

- **Keyword ID**(키워드 ID): 키워드마다 부여되는 고유 ID 값입니다. 우리가 올릴 키워드들은 새로 생성할 키워드들이므로 아직 ID들이 없습니다. 해당 열은 삭제합니다.

- **Keyword**(키워드): 업로드할 키워드들을 입력하는 열입니다. 위에서 나열했던 모든 경우의 수를 입력합니다. 여기서 주의해야 할 점은 키워드들을 모두 나열한 뒤, 모든 값을 복사해서 아래 한 번 더 붙여넣기 해야 합니다.

- **Match Type**(키워드 검색 유형): 위 키워드에서 똑같은 키워드들을 한 번 더 반복해서 붙여넣기한 이유는, 한 광고 그룹에는 두 가지 검색 유형의 키워드들이 들어가야 하기 때문입니다. 위에서 키워드 검색 유형에 대해 배웠었는데 잠깐 복습해 보겠습니다. Exact Match(일치 검색)는 입력한 키워드와 정확히 일치하거나, 비슷한 의미를 갖는 검색어에만 광고가 노출됩니다. 광고주가 광고를 보여주기 원하는 가장 정확성 높은 키워드이기

때문에 광고 그룹에 필수적으로 들어가야 합니다. 일치 검색 유형으로 키워드를 나열하고, 동일한 키워드들을 복사해서 Broad(확장 검색)나 Phrase(구문 검색) 둘 중 하나의 유형으로 변경해 함께 업로드합니다. 현실적으로 사용자가 검색할 모든 키워드들을 예측해서 일치 검색으로 업로드할 수 없기 때문입니다. 확장 검색이나 구문 검색은 키워드들을 확장시켜서 더 많은 검색어에 광고를 노출하게 합니다.

확장 검색과 구문 검색 중 둘 중 어떤 유형이 더 나은지에 대해서는 퍼포먼스 마케터 두 사람이 3시간 동안 대화해도 끝나지 않는 주제일 정도로 브랜드의 전략이나 퍼포먼스에 따라 달라집니다. 일반적으로는 확장 검색이 구글의 자동화 시스템이 키워드 확장을 하는 데 더 도움이 된다고 알려져 있습니다. 하지만 의도치 않은 경쟁사 키워드들을 타기팅하게 될 수도 있으므로 우리 브랜드와 관련된 키워드들만 타기팅하고 싶은 경우 구문 검색 키워드를 사용합니다.

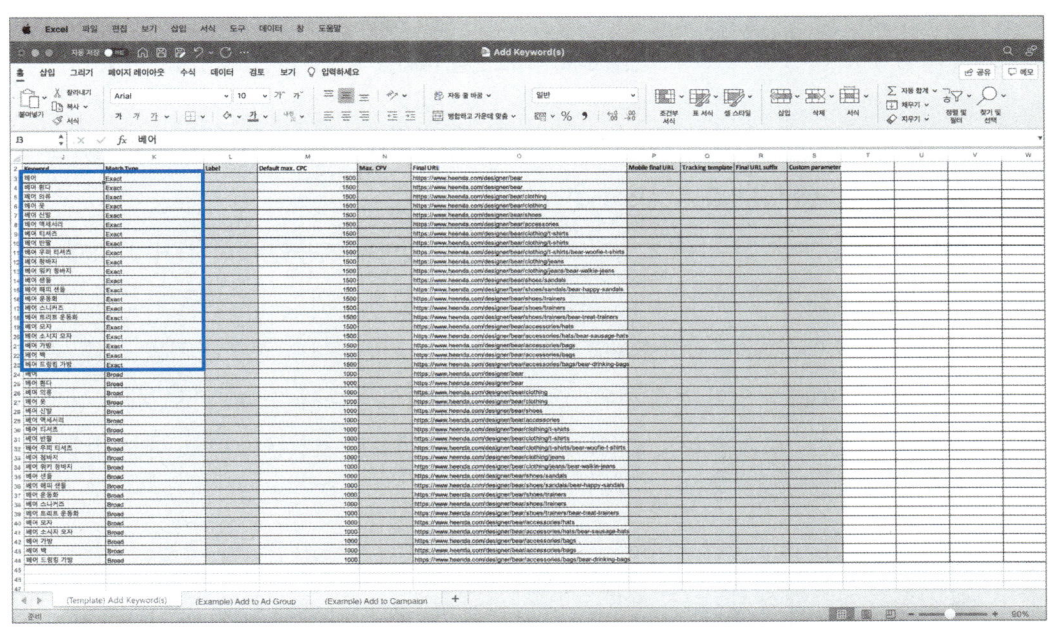

그림 6-79 키워드 만들기 3

이 책에서는 확장 검색을 사용하도록 하겠습니다. 일치 검색 키워드를 모두 복사해서 아래 붙여 넣기 한 다음, Match Type(키워드 검색 우형)을 "Broad"로 수정합니다.

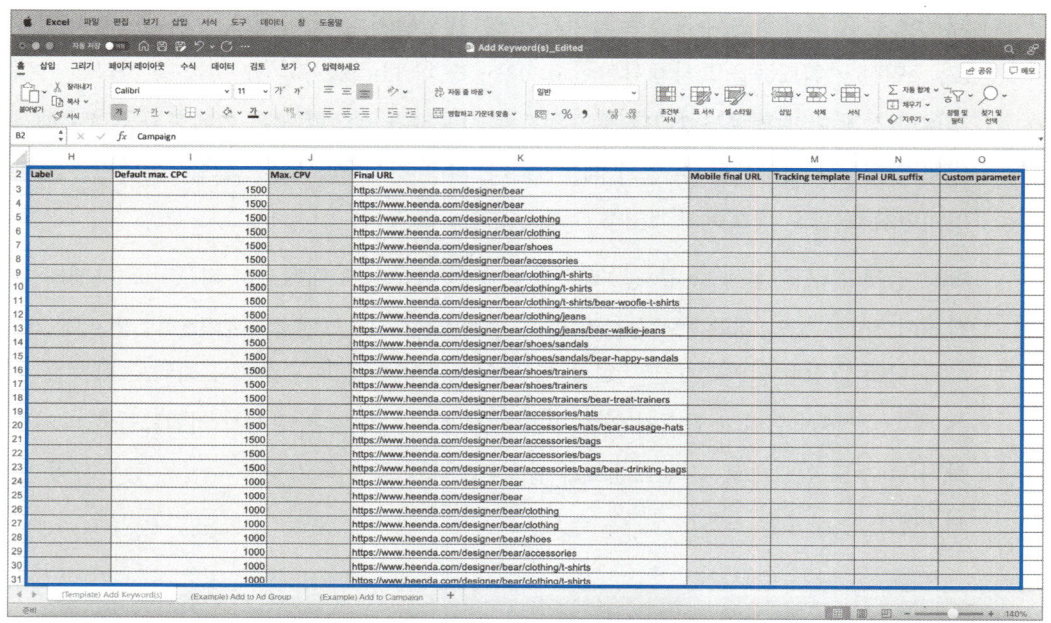

그림 6-80 키워드 만들기 4

- **Label**(라벨): 라벨은 키워드들을 그룹 지어서 관리할 때 쓰는 기능입니다. 해당 기능은 사용하지 않을 예정이니 열을 삭제합니다.

- **Default Max. CPC**(기본 최대 CPC 설정): 클릭당 최대 얼마나 지불할 것인지 최대 CPC(Cost Per Click)을 입력하는 열입니다. 일치 검색과 확장 검색 키워드의 가격을 다르게 입력해야 합니다. 위에서 일치 검색 키워드들은 확장 검색 키워드보다 중요한 키워드라고 설명 드렸습니다. 따라서 일치 검색 키워드들은 가격을 살짝 높여서 "1500"으로, 확장 검색 키워드들은 "1000"으로 입력해 줍니다. 해당 값들은 임의로 지정한 것이고, 예산이나 캠페인 전략에 따라 달라집니다.

- **Max. CPV**(최대 CPV): 최대 CPV(Cost Per View)를 설정하는 공간입니다. 우리는 CPC 기반의 상품을 사용할 예정이므로 해당 열은 삭제합니다.

- **Final URL**(최종 도착 URL): 광고를 클릭하면 최종으로 연결될 URL 주소를 입력하는 열입니다. URL은 광고와 키워드 레벨에서 입력할 수 있는데, 둘 다 URL을 입력할 경우 키워드 URL이 우선됩니다. 이 말은 키워드 URL을 입력할 시 광고 URL은 무시되고 최종으로 키워드 URL으로 연결된다는 것입니다. 키워드에 맞는 URL을 입력해 줍니다.

Keyword	Final URL
베어	https://www.heenda.com/designer/bear
베어 흰다	https://www.heenda.com/designer/bear
베어 의류	https://www.heenda.com/designer/bear/clothing
베어 옷	https://www.heenda.com/designer/bear/clothing
베어 신발	https://www.heenda.com/designer/bear/shoes
베어 액세서리	https://www.heenda.com/designer/bear/accessories
베어 티셔츠	https://www.heenda.com/designer/bear/clothing/t-shirts
베어 반팔	https://www.heenda.com/designer/bear/clothing/t-shirts
베어 우피 티셔츠	https://www.heenda.com/designer/bear/clothing/t-shirts/bear-woofie-t-shirts
베어 청바지	https://www.heenda.com/designer/bear/clothing/jeans
베어 워키 청바지	https://www.heenda.com/designer/bear/clothing/jeans/bear-walkie-jeans
베어 샌들	https://www.heenda.com/designer/bear/shoes/sandals
베어 해피 샌들	https://www.heenda.com/designer/bear/shoes/sandals/bear-happy-sandals
베어 운동화	https://www.heenda.com/designer/bear/shoes/trainers
베어 스니커즈	https://www.heenda.com/designer/bear/shoes/trainers
베어 트리트 운동화	https://www.heenda.com/designer/bear/shoes/trainers/bear-treat-trainers
베어 모자	https://www.heenda.com/designer/bear/accessories/hats
베어 소시지 모자	https://www.heenda.com/designer/bear/accessories/hats/bear-sausage-hats
베어 가방	https://www.heenda.com/designer/bear/accessories/bags
베어 백	https://www.heenda.com/designer/bear/accessories/bags
베어 드링킹 가방	https://www.heenda.com/designer/bear/accessories/bags/bear-drinking-bags

디자이너 관련 키워드는 디자이너 메인 페이지로, 카테고리 키워드들은 해당 카테고리 페이지로, 제품 키워드들은 제품 페이지로 연결시켜 줍니다.

- **Mobile Final URL**(최종 도착 모바일 URL): 위에서 설명했으니 생략하도록 하겠습니다. 모바일에서 따로 연결시킬 링크가 없다고 가정하고 해당 열은 삭제합니다.
- **Tracking Template**(트래킹 템플릿): 위에서 설명했으니 생략하도록 하겠습니다. 해당 열은 삭제합니다.
- **Final URL Suffix**(최종 URL 접미사): 위에서 설명했으니 생략하도록 하겠습니다. 해당 열은 삭제합니다.

- **Custom Parameter**(맞춤 매개변수): 위에서 설명했으니 생략하도록 하겠습니다. 해당 열은 삭제합니다.

이제 모든 데이터가 입력되었으니 에디터에 데이터를 붙여 넣겠습니다.

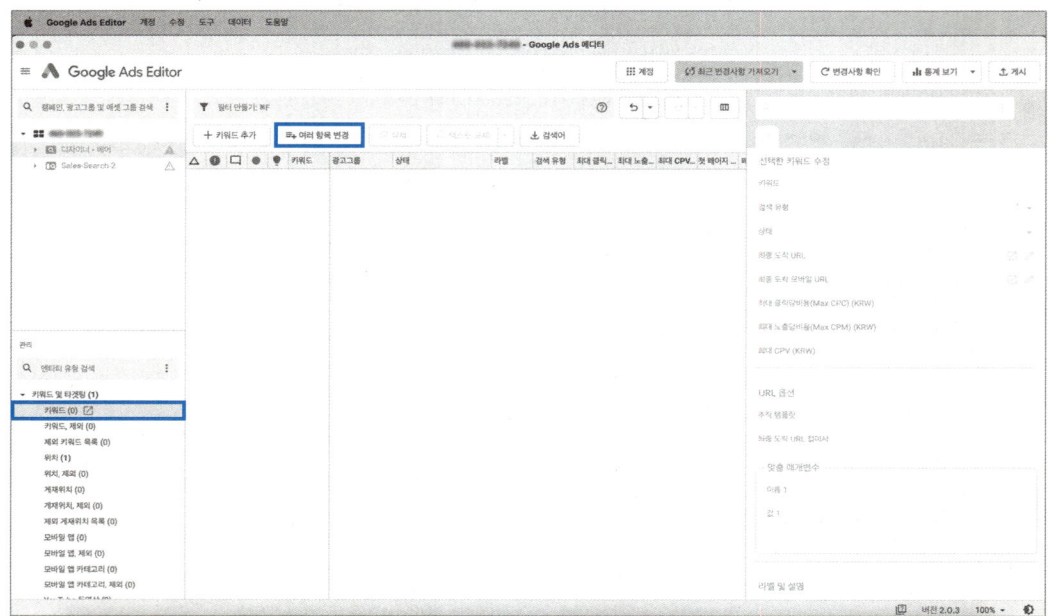

그림 6-81 키워드 만들기 5

유형 목록에서 [키워드]를 선택한 다음 [여러 항목 변경]을 클릭합니다.

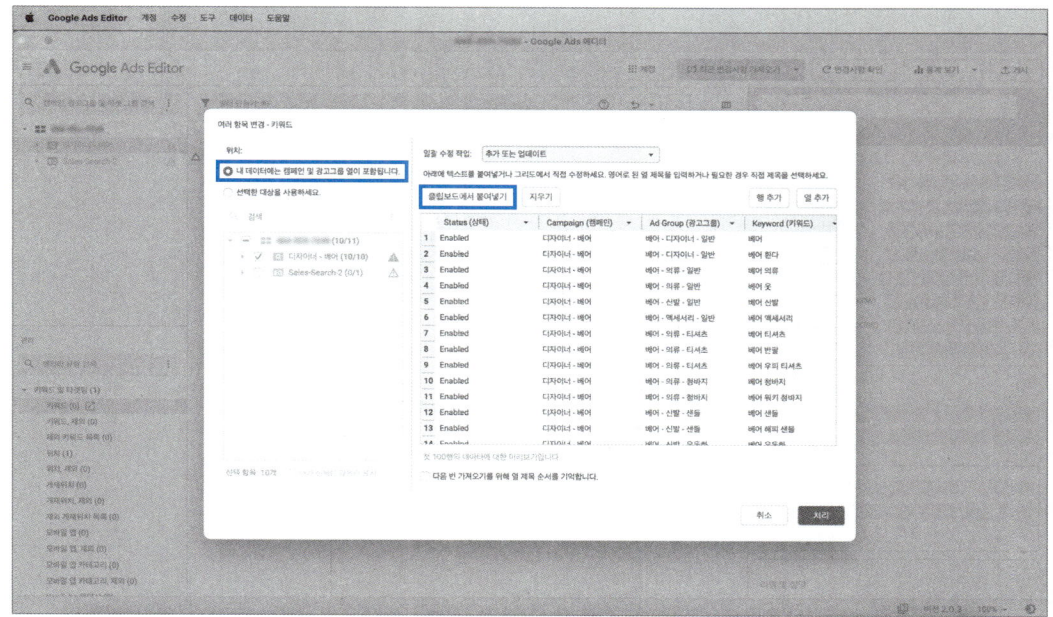

그림 6-82 키워드 만들기 6

엑셀 파일에서 입력한 데이터를 모두 복사합니다. 다음 [내 데이터에는 캠페인 및 광고 그룹 열이 포함됩니다.]를 선택한 후 [클립보드에서 붙여넣기]를 클릭합니다.

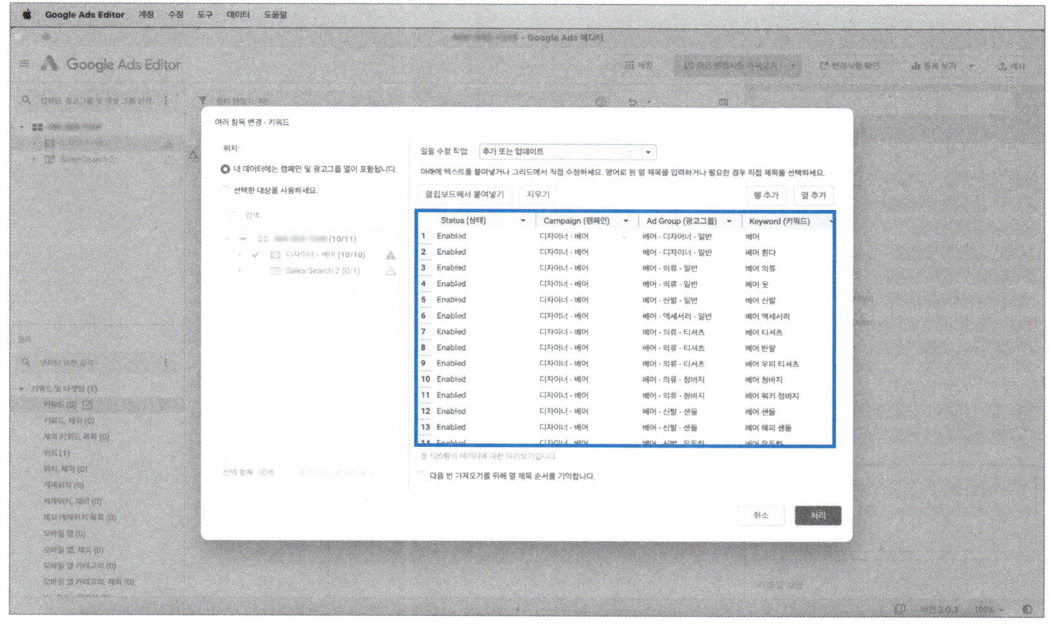

그림 6-83 키워드 만들기 7

열 헤더에 제대로 데이터가 붙여넣기 되었는지 한 번 더 확인해 봅니다. 상태, 캠페인, 광고 그룹, 키워드 모두 잘 붙여넣기 되었습니다. 우측으로 스크롤을 넘겨 나머지 데이터도 확인해 보겠습니다.

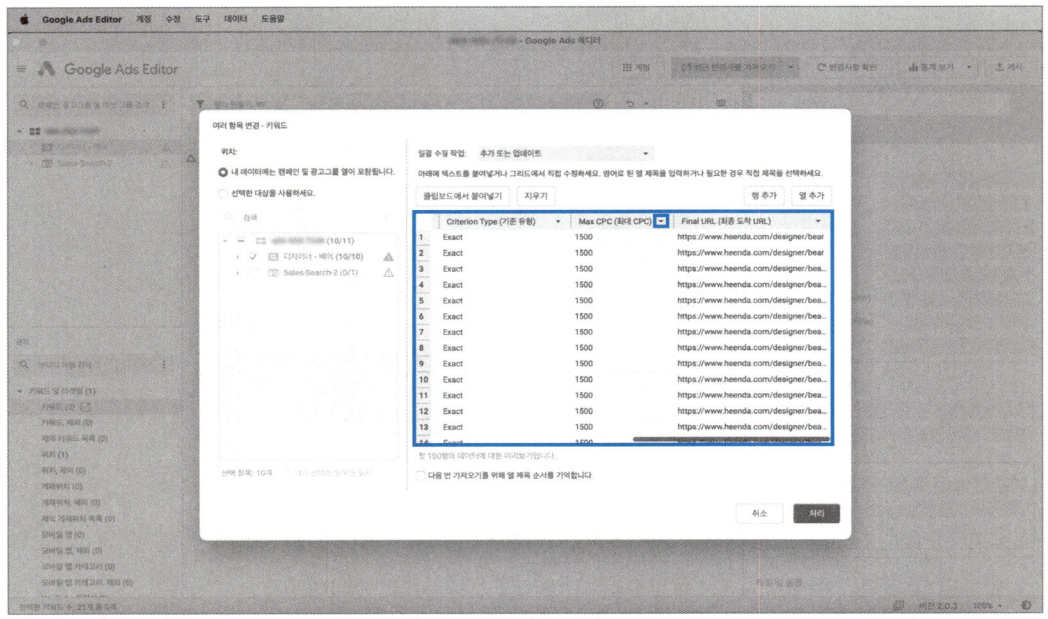

그림 6-84 키워드 만들기 8

기준 유형 및 최종 도착 URL은 잘 입력이 되었는데, Max CPC 헤더를 읽어오지 못했습니다. 헤더 옆의 화살표를 클릭해 올바른 헤더를 찾아보겠습니다.

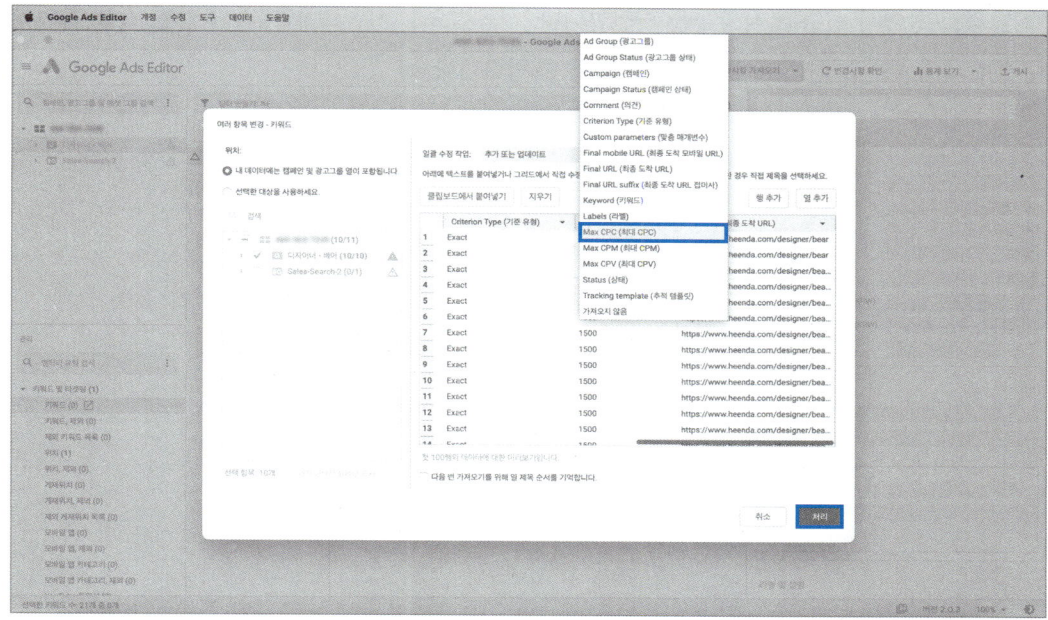

그림 6-85 키워드 만들기 9

엑셀 파일에서는 헤더 이름이 Default max. CPC였는데, 에디터에서는 Max CPC로 되어 있어서 에디터가 데이터를 읽어오지 못했습니다. [Max CPC]를 선택하고 [처리] 버튼을 클릭합니다.

그림 6-86 키워드 만들기 10

변경 검토 창에서 변경된 사항들을 확인합니다. 성공적으로 키워드 42개가 추가된 것을 확인할 수 있습니다. [완료 및 변경사항 검토] 버튼을 클릭합니다.

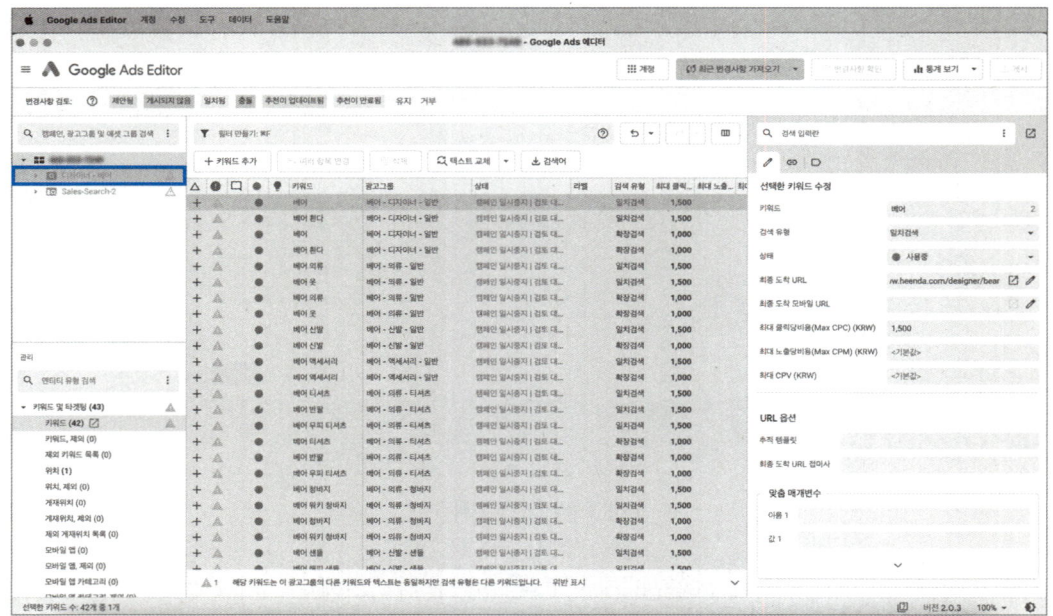

그림 6-87 키워드 만들기 11

업데이트된 키워드들을 확인할 수 있습니다. 변경사항 검토를 수락하기 전에 데이터가 제대로 업데이트됐는지 한 번 더 확인해 보겠습니다. 트리 보기에서 캠페인 [왼쪽 화살표]를 클릭해서 광고 그룹을 펼칩니다.

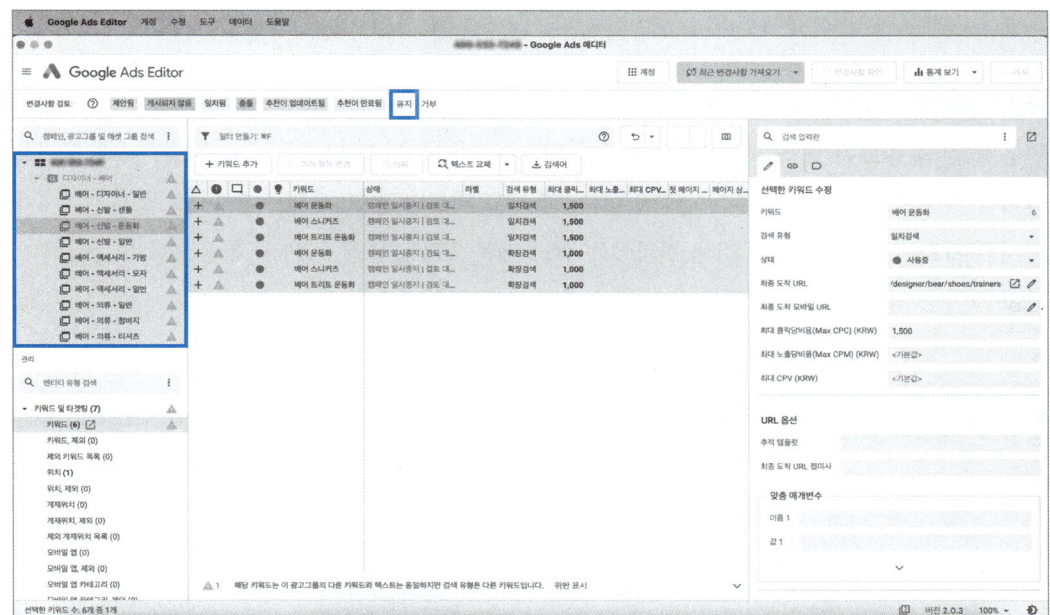

그림 6-88 키워드 만들기 12

광고 그룹을 무작위로 클릭해 보면서 광고 그룹과 맞는 키워드들이 제대로 들어가 있는지, 확장 검색, 일치 검색 키워드들이 둘 다 들어가 있는지 확인합니다. 변경사항이 만족스럽다면 [유지] 버튼을 클릭합니다.

8. 반응형 검색 광고 만들기

앞에서 광고 그룹에 필수적으로 포함되어 있어야 하는 키워드를 업로드하는 방법을 배워보았습니다. 광고 그룹에서는 키워드 말고 또 하나 필수적으로 포함되어야 하는 요소가 있습니다. 바로 광고입니다. 광고는 사용자에게 보이는 요소이기 때문에 최대한 사용자들의 관심을 끌 수 있도록 혜택(예. 최대 50% 세일)이나 행동(예. 지금 구매하세요)을 유도하는 문구를 포함해서 작성하는 것이 좋습니다. 과제 설명에 있었던 휜다 플랫폼에 대한 정보를 카피 작성을 할 때 활용하도록 하겠습니다.

- 총 800개 디자이너 입점 중인 온라인 럭셔리 패션 플랫폼
- 첫 구매 시 10% 할인
- 전 상품 무료배송 및 무료반품

- 디자이너 단독 컬렉션 입점 중
- 신상품 매일 입고

반응형 검색 광고는 여러 종류의 광고 카피들을 업로드하면, 시스템이 퍼포먼스에 따라 최적의 카피를 자동으로 노출시켜 주는 상품입니다. 한 광고 세트당 광고 제목은 총 15개, 설명은 총 4개까지 추가할 수 있으며 실제 검색 결과에는 광고 제목 2-3개, 설명 1-2개가 자동으로 노출됩니다. 광고 그룹당 광고 세트 하나씩을 포함하는 대량 업로드 시트를 작성해 보겠습니다.

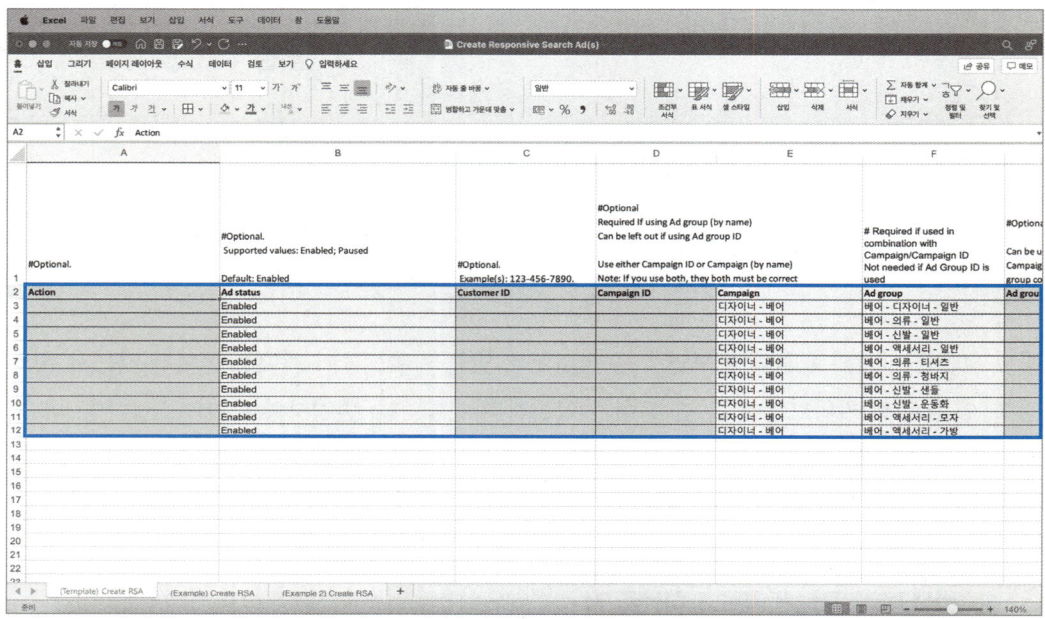

그림 6-89 반응형 검색 광고 만들기 1

이전 키워드 업로드 시트처럼 필요 없는 열들은 삭제하면서 작성해 보겠습니다. 동일하게 진한 회색으로 강조 처리된 열은 필요 없는 열, 옅은 회색으로 강조 처리된 열은 에디터에 업로드할 열들입니다.

- Action(수행할 작업), Customer ID(고객 ID), Campaign ID(캠페인 ID)는 삭제합니다.
- **Ad Status**(광고 상태): "Enabled(활성화)"로 업로드합니다.
- **Campaign**(캠페인 이름): 캠페인 이름인 "디자이너 - 베어"를 입력합니다.
- **Ad Group**(광고 그룹 이름): 광고 제목은 앞서 업로드했던 광고 그룹들의 이름과 일치해야 합니다. 위에서 추가했던 광고 그룹 10개 이름을 입력합니다.

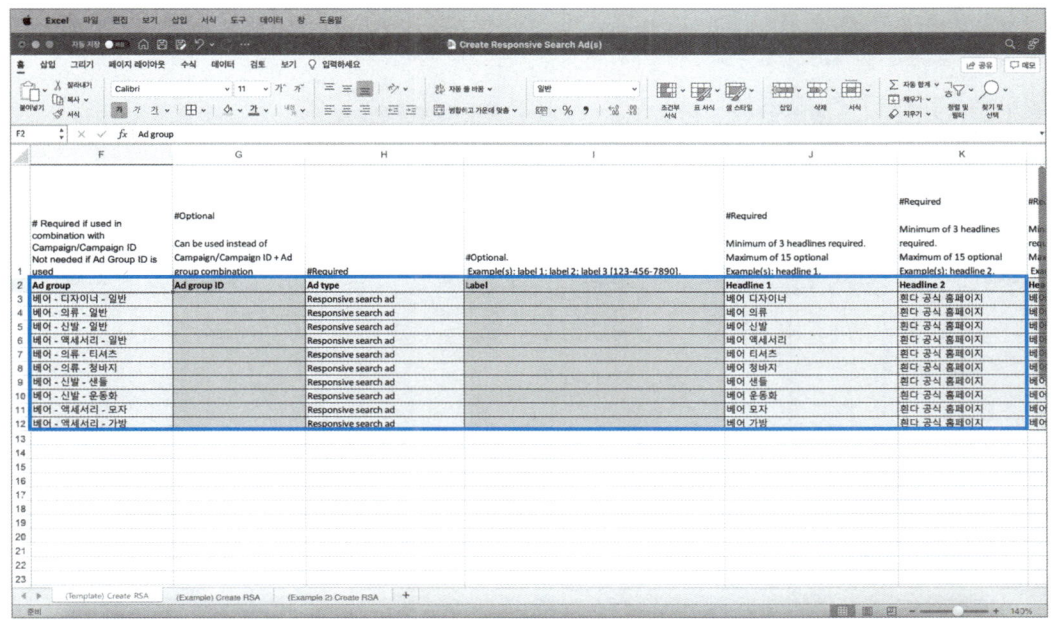

그림 6-90 반응형 검색 광고 만들기 2

- Ad Group ID(광고 그룹 ID)와 Label(라벨) 열은 삭제합니다.
- **Ad Type**(광고 종류): 추가할 광고 종류를 입력하는 열입니다. 반응형 검색 광고를 뜻하는 "Responsive search ad"를 입력합니다.

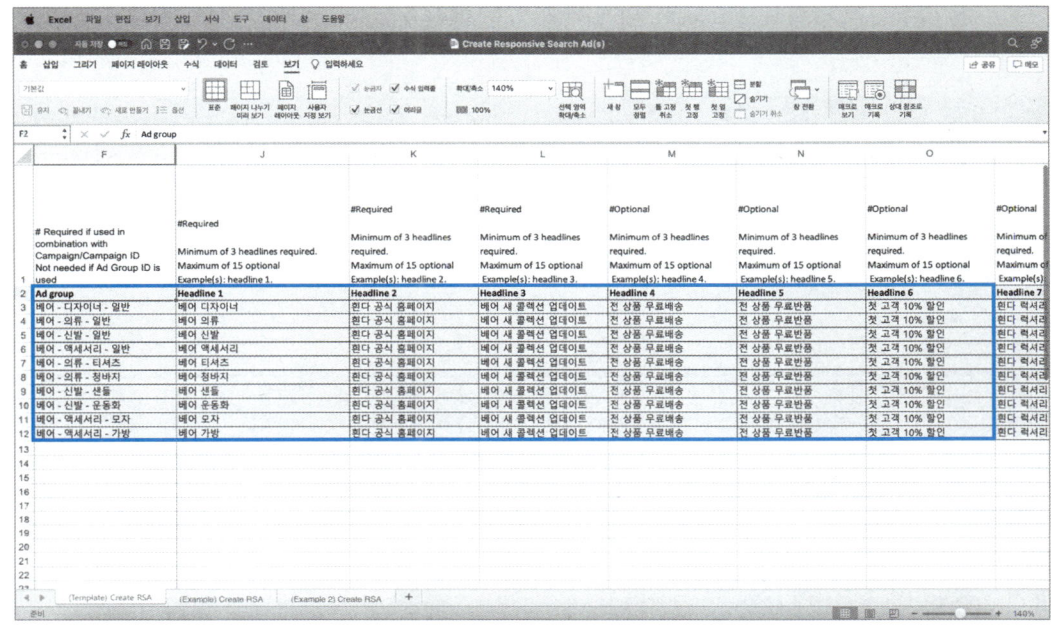

그림 6-91 반응형 검색 광고 만들기 3

6장 실무 과제를 통해 배우는 구글 애즈 에디터   **157**

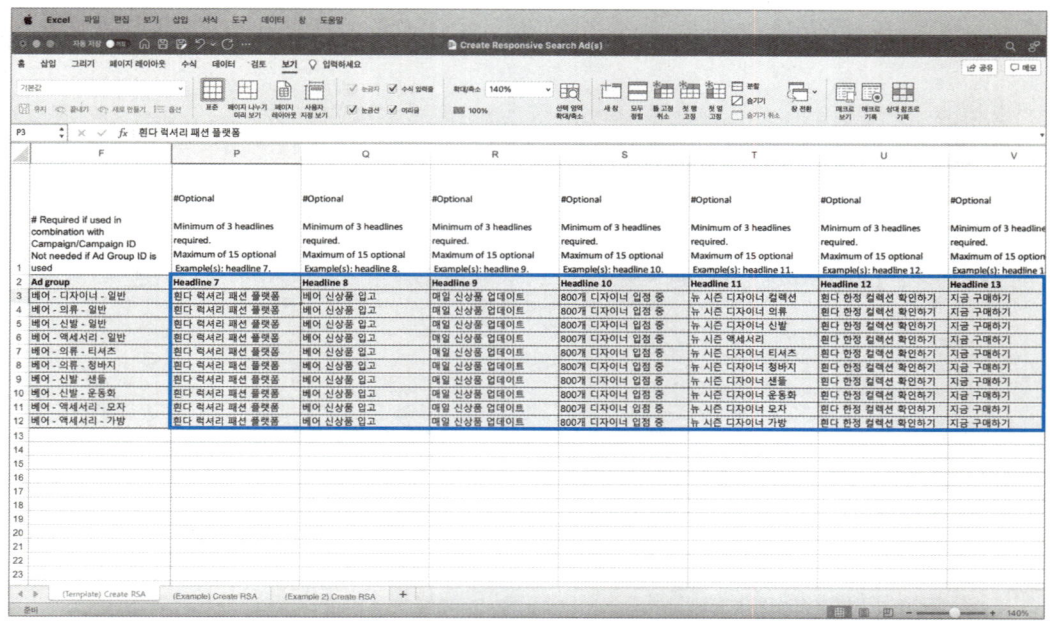

그림 6-92 반응형 검색 광고 만들기 4

- **Headline 1-15**(광고 제목 1-15): 광고 제목을 입력하는 공간입니다. 총 15개까지 입력할 수 있고, 가능한 많은 카피를 입력하는 것이 좋습니다. 키워드들과 관련성이 높은 광고 카피가 품질 점수가 높으며, 사이트 내용과 최대한 연관 있는 내용을 작성하는 것이 좋습니다. 앞에서 말한 것처럼 혜택이나 장점에 대한 카피도 소비자들의 이목을 끌기 좋습니다. 카피를 자유롭게 입력하셔도 되고, 위에 나와 있는 예시를 그대로 따라 적어도 됩니다.

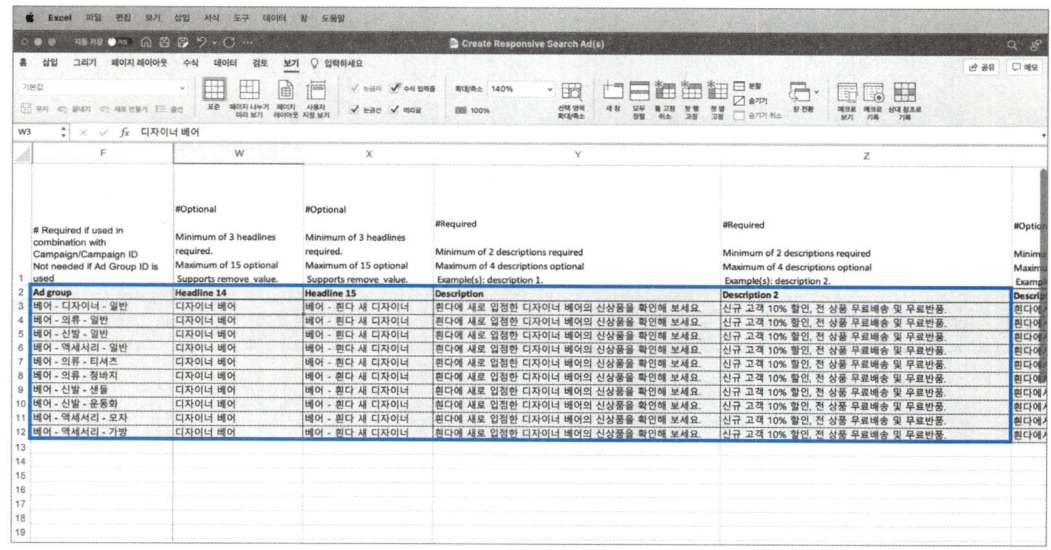

그림 6-93 반응형 검색 광고 만들기 5

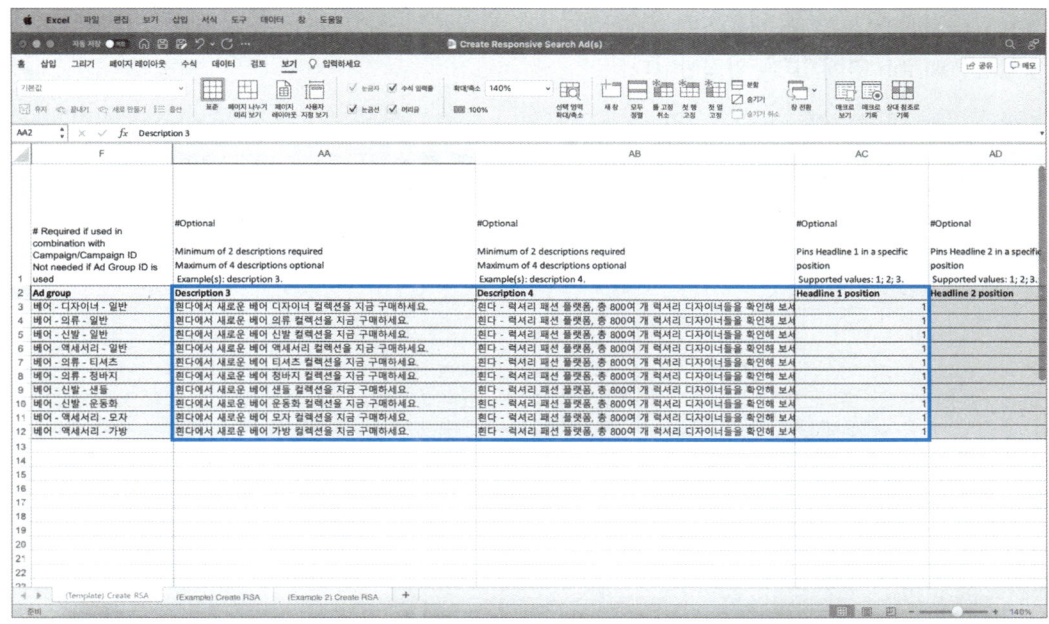

그림 6-94 반응형 검색 광고 만들기 6

- **Description 1-4**(설명 1-4): 광고 제목이 소비자의 눈길을 끄는 짧은 문구였다면, 설명란은 자세한 내용을 풀어서 쓰는 공간입니다. 똑같이 혜택과 강점을 풀어서 적어주는 것이 좋습니다.

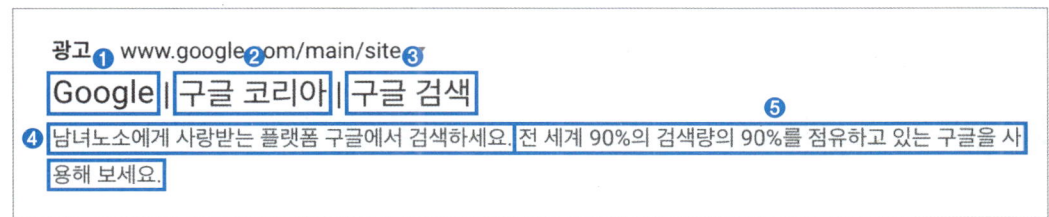

그림 6-95 반응형 검색 광고 만들기 7

- **Headline 1-15 position**(광고 제목 1-15 위치): 앞서서 반응형 검색 광고 상품을 설명할 때, 제목과 설명이 퍼포먼스에 따라 랜덤으로 노출된다고 말씀드렸습니다. 이렇게 무작위로 카피가 노출되는 것을 원하지 않을 시에는 위치를 지정할 수 있습니다. 위 예시에서 순서대로 ❶은 제목 1, ❷는 제목 2, ❸은 제목 3, ❹는 설명 1, ❺는 설명 2입니다. 광고 제목 1의 위치를 1로 지정하면, 위치 1은 카피가 랜덤으로 노출되지 않고 광고 제목 1만 노출이 됩니다. 위치 1은 사용자가 광고 카피를 클릭하면 어떤 사이트로 이동하는지 쉽게 파악할 수 있도록 공신력을 나타내는 문구를 고정하면 좋습니다. 위 예시에서는 베어 + 카테

고리 조합 문구로 이루어져 있는 제목 1을 위치 1에 고정하도록 하겠습니다. Headline 1 Position 열에 "1"을 입력합니다.

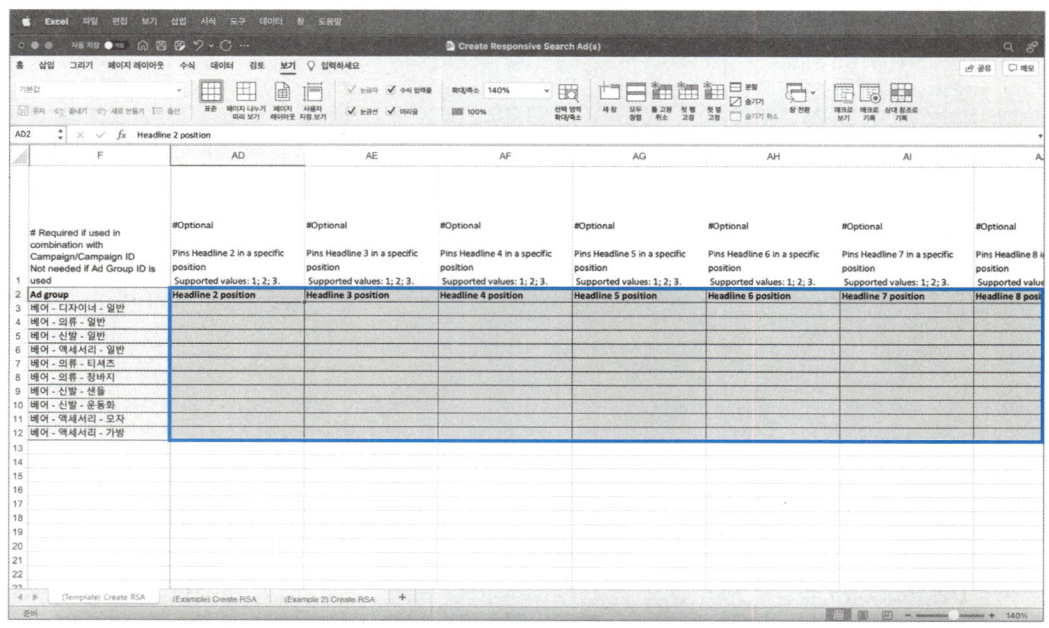

그림 6-96 반응형 검색 광고 만들기 8

- Headline 2 Position(광고 제목 2 위치)부터 Headline 15 Position(광고 제목 15 위치)까지는 위치를 지정하지 않을 예정이므로 열들을 삭제합니다.

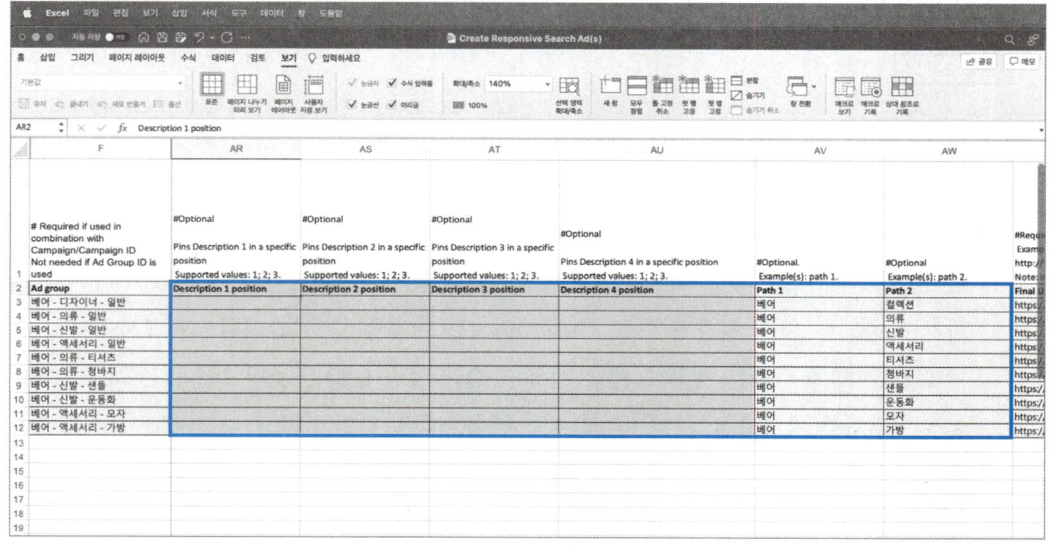

그림 6-97 반응형 검색 광고 만들기 9

- **Description 1-4 Position**(설명 1-4 위치): 설명은 위치를 따로 고정하지 않을 예정이므로 삭제합니다.
- **Path 1-2**(경로 1,2): URL 뒤에 붙는 경로입니다. 경로 같은 경우는 실제로 URL에 추가되지 않아 URL에 영향을 끼치지 않지만, 광고에서 보여서 소비자에게 어떤 페이지로 이동하게 될지 힌트를 주는 영역입니다. 디자이너 이름인 베어를 경로 1, 카테고리를 경로 2로 지정합니다.

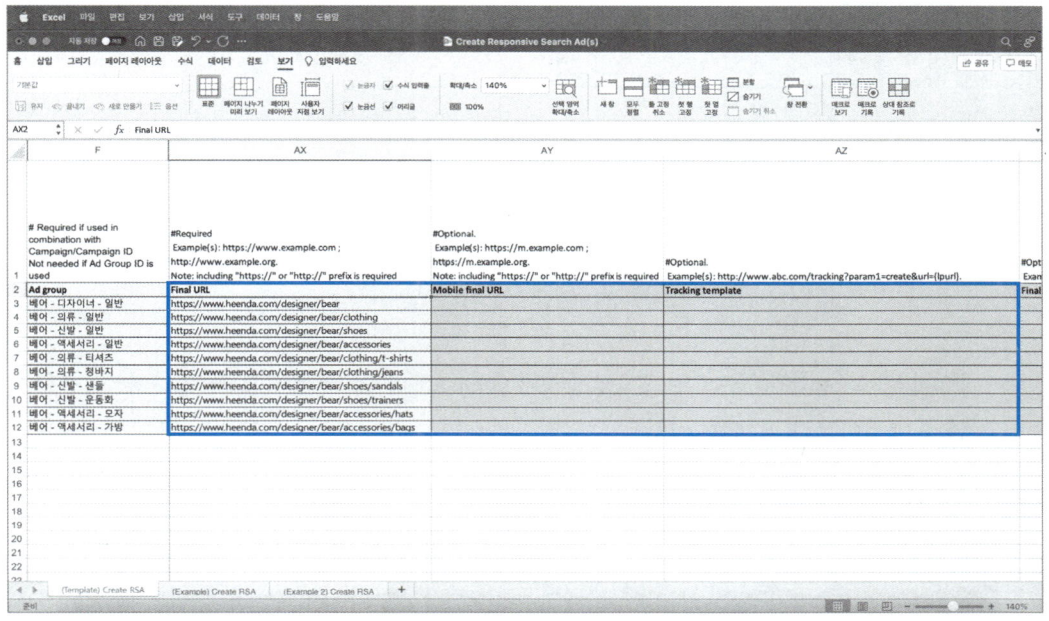

그림 6-98 반응형 검색 광고 만들기 10

- **Final URL**(최종 도착 URL): 광고가 연결될 URL을 입력합니다. 이미 키워드 단계에서 URL을 입력했기 때문에 해당 URL들은 실제로 사용되지 않습니다. 그래도 만일을 대비해서 광고 그룹에 맞는 카테고리 URL들을 입력합니다.
- **Mobile Final URL**(모바일 최종 도착 URL), **Tracking Template**(추적 템플릿)은 사용하지 않을 예정이므로 열을 삭제합니다.

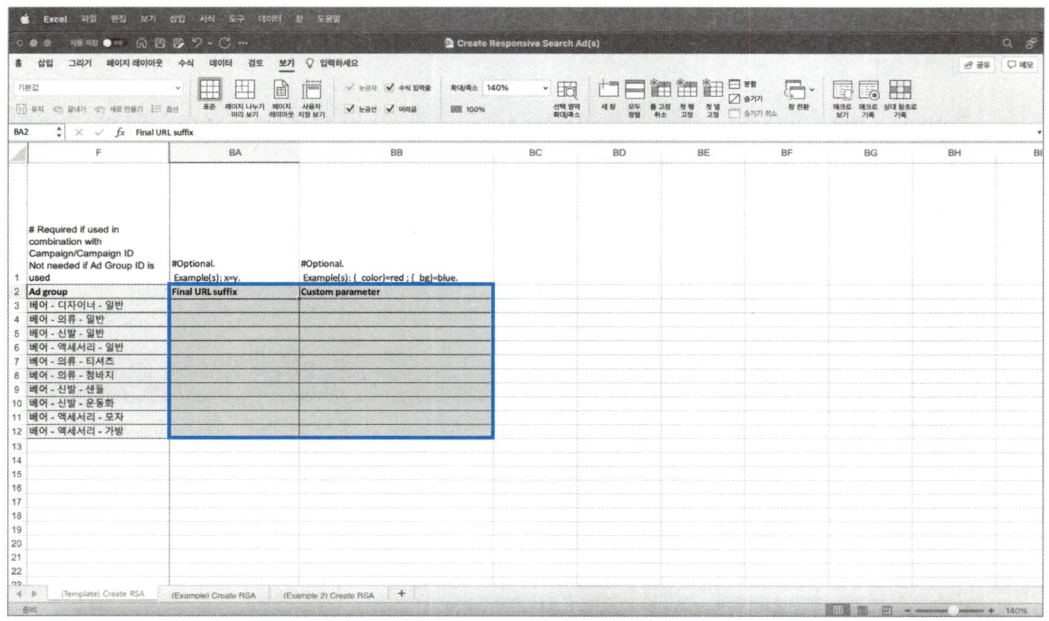

그림 6-99 반응형 검색 광고 만들기 11

- Final URL Suffix(최종 도착 URL 접미사)와 Custom Parameter(맞춤 매개변수)는 사용하지 않을 예정이므로 삭제합니다.

이제 데이터 입력이 끝났으니 에디터에 업로드하겠습니다.

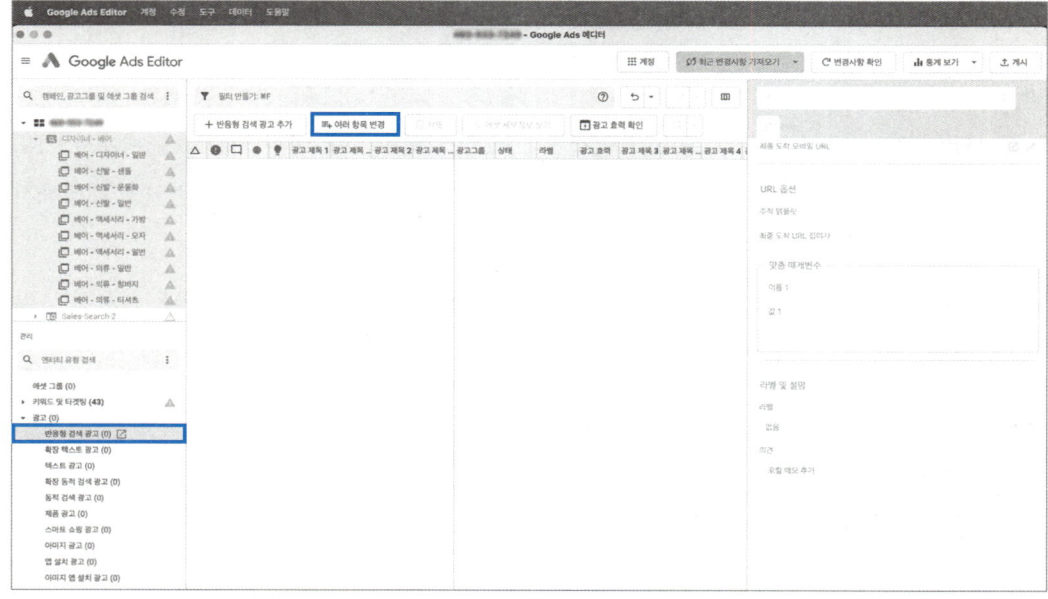

그림 6-100 반응형 검색 광고 만들기 12

다른 항목들과 똑같이 유형 목록에서 [반응형 검색 광고]를 선택한 다음 [여러 항목 변경]을 클릭합니다.

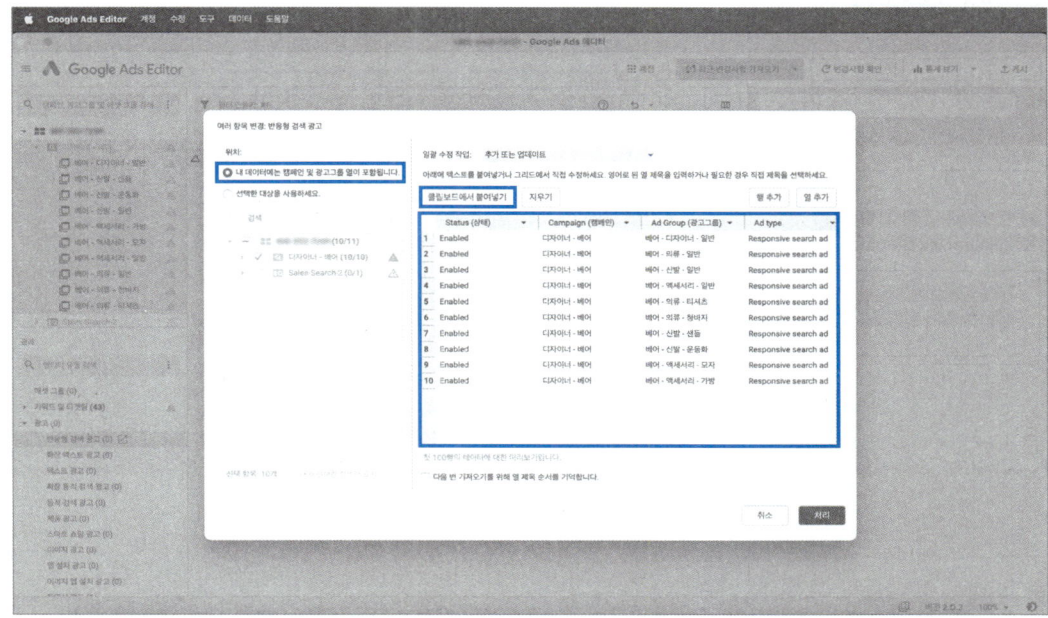

그림 6-101 반응형 검색 광고 만들기 13

엑셀 파일에서 붙여넣을 데이터를 복사한 다음, [내 데이터에는 캠페인 및 광고 그룹 열이 포함됩니다.]를 선택하고 [클립보드에서 붙여넣기]를 클릭합니다.

붙여넣은 데이터들의 헤더가 제대로 입력되었는지 한 번 더 확인해 보겠습니다. 상태, 캠페인, 광고 그룹, 광고 종류 모두 헤더가 잘 입력되었습니다. 우측으로 스크롤을 넘겨 나머지 열들도 확인해 보겠습니다.

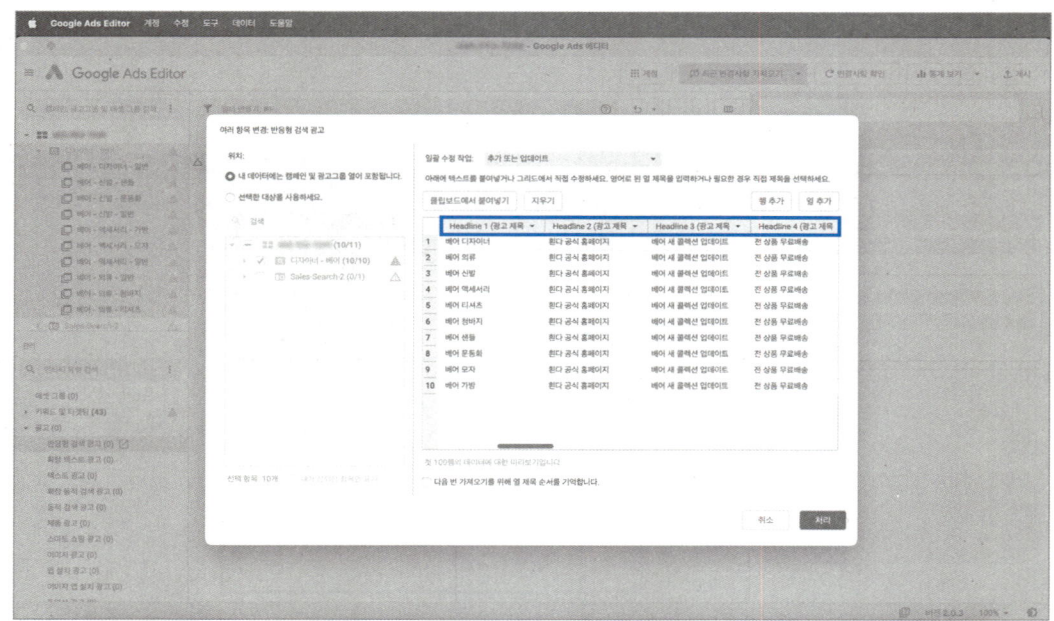

그림 6-102 반응형 검색 광고 만들기 14

광고 제목 헤더들이 모두 잘 입력되었습니다.

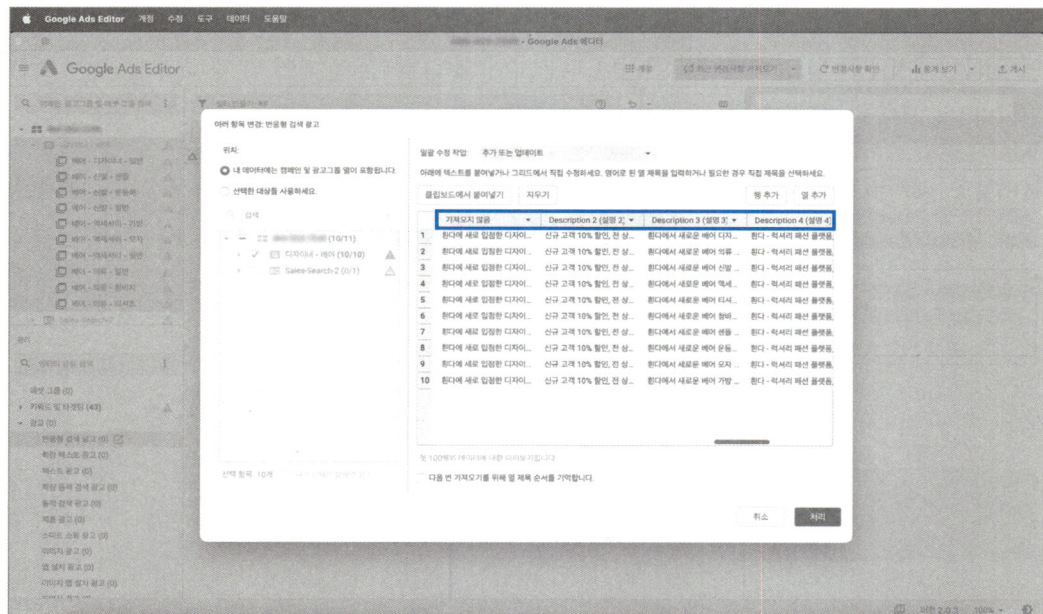

그림 6-103 반응형 검색 광고 만들기 15

Description 2부터 4까지는 잘 입력이 되었는데, 1은 헤더가 가져오지 않음으로 설정되어 있습니다.

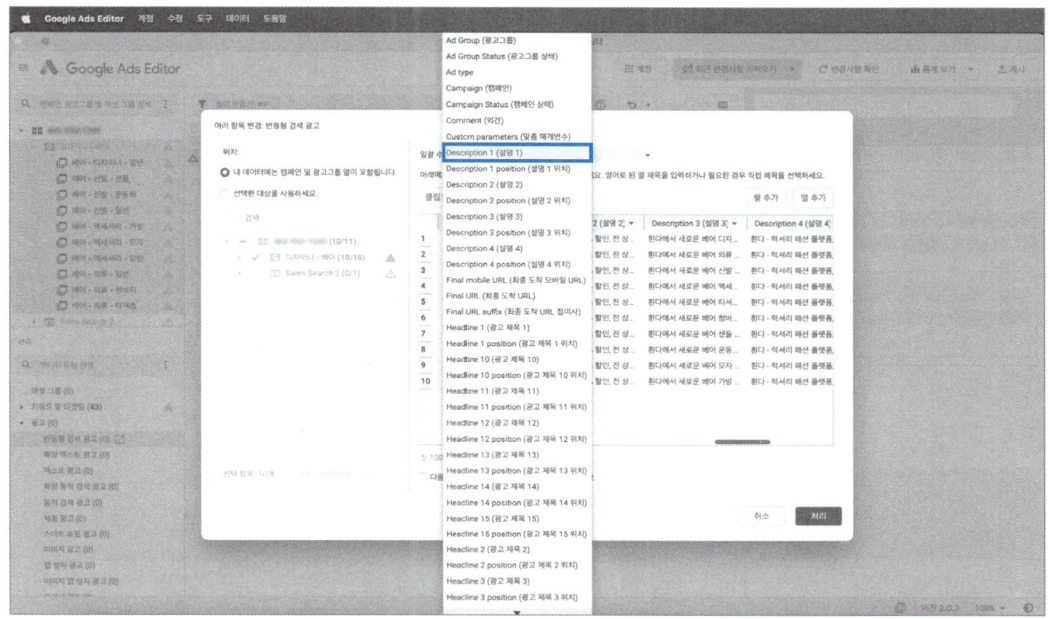

그림 6-104 반응형 검색 광고 만들기 16

헤더를 클릭해서 [Description 1(설명 1)]을 지정해 줍니다.

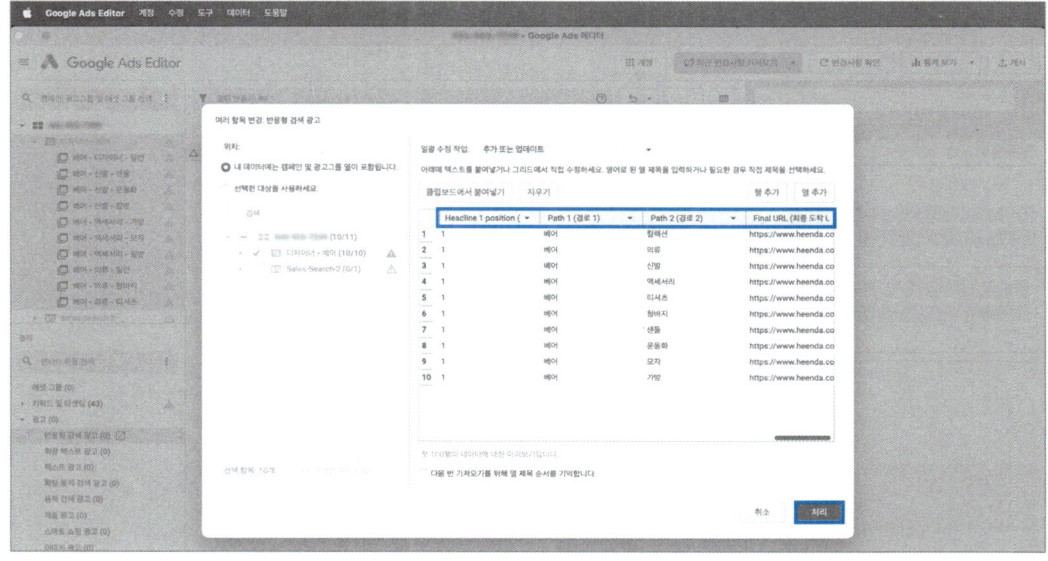

그림 6-105 반응형 검색 광고 만들기 17

나머지 열들의 헤더도 확인해 봅니다. Headline 1 Position(제목 1 위치), Path 1, 2(경로 1, 2), Final URL(최종 도착 URL)까지 잘 입력되었습니다. [처리]를 클릭합니다.

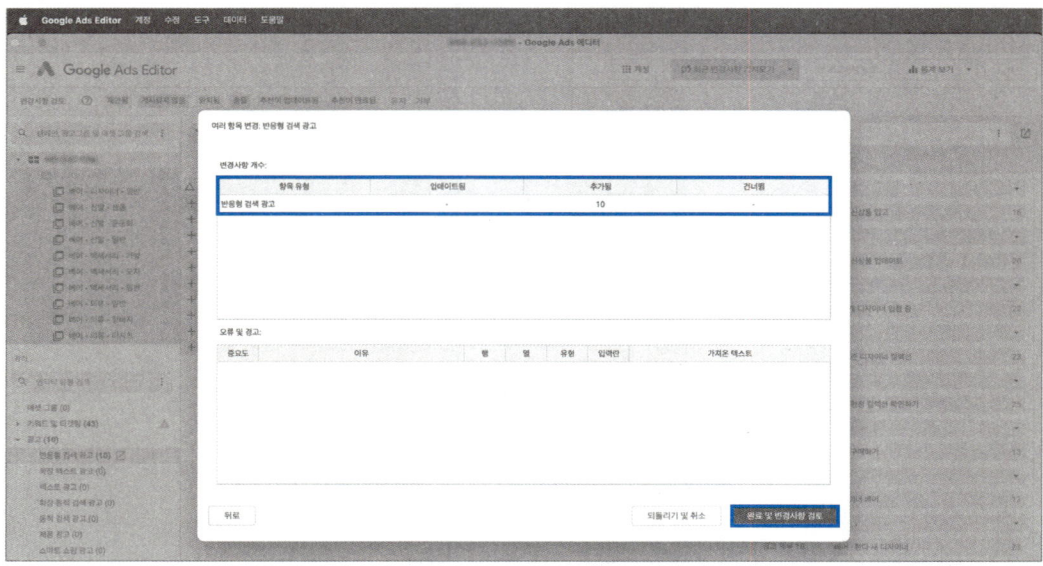

그림 6-106 반응형 검색 광고 만들기 18

변경사항을 검토합니다. 광고 10개가 성공적으로 추가된 것을 볼 수 있습니다. [완료 및 변경사항 검토]를 클릭합니다.

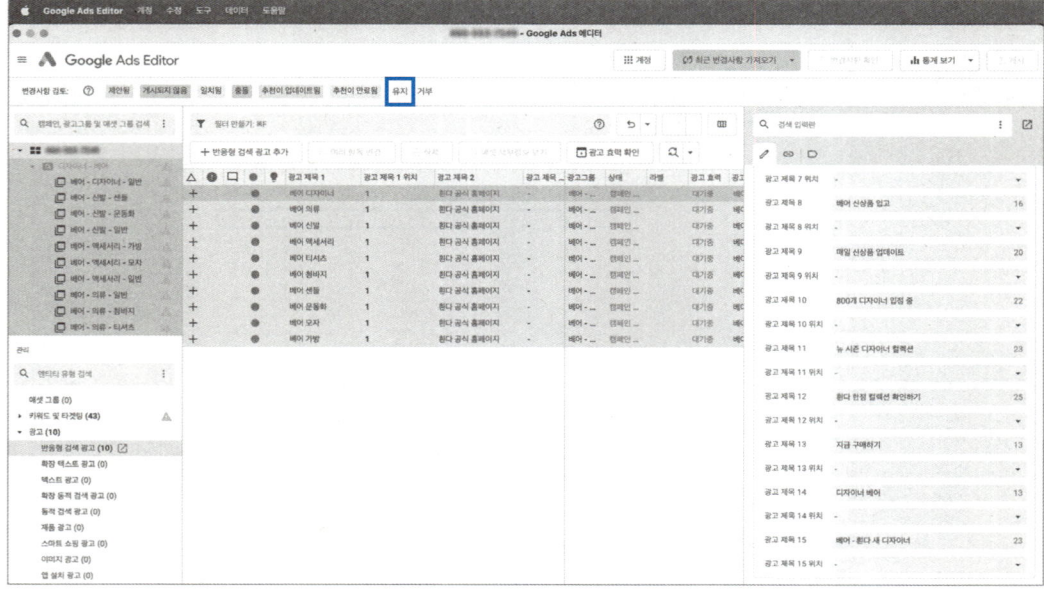

그림 6-107 반응형 검색 광고 만들기 19

변경사항들이 강조 표시되어 업데이트되었습니다. 오류 없이 업로드된 데이터들을 보면 마치 정돈이 잘 된 먼지 하나 없는 집을 보는 것처럼 만족스럽습니다. 아까와 같이 광고 그룹을 랜덤으로 하나씩 클릭해 보며 데이터가 잘 들어갔는지 확인해 보고, [유지] 버튼을 클릭합니다.

9. 사이트링크 광고 확장 만들기

앞에서 많은 확장 소재에 대해 설명해 드렸는데, 각각의 확장 소재마다 대량 업로드 템플릿이 존재합니다. 그중 가장 대표적인 확장 소재인 사이트링크 확장 소재 대량 업로드 방법에 대해 배워보겠습니다. 상위 카테고리 의류, 액세서리, 신발 세 가지 링크를 사이트링크로 추가해 보겠습니다.

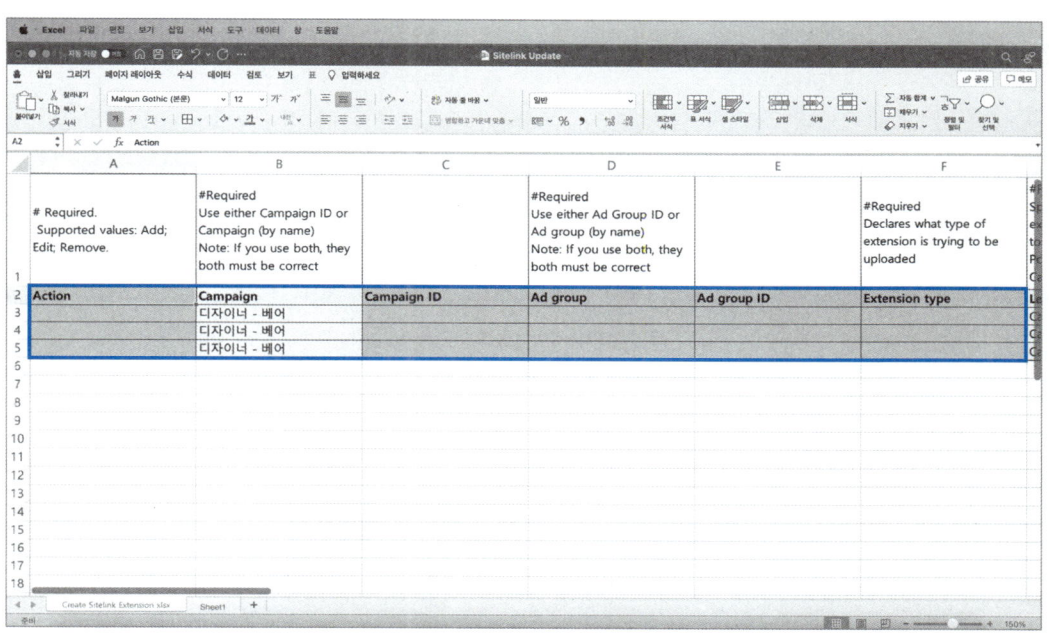

그림 6-108 사이트링크 추가하기 1

사이트링크는 계정 수준, 캠페인 수준, 광고 그룹 수준에서 추가할 수 있습니다. 계정 수준으로 추가하면, 계정 안에 있는 모든 캠페인의 광고와 함께 사이트링크가 노출됩니다. 캠페인 수준으로 추가하면 해당 캠페인에만 사이트링크가 노출되며, 광고 그룹 수준은 해당 광고 그룹에만 노출됩니다. 이번 실습에서는 캠페인 수준에 사이트링크를 추가하도록 하겠습니다.

- Action(수행할 작업), Campaign ID(캠페인 ID), Ad Group(광고 그룹), Ad Group ID(광고 그룹 ID), Extension Type(확장 소재 타입)은 사용하지 않을 예정이므로 열을 삭제합니다.
- **Campaign**(캠페인 이름): 사이트링크를 추가할 캠페인 이름인 "디자이너 - 베어"를 작성합니다.

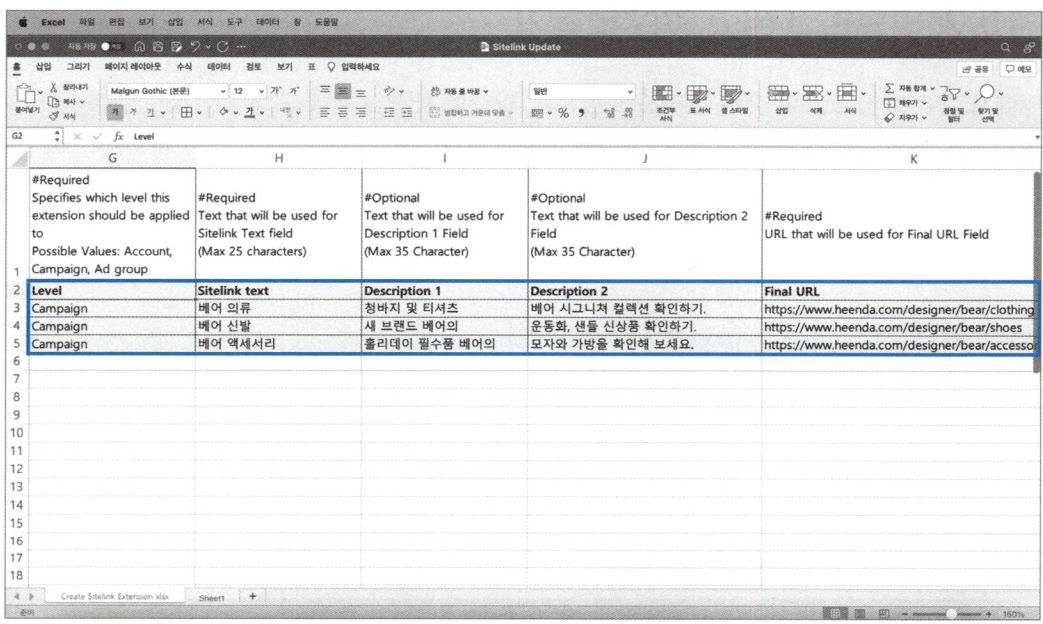

그림 6-109 사이트링크 추가하기 2

- **Level**(수준): 계정, 캠페인, 광고 그룹 중 어느 수준에 사이트링크를 추가할지 입력하는 열입니다. "Campaign"을 입력합니다.
- **Sitelink Text**(링크 텍스트): 사이트링크 제목을 입력하는 열입니다.
- **Description 1, 2**(내용 입력란 1, 2): 사이트링크 설명을 입력하는 열입니다. 기기에 따라 링크 텍스트만 노출되고, 내용 입력란이 노출되지 않을 수 있으니 링크 텍스트와 내용 입력란 1, 2의 문구가 연결되게 적으면 안 됩니다.
- **Final URL**(최종 도착 URL): 사이트링크를 클릭했을 시 연결될 URL을 입력합니다.

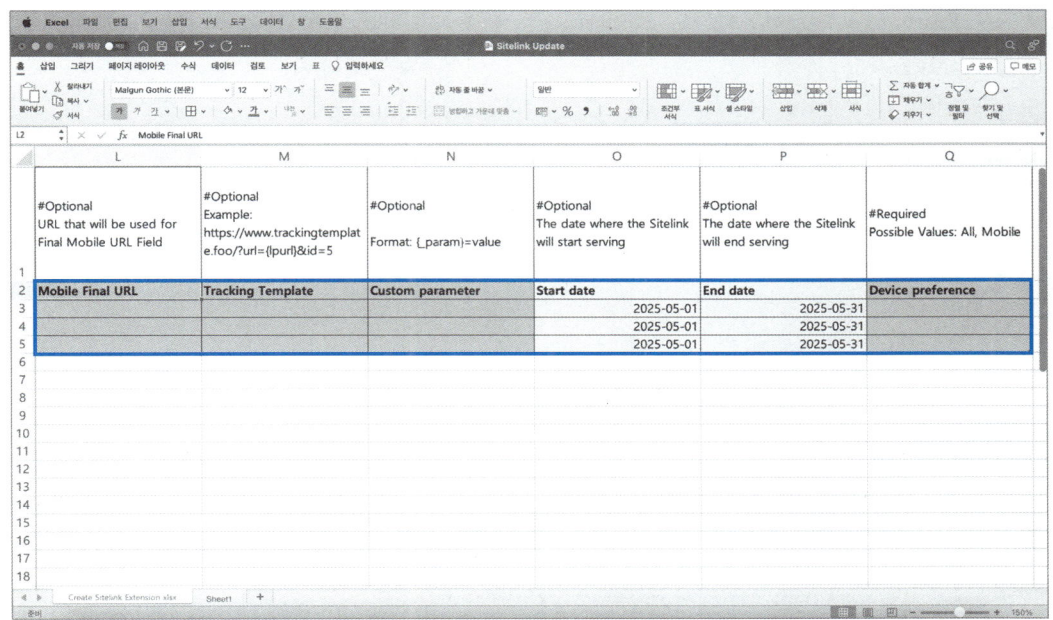

그림 6-110 사이트링크 추가하기 3

- Mobile Final URL(모바일 최종 연결 URL), Tracking Template(추적 템플릿), Custom Parameter(맞춤 매개변수), Device Preference(기기 환경설정)는 추가하지 않을 예정이므로 열을 삭제합니다.

- **Start Date**(시작일): 사이트링크 노출 시작일을 지정해 줍니다. 캠페인 시작일인 "2025-05-01"을 입력합니다.

- **End Date**(종료일): 사이트링크 노출 종료일을 지정해 줍니다. 캠페인 종료일인 "2025-05-31"을 입력합니다.

이제 엑셀 파일 작성이 완료되었으니 데이터를 복사해서 에디터에 업로드해 보겠습니다.

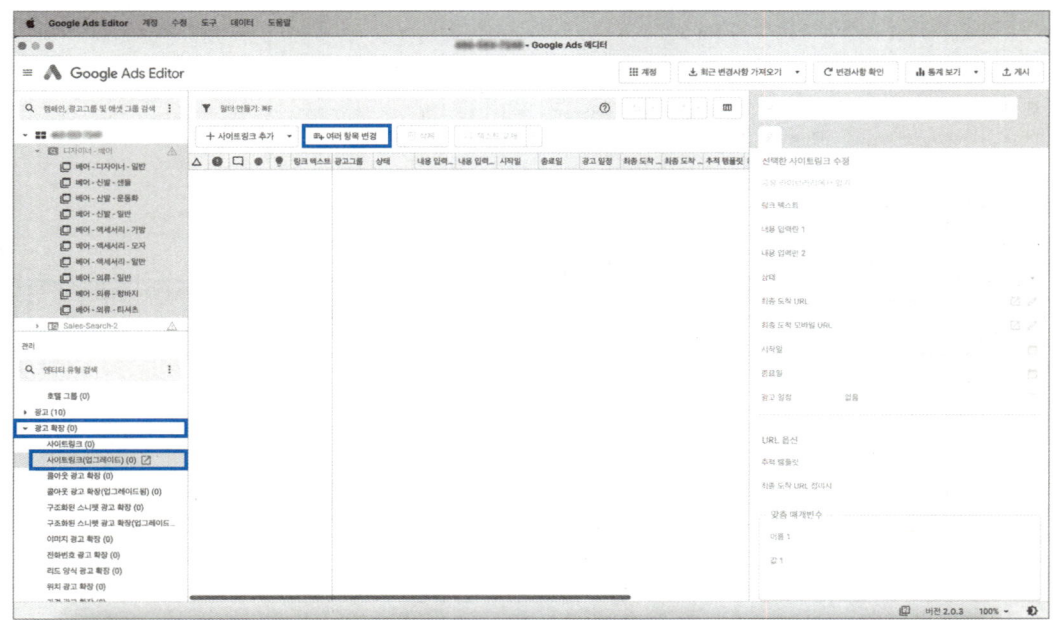

그림 6-111 사이트링크 추가하기 4

유형 목록에서 [광고 확장] → [사이트링크(업그레이드)]를 선택하고 [여러 항목 변경]을 클릭합니다.

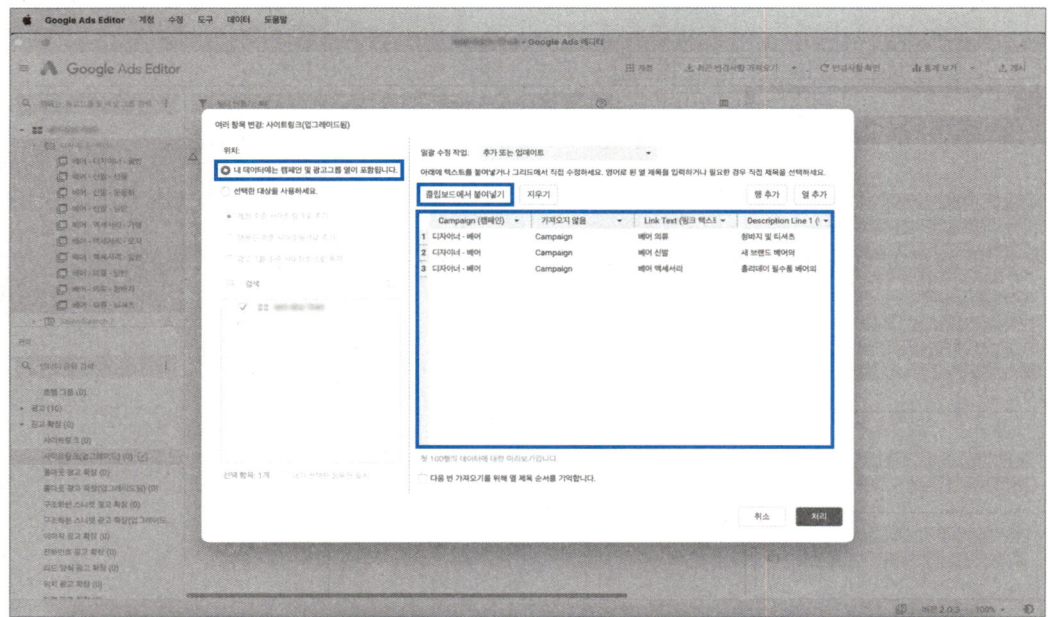

그림 6-112 사이트링크 추가하기 5

[내 데이터에는 캠페인 및 광고 그룹 열이 포함됩니다.] 위치를 지정해 주고, 복사한 데이터를 [클립보드에서 붙여넣기]를 합니다. 그리고 붙여진 데이터들의 헤더가 잘 지정되어 있는지 확인합니다. Campaign(캠페인), Link Text(링크 텍스트), Description Line 1(내용 입력란 1)은 잘 입력되었지만, Level(수준)의 헤더가 지정되지 않았습니다.

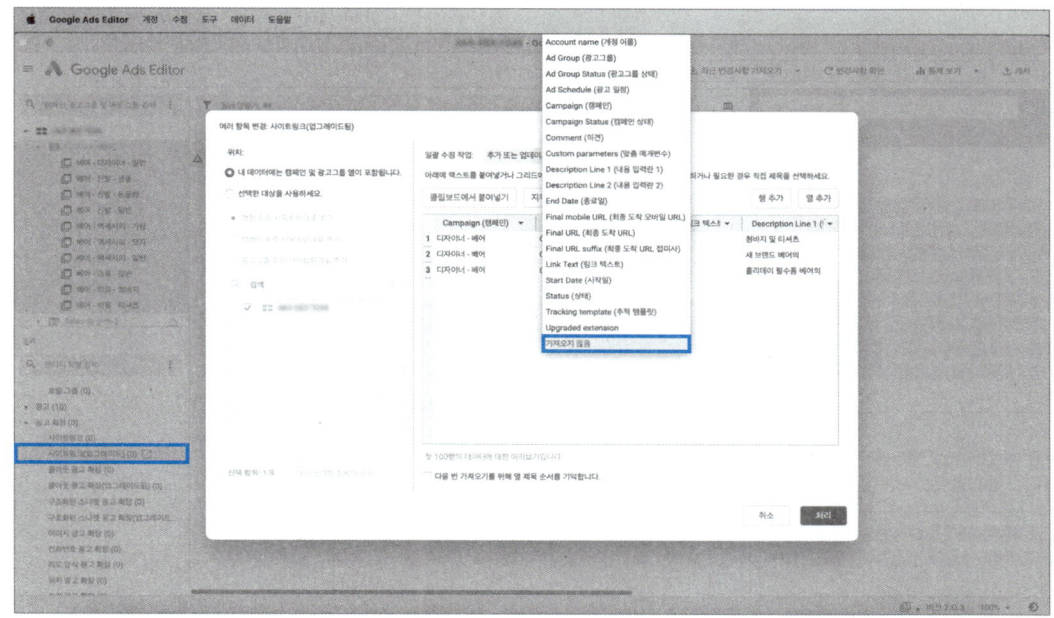

그림 6-113 사이트링크 추가하기 6

헤더를 클릭해서 확인해 보았는데 수준을 찾을 수 없습니다. 캠페인 이름을 추가하면 에디터가 자동으로 캠페인 수준으로 사이트링크가 추가된다고 인식하기 때문입니다. 그대로 [가져오지 않음]을 선택합니다.

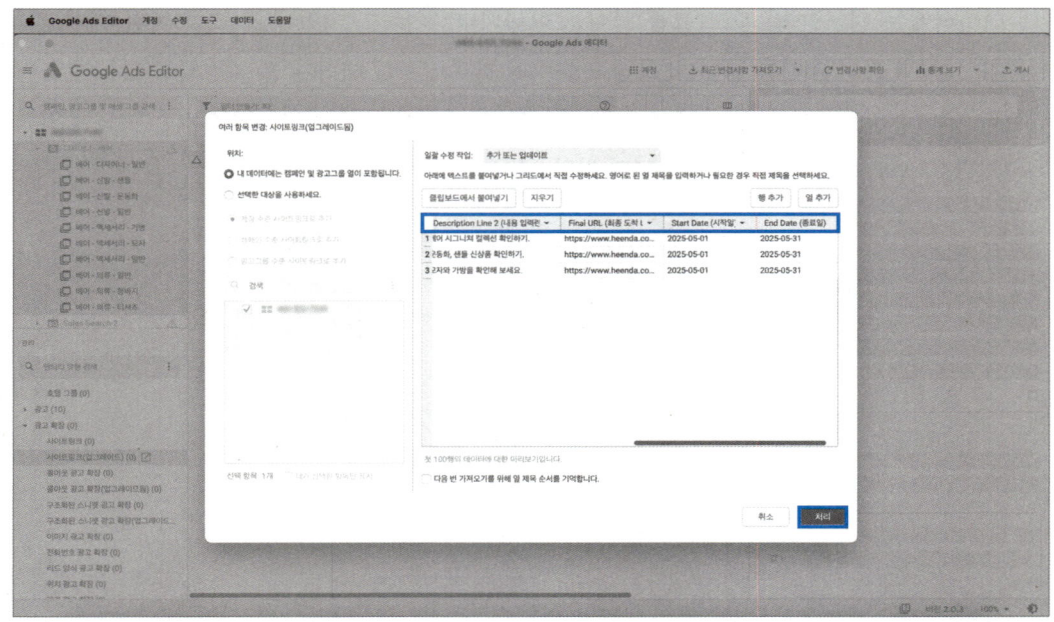

그림 6-114 사이트링크 추가하기 7

Description 2(내용 입력란), Final URL(최종 도착 URL), Start Date(시작일), End Date(종료일) 모두 헤더가 잘 지정되었습니다. [처리] 버튼을 클릭합니다.

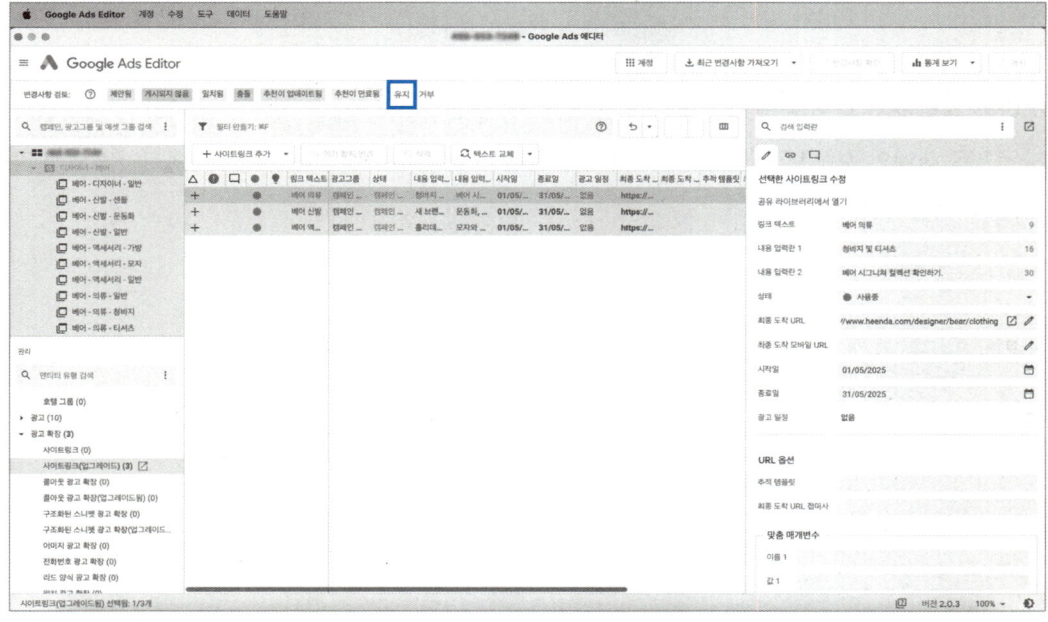

그림 6-115 사이트링크 추가하기 8

새 사이트링크들이 캠페인 수준에 잘 추가된 것을 확인할 수 있습니다. [유지] 버튼을 눌러 변경사항을 수락합니다.

10. 타기팅 설정하기

이제 캠페인을 시작하기에 필요한 모든 요소들이 에디터에 업데이트되었습니다. 당장이라도 캠페인을 시작할 수 있지만, 캠페인을 시작하기 전에 마지막으로 확인해야 할 요소가 있습니다. 바로 타기팅입니다. 타기팅은 우리가 원하는 사용자에게만 광고가 보여지도록 타깃 고객 목록을 좁히는 것입니다. 우리가 사용할 수 있는 광고비는 한정되어 있기 때문에, 우리가 원하는 고객층만을 타기팅해야 합니다. 타기팅 설정도 대량 업로드 템플릿을 통해서 업로드할 수 있지만, 에디터의 기능들과 좀 더 친해지기 위해서 타기팅은 플랫폼 안에서 기능을 조작해 보겠습니다.

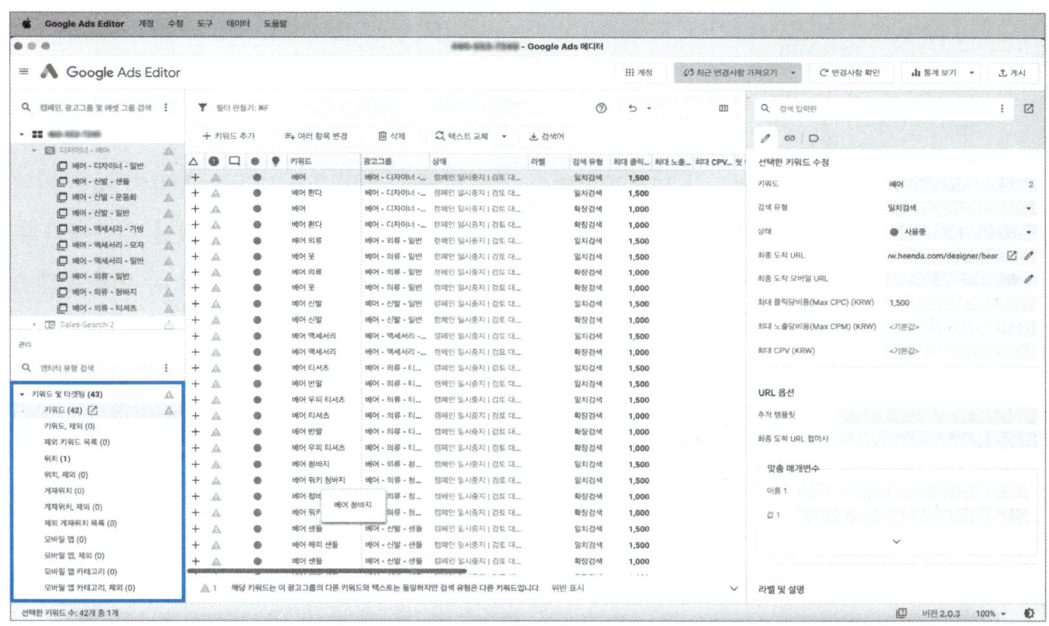

그림 6-116 타기팅 설정하기

타기팅은 유형 목록 → [키워드 및 타기팅]에서 설정할 수 있습니다. 타기팅 안에 속한 요소들을 하나하나 살펴보겠습니다.

키워드, 제외

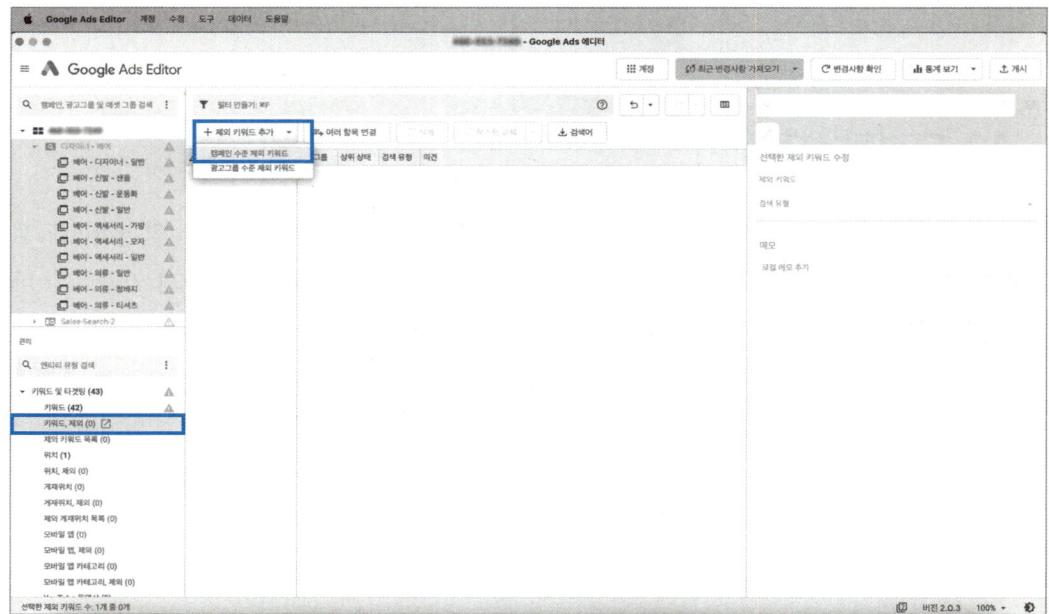

그림 6-117 키워드, 제외 1

앞에서 우리가 타기팅할 키워드를 업로드했었습니다. 반대로 우리가 타기팅하고 싶지 않은 키워드들을 [키워드, 제외]에서 설정할 수 있습니다. 제외 키워드는 캠페인과 광고 그룹 수준에서 추가할 수 있습니다. [제외 키워드 추가]를 클릭하고, [캠페인 수준 제외 키워드]를 추가해 보겠습니다.

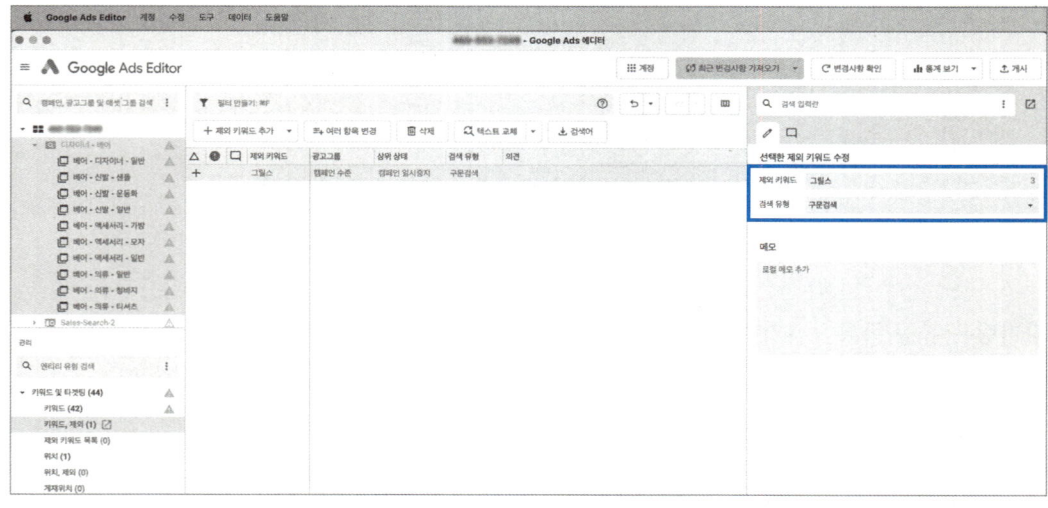

그림 6-118 키워드, 제외 2

임의로 만든 디자이너 이름이긴 하지만, "베어"라는 이름을 들으면 "베어 그릴스"라는 어떤 오지의 환경에도 살아남는 남자의 이름이 떠오릅니다. 혹시나 사용자가 베어 그릴스를 검색하다가 실수로 우리 광고를 보고 클릭하면 구매 의도가 없는 사용자가 광고를 클릭해 광고비를 낭비하게 됩니다. 그런 상황을 막기 위해 제외 키워드에 "그릴스"를 입력하고, [구문 검색]을 선택합니다. 이 키워드를 추가하면 "그릴스"와 관련된 모든 키워드에 우리 광고가 노출되는 것을 막을 수 있습니다.

위치

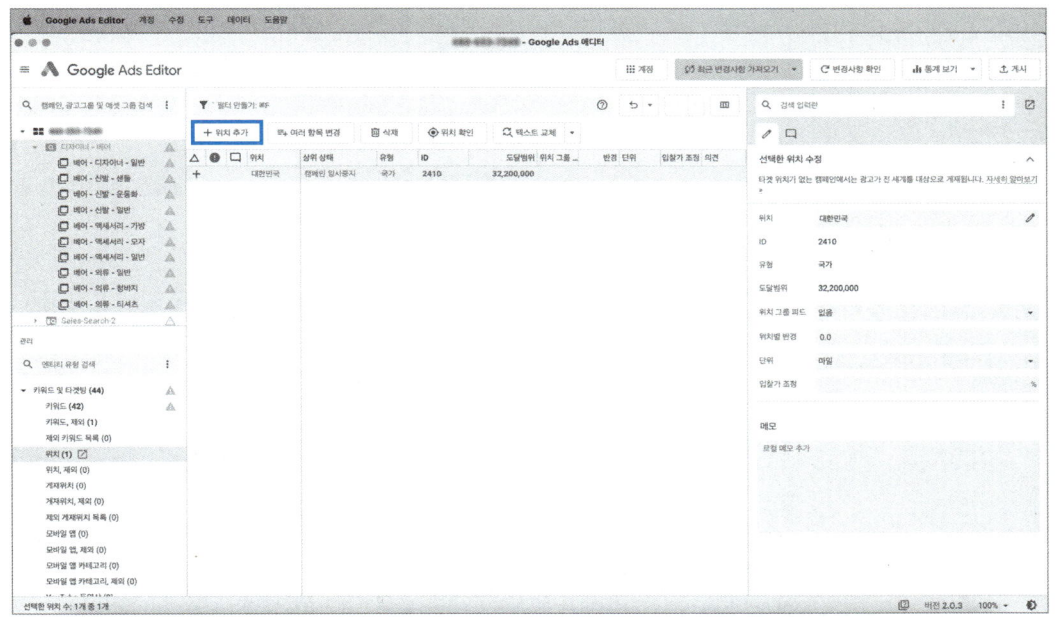

그림 6-119 위치 타기팅 1

위치 타기팅에서는 우리가 보여줄 광고를 어느 위치에 거주하거나 방문하는 사용자들에게 보여줄 것인지 설정할 수 있습니다. 위치 타기팅은 나라, 도시, 심지어는 우편번호 단위까지 설정할 수 있습니다. 위의 페르소나에서 휜다 브랜드의 고객의 70%가 서울과 부산에 거주한다는 항목이 있었습니다. 서울과 부산에 거주하는 고객들에게 입찰가 가중치를 주기 위해서 서울과 부산의 위치 타기팅을 추가해 보겠습니다. [위치 추가]를 클릭합니다.

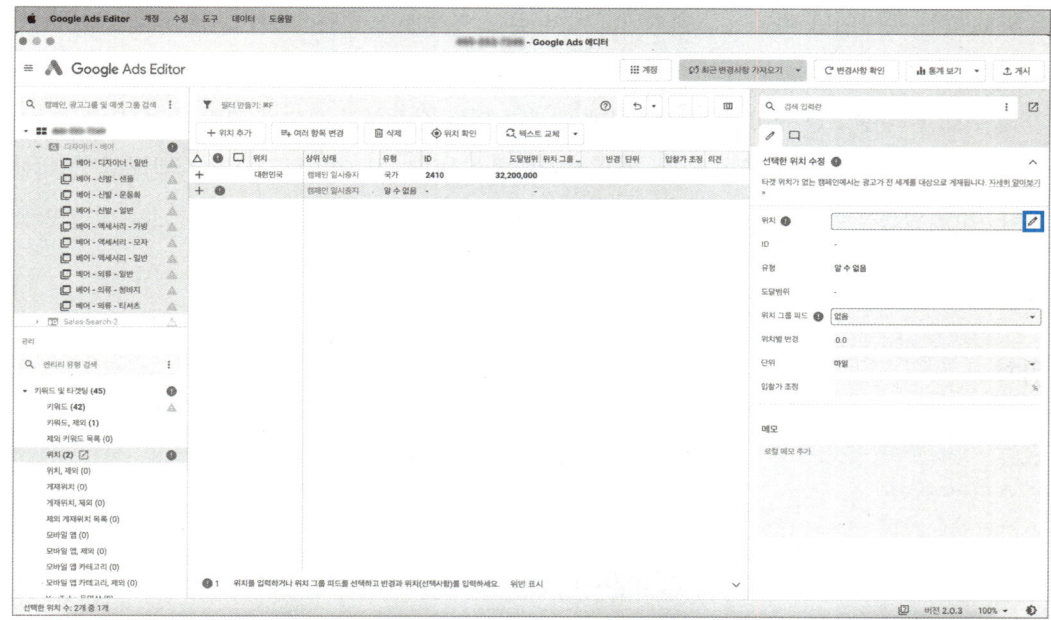

그림 6-120 위치 타기팅 2

[위치 추가]를 클릭하면 빈 위치가 추가됩니다. 우측에서 [연필 모양]을 클릭해서 우리가 원하는 위치를 검색해 보겠습니다.

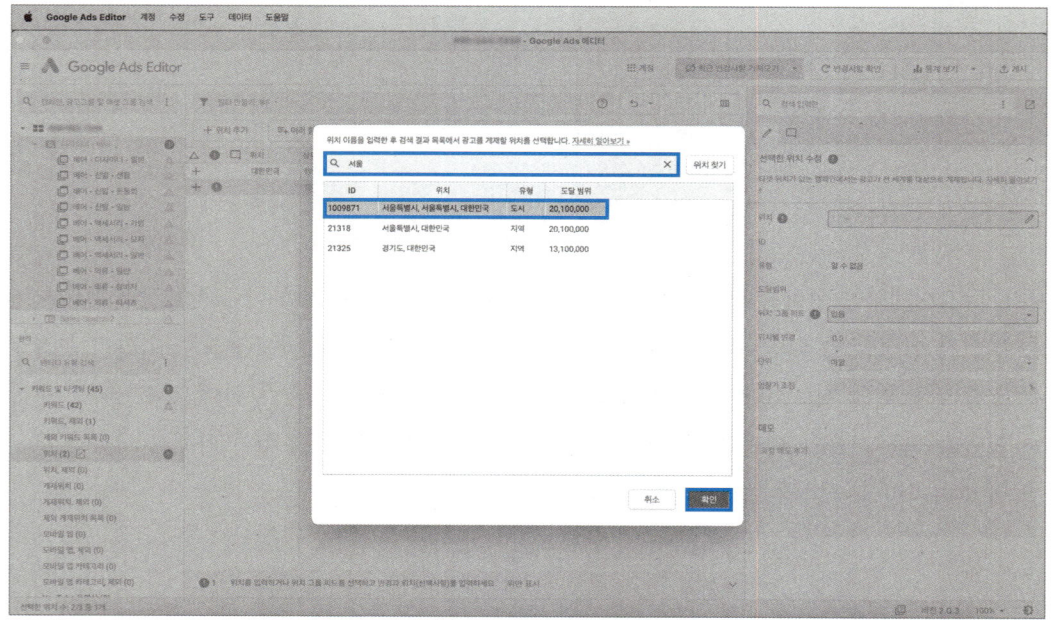

그림 6-121 위치 타기팅 3

"서울"을 적은 다음 엔터를 치면 검색 결과가 나옵니다. 첫 번째 결과가 서울 도시를 타기팅하기 적합해 보입니다. 선택하고 [확인]을 누릅니다. 똑같은 방식으로 부산도 추가합니다.

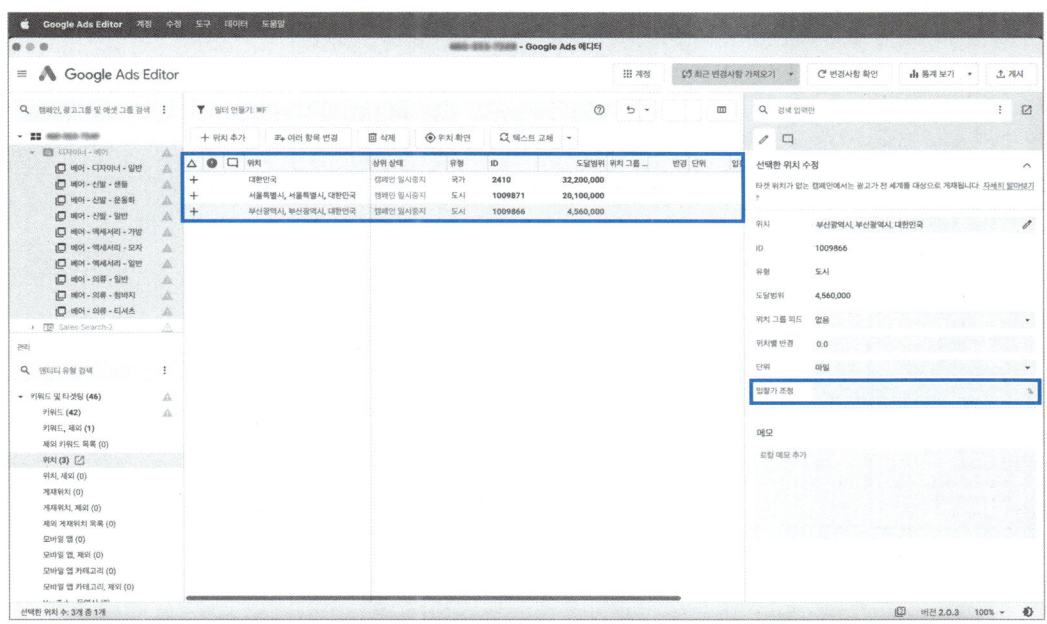

그림 6-122 위치 타기팅 4

서울, 부산, 대한민국 이렇게 세 위치를 확인할 수 있습니다. 서울, 부산은 대한민국에 속해 있기 때문에 결과적으로는 대한민국 전체를 타기팅하게 됩니다. 하지만 이렇게 위치를 따로 추가할 경우 서울, 부산 위치에 대한 데이터를 따로 확인할 수 있고 입찰가 조정을 할 수 있습니다.

입찰가 조정은 플러스, 마이너스 값을 지정하여 퍼센트 단위로 할 수 있습니다. Max. CPC(최대 CPC) 값을 기준으로 입찰가를 조정할 수 있습니다. 예를 Max. CPC가 1,000원으로 되어있을 때, 입찰가를 +20% 입력하면 Max. CPC가 최대 1,200원까지 올라갑니다. 반대로 -20%를 지정해 주면 Max. CPC값이 최대 800원으로 지정됩니다. 페르소나 예시에서 서울, 부산에 대부분의 고객이 거주했다고 했으니 입찰가 조정을 +20%로 두고 캠페인을 시작할 수 있습니다. 하지만 입찰가 조정은 캠페인을 최소 30일은 운영해 보고 데이터를 기반으로 조정하는 것이 좋습니다.

위치를 추가한 것처럼 위치, 제외 탭에서 타기팅에서 제외하고 싶은 위치를 추가할 수 있습니다.

게재 위치

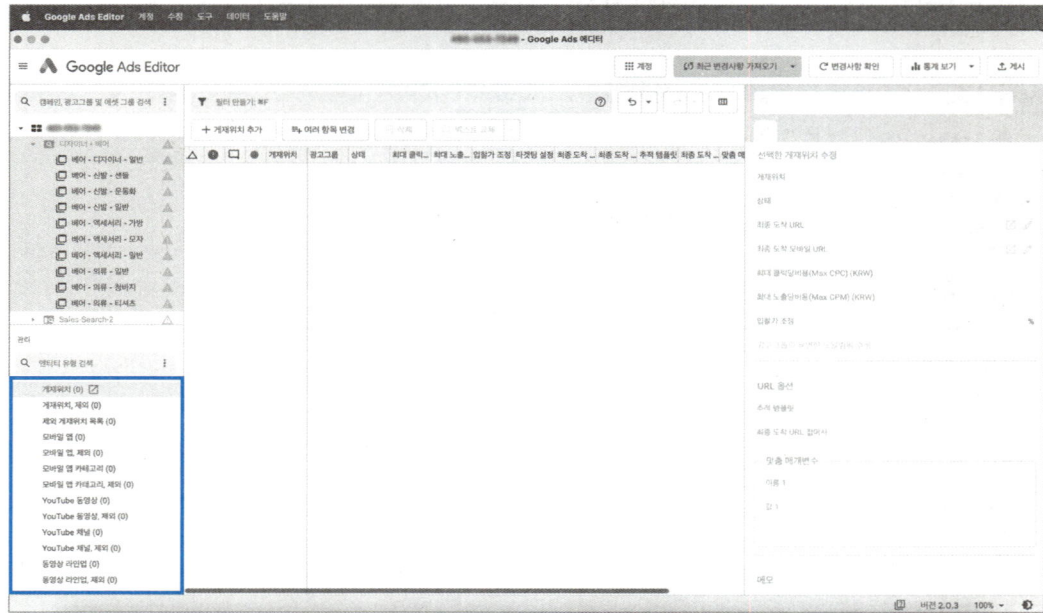

그림 6-123 게재 위치

게재 위치, 모바일 앱, Youtube 동영상, Youtube 채널, 동영상 라인업은 디스플레이 광고나 동영상 광고에 주로 쓰이는 기능입니다. 웹페이지나 동영상, 앱 등의 위치에 우리 광고를 게시할지 말지 해당 영역을 통해 관리할 수 있습니다. 영역을 타기팅하는 것은 보통 화이트 리스팅, 영역을 제외 목록에 추가하는 것을 블랙 리스팅이라고 합니다. 진상 고객을 특별 리스트에 넣어서 관리하는 것을 블랙 리스트라고 하는 것과 같은 용어입니다. 우리 브랜드의 이미지와 맞지 않는 사이트나 앱들을 제외 목록에 추가해서 브랜드의 광고가 해당 페이지에 노출되는 것을 방지할 수 있습니다.

주제

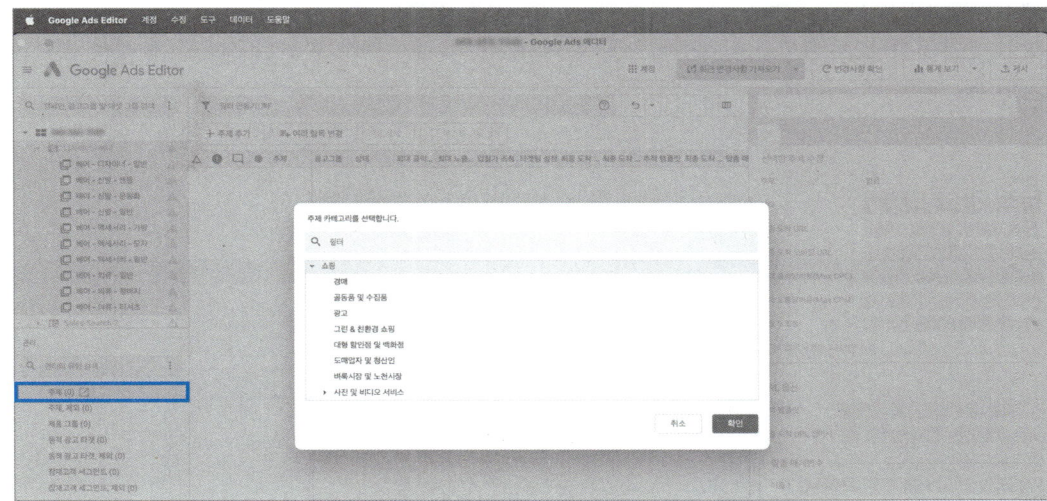

그림 6-124 주제

주제도 위와 같이 디스플레이나 동영상 광고에 주로 쓰입니다. 주제 타기팅을 사용하면 고객이 관심을 보이는 주제와 관련된 웹페이지나 동영상에 광고를 노출시킬 수 있습니다. 검색 광고에서는 자주 쓰이지 않으므로 넘어갑니다.

제품 그룹

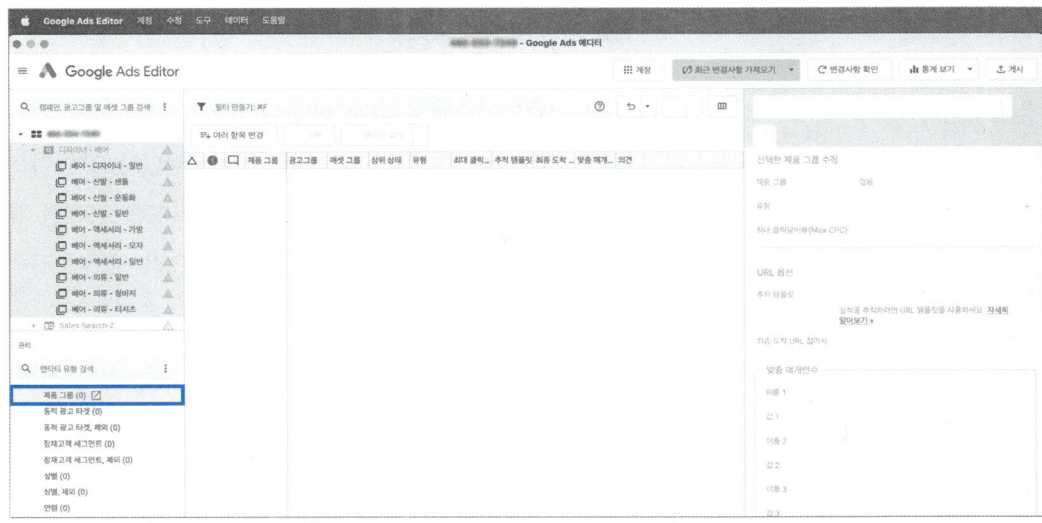

그림 6-125 제품 그룹

제품 그룹 타기팅은 구글 쇼핑 광고에 쓰입니다. 구글 쇼핑 광고는 상품 정보, 가격, 이미지가 함께 표시되는 광고 방식입니다. 구글 쇼핑 광고를 집행하기 위해서는 구글이 정해놓은 카테고리 형식에 맞춰서 상품 정보를 업데이트해야 합니다. 업로드한 카테고리들을 제품 그룹에서 관리할 수 있습니다.

동적 광고 타겟

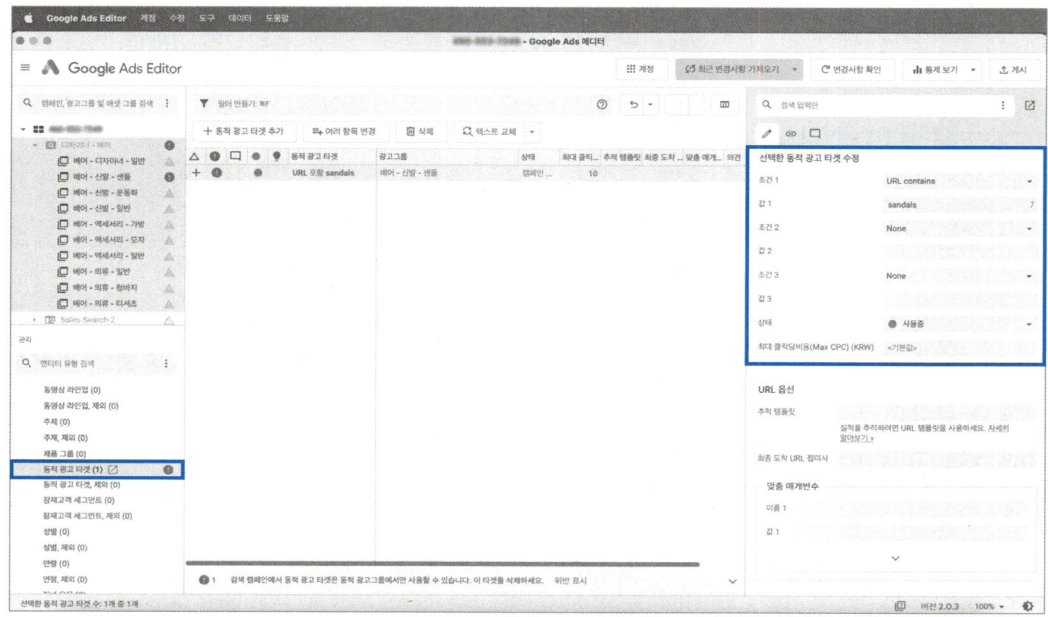

그림 6-126 동적 광고 타깃

동적 광고는 점점 중요성과 정확성이 높아지고 있는 검색 광고 형태입니다. 우리가 배운 검색 광고는 키워드를 직접 입력해서 타기팅하는 방식입니다. 동적 광고 같은 경우는 URL을 입력해 놓기만 하면 시스템이 자동으로 URL내 콘텐츠를 읽어와서 소비자가 관련 키워드를 검색할 때마다 광고를 보여줍니다. 심지어 광고 제목까지도 홈페이지에서 자동으로 읽어오기 때문에 카피를 작성할 시간을 절약해 줍니다.

우리가 생성한 광고 그룹들은 동적 광고를 위해 만들어진 광고 그룹이 아니기 때문에 동적 광고 타깃을 추가할 수는 없지만, 우측에 예시로 어떻게 추가하는지 입력해 보았습니다. 조건에서 [URL contains(특정 값을 포함하고 있는 URL)]를 선택하고, 값, 예를 들어 샌들 페이지 같은 경우는 "sandals"를 포함하면 동적 광고 타기팅이 완성됩니다.

동적 광고는 우리가 타기팅하고 싶은 키워드들을 블랙 리스팅을 하면서 꾸준히 최적화를 해 주면 유용한 상품이 될 수 있습니다. 많은 기업들이 최근 캠페인 당 동적 광고 그룹을 하나씩 포함해두고, 우리가 전부 나열하지 못한 키워드들을 동적 광고 그룹을 통해 타기팅하는 식으로 이용하고 있습니다.

잠재 고객 세그먼트

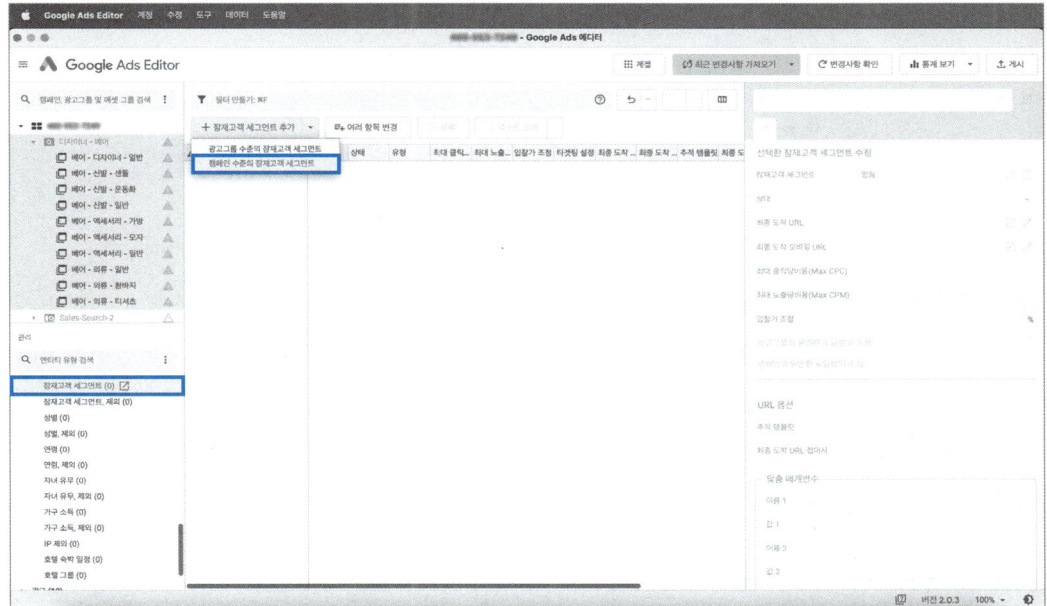

그림 6-127 잠재 고객 세그먼트 1

드디어 타기팅의 꽃인 잠재 고객 세그먼트 메뉴에 도착했습니다. 구글은 사용자의 검색 패턴, 유튜브 사용 히스토리 등 여러 가지 정보를 취합해 잠재 고객(Audience) 그룹으로 분류합니다. 구글 계정을 가지고 계신 분들은 구글 광고 개인화 설정(https://myadcenter.google.com/controls)에 들어가 보시길 추천드립니다. 이 페이지에서 구글이 가지고 있는 나에 대한 여러 데이터를 바탕으로 나를 어떻게 정의 내리는지 확인할 수 있습니다.

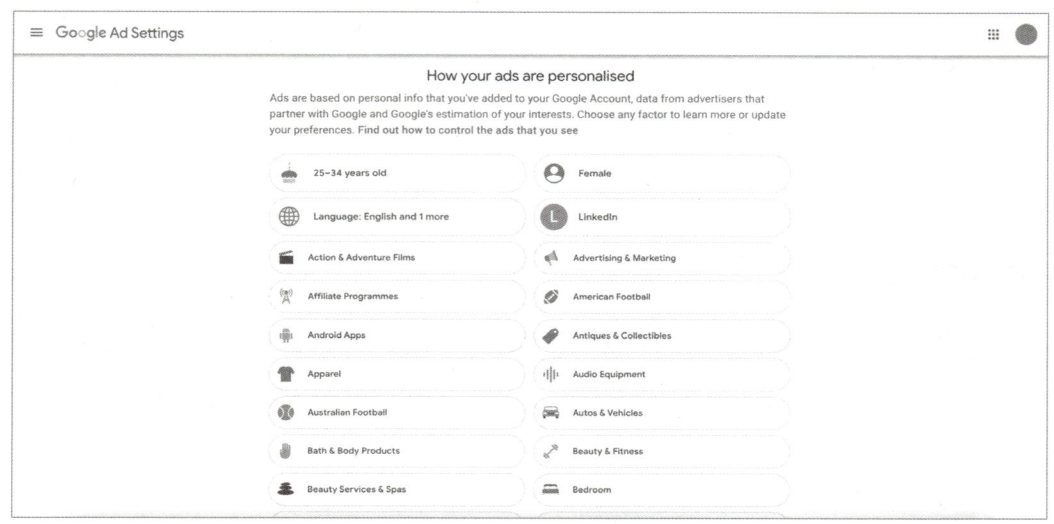

그림 6-128 잠재 고객 세그먼트 2

제 개인 계정을 통해 확인해 본 결과는 상당히 놀랍습니다. 제 나이와 성별은 물론이고, 관심사, 좋아하는 필름 장르, 그리고 제가 일하고 있는 직군까지 꽤 높은 정확도로 저를 파악하고 있습니다. 이러한 구글의 최적화 덕분에 광고주는 알맞은 고객군들에게 광고를 보여줄 수 있고, 고객은 내 관심사와 맞는 광고 콘텐츠를 볼 수 있습니다. 잠재 고객 세그먼트에서 우리가 원하는 고객군은 무엇인지 정의 내리고 타기팅할 수 있습니다.

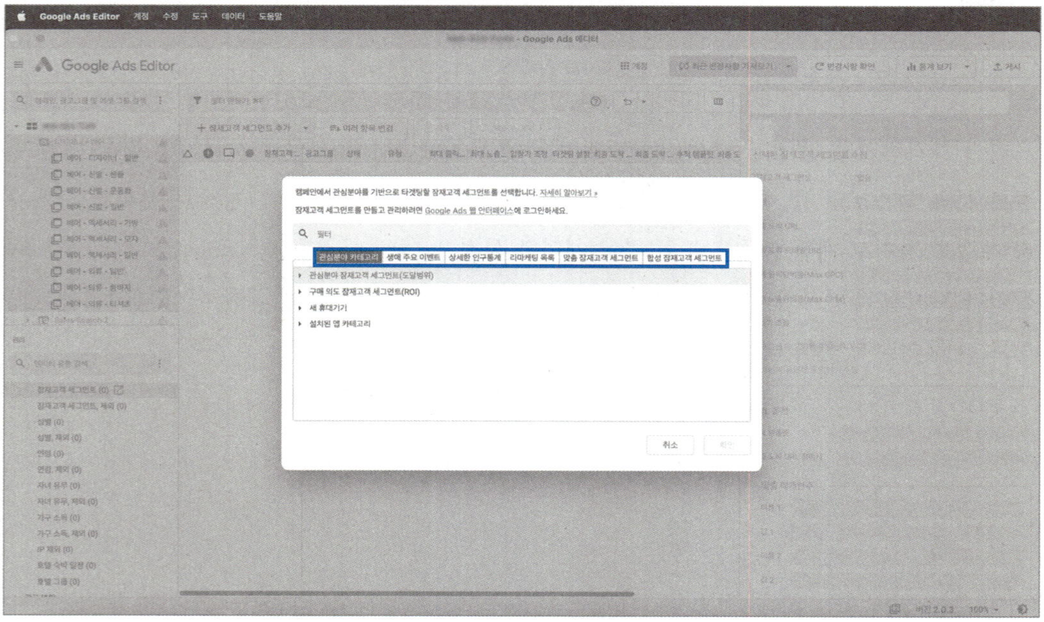

그림 6-129 잠재 고객 세그먼트 3

잠재 고객 세그먼트를 추가하기 전에, 잠재 고객의 종류 여섯 가지에 대해 먼저 살펴보고 지나가도록 하겠습니다.

★ 관심 분야 카테고리

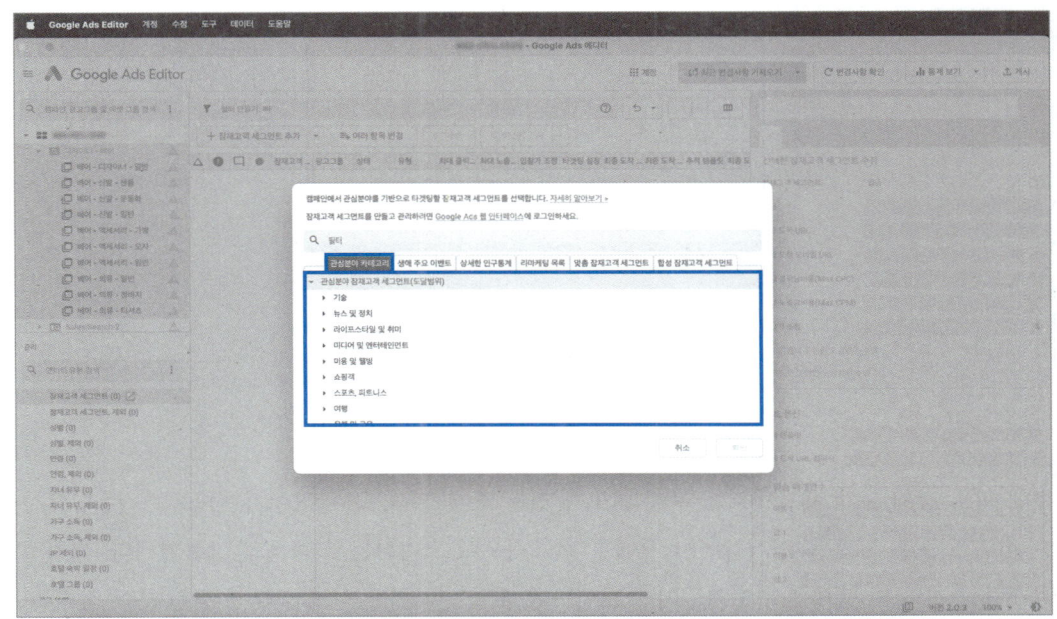

그림 6-130 잠재 고객 세그먼트 4

관심 분야 카테고리는 총 네 가지로 구분할 수 있습니다. 관심 분야 잠재 고객 세그먼트는 라이프스타일, 관심사, 습관 등으로 파악한 고객 그룹입니다. 관심사를 바탕으로 고객을 그룹화한 것이라 할 수 있습니다.

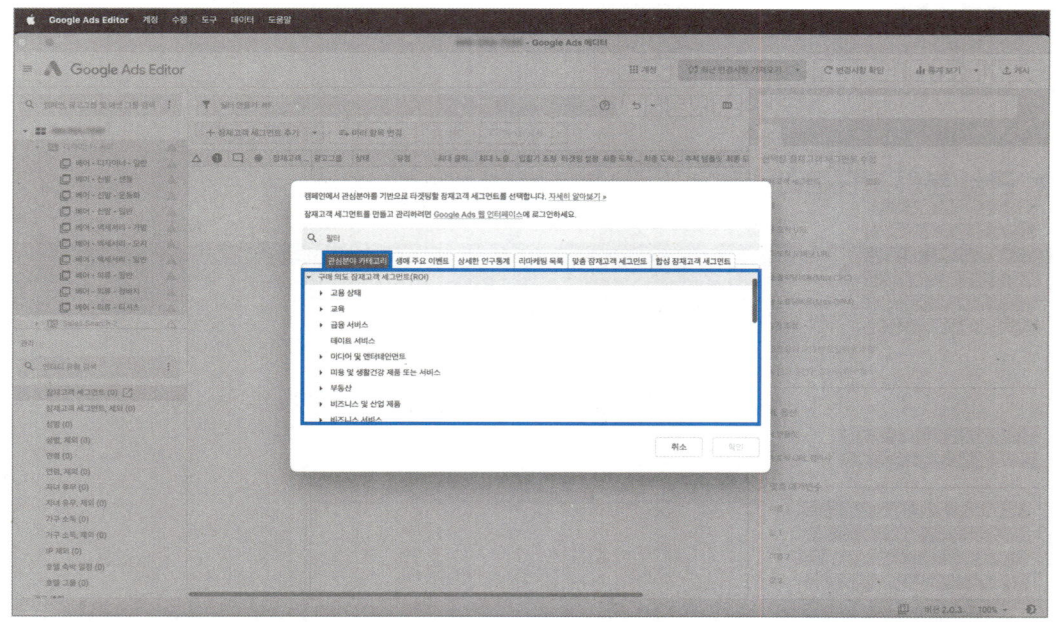

그림 6-131 잠재 고객 세그먼트 5

구매 의도 잠재 고객 세그먼트는 구매 의도가 있는 잠재 고객, 즉 광고주가 제공하는 것과 유사한 서비스 또는 제품을 검색하면서 구매를 적극적으로 고려하는 고객들의 그룹입니다. 디지털 마케팅 퍼널의 위 단계에서 고객들에게 브랜드에 대한 인지를 높이고 싶다면 관심 분야 잠재 고객 세그먼트를, 즉각적인 구매 전환이 목적이라면 구매 의도 잠재 고객 세그먼트를 사용하는 것이 좋습니다.

새 휴대기기는 최근 휴대기기를 구매한 시점에 맞춰 타기팅을 할 수 있으며, 설치된 앱 카테고리는 소비자가 설치한 iOS/안드로이드 앱 주제에 기반하여 타기팅을 할 수 있습니다.

★ 생애 주요 이벤트

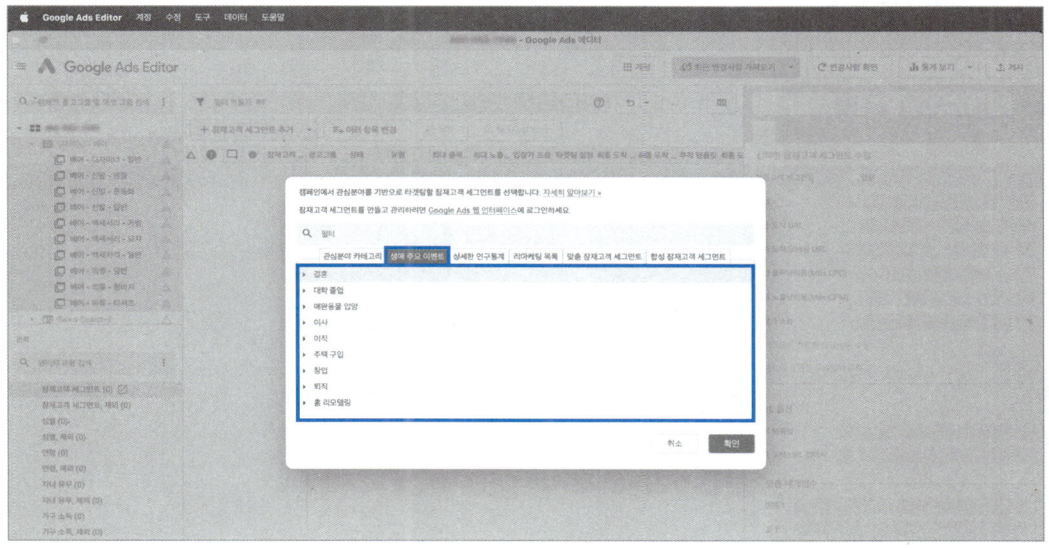

그림 6-132 잠재 고객 세그먼트 6

대학 졸업, 이사, 결혼 등 삶의 주요 시점에 있는 사용자들을 타기팅할 수 있습니다. 예를 들어, 이사를 앞둔 고객들에게는 전자기기나 가구 상품들을 타기팅하여 구매를 유도할 수 있습니다.

★ 상세한 인구통계

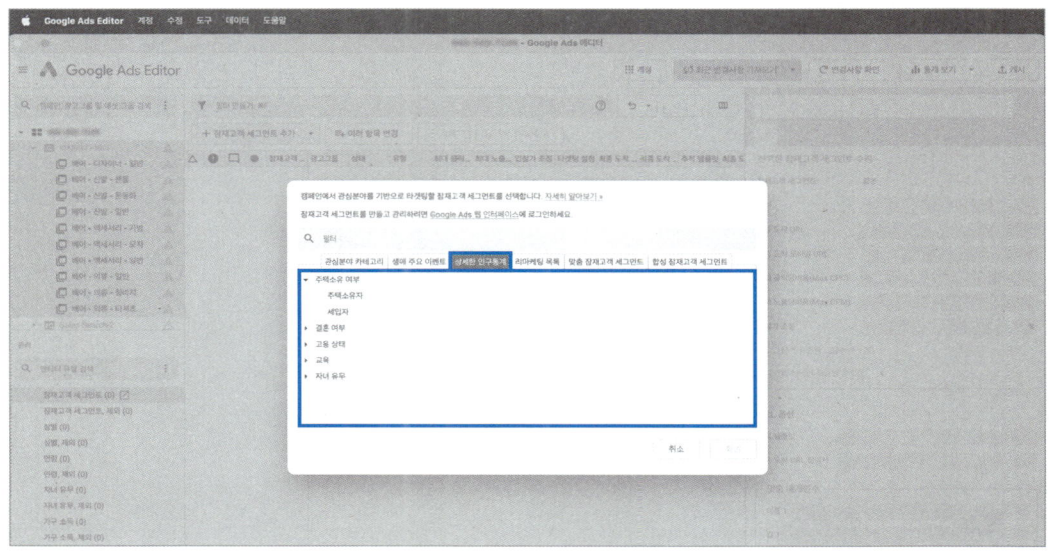

그림 6-133 잠재 고객 세그먼트 7

나이와 성별 같은 일반적인 인구통계가 아닌 상세한 인구통계 정보입니다. 자녀 유무, 결혼 여부, 학력 등이 포함됩니다.

★ 리마케팅 목록

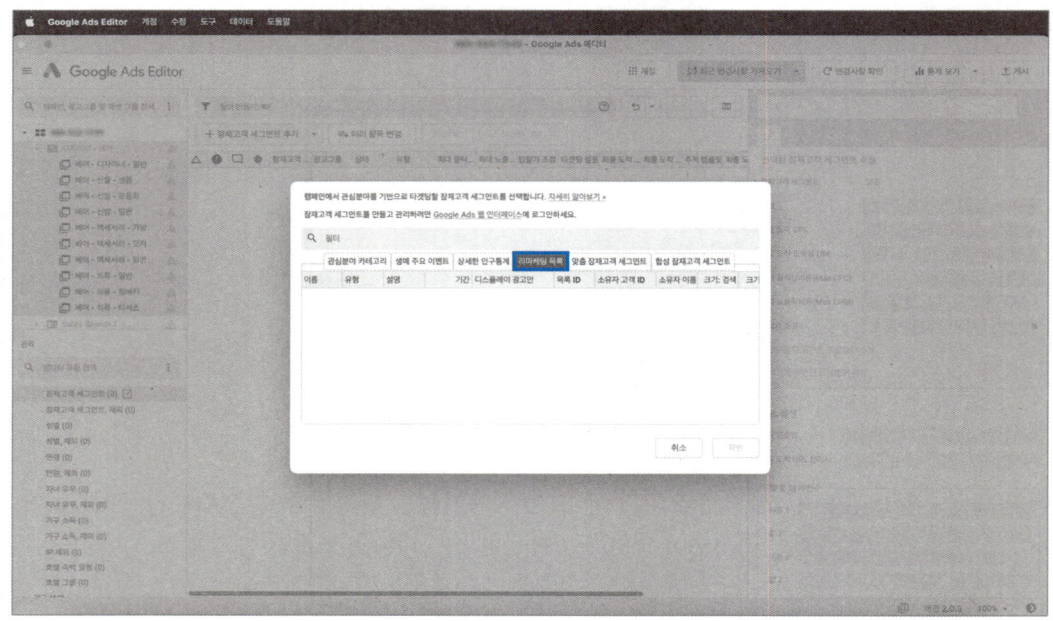

그림 6-134 잠재 고객 세그먼트 8

과거에 우리 웹사이트를 방문했거나 구매한 경험이 이력이 있는 고객이나 광고를 한 번 이상 시청한 고객들의 목록입니다. 구글 애즈 웹 인터페이스에서 생성하고 관리할 수 있습니다.

★ 맞춤 잠재 고객 세그먼트

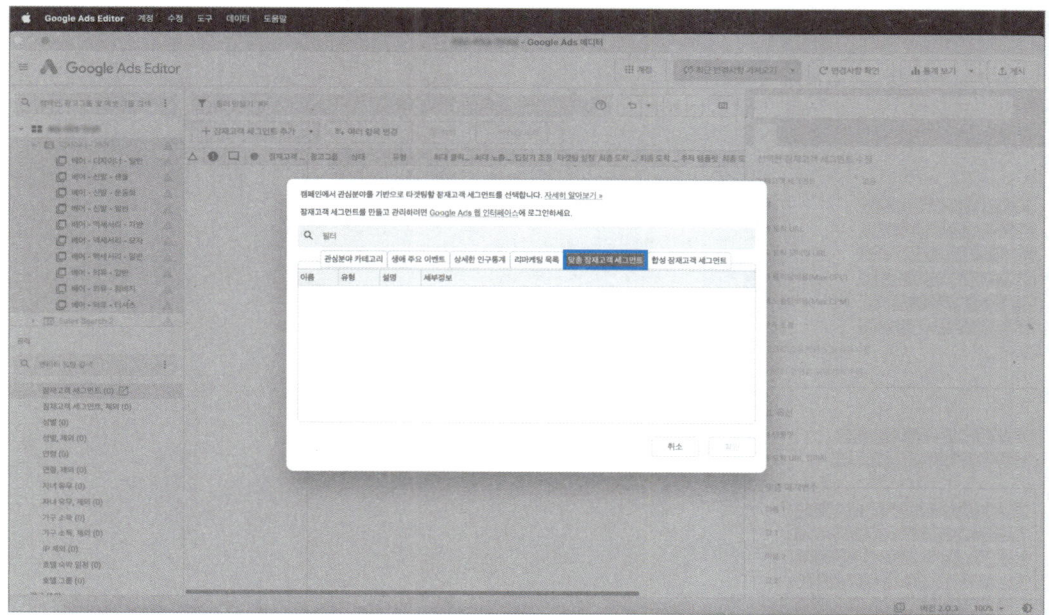

그림 6-135 잠재 고객 세그먼트 9

관련 키워드, URL, 앱 서비스들의 정보를 입력하여 이와 관심 있는 고객들을 타기팅할 수 있습니다. 맞춤 잠재 고객 세그먼트 같은 경우는 단순히 주제만이 아니라, 특정 웹페이지나 관련 앱을 사용한 사람들을 타기팅할 수 있게 도와줍니다. 구글 애즈 웹 인터페이스에서 생성하고 관리할 수 있습니다.

★ 합성 잠재 고객 세그먼트

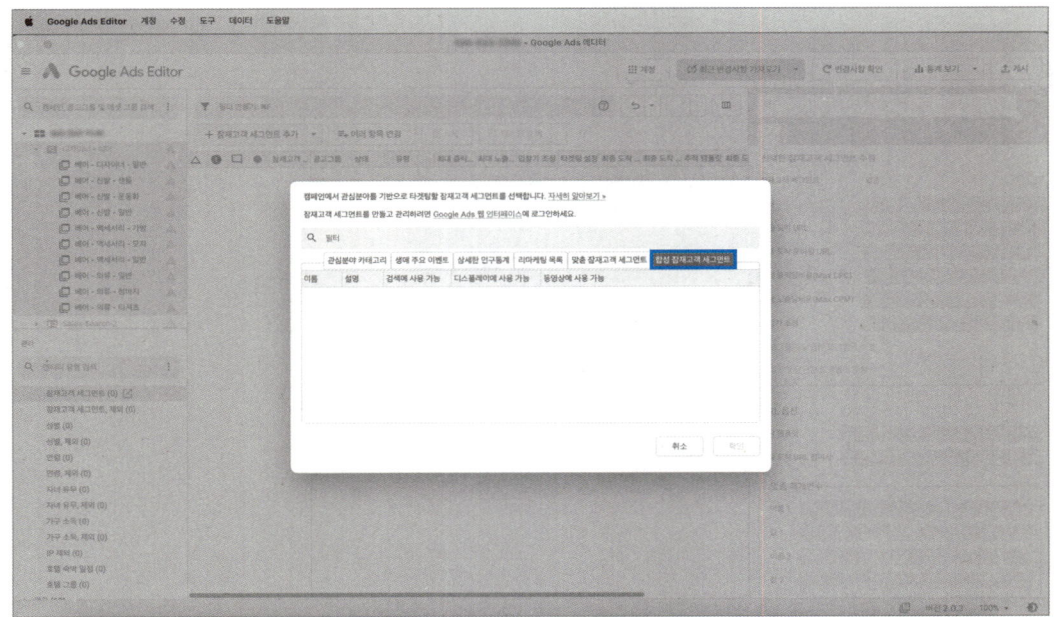

그림 6-136 잠재 고객 세그먼트 10

두 개 이상의 세그먼트들을 조합해서 합성 잠재 고객 세그먼트를 만들 수 있습니다. 구글 애즈 웹 인터페이스에서 생성하고 관리할 수 있습니다.

이제 잠재 고객의 종류에 대해 모두 알아봤으니 잠재 고객 세그먼트 기능을 본격적으로 사용할 시간입니다. 그전에, 우리가 타기팅하고 싶은 고객들의 페르소나와 어떤 잠재 고객 기능을 통해 타기팅할 수 있는지 살펴보겠습니다.

- **2~30대 여성**: 타기팅 → 연령, 성별
- **서울과 부산에 고객의 70% 이상 거주**: 타기팅 → 지역
- **연 소득 1억 원 이상**(상위 5%): 타기팅 → 가구 소득
- **새 시즌 패션 상품에 관심이 많음**: 타기팅 → 잠재 고객 세그먼트 → 관심 분야 카테고리
- **환경보호에 관심이 많고 비건**: 타기팅 → 잠재 고객 세그먼트 → 관심 분야 카테고리
- **반려동물과 함께 거주**: 타기팅 → 잠재 고객 세그먼트 → 관심 분야 카테고리
- **자가 주택 소유**: 타기팅 → 잠재 고객 세그먼트 → 상세한 인구통계
- **자전거로 출퇴근을 하고 주말마다 자전거 동호회에 방문**: 타기팅 → 잠재 고객 세그먼트 → 관심 분야 카테고리

- **커피를 즐겨 마시며 원산지를 꼼꼼히 확인함**: 타기팅 → 잠재 고객 세그먼트 → 관심 분야 카테고리
- **가족 영화를 좋아함**: 타기팅 → 잠재 고객 세그먼트 → 관심 분야 카테고리

페르소나의 특징 중 무려 5가지나 잠재 고객 세그먼트를 통해 추가가 가능합니다. 차례대로 하나씩 추가해 보겠습니다. 구글에는 여러 가지 잠재 고객 세그먼트 리스트가 있기 때문에 관련 키워드들을 검색해 보면서 나의 고객과 맞는 세그먼트를 찾아보는 것이 좋습니다.

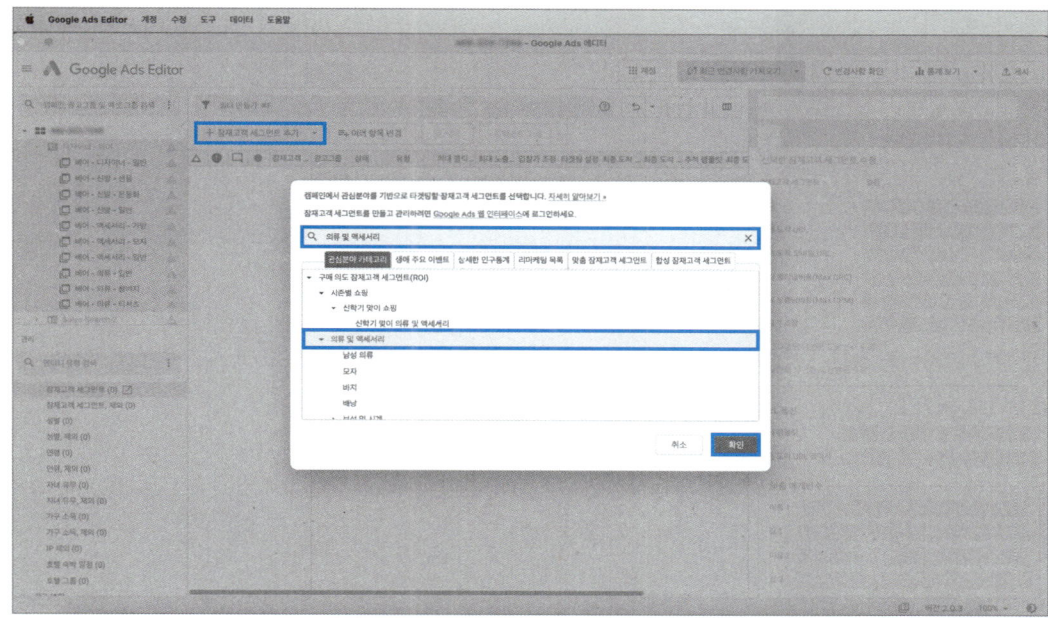

그림 6-137 잠재 고객 세그먼트 11

[잠재 고객 세그먼트 추가]를 클릭한 후, [캠페인 수준에서 추가]를 클릭합니다. 첫 번째 "새 시즌 패션 상품에 관심이 많음"이라는 특징은 관심 분야 카테고리의 구매 의도 잠재 고객 세그먼트를 통해 타기팅 가능합니다. 새 창의 필터에 "의류 및 액세서리"를 검색합니다. 구매 의도 잠재 고객 세그먼트에서 [의류 및 액세서리]가 검색 결과로 나온 것을 확인할 수 있습니다. 해당 카테고리를 클릭하고 [확인]을 클릭합니다.

똑같이 다른 페르소나 특징들도 추가해 보겠습니다. "환경보호에 관심이 많고 비건"이라는 특성은 "환경"과 "비건" 키워드로 검색해 보겠습니다.

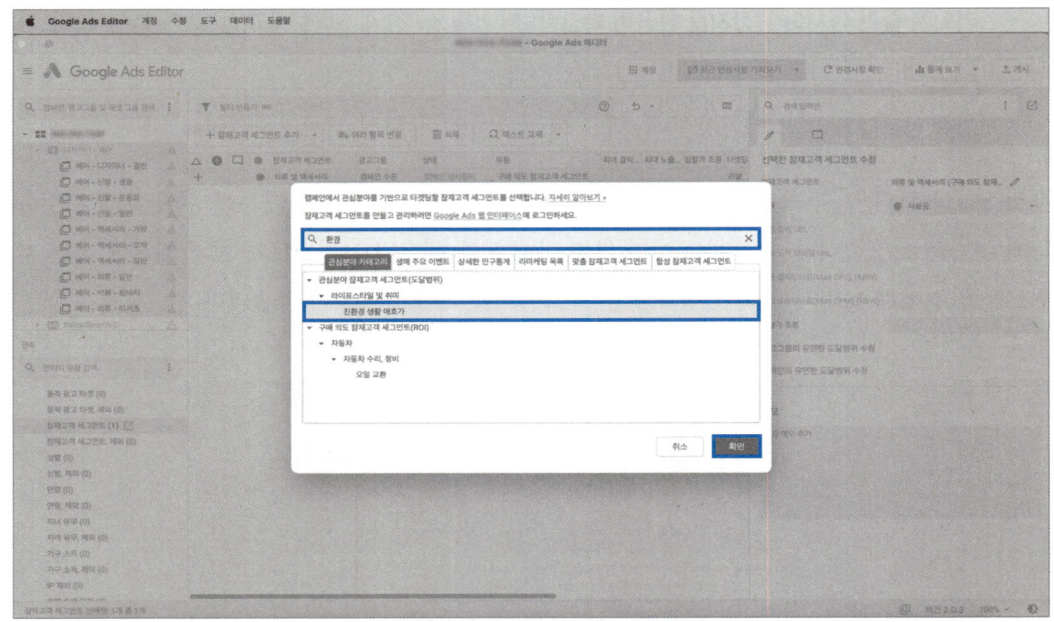

그림 6-138 잠재 고객 세그먼트 12

"환경"이라는 키워드를 검색하니 [친환경 생활 애호가] 관심 분야 잠재 고객 세그먼트가 검색 결과로 나옵니다. [확인] 버튼을 눌러서 추가합니다.

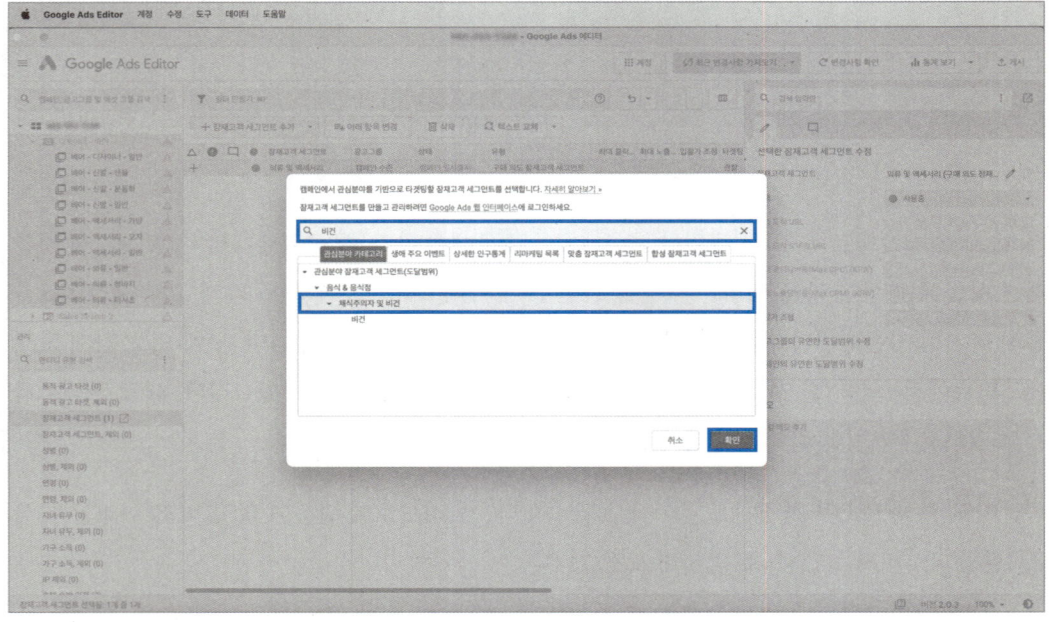

그림 6-139 잠재 고객 세그먼트 13

"비건" 키워드를 검색해서 [채식주의자 및 비건] 세그먼트를 선택하고 [확인]을 클릭합니다.

동일한 방법으로 나머지 세그먼트들도 추가합니다. "반려동물과 함께 거주" 페르소나는 "동물" 키워드를 검색하여 [애완동물 애호가 세그먼트]를 추가, "자전거로 출퇴근을 하고 주말마다 자전거 동호회에 방문" 페르소나는 "자전거"를 검색해서 [자전거 및 액세서리] 세그먼트를 추가, "커피를 즐겨 마시며 원산지를 꼼꼼히 확인함" 페르소나는 "커피"를 검색해서 [커피숍 단골] 세그먼트를 추가, 마지막으로 "가족 영화를 좋아함"이라는 페르소나는 "가족"을 검색해서 [가족 영화 팬]을 추가합니다.

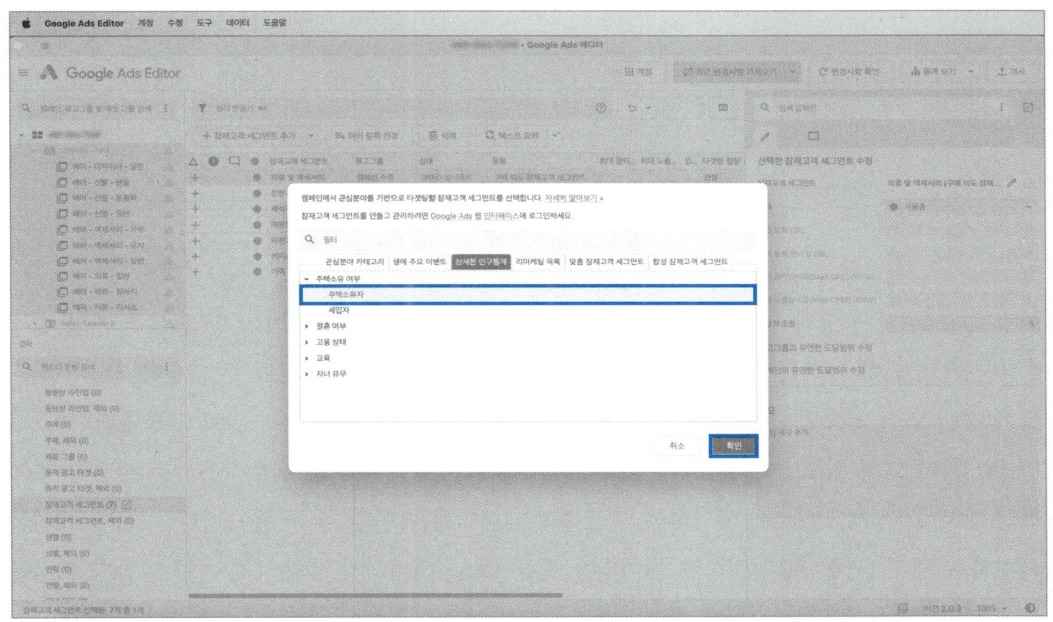

그림 6-140 잠재 고객 세그먼트 14

관심 분야 카테고리 세그먼트를 모두 추가했으니 상세한 인구통계에서 "자가 주택 소유" 페르소나에 맞는 세그먼트를 찾아보겠습니다. 상세한 인구통계에서 [주택 소유 여부] → [주택 소유자]를 선택한 후 [확인]을 클릭합니다.

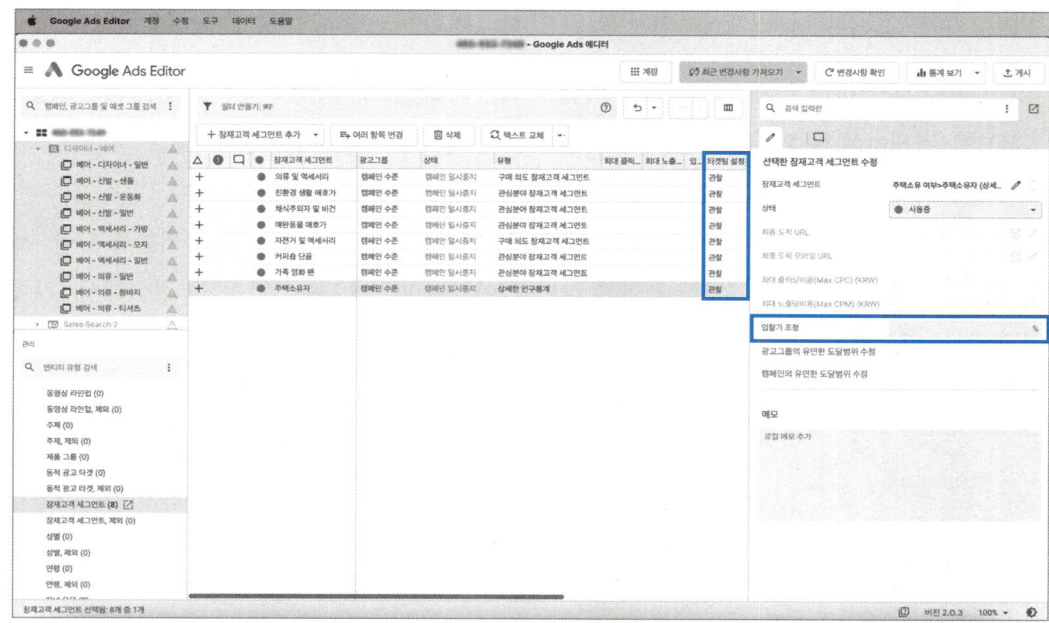

그림 6-141 잠재 고객 세그먼트 15

이렇게 모든 잠재 고객 세그먼트들이 추가되었습니다. 여기서 눈여겨봐야 할 점은 타기팅 설정이 [관찰]로 되어 있다는 것입니다. 해당 설정은 캠페인 수준에서 수정할 수 있는데, [타기팅]으로 설정이 되어 있으면 추가된 잠재 고객 리스트의 사용자들에게만 우리 광고가 노출됩니다. 반면 [관찰]이 되어 있으면 모든 사용자들을 타기팅하되, 우리 광고와 상호작용하는 사용자 중에 해당 잠재 고객 세그먼트에 해당하는 사람들의 데이터를 확인만 할 수 있습니다. 처음 캠페인을 론칭하는 경우 [관찰]로 설정하고 데이터를 쌓은 다음, 데이터가 충분히 쌓이면 입찰가 조정을 통해 세그먼트를 관리하는 것이 좋습니다.

성별

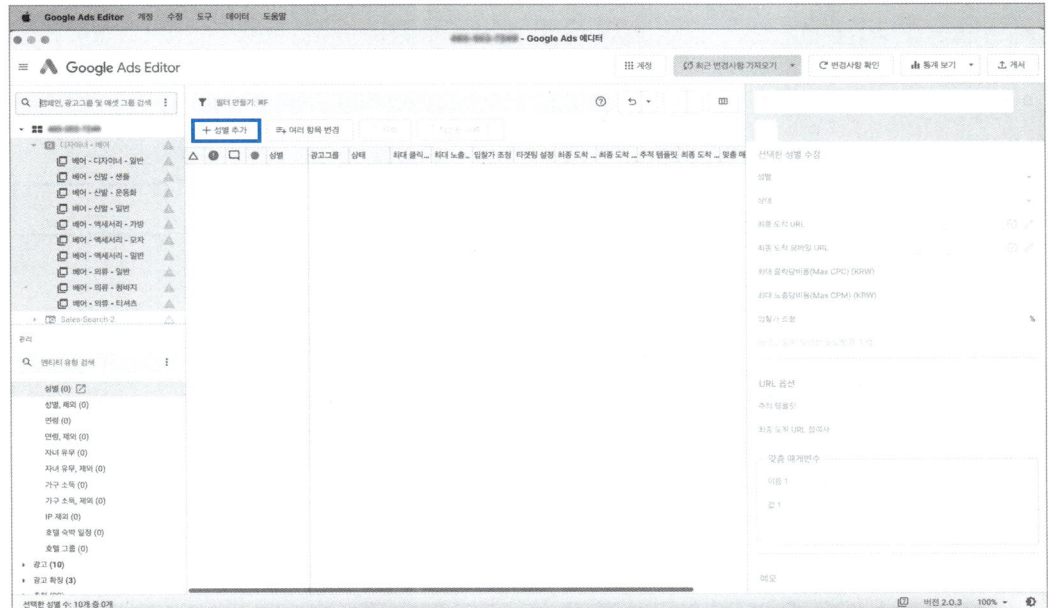

그림 6-142 성별 타기팅 1

성별 타기팅을 추가해 보겠습니다. [성별 추가] 버튼을 통해 광고 그룹 수준에 성별을 추가할 수 있습니다.

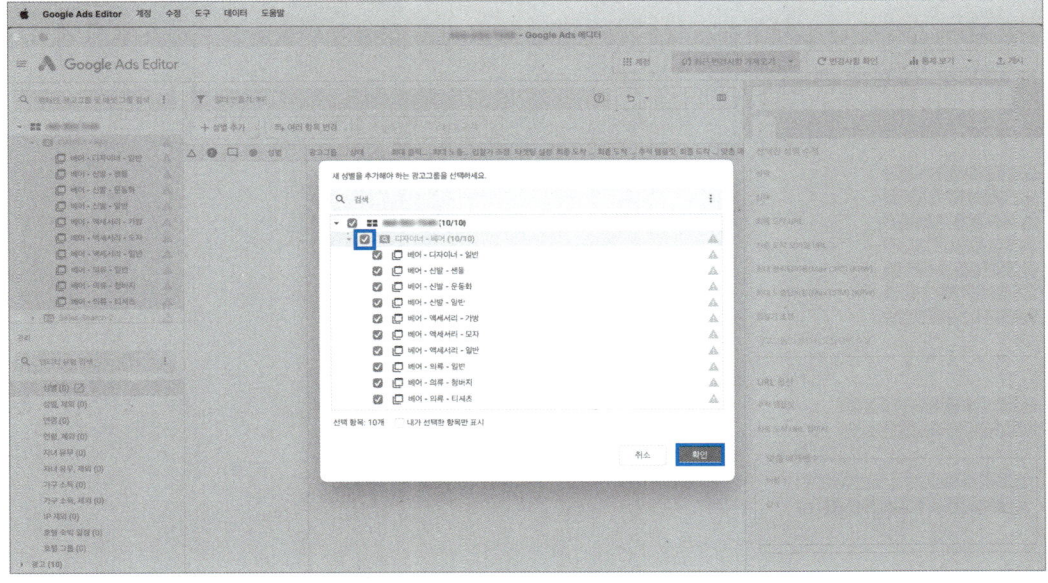

그림 6-143 성별 타기팅 2

캠페인 옆의 [체크 표시]를 클릭하면 모든 광고 그룹이 선택됩니다. [확인] 버튼을 누릅니다.

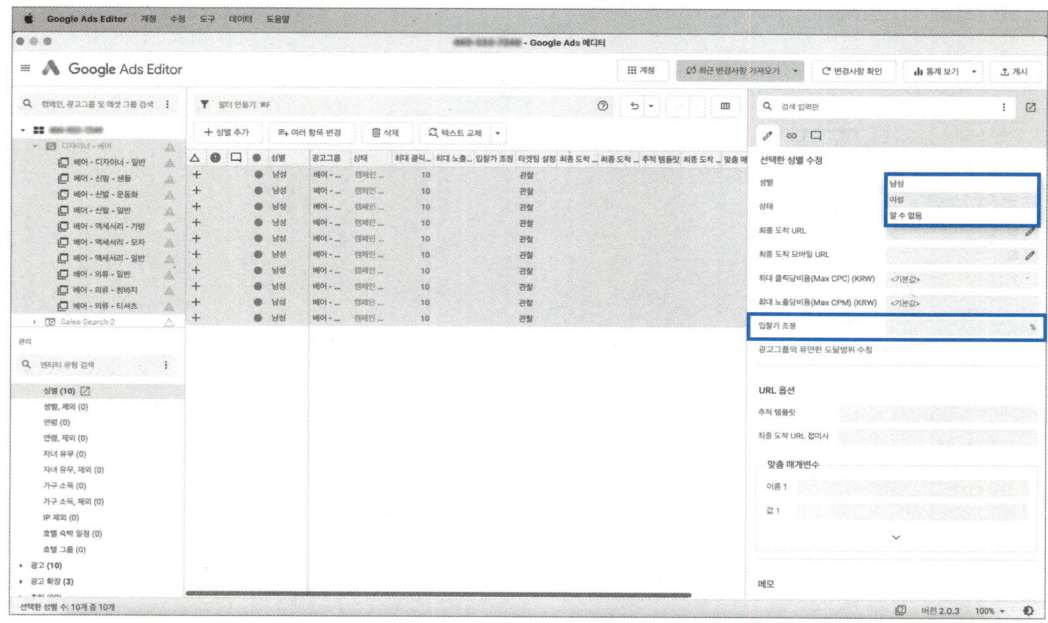

그림 6-144 성별 타기팅 3

성별을 추가하면 기본으로 남자 성별이 추가됩니다. 우측의 [성별]을 선택하여 원하는 성별로 변경합니다. 똑같이 입찰가 조정을 통해 주요 성별의 입찰가 퍼센트를 높이거나 낮출 수 있습니다. 주의해야 할 점은 서비스의 주 고객이 여자더라도 충분한 데이터 없이 남자를 타기팅에서 제외하거나 입찰가를 너무 낮추지는 않는 것이 좋습니다. 다른 성별이 선물을 구매하기 위해 사이트에 방문할 수 있기 때문입니다.

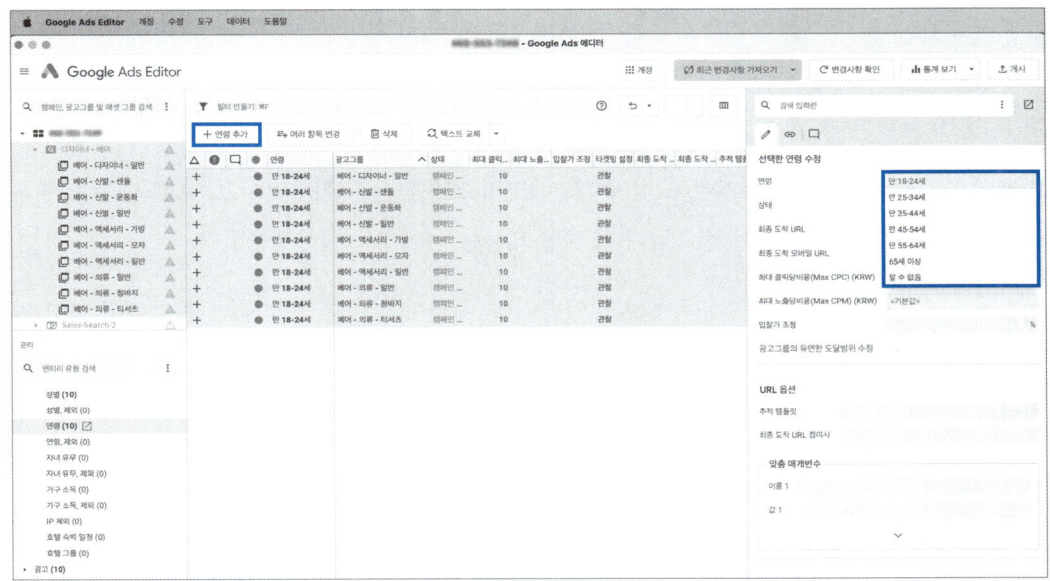

그림 6-145 연령 타기팅

연령도 성별과 동일한 방식으로 추가하면 됩니다. 기본 세팅이 만 18~24세로 되어있으니 추가할 연령대를 우측에서 변경해야 합니다.

아래 자녀 유무 타기팅 정보는 검색 캠페인에서 사용할 수 없으니 넘어가도록 하겠습니다.

가구 소득

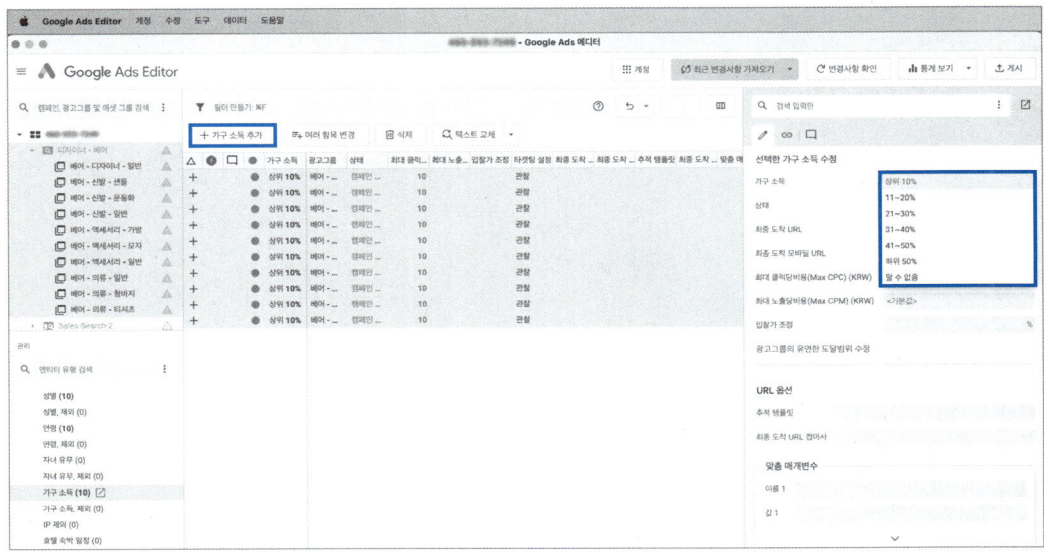

그림 6-146 가구 소득 타기팅

6장 실무 과제를 통해 배우는 구글 애즈 에디터 195

가구 소득도 동일한 방법으로 타기팅할 수 있습니다. 페르소나에 따르면 주 고객층이 상위 5%의 소득 수준이므로, 퍼포먼스에 따라 상위 10% 그룹의 입찰가를 높이는 것이 퍼포먼스 향상에 도움이 될 수 있습니다.

아래의 IP 제외는 광고를 보여주고 싶지 않은 IP 리스트를 관리하는 것이고, 호텔 숙박 일정은 숙박 일수에 맞춰 타기팅하는 전략입니다. 해당 기능은 넘어가도록 하겠습니다.

이렇게 타기팅에 대한 모든 기능을 알아보았습니다. 구글이 얼마나 고객에 대해 자세히 알고 있는지 놀랍기도 하면서, 우리 서비스와 맞는 사용자를 찾는 방법이 무궁무진하다는 것을 배웠습니다.

11. 변경사항 게시하기

타기팅까지 마무리하고 나면 구글 애즈 에디터에서 필요한 설정은 모두 완료하였습니다. 이제 에디터에 입력한 내용을 실제 인터페이스에 업로드할 시간입니다.

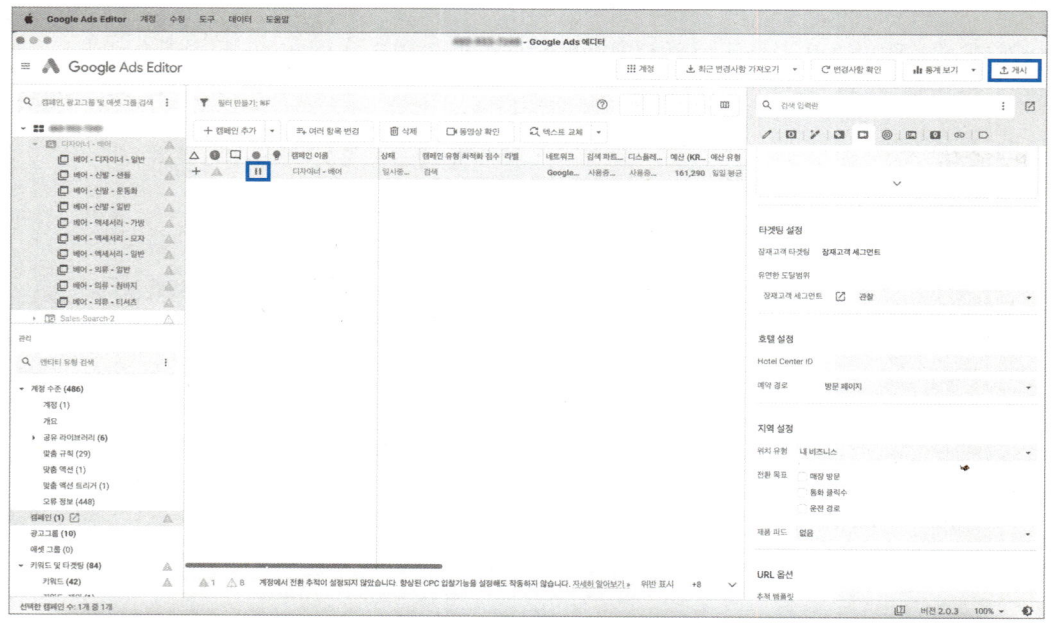

그림 6-147 캠페인 게시 1

캠페인이 [일시 중지]되어 있는지 다시 한번 확인하고, [게시] 버튼을 클릭합니다.

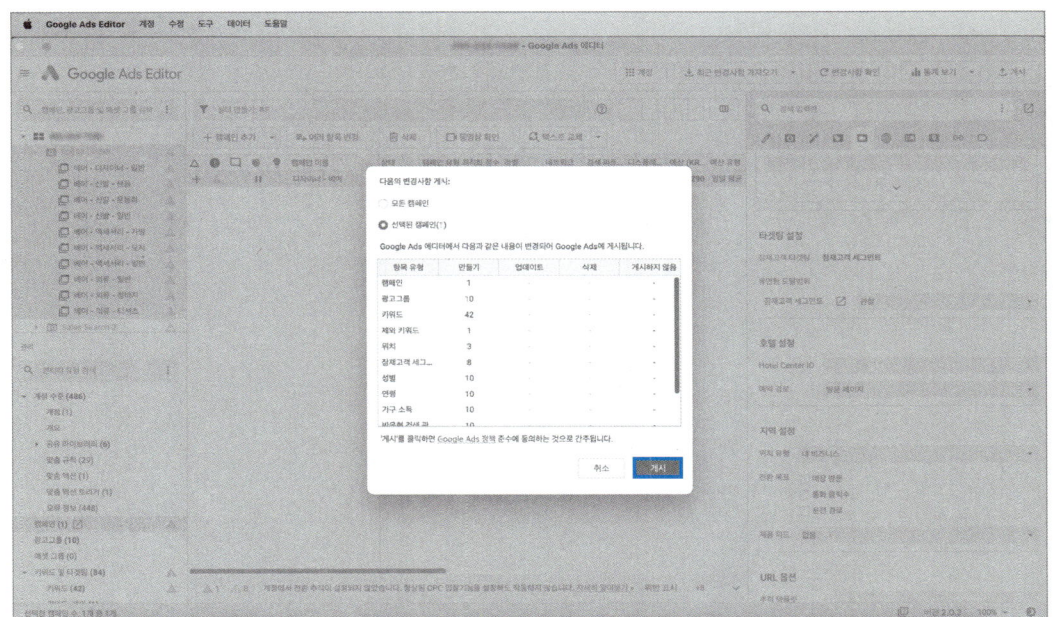

그림 6-148 캠페인 게시 2

업로드될 내용들을 확인하고 [게시] 버튼을 누르면 캠페인 업로드가 완료됩니다.

— 7장 —

구글 애즈 플랫폼 구조 100% 파헤치기

축하합니다! 우리는 이제 캠페인, 광고 그룹, 광고, 키워드, 확장 소재를 생성하는 법을 배웠을 뿐만 아니라 에디터를 통해 하나가 아니라 백 개, 천 개의 캠페인도 동시에 생성할 수 있는 능력도 갖추게 되었습니다. 이것은 검색 광고의 구조를 이해하고, 검색 광고를 처음부터 끝까지 만들 수 있는 지식을 갖췄다는 것을 의미합니다. 다음 단계는 캠페인을 운영하고 최적화하는 단계입니다. 캠페인을 대량 등록할 때는 에디터를 이용하지만, 보통 최적화 작업은 구글 애즈 웹 인터페이스에서 이뤄집니다. 다시 구글 애즈 웹 인터페이스로 돌아가서 구조를 배우고, 이전 장에서 업로드한 캠페인을 확인해 보겠습니다.

1. 구글 애즈 플랫폼 메인 화면

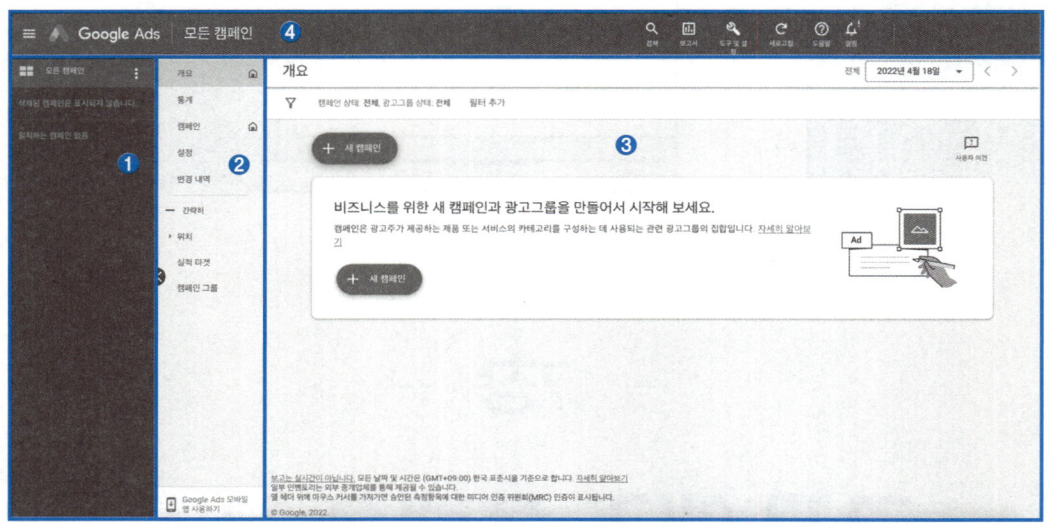

그림 7-1 구글 애즈 메인 화면

구글 애즈의 메인 화면은 크게 네 부분으로 구성되어 있습니다. 탐색 메뉴, 페이지 메뉴, 상세 페이지, 상단 설정 메뉴입니다.

- ❶ **탐색 메뉴**: 캠페인 목록을 보고 각각의 캠페인으로 이동할 때 사용하는 메뉴입니다.
- ❷ **페이지 메뉴**: 계정 요약 사항을 확인하고 캠페인, 광고 그룹, 키워드, 광고를 포함한 여러 수준으로 이동할 수 있는 메뉴입니다.
- ❸ **상세 페이지**: 탐색 메뉴나 페이지 메뉴에서 항목을 선택하면 상세 페이지에 자세한 내용을 볼 수 있습니다.

❹ **상단 설정 메뉴**: 구글 애즈 운영에 필요한 도구나 설정에 빠르게 접근할 수 있는 메뉴입니다.

탐색 메뉴는 캠페인으로 이동할 수 있다는 것 외에는 기능이 없으므로 따로 살펴보지 않고, 페이지 메뉴부터 차례차례 구조를 살펴보겠습니다.

2. 페이지 메뉴 및 상세 페이지

★ 개요

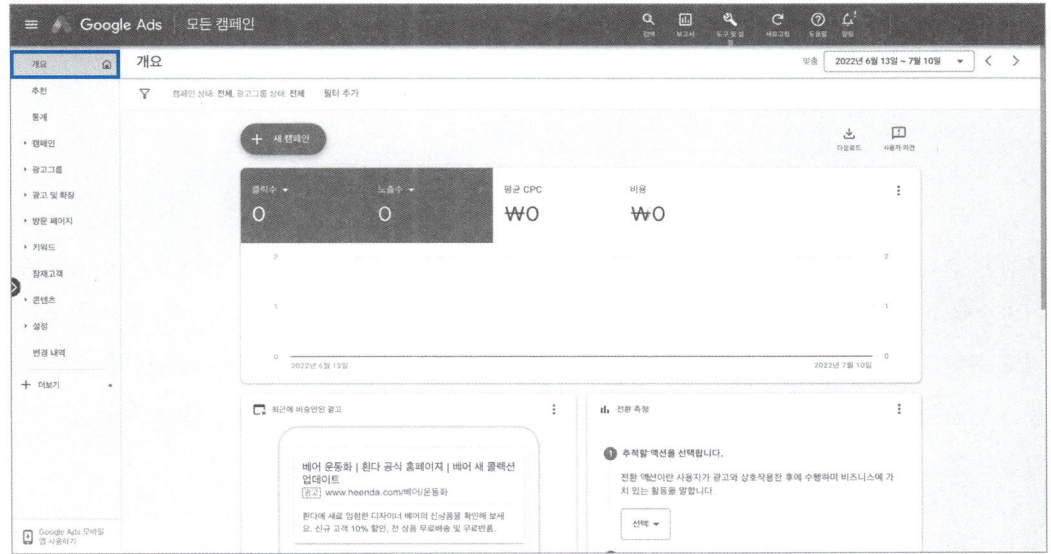

그림 7-2 개요

구글 애즈에 로그인하면 가장 먼저 표시되는 페이지로, 광고 실적을 요약해서 보여줍니다. 우측 상단의 메뉴를 통해 데이터의 날짜 범위를 변경할 수 있습니다. 하단에는 캠페인 설정에 필요한 정보 카드들을 볼 수 있습니다.

★ **추천**

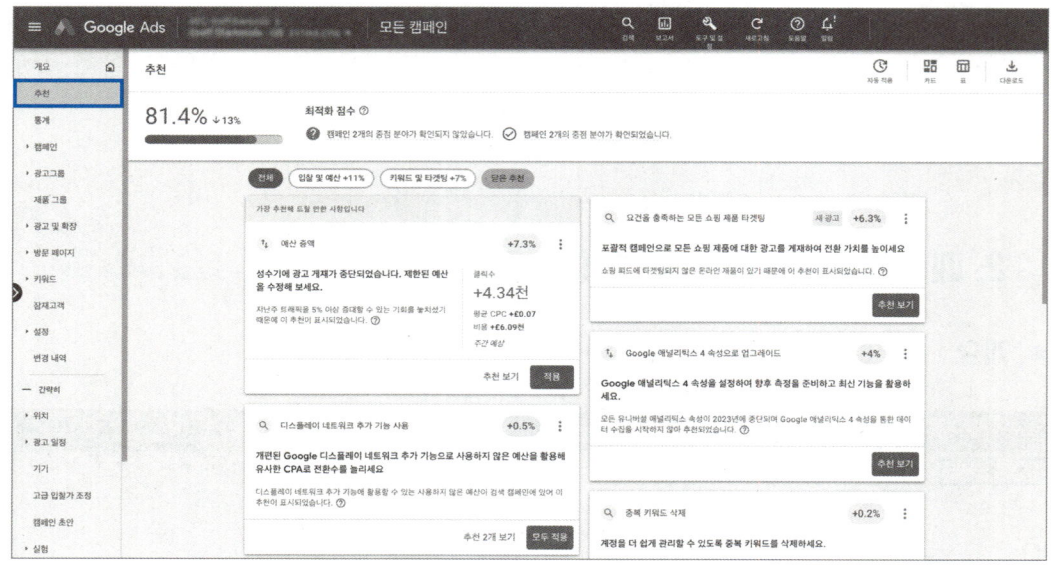

그림 7-3 추천

추천은 캠페인 실적 향상을 위한 맞춤 제안을 보여주는 메뉴입니다. 캠페인 설정, 계정의 실적을 기반으로 퍼포먼스 향상에 도움이 될 제안을 하기도 하고, 새롭고 관련성 높은 기능을 추천해 주기도 합니다. 100%를 만점으로 최적화 점수를 매겨 계정의 상태를 파악할 수 있습니다. 추천 메뉴는 단순히 분석에 그치는 것이 아니라 버튼 클릭 하나로 제안 사항을 적용할 수 있다는 장점이 있습니다.

★ 통계

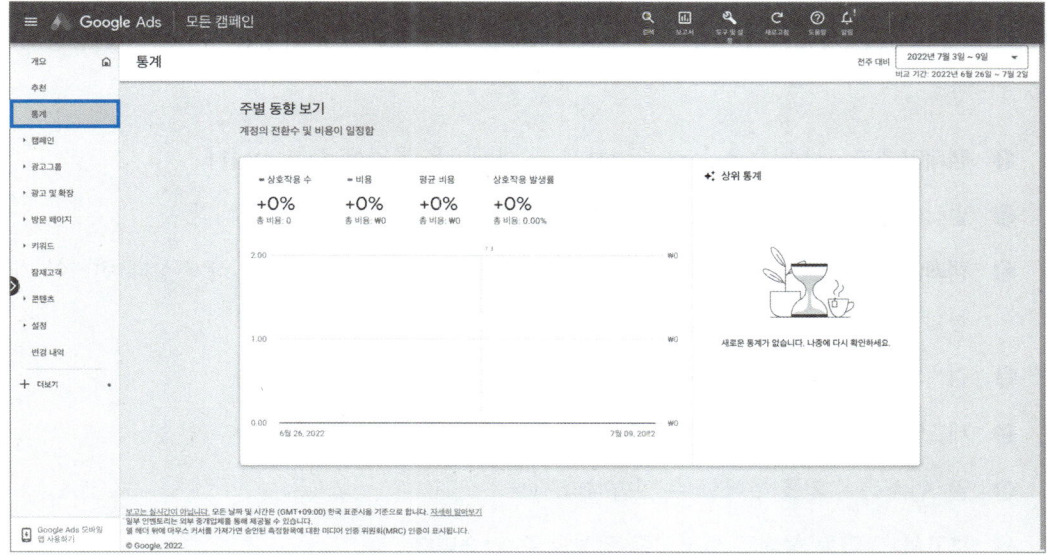

그림 7-4 통계

통계 페이지에서는 실적 동향을 파악하고 실적을 이해할 수 있습니다. 비교 기간을 설정해 이전 기간 대비 실적이 어떻게 변화했는지 확인할 수 있습니다.

★ 캠페인

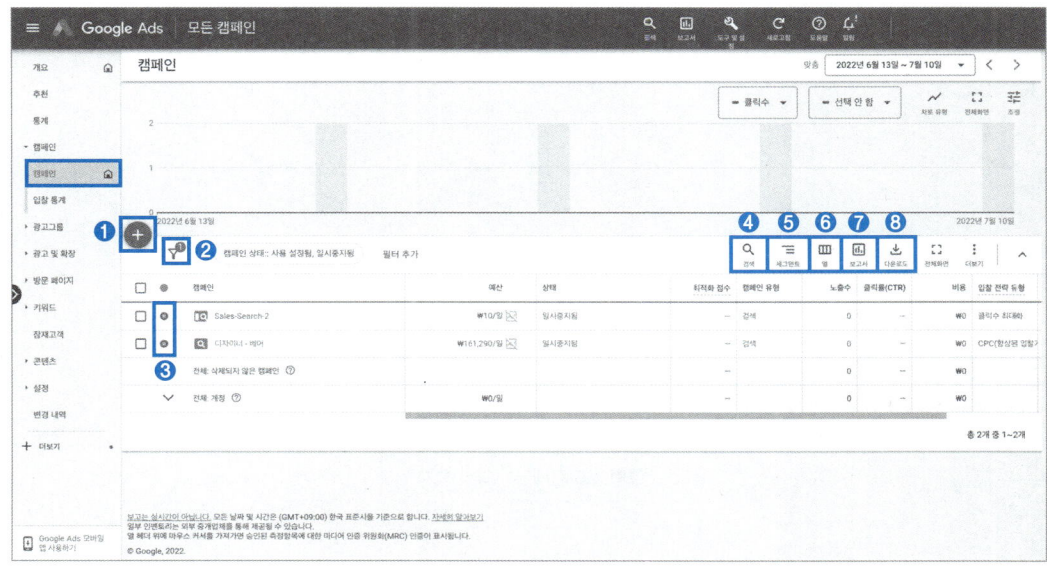

그림 7-5 캠페인

캠페인의 설정을 변경하고 실적을 확인할 수 있는 페이지입니다. 상단에서는 캠페인 실적의 경향을 그래프로 확인할 수 있고, 하단에서는 캠페인 목록과 각각의 캠페인의 실적 수치를 확인할 수 있습니다. 이전 장에서 추가한 "디자이너 – 베어" 캠페인을 아래 캠페인 목록에서 확인할 수 있습니다.

❶ **캠페인 추가**: [+] 버튼을 눌러 간편하게 새 캠페인을 추가할 수 있습니다.

❷ **필터**: 필터를 통해서 원하는 조건의 캠페인만 필터링해서 볼 수 있습니다.

❸ **캠페인 상태 변경**: 간단하게 아이콘을 눌러 캠페인 활성화, 일시정지, 삭제 상태 변경이 가능합니다.

❹ **검색**: 원하는 캠페인을 빠르게 검색을 통해 찾을 수 있습니다.

❺ **세그먼트**: 시간이나 기기 같은 좀 더 자세한 단위에서 실적을 확인할 수 있습니다.

❻ **열**: 원하는 수치를 추가할 수 있습니다.

❼ **보고서**: 원하는 형태로 보고서를 생성할 수 있습니다.

❽ **다운로드**: 현재 화면에서 보이는 데이터를 다운로드할 수 있습니다.

★ 캠페인 – 입찰 통계

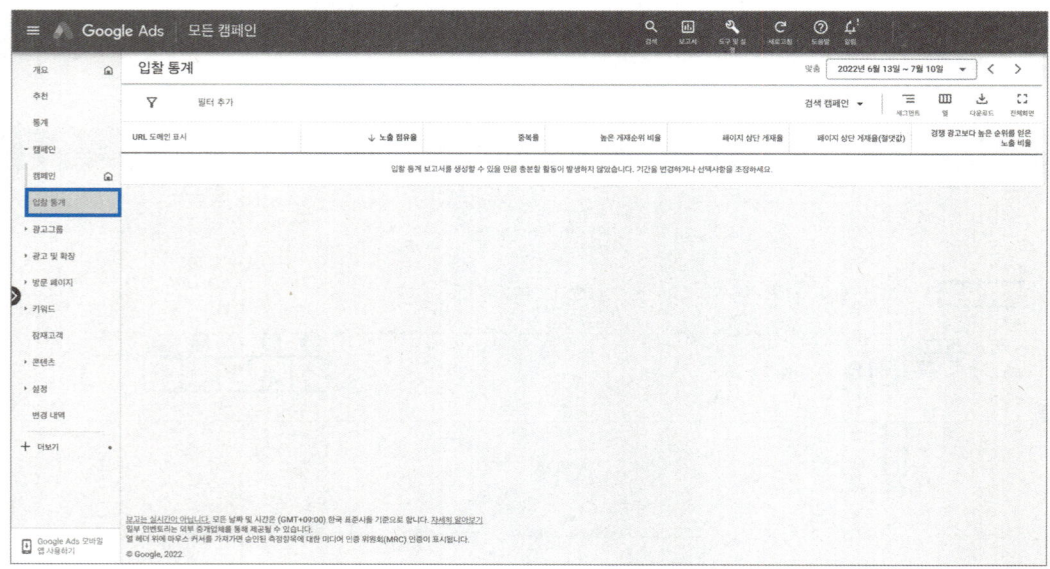

그림 7-6 캠페인 – 입찰 통계

입찰 통계에서는 해당 계정의 실적을 동일한 입찰에 참여한 다른 광고주들의 실적과 비교할 수 있습니다. 입찰 통계는 캠페인, 광고 그룹, 키워드 단위에서 모두 확인할 수 있습니다. 해당 통계를 사용하여 경쟁사들의 현황을 파악할 수 있습니다. 보통 자사의 브랜드 이름 키워드 같은 경우는 최상단 순위에 노출되는 것이 중요하기 때문에 입찰 통계에서 자주 수치를 확인하게 됩니다.

★ 광고 그룹

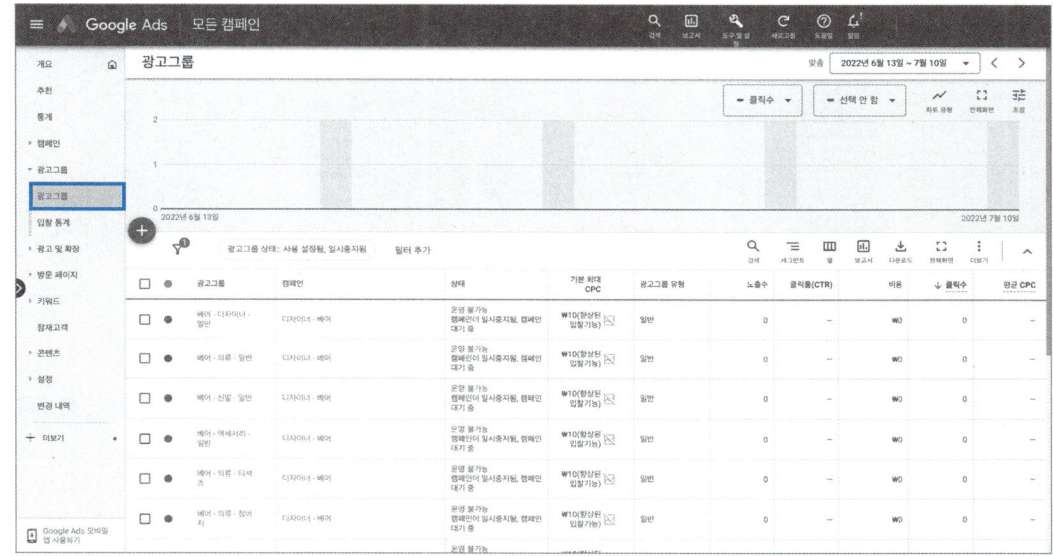

그림 7-7 광고 그룹

광고 그룹 메뉴에서는 광고 그룹 리스트의 상태와 실적을 확인할 수 있습니다. 전반적인 페이지의 구조는 캠페인 메뉴와 동일합니다. 파란색으로 표시된 광고 그룹 이름을 클릭하면 해당 광고 그룹 안에 속해 있는 키워드 리스트로 넘어가게 되고, 캠페인 이름을 클릭하면 해당 캠페인 안에 있는 광고 그룹들만 노출되게 됩니다.

★ 광고 및 확장

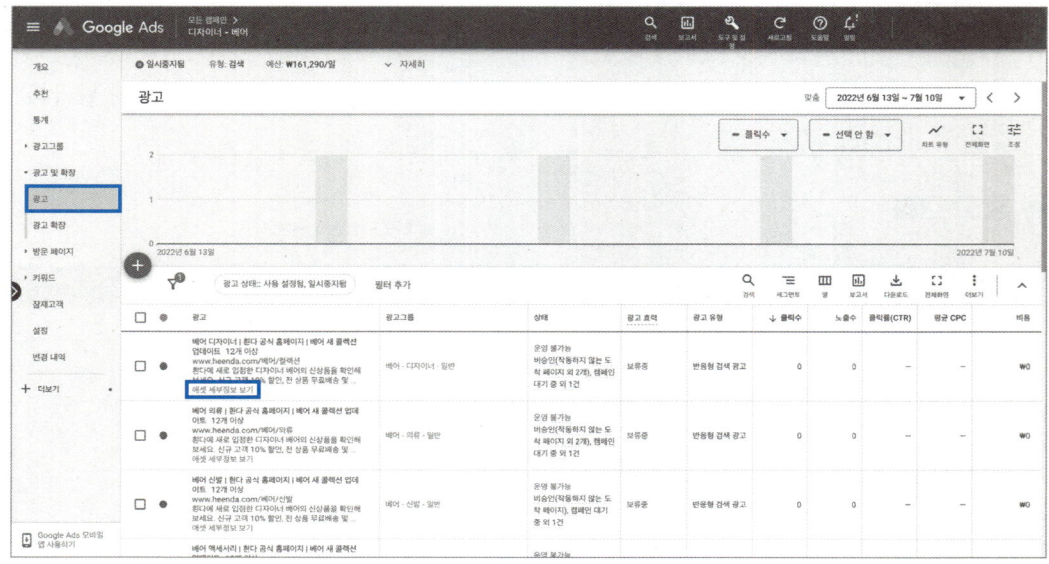

그림 7-8 광고

광고 메뉴에서는 업로드한 광고 리스트의 상태, 실적을 확인할 수 있습니다. 각 광고 하단의 [에셋 세부정보 보기]를 클릭하면, 반응형 검색 광고의 조합별 실적을 확인할 수 있습니다.

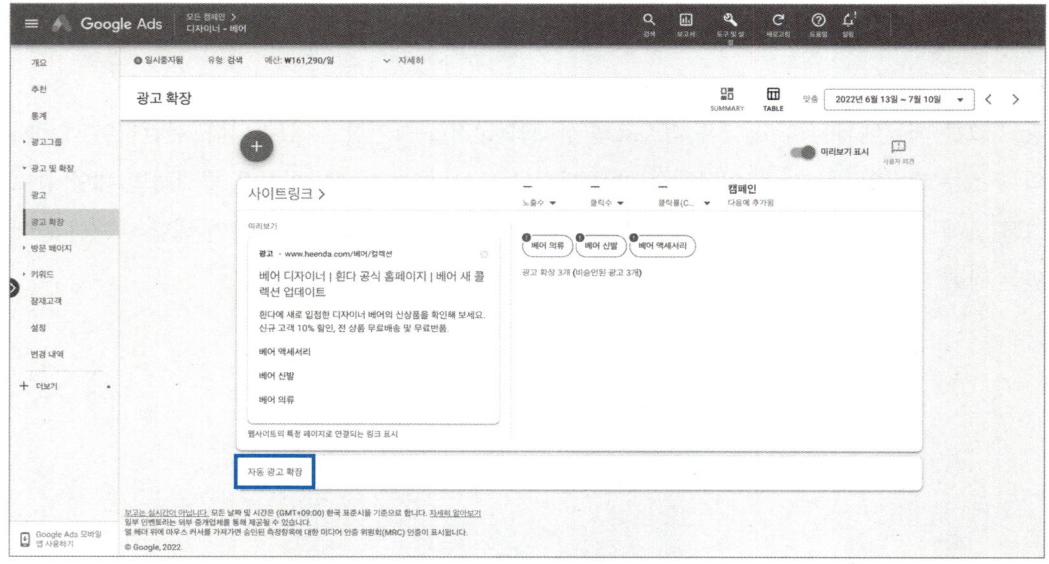

그림 7-9 광고 확장

광고 확장 메뉴에서는 추가된 광고 확장 소재들의 미리 보기와 실적을 확인할 수 있습니다. 하단의 [자동 광고 확장] 메뉴를 클릭해 자동으로 생성된 광고 확장 소재들의 실적 또한 확인할 수 있습니다.

★ 방문 페이지

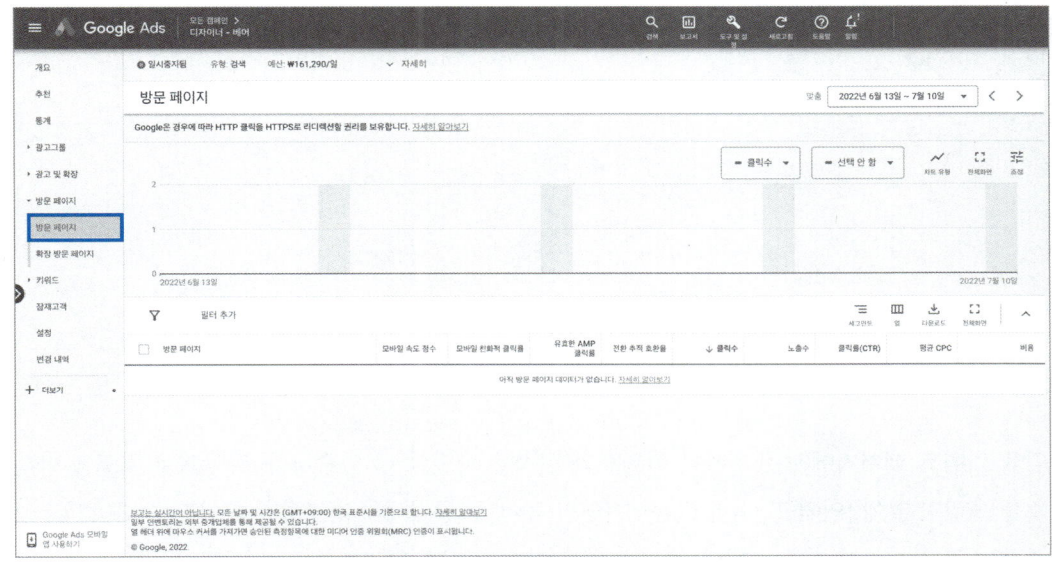

그림 7-10 방문 페이지

방문 페이지는 사용자가 광고를 클릭한 후 방문하게 되는 웹사이트 페이지입니다. 해당 메뉴에서는 페이지에 대한 분석 결과를 확인할 수 있습니다. 각 방문 페이지와 연결된 확장 방문 페이지를 볼 수 있고, 페이지가 모바일 친화적인지, 페이지의 전환 추적 호환율 등을 확인 가능합니다.

★ 키워드

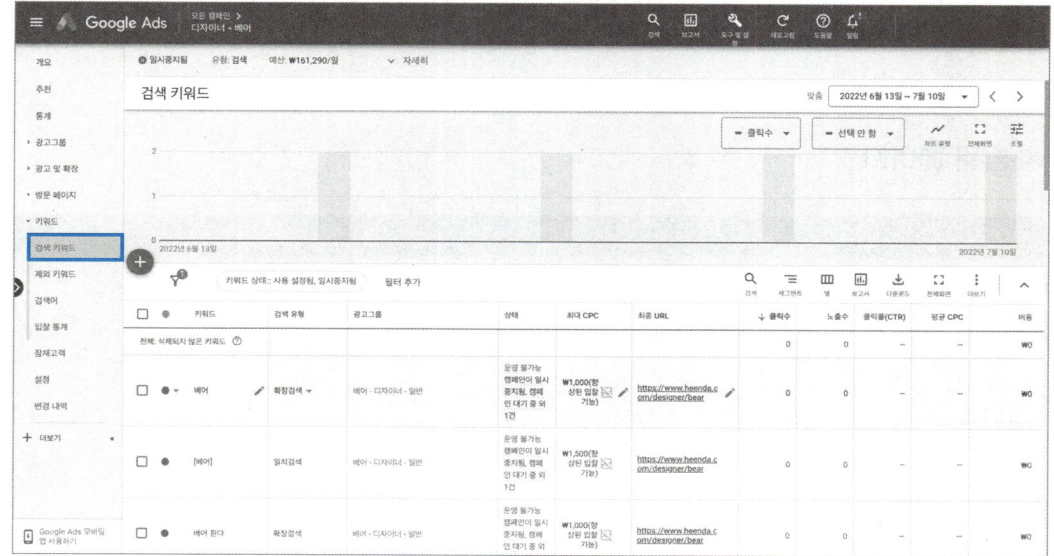

그림 7-11 검색 키워드

검색 키워드 페이지에서는 추가한 키워드와 실적을 확인할 수 있습니다. 각각의 키워드에 마우스를 올리면 옆에 [연필 표시]가 뜨는데, [연필 표시]를 클릭해서 간편하게 키워드, 최대 CPC, 최종 URL들을 수정할 수 있습니다. 보통 키워드 최대 CPC를 변경할 때는 실적별로 필터를 걸어서 해당 키워드를 모두 선택 후, 한 번에 대량 변경을 하는 게 편합니다(예, 전환 < 0, 비용 > 200,000원 필터 적용 후 전체 선택, 수정 → 최대 CPC 입찰가 변경, 입찰가 감액 20%).

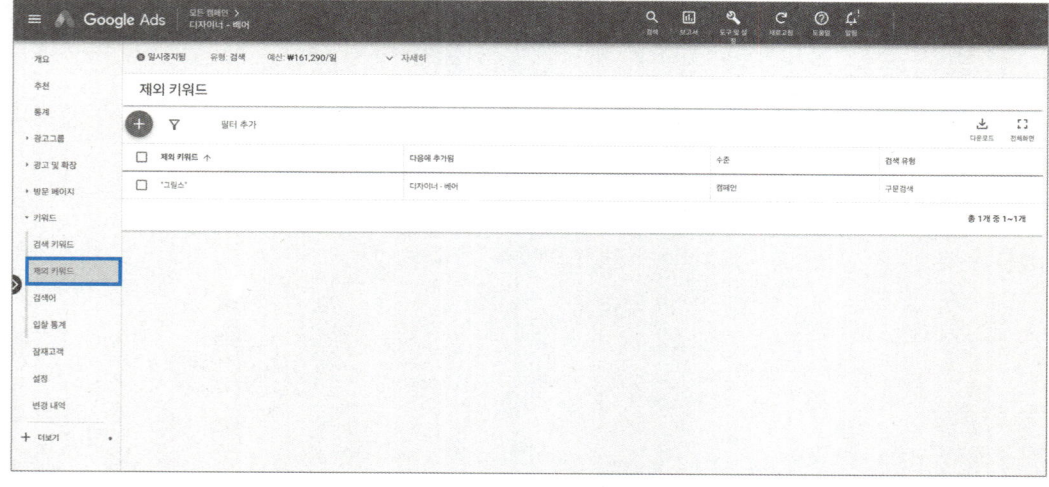

그림 7-12 제외 키워드

우리 광고가 보이지 않았으면 하는 키워드를 관리하는 제외 키워드 메뉴입니다. 제외 키워드는 목록을 생성해 여러 캠페인이나 계정 단위에서 한꺼번에 추가할 수 있습니다.

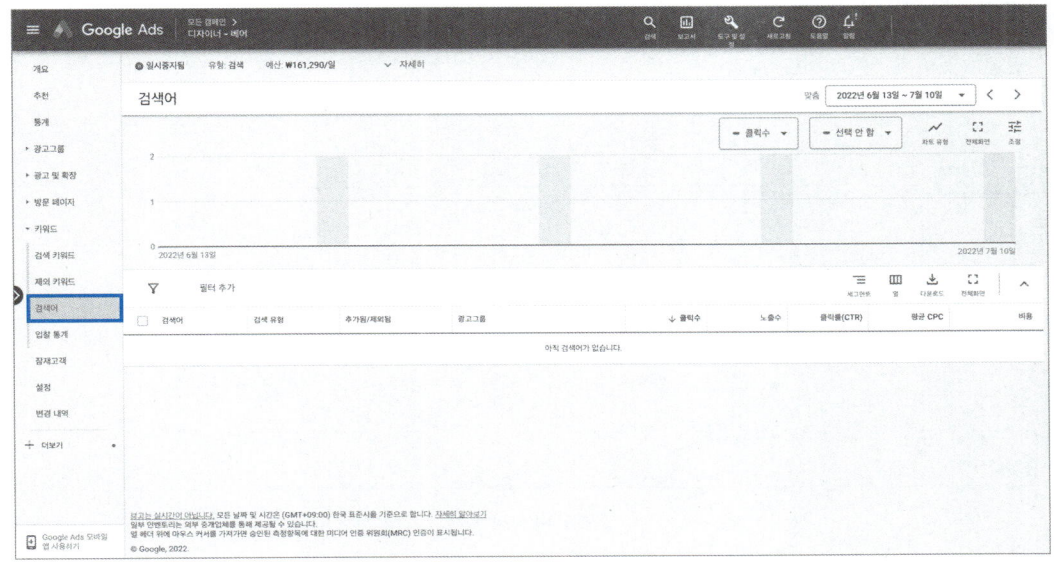

그림 7-13 검색어

실제로 사용자가 검색한 단어나 구문을 검색어라고 합니다. 검색어 메뉴에서는 여러 검색어들의 실적을 확인할 수 있습니다. 우리 브랜드와 관련이 없는 검색어가 해당 목록에 있다면 선택 후 제외 키워드 목록에 추가할 수 있습니다.

★ 잠재 고객

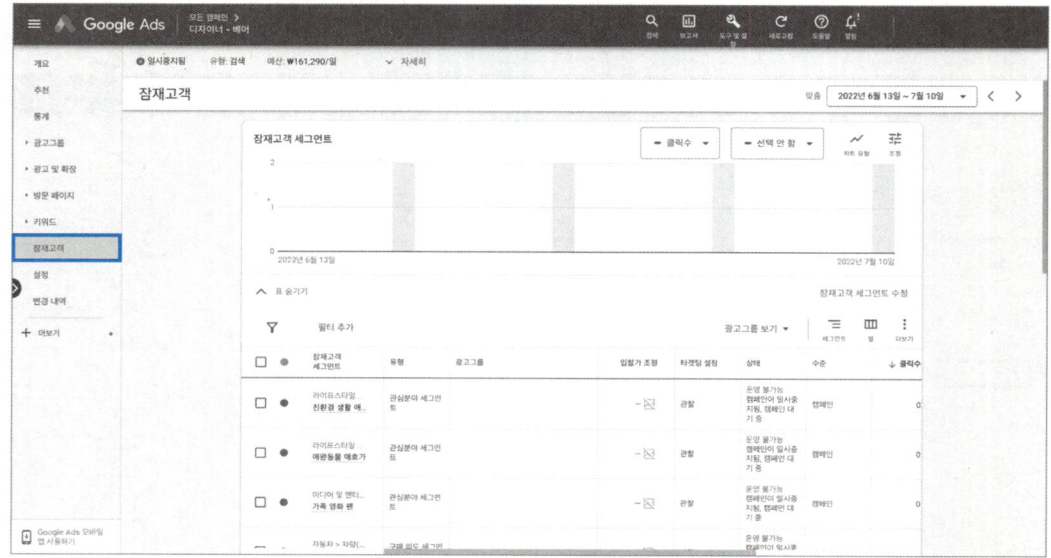

그림 7-14 잠재 고객

잠재 고객 리스트와 실적을 확인할 수 있는 메뉴입니다. 해당 페이지에서 여러 잠재 고객을 합성해서 만드는 합성 잠재 고객 세그먼트도 생성할 수 있습니다.

★ 콘텐츠

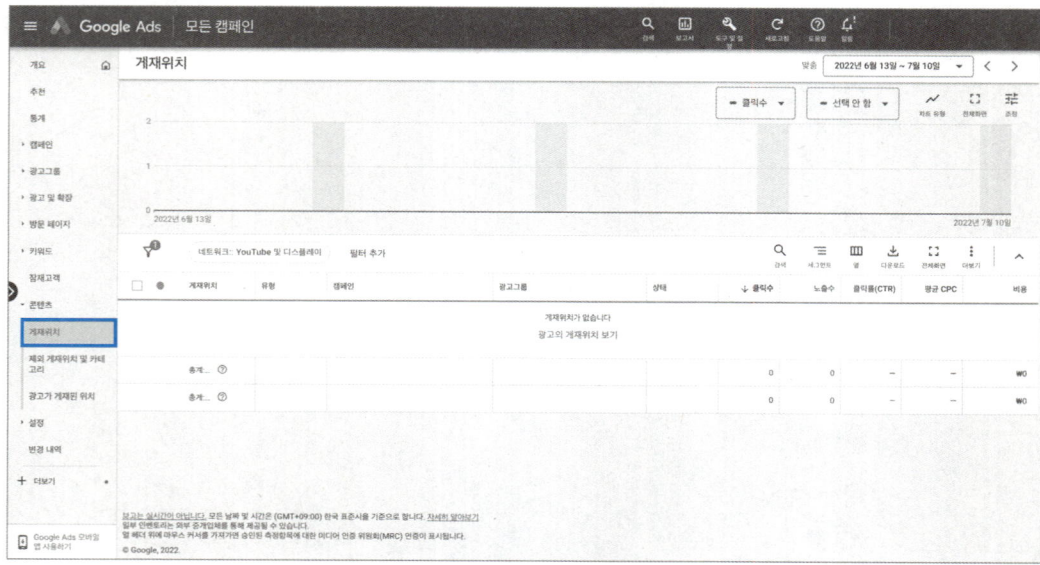

그림 7-15 콘텐츠

콘텐츠 메뉴는 유튜브 동영상 광고나 디스플레이 광고를 보여주는 게재 위치를 보여주는 메뉴입니다. 검색 광고 캠페인을 선택하면 해당 메뉴가 나타나지 않습니다.

★ 설정

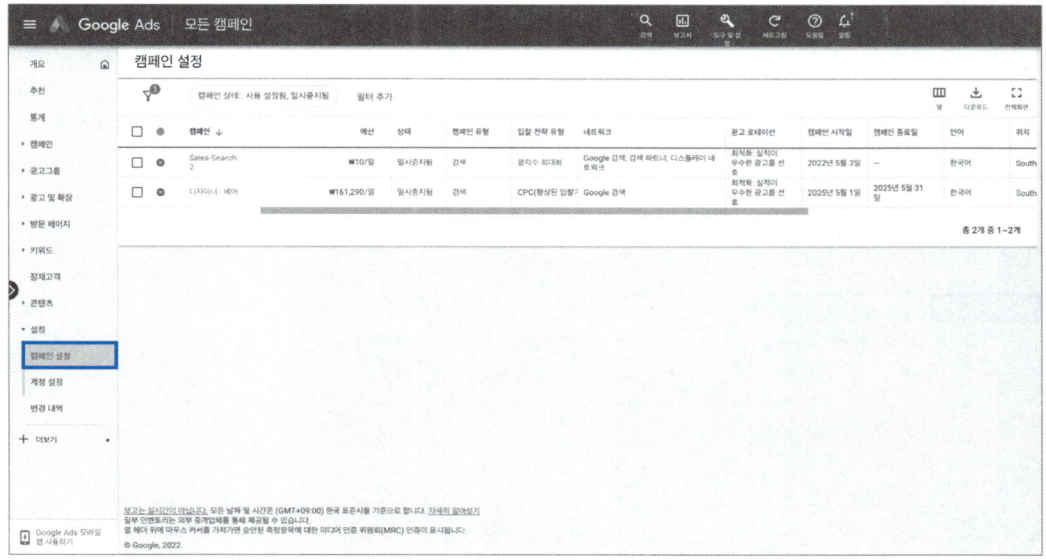

그림 7-16 캠페인 설정

여러 캠페인의 설정을 한눈에 확인하고 수정할 수 있는 메뉴입니다.

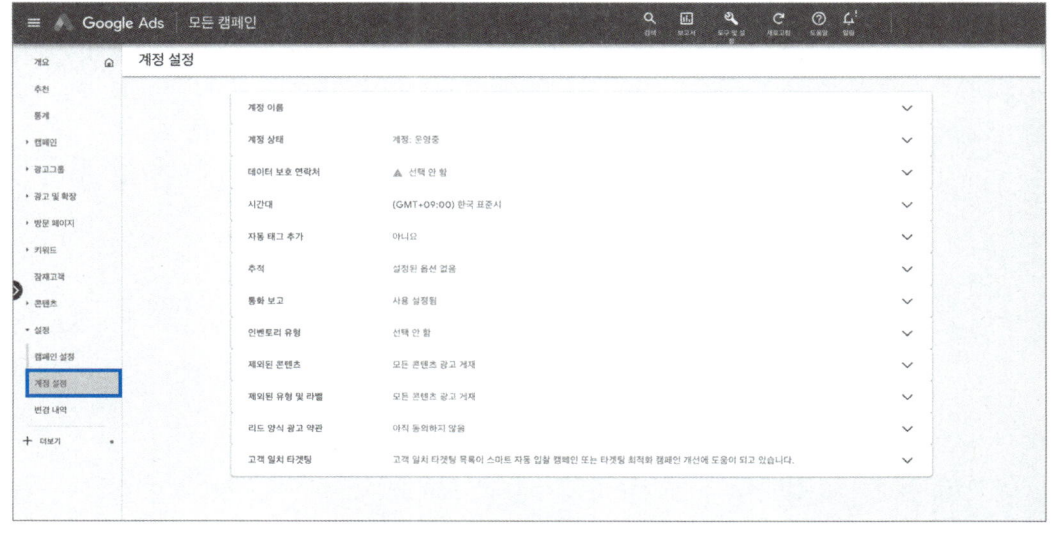

그림 7-17 계정 설정

계정 단위의 설정을 확인하고 수정할 수 있는 메뉴입니다.

★ 변경 내역

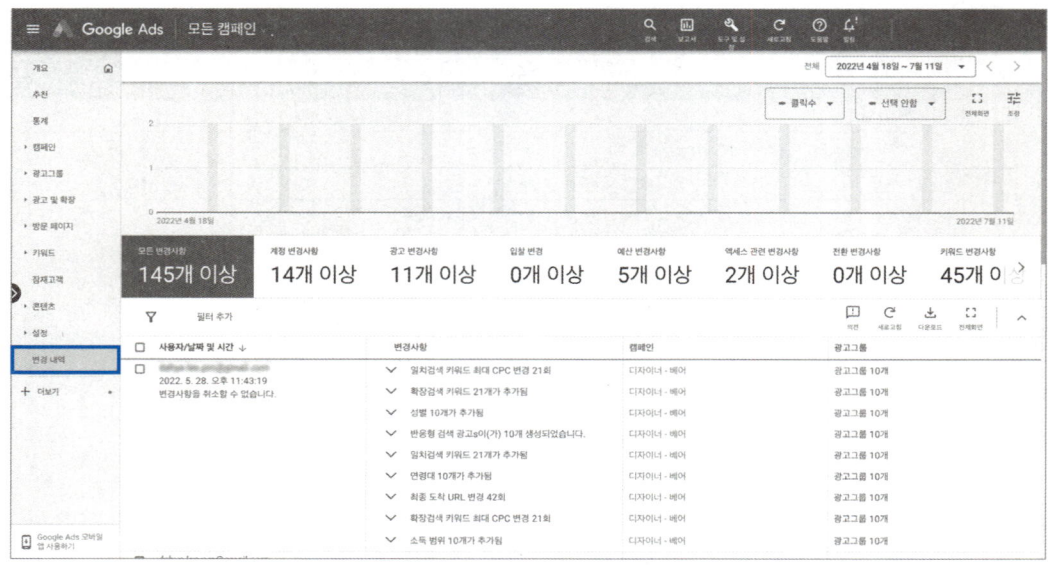

그림 7-18 변경 내역

어떤 사용자가 어떤 변경 사항을 적용했는지 확인할 수 있는 페이지입니다. 구글 광고 계정은 여러 사람이 동시에 변경 사항을 적용할 수 있어서 예기치 않은 변경 사항이 있을 때 그것을 추적하기 편리한 기능입니다. 캠페인 삭제와 같은 큰 변화를 제외하고 작은 변화들은 해당 메뉴에서 되돌리기도 가능합니다.

★ 더 보기

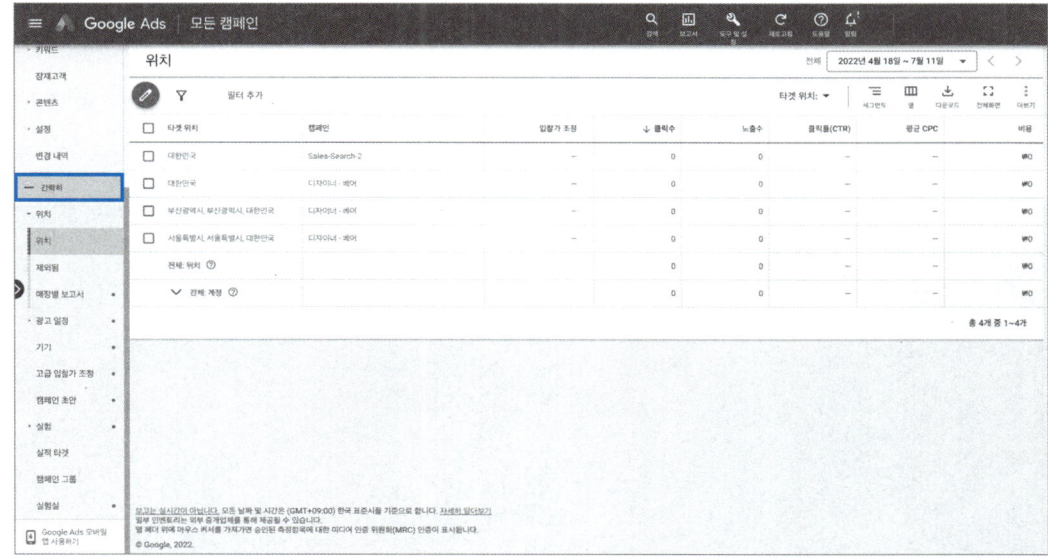

그림 7-19 더 보기

여러 추가 설정들을 해당 메뉴에서 확인 가능합니다.

- **위치**: 광고를 보여줄 위치를 설정하는 곳입니다.
- **광고 일정**: 광고를 보여줄 일정을 설정하는 곳입니다. 특정 시간대나 요일에 광고 게시를 멈추거나 입찰가를 조정할 수 있습니다.
- **고급 입찰가 조정**: 통화, 잠재 고객 또는 인구통계에 대한 입찰가 조정을 설정할 수 있습니다.
- **캠페인 초안**: 캠페인에 적용할 변경사항을 여러 개 준비할 수 있습니다.
- **실험**: 실험을 통해 기존 캠페인의 실적과 실험에 사용된 임시 캠페인의 실적을 테스트할 수 있습니다. 실험에는 기존 캠페인의 트래픽 및 예산의 일부가 사용되며, 실험은 지정된 기간 동안 기존 캠페인과 함께 실행됩니다.
- **실적 타깃**: 캠페인 또는 캠페인 그룹 실적을 예측하여 특성 수치 목표가 달성되고 있는지 판단할 수 있게 해주는 기능입니다.
- **캠페인 그룹**: 서로 같은 목표치를 공유하는 캠페인을 그룹화할 수 있는 메뉴입니다.
- **실험실**: 정식으로 론칭되지 않은 기능들을 사용할 수 있는 메뉴입니다.

3. 상단 설정 메뉴

상단 설정 메뉴는 구글 애즈 운영에 필요한 도구나 설정에 빠르게 접근할 수 있는 메뉴입니다.

★ 검색

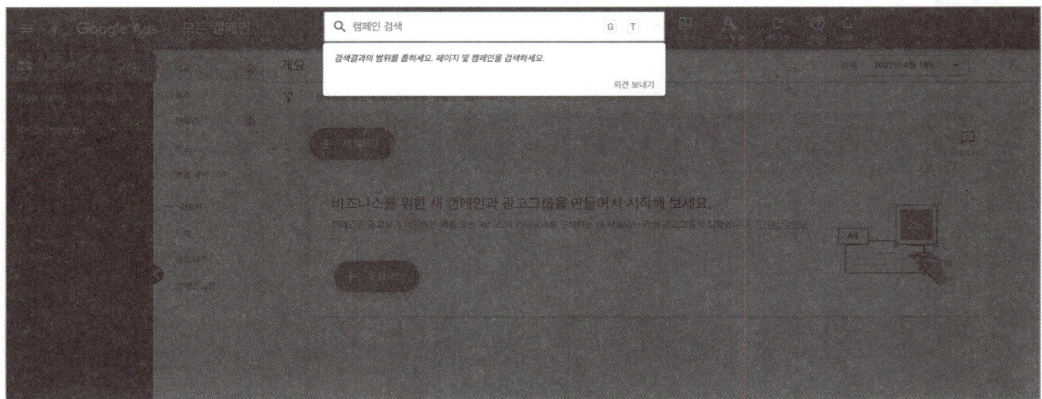

그림 7-20 검색

캠페인이나 페이지를 쉽게 검색할 수 있는 기능입니다. 구글 광고에 있는 모든 메뉴를 쉽게 검색을 통해 이동할 수 있게 해주는 기능입니다.

★ 보고서

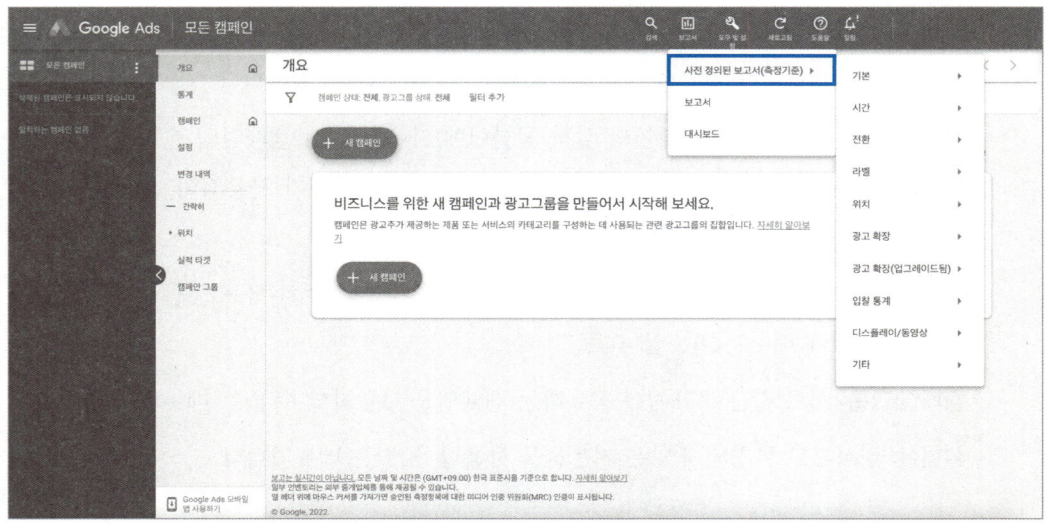

그림 7-21 보고서 1

구글 광고에서 운영되고 있는 모든 캠페인들의 수치를 편하게 요약해서 볼 수 있는 보고서 기능입니다. 보통 캠페인 관리 화면에서 데이터를 다운로드해도 되지만, 보고서 기능은 여러 개의 계정에 있는 데이터들을 한 번에 보고 싶을 때 유용합니다. 일반 캠페인 관리 화면에서는 볼 수 없는 수치들도 제공합니다. [사전 정의된 보고서]를 클릭하면 특정 형식에 맞춰 우리 계정의 데이터로 편리하게 보고서를 생성할 수 있습니다.

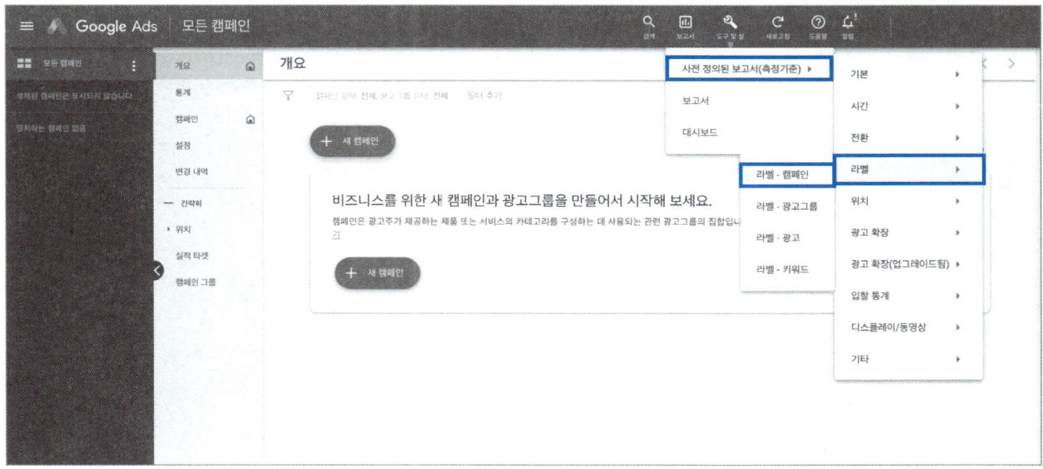

그림 7-22 보고서 2

예를 들어, [사전 정의된 보고서(측정기준)]에서 [라벨] → [라벨 - 캠페인]을 선택해 보겠습니다. 구글 광고의 요소들을 내가 원하는 방식으로 그룹화하는 것을 라벨이라고 합니다.

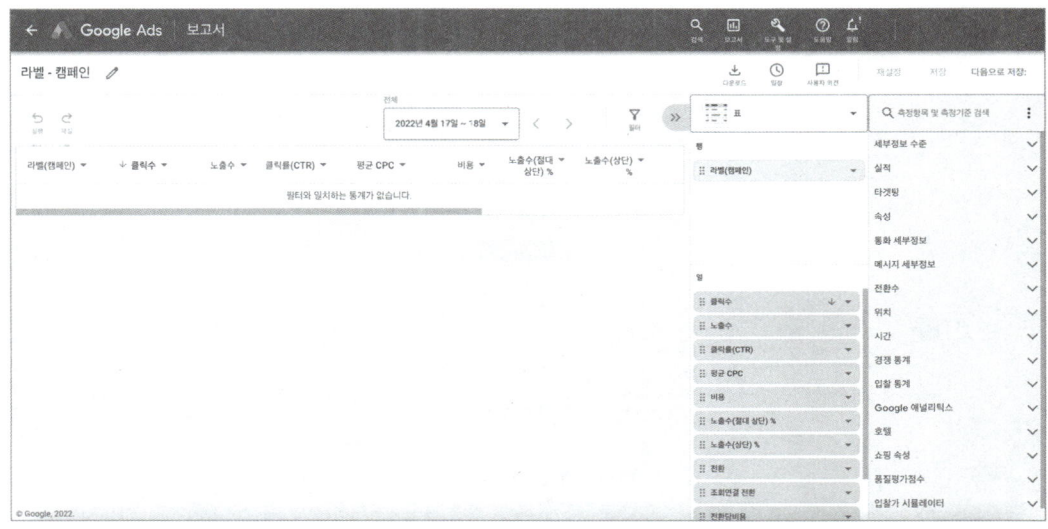

그림 7-23 보고서 3

선택 후에는 자동으로 보고서 화면으로 넘어가게 되는데, 현재 우리 계정에는 데이터가 없기 때문에 왼쪽 화면은 비어 있습니다. 행과 열을 확인해 보시면 자동으로 필요한 수치들이 추가되어 있는 것을 알 수 있습니다. 추가로 다른 수치들을 보고 싶다면 맨 우측 검색 바에서 원하는 수치를 검색하고 추가하면 됩니다.

★ 도구 및 설정

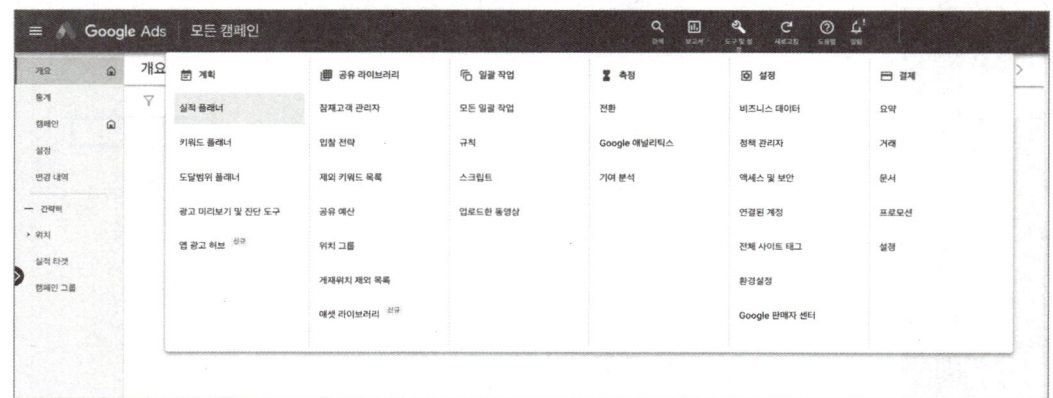

그림 7-24 도구 및 설정

도구 및 설정은 캠페인 운영을 위해 유용한 도구들과 계정 설정 페이지들이 모여 있는 곳입니다.

실적 플래너

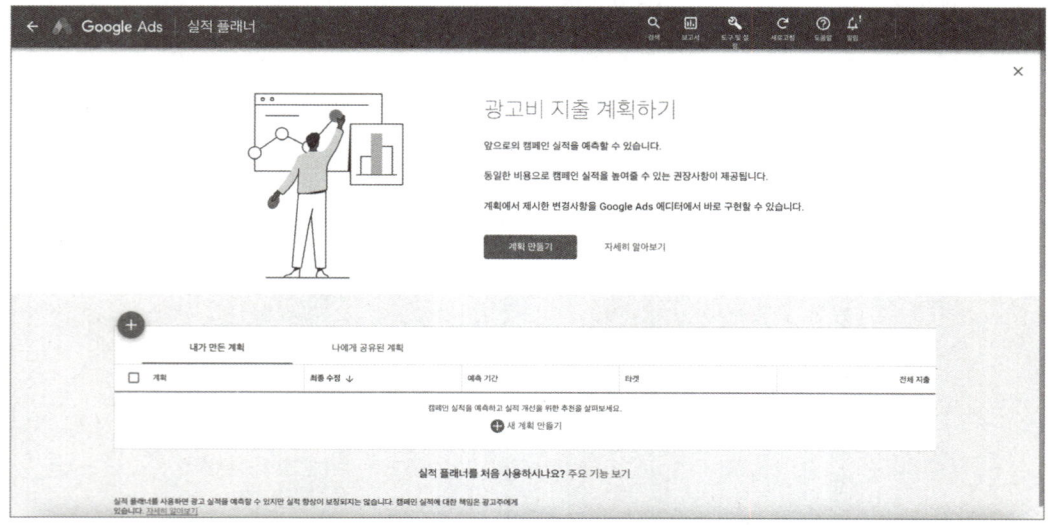

그림 7-25 실적 플래너

퍼포먼스 마케터로 일하게 되면 일정 광고비를 투자했을 때 예상 매출은 얼만지 분석하라는 요청을 많이 받습니다. 이럴 때 실적 플래너가 유용하게 쓰입니다. 실적 플래너는 기존의 퍼포먼스를 분석하고, 어떠한 방법으로 효율을 개선할 수 있는지, 예산을 변경했을 때 퍼포먼스가 어떻게 변화하는지 예측하는 도구입니다. 단순히 예측에 그치는 것이 아니라, 추천 설정을 바로 광고 캠페인에 적용할 수 있다는 것도 실적 플래너의 큰 장점입니다.

키워드 플래너

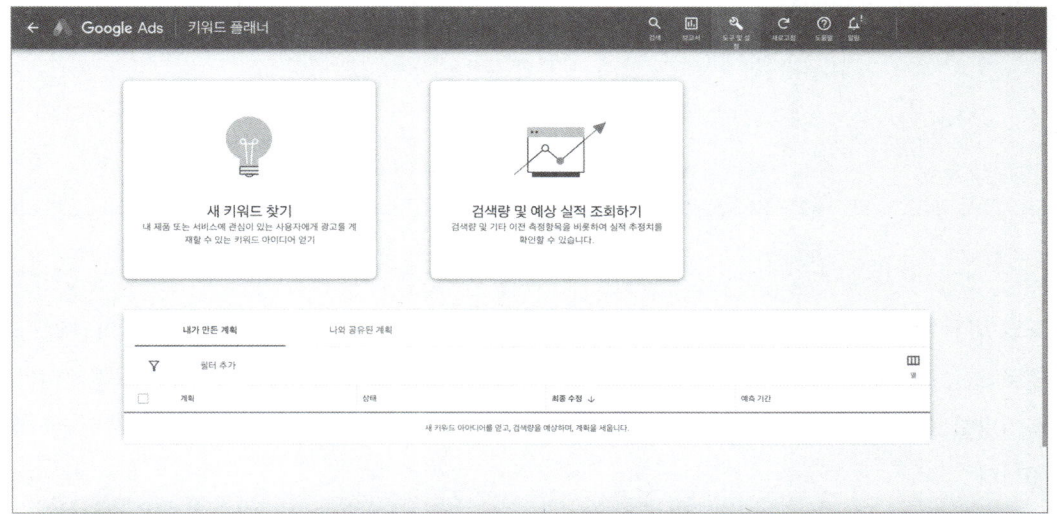

그림 7-26 키워드 플래너

키워드 플래너는 새 키워드 찾기와 검색량 및 예상 실적 조회하기 두 가지 기능이 있습니다. 새 키워드 찾기 같은 경우 기존 캠페인에서 타기팅하고 있는 키워드들의 퍼포먼스가 좋지 않거나 더 많은 키워드가 필요할 때 연관된 정보를 바탕으로 새로운 키워드들을 추천해 주는 기능입니다. 검색량 및 예상 실적 조회하기 기능은 내가 입력한 키워드들이 월별로 어떤 실적을 가져올지 예측하는 도구입니다. 광고 대행사에서 새로운 고객사를 맡기 전 대략적인 광고 비용을 예측할 때 많이 쓰입니다.

도달 범위 플래너

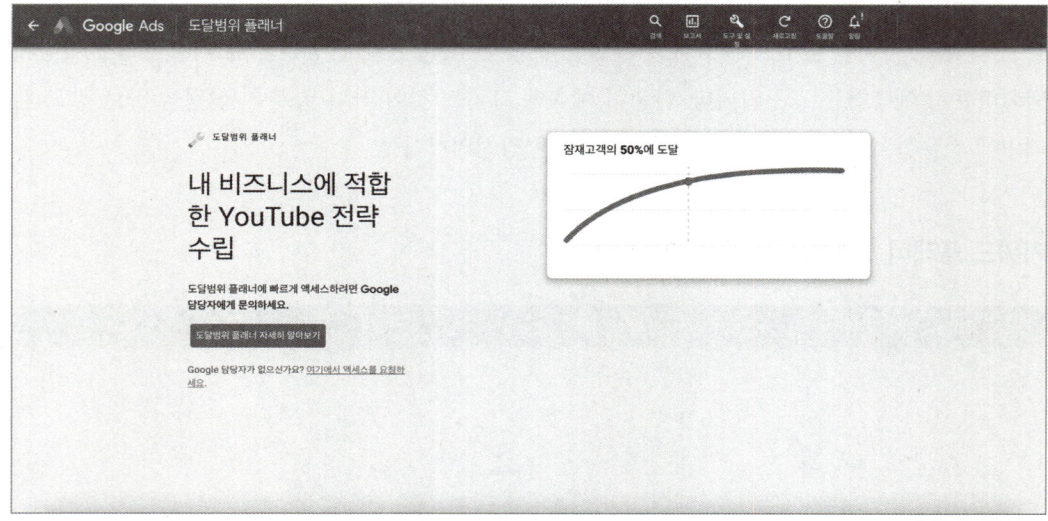

그림 7-27 도달 범위 플래너

도달 범위 플래너는 유튜브 캠페인 퍼포먼스를 예측할 때 유용합니다. 유튜브는 상위 퍼널의 채널로 보통 채널의 퍼포먼스를 도달(Reach)로 평가합니다. 도달 범위 플래너를 사용해서 우리가 타기팅할 오디언스, 예산 및 위치와 광고 형식 등의 정보를 사용해서 캠페인 퍼포먼스를 예측해 줍니다.

광고 미리 보기 및 진단 도구

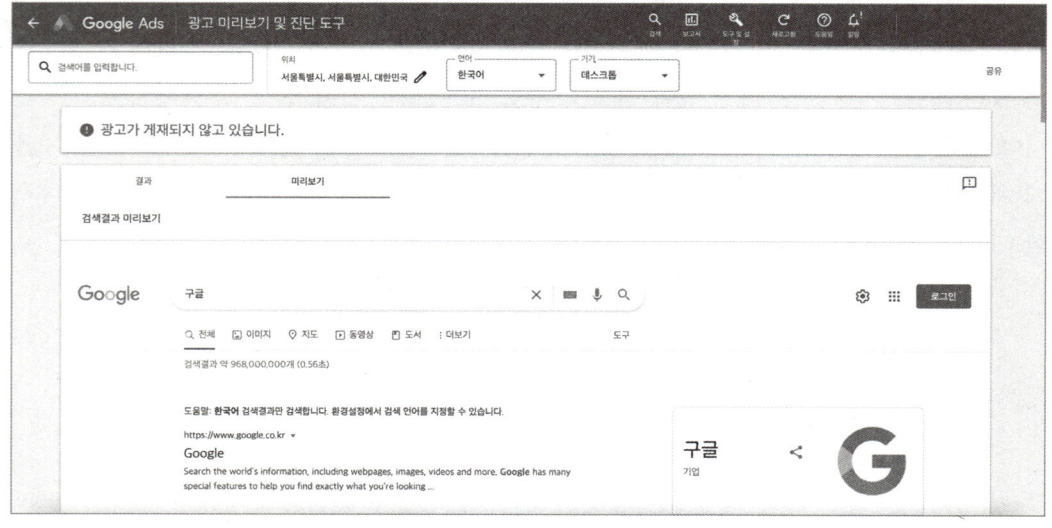

그림 7-28 광고 미리 보기 및 진단 도구

이 도구는 우리가 설정한 광고가 실제 광고 지면에 잘 보이고 있는지 점검하는 역할을 합니다. 내가 원하는 키워드를 입력하고 위치, 언어, 기기를 설정하면 실제 검색 결과와 우리가 운영하고 있는 광고가 게재되고 있는지 여부를 알려줌과 동시에 미리 보기 화면을 보여줍니다. 보통 다른 지역이나 나라에서 운영하고 있는 광고를 확인할 때 유용하게 쓰입니다.

앱 광고 허브

그림 7-29 앱 광고 허브

앱 광고 허브는 앱 캠페인을 운영할 때 유용하게 쓰입니다. 대표적인 기능이 딥 링크 검사기입니다. 딥 링크는 소비자들을 우리가 원하는 앱 내 페이지로 보내주는 역할을 합니다. 딥 링크가 없다면 광고와 앱 사이의 트래킹이 끊겨서 광고를 통해 소비자들이 앱을 다운로드하면 메인 기본 페이지로 이동하게 됩니다. 소비자가 우리 상품이 마음에 들어서 구매를 하기 위해서 광고를 클릭했는데, 상품 페이지가 아니라 메인 페이지로 연결된다면 사용자는 원하는 상품을 찾기 위해 앱 내에서 다시 검색을 해야 하고 이런 불편함은 전환율을 크게 떨어뜨립니다. 그렇기 때문에 딥 링크 검사기를 통해서 딥 링크가 제대로 설치되었는지 확인하는 것이 중요합니다.

잠재 고객 관리자

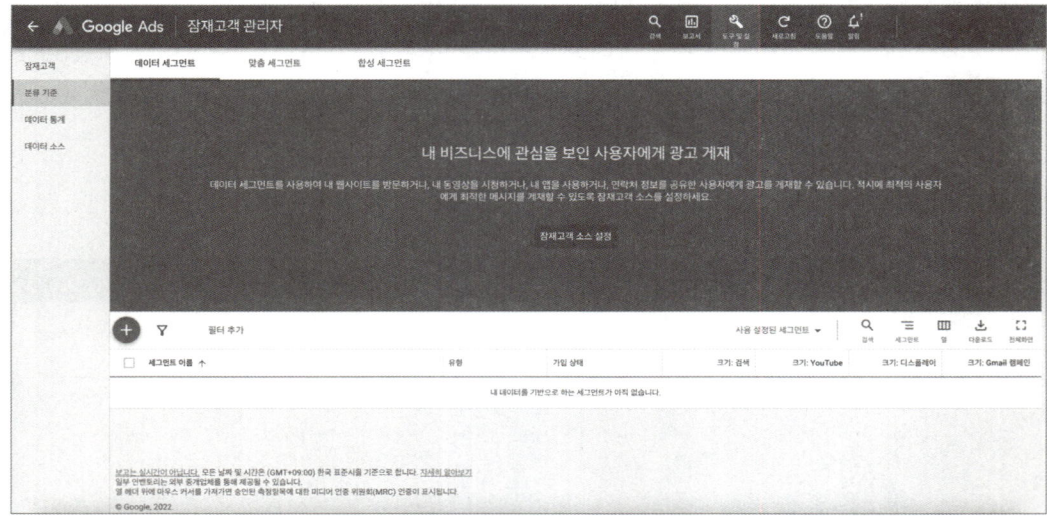

그림 7-30 잠재 고객 관리자 1

잠재 고객 관리자에서는 계정별로 체계적으로 잠재 고객 목록을 관리할 수 있습니다.

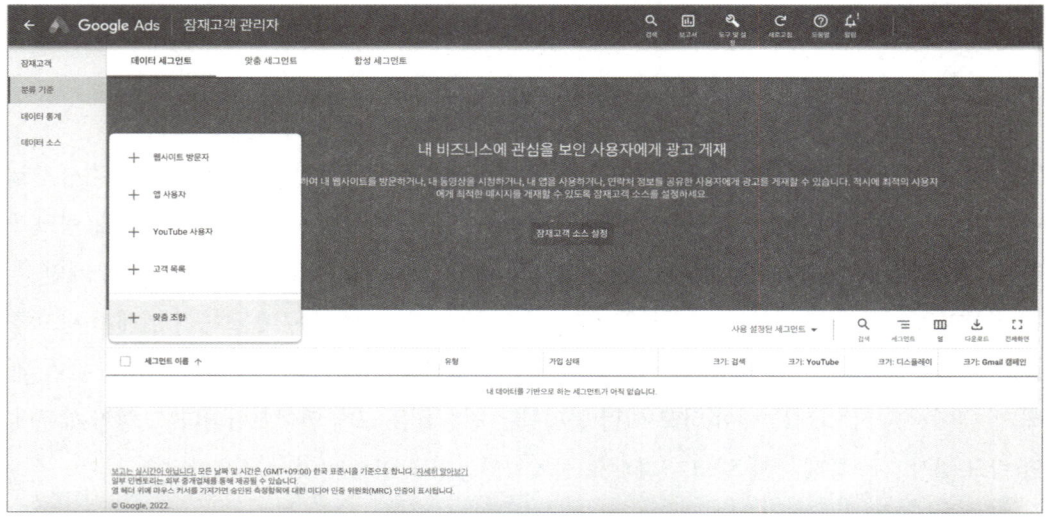

그림 7-31 잠재 고객 관리자 2

잠재 고객 목록은 여러 방식으로 관리할 수 있습니다. 첫째로 [웹사이트 방문자]는 홈페이지 페이지 URL을 사용하여 특정 페이지를 방문한 사용자들의 리스트를 만들 수 있고, 둘째로 [앱 사용자]는 우리의 앱을 사용한 사람들의 리스트, 셋째로 [YouTube 사용자]는 우리 브랜드 유튜브 채널에서 상호작용한 사람들의 리스트, 넷째로 [고객 목록]은 우리 내부 데이터베이스에서 관리하는 소비자들의 정보를 업로드하여 리스트를 생성하는 방식입니다. 이 모든 리스트들은 합성 세그먼트를 통해서 리스트 간 조합이 가능합니다.

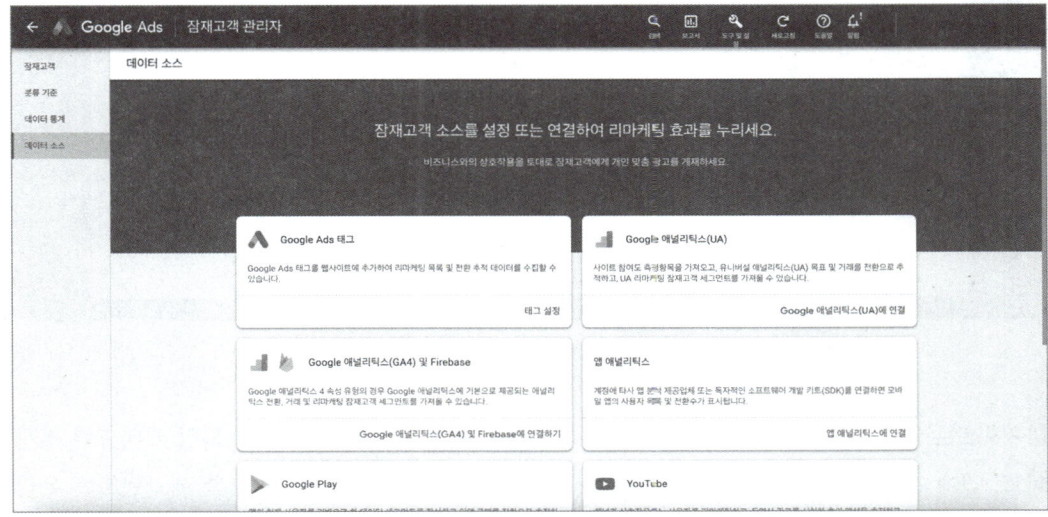

그림 7-32 잠재 고객 관리자 3

잠재 고객 목록은 다른 소스들과 연결을 통해서 쉽게 관리할 수 있습니다. 위 소스들 중 구글 애널리틱스가 특히 유용하게 쓰이는데, 구글 애널리틱스 소스를 이용하면 특정 채널에 한정된 것이 아니라 웹사이트 전체의 잠재 고객의 데이터를 불러올 수 있고 관리할 수 있어 편리합니다. 이렇게 구글 애널리틱스에서 관리하는 잠재 고객 리스트는 타 광고 플랫폼에서도 사용할 수 있어 유용합니다.

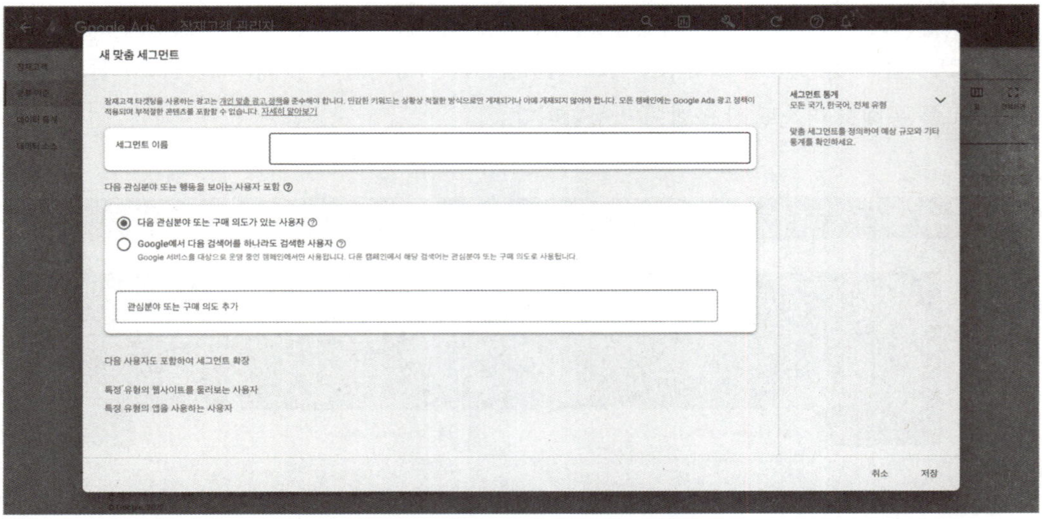

그림 7-33 잠재 고객 관리자 4

마지막으로 우리 서비스와 상호작용하는 사용자에 국한되는 것뿐만 아니라 특정 키워드나 웹사이트, 앱에 관심 있는 사람들을 모아 맞춤 세그먼트를 만들 수 있습니다. 맞춤 세그먼트는 우리 서비스에 잠재적으로 관심이 있을 수 있는 사용자들을 발굴하는 데 도움이 됩니다.

입찰 전략

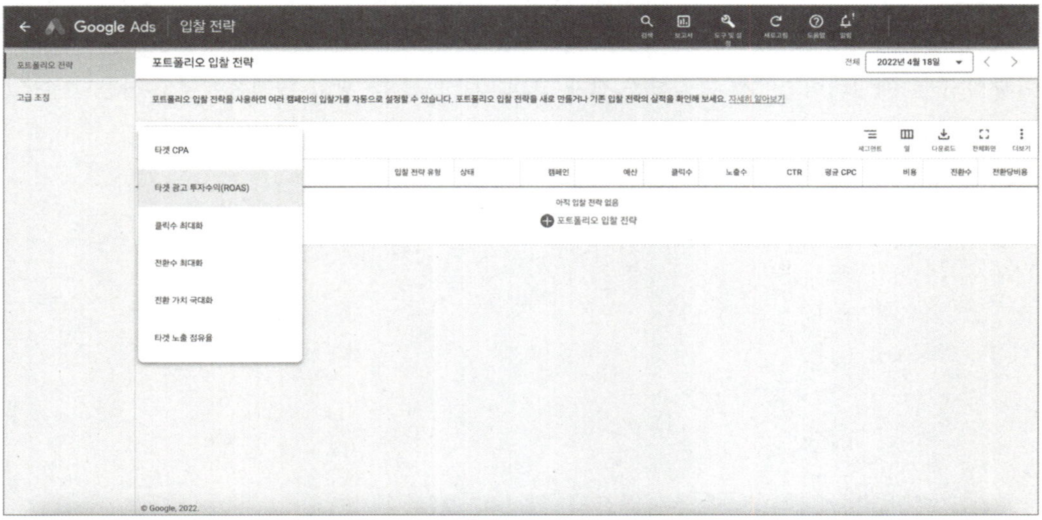

그림 7-34 입찰 전략

입찰 전략은 구글 광고의 꽃입니다. 입찰 전략은 자동화를 위해서 목표를 설정하는 단계인데, 전략 목표를 설정하면 구글 광고가 목표를 달성하기 위해서 자동으로 입찰가를 조정하면서 캠페인을 관리해 줍니다. 입찰 전략 목표의 종류는 아래와 같습니다.

- **타깃 CPA**: 평균 전환 당 비용(CPA) 목표에 도달하면서 전환 수를 극대화할 수 있도록 입찰가를 설정합니다. 보통 신규 회원 유치를 목표로 하는 비즈니스들이 많이 사용하는 전략입니다.
- **타깃 광고 투자 수익(ROAS)**: 타깃 CPA가 객단가를 중심으로 캠페인을 최적화하는 전략이라면, 해당 플랜은 ROAS, 광고 수익률을 효율적으로 관리하면서 수익을 극대화하는 전략입니다. 수익 창출을 목표로 하는 대부분의 대형 비즈니스들이 많이 사용하는 전략입니다.
- **클릭 수 최대화**: 예산 내에서 클릭 수를 극대화하는 전략입니다. 새로운 캠페인을 론칭해서 빠르게 데이터를 쌓고 싶을 때 사용하는 전략입니다.
- **전환 수 최대화**: 예산 내에서 전환 수를 극대화하는 전략입니다. 타깃 광고 투자 수익 전략은 수익에 집중하는 편이라면, 이 전략은 오직 전환 수를 늘리는 것이 목표입니다.
- **전환 가치 극대화**: 지정된 예산으로 최대한 많은 전환 가치를 발생시키는 전략입니다. 평균 전환 가치는 한 전환 당 수익을 얼마나 창출했는지를 의미합니다. 예를 들어, 전환이 3번 발생했고, 총 150,000원의 수익이 발생했다면 평균 전환 가치는 50,000원입니다. 앞의 전환 수 최대화 전략은 전환 가치를 고려하지 않고 최대한 많은 전환을 발생시키는 것에 집중하는 반면, 해당 전략은 전환 가치를 고려합니다.
- **타깃 노출 점유율**: 원하는 구글 검색 광고 노출 페이지에 광고가 노출되도록 입찰가를 자동화하는 전략입니다. 예를 들어, 고객들이 우리 브랜드 이름 키워드를 검색했을 때 약간 높은 비용을 지불해서라도 경쟁사 광고가 아닌 우리 광고를 보여주고 싶을 때 사용합니다.

제외 키워드 목록

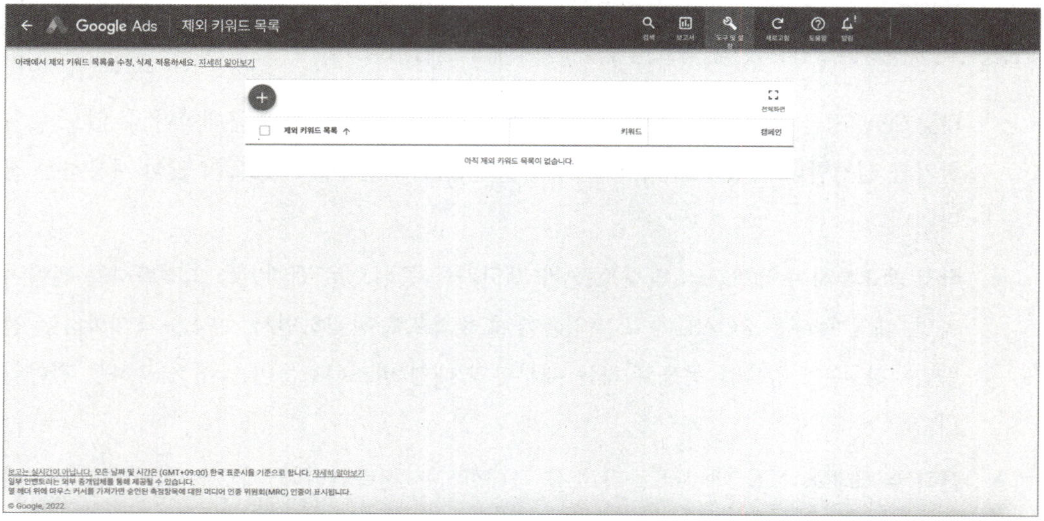

그림 7-35 제외 키워드 목록

제외 키워드 목록은 광고를 보여주고 싶지 않은 키워드들의 목록을 관리하는 페이지입니다. 캠페인마다 하나하나 추가하는 것보다는 계정 단위에 목록을 만들면 여러 캠페인에 한번에 적용할 수 있어 편리합니다. 브랜드와 관련된 부정적인 단어들을 추가해 놓으면 좋습니다. 그리고 캠페인 전략을 세울 때도 키워드 목록이 유용하게 쓰입니다. 예를 들어, 브랜드 이름이 들어가지 않은 일반적인 키워드들만을 타기팅하는 캠페인이 있습니다. 이때 브랜드 키워드들을 모두 모아 제외 키워드 목록을 만들어서 해당 캠페인에 적용하는 전략을 사용할 수 있습니다.

공유 예산

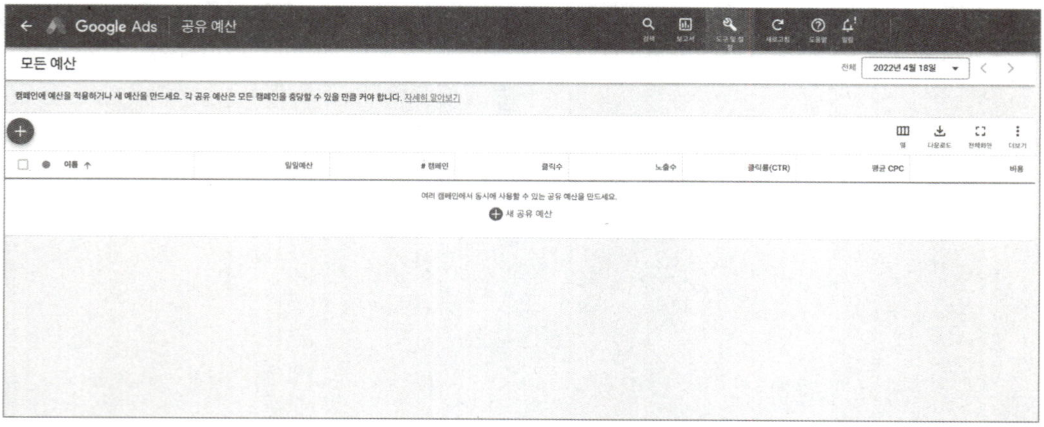

그림 7-36 공유 예산

공유 예산은 여러 캠페인들의 일일 예산을 한꺼번에 관리할 때 유용하게 쓰입니다. 공유 예산을 지정하지 않으면 각 캠페인별로 일일 예산을 관리해야 합니다. 아무리 일일 예산이 설정되어 있다고 해도 일일 비용은 매일의 경쟁 상황이나 여러 가지 요소로 인해 달라질 수 있기 때문에 캠페인이 많을 경우 비용을 관리하기 어려울 수 있습니다. 이때 공유 예산을 설정하여 캠페인들에 적용하면 여러 캠페인들의 예산이 공유 예산 안에서만 소비되기 때문에 관리하기 수월합니다. 공유 예산을 적용할 때는 캠페인들의 우선순위를 잘 고려해 중요한 캠페인에서 비용이 덜 소비되거나, 덜 중요한 캠페인에서 비용이 더 소비되는 것을 막는 것이 중요합니다.

위치 그룹

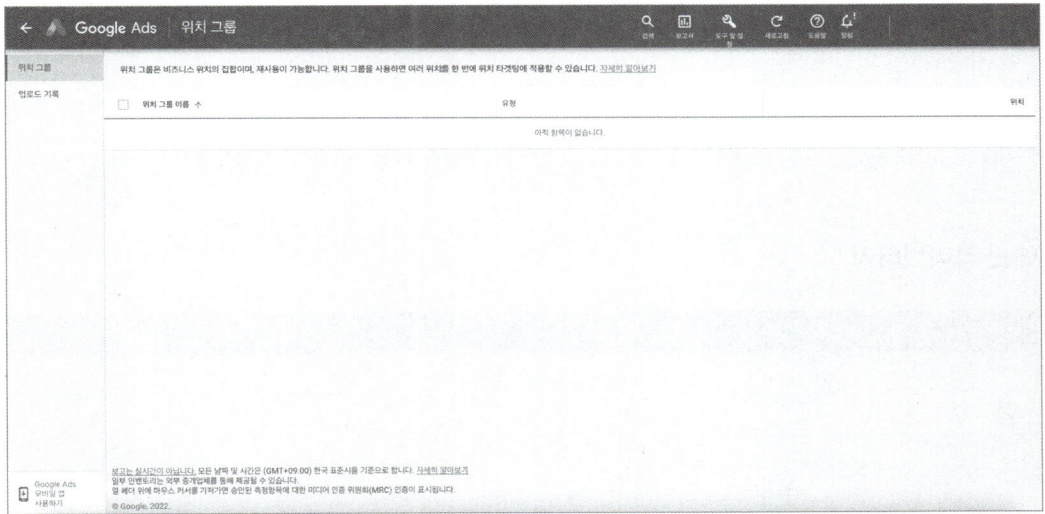

그림 7-37 위치 그룹

위치 그룹은 여러 위치를 한꺼번에 타기팅하고 싶을 때 유용합니다. 오프라인 매장으로 방문하는 것을 목표로 하는 캠페인을 운영할 때 유용하게 쓰입니다. 해당 지역의 여러 매장의 위치를 한꺼번에 등록해야 할 때, 위치 그룹을 만들고 캠페인에 간편하게 적용하면 편리합니다.

게재 위치 제외 목록

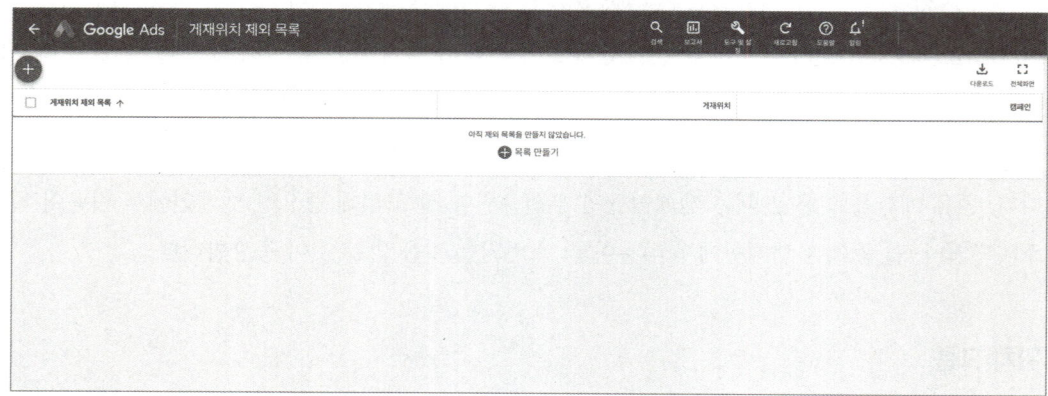

그림 7-38 게재 위치 제외 목록

게재 위치 제외 목록은 광고를 보여주고 싶지 않은 웹사이트나, 앱, 동영상들을 관리할 때 쓰입니다. 보통 유튜브나 디스플레이 캠페인을 운영할 때 필수적으로 쓰는 기능입니다.

에셋 라이브러리

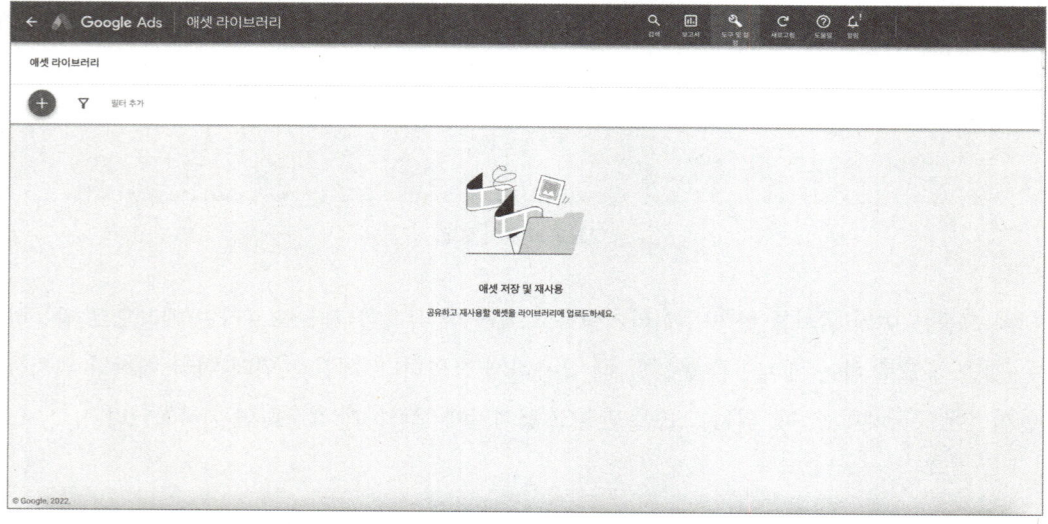

그림 7-39 에셋 라이브러리

에셋 라이브러리는 자주 사용하는 에셋(이미지, 동영상, 폰트 등)을 저장해 두고 재사용할 수 있게 도와주는 기능입니다. 에셋 라이브러리를 사용하면 매번 캠페인을 세팅할 때 에셋을 직접 등록할 필요 없이 데이터를 불러올 수 있어서 편리합니다.

일괄 작업

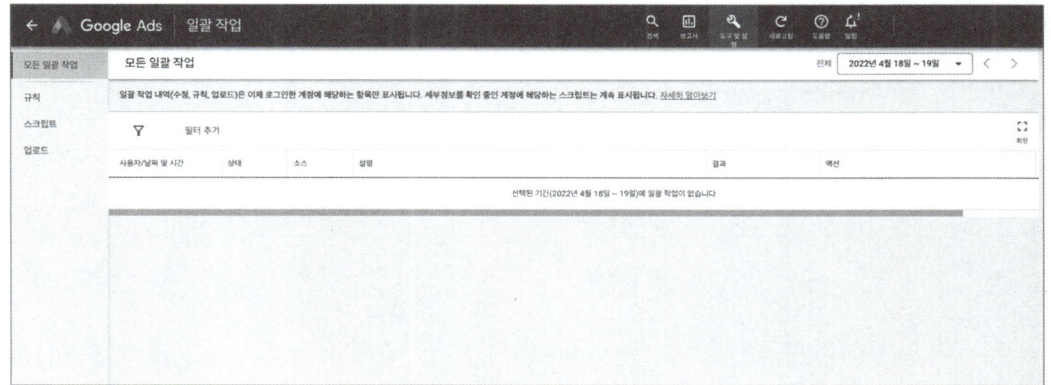

그림 7-40 일괄 작업

일괄 작업은 대량으로 광고를 변경하고 싶을 때 유용하게 쓰입니다. 일괄 작업에는 규칙, 스크립트, 업로드 세 가지 메뉴가 있습니다.

규칙

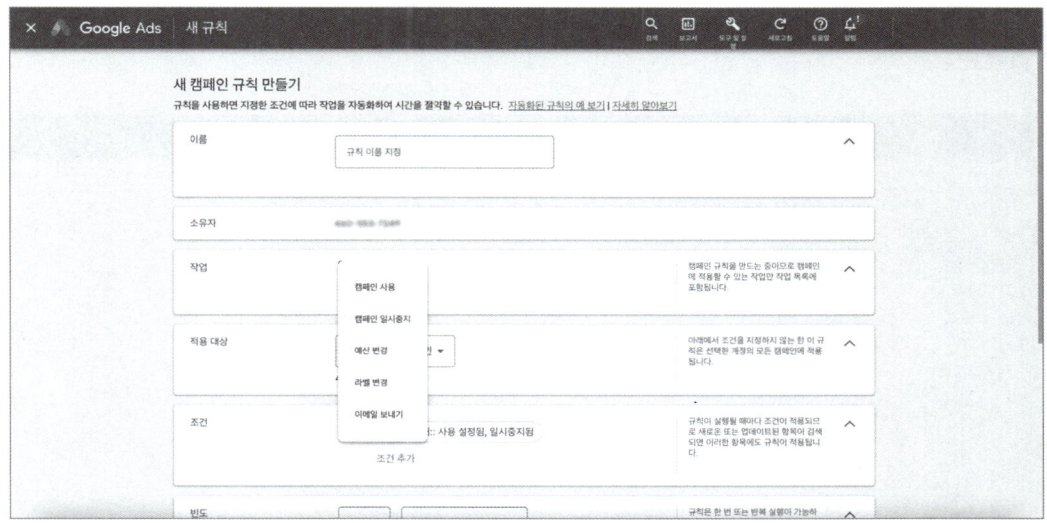

그림 7-41 일괄 작업 - 규칙

규칙은 어떠한 조건에 해당될 때 변화를 실행시키는 방식으로 사용할 수 있습니다. 예를 들어, 일정 시각에 캠페인을 일시 중지하는 규칙을 추가해 자동으로 캠페인을 관리할 수 있습니다.

스크립트

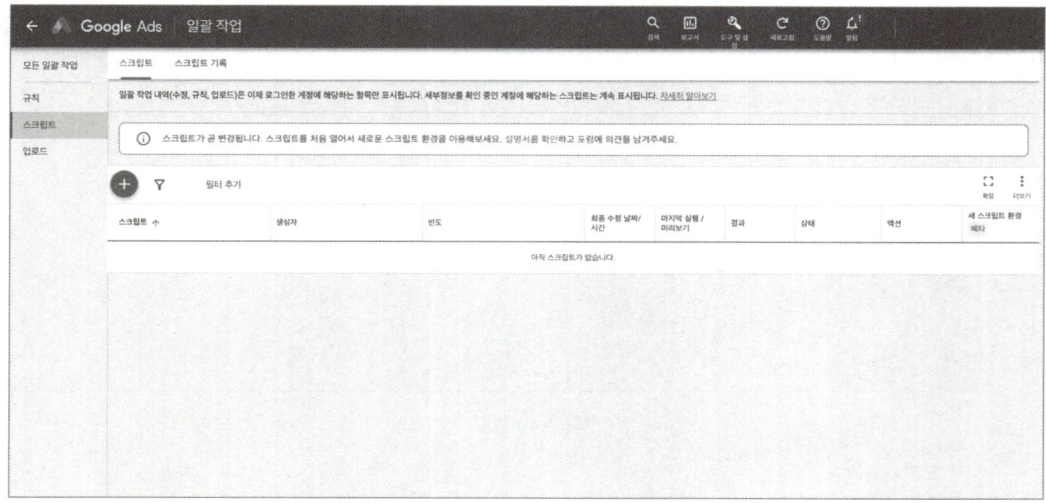

그림 7-42 일괄 작업 - 스크립트

스크립트는 개발 작업이 필요한 고급 기능입니다. 특정 규칙을 구글 기능으로 구현할 수 없는 경우 직접 스크립트를 작성해 자동으로 규칙을 만들어낼 수 있습니다.

업로드

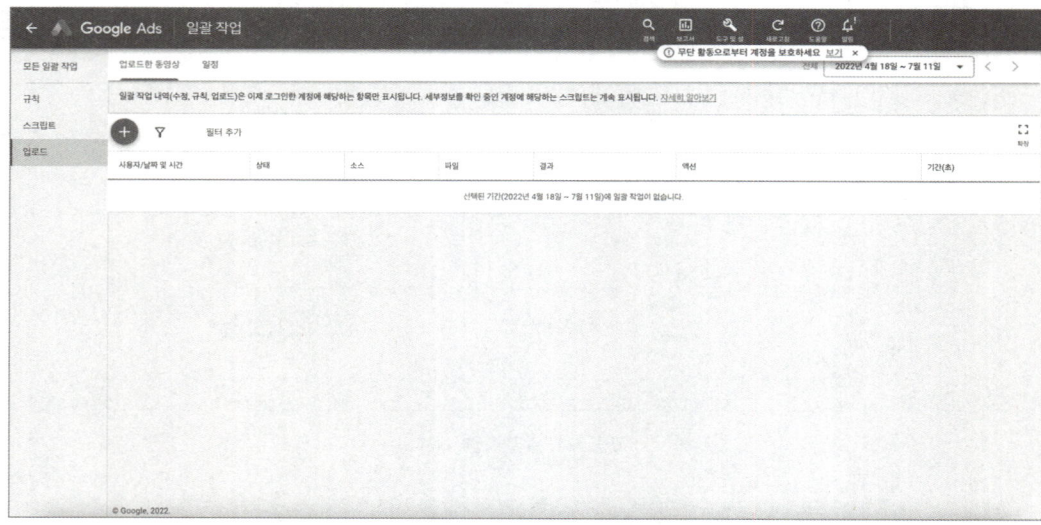

그림 7-43 일괄 작업 - 업로드

캠페인을 대량으로 수정 및 업로드하고 싶을 때 업로드 기능을 사용하면 됩니다. 플랫폼에서 캠페인을 론칭할 경우에는 캠페인을 하나하나 만들어야 하지만 업로드를 이용하면 엑셀 파일에 모든 정보를 저장해서 한꺼번에 업로드할 수 있습니다. 일종의 구글 애즈 에디터의 웹 버전입니다.

전환

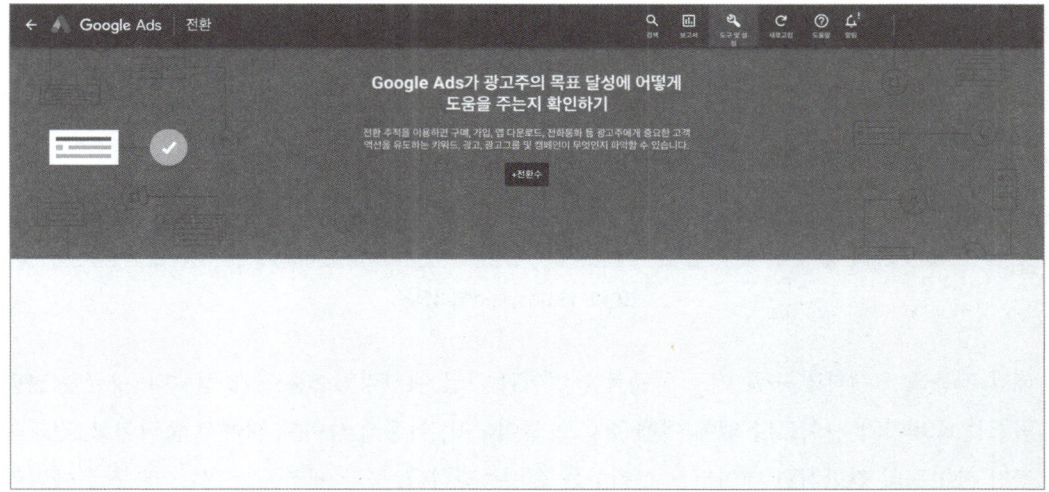

그림 7-44 전환

전환은 소비자가 광고를 클릭해 우리 웹사이트나 앱에 왔을 때의 행동을 어떻게 측정할 것인지를 정의 내리는 페이지입니다. 예를 들어, 주문 완료 페이지에 소비자가 도달했을 때 구매 전환으로 측정하겠다는 식으로 전환을 정의 내릴 수 있습니다. 전환은 캠페인을 운영할 때 목표로 사용되기 때문에 정확하게 설정해야 합니다.

Google 애널리틱스

그림 7-45 Google 애널리틱스

해당 메뉴를 선택하면 구글 애즈 플랫폼을 벗어나 구글 애널리틱스로 가게 됩니다. 구글 애널리틱스는 소비자가 사이트나 앱에 어떤 경로로 들어오고, 어떻게 사이트 내에서 움직이고, 전환하는지 사이트의 전반적인 데이터를 분석하는 플랫폼입니다. 구글 애즈를 운영할 때 구글 애널리틱스를 활용하면 소비자들의 특성을 파악할 수 있고, 자세한 유입 경로를 파악할 수 있기 때문에 유용하게 쓰이는 도구입니다.

기여 분석

기여 분석은 소비자가 전환 전에 상호작용한 모든 채널들의 데이터를 고려하고, 마지막에 전환할 때 방문한 채널에만 기여도를 100% 적용하는 것이 아니라, 방문한 모든 채널에 기여도를 나눠서 적용하는 모델입니다. 전환 설정이 되어 있어야 기여 분석 데이터를 확인할 수 있습니다.

비즈니스 데이터

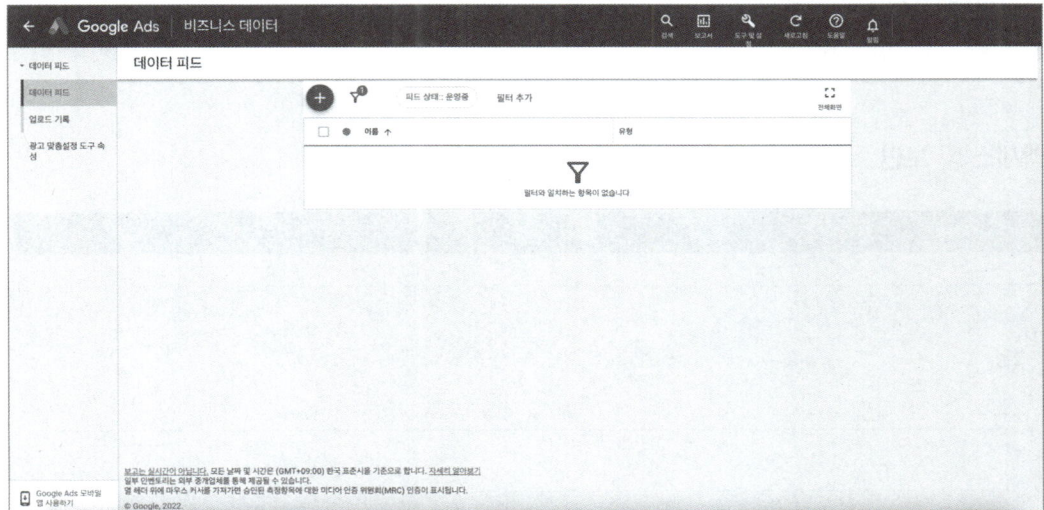

그림 7-46 비즈니스 데이터

비즈니스 데이터는 내부 데이터를 구글 애즈에 업로드하는 공간입니다. 이렇게 업로드된 정보는 광고를 만들 때 자동으로 연결할 수 있습니다. 예를 들어, 시즌별로 상품이 나온다면 시즌 일정 정보를 비즈니스 데이터에 올려서, 시즌마다 맞는 광고 카피를 자동으로 노출할 수 있게 할 수 있습니다. 또한, 오프라인 상품 데이터도 연결하여 광고에 활용할 수 있습니다.

정책 관리자

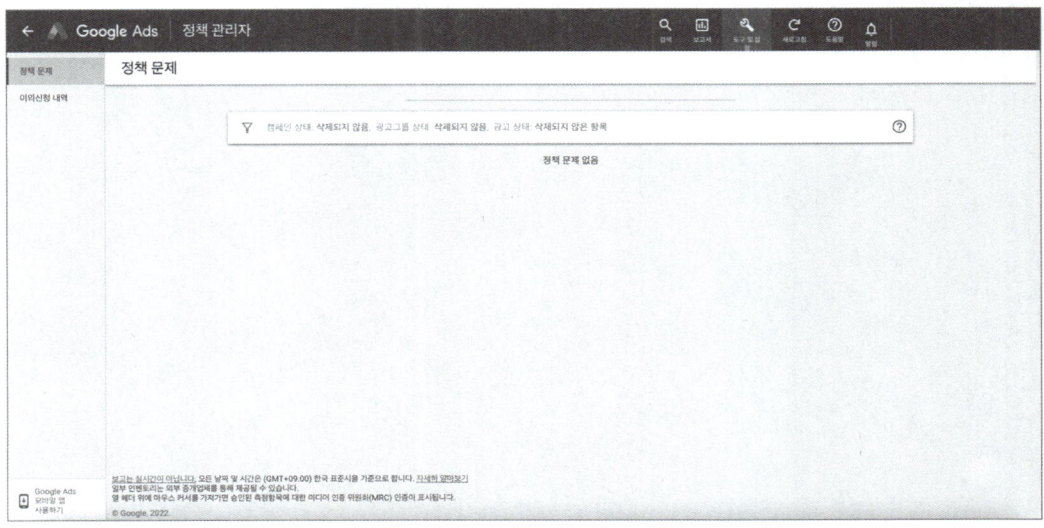

그림 7-47 정책 관리자

구글 광고를 운영하다 보면 구글 정책을 위반해 광고가 삭제되거나 검수를 통과하지 않는 일이 생깁니다. 정책 관리자에서는 위반 사항을 확인할 수 있고, 조치가 부당하다고 여길 때는 이의신청을 할 수도 있습니다.

엑세스 및 보안

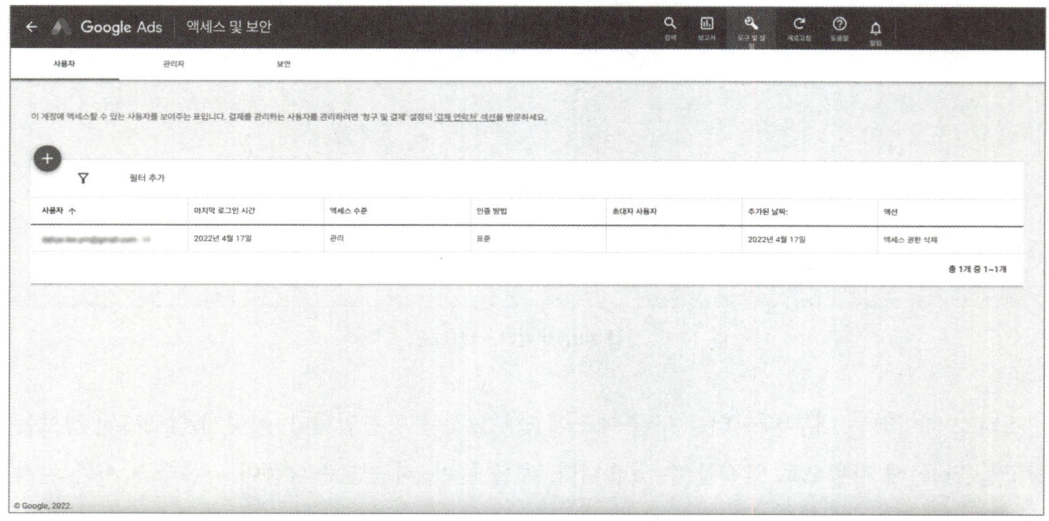

그림 7-48 엑세스 및 보안

구글 광고 계정은 하나의 관리자 아이디를 여러 사람이 사용하는 방식이 아니라, 사용자 각각의 구글 계정에 접근 권한을 주는 식으로 관리하게 됩니다. 해당 메뉴에서는 다른 3자 플랫폼에 관리자 권한을 줄 수도 있으며, 각각 사용자에게 이중 보안 절차를 적용하여 계정을 더욱 안전하게 관리할 수 있는 방법도 제공됩니다.

연결된 계정

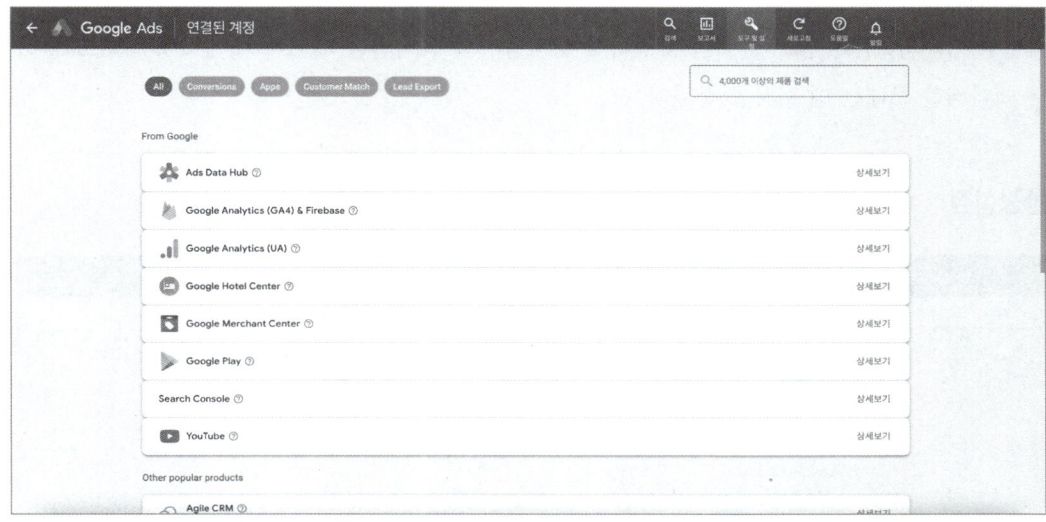

그림 7-49 연결된 계정

해당 메뉴에서는 구글 광고 계정과 연결된 제3자 플랫폼들을 관리할 수 있습니다. 3자 플랫폼과 구글 광고 계정을 연결할 경우 추가 데이터들을 3자 플랫폼에서 받을 수 있기 때문에 운영에 유용하게 쓰입니다.

전체 사이트 태그

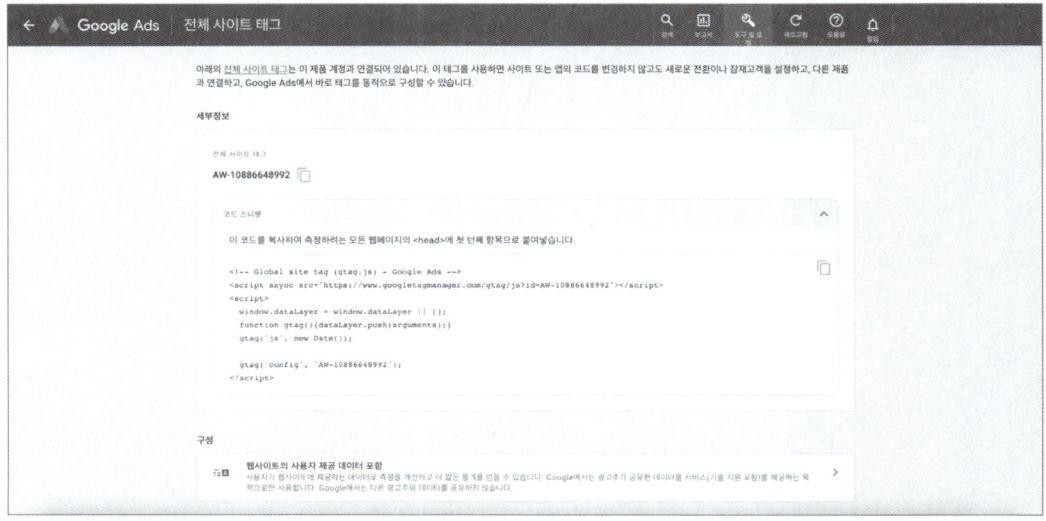

그림 7-50 전체 사이트 태그

구글 사이트 태그를 관리하는 페이지입니다. 구글 태그는 홈페이지의 일정 부분에 코드를 삽입하면 전환을 포함한 홈페이지 페이지의 데이터를 자동으로 구글 광고 플랫폼으로 전송해 주는 역할을 합니다. 구글 광고 플랫폼이 정확하게 사용자의 움직임을 페이지 내에서 추적하고 올바른 데이터를 보내는 데 도움을 줍니다.

환경설정

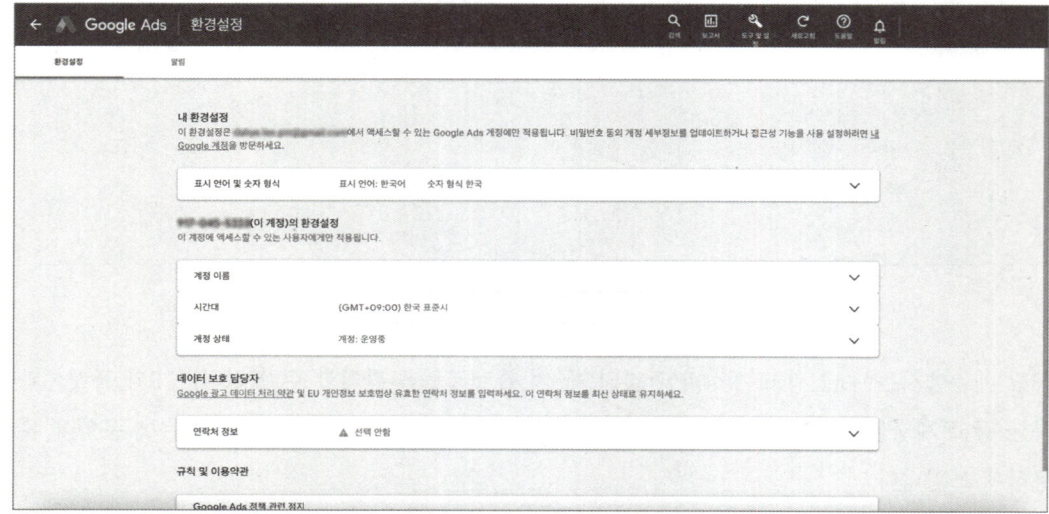

그림 7-51 환경설정

계정 정보 및 정보성 알림 수신 여부를 설정하는 페이지입니다.

판매자 센터

그림 7-52 판매자 센터

판매자 센터는 구글 쇼핑 광고에 필요한 상품의 데이터를 저장하는 피드를 관리하는 플랫폼입니다. 구글 애널리틱스와 같이 외부 플랫폼입니다. 판매자 센터에서는 상품들의 데이터를 업로드하고 구글 광고를 운영하기에 적합한지, 올바른 포맷으로 되어 있는지를 확인해 줍니다. 대량으로 상품의 데이터를 검수해 주기 때문에 쇼핑 광고 운영에 필수적인 플랫폼입니다.

결제

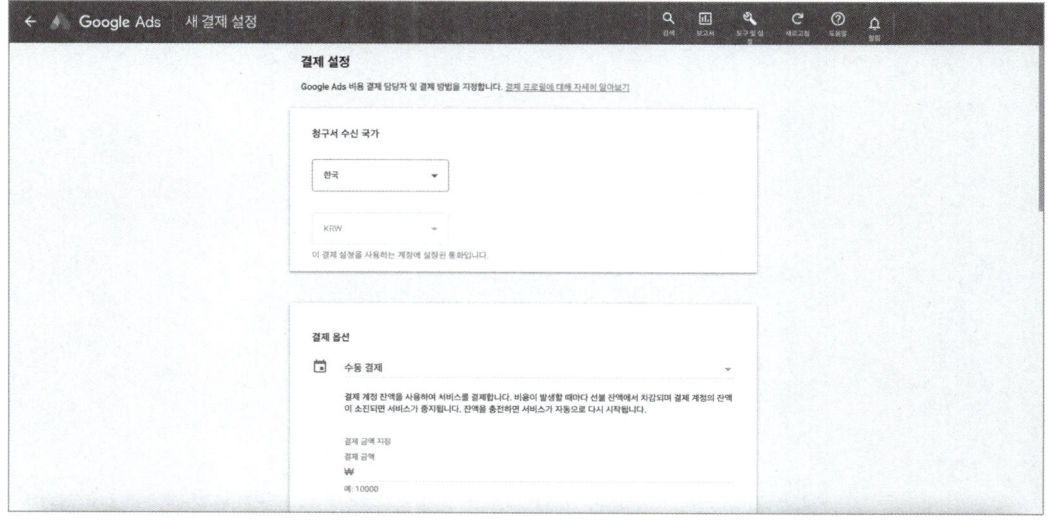

그림 7-53 결제

광고비를 지불할 방식을 선택하고, 인보이스를 관리하는 페이지입니다. 구글 광고를 운영하기 위해서는 먼저 결제 설정을 하고 승인을 받아야 합니다.

— 8장 —

한눈에 이해하는 퍼포먼스 마케팅 성과 분석

1. 퍼포먼스 마케팅 매트릭

검색 광고를 설정하는 법을 앞 장에서 배웠으니 캠페인이 잘 운영되고 있는지 확인해 볼 시간입니다. 책의 초반에서부터 퍼포먼스 마케팅은 데이터를 잘 보는 것이 중요하다고 했는데, 이번 장에서 매트릭을 어떻게 보는지에 대해서 배울 예정입니다. 매트릭은 광고의 성과를 보여주는 수치들입니다. 처음 보는 용어들이라 생소하고 어려울 수 있지만 수치 간의 관계를 그려보면서 이해하시는 것을 추천드립니다.

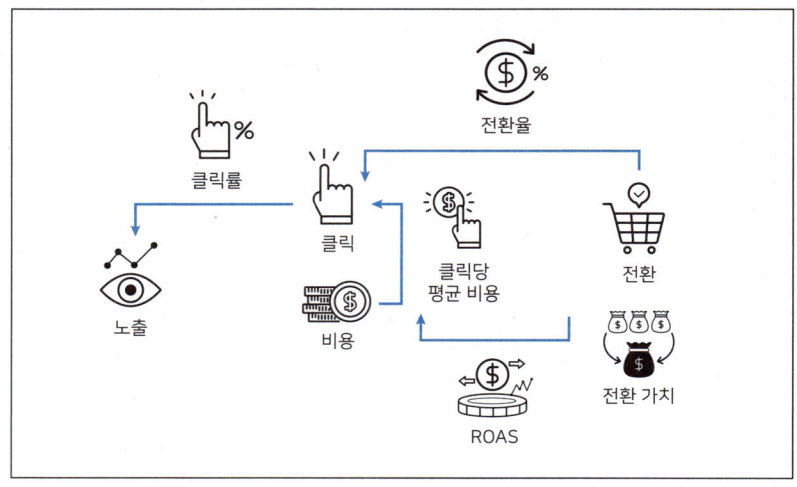

그림 8-1 매트릭 간의 관계

★ 노출(Impressions)

우리 광고가 사람들에게 몇 번이나 보였는지를 나타내는 수치입니다. 구글 검색 광고는 사람이 광고를 클릭할 때마다 광고비를 지불하는 상품이기 때문에 보여주는 것만으로는 광고비를 지불할 필요가 없습니다.

★ 클릭(Clicks)

사람들이 우리 광고를 몇 번이나 클릭했는지를 나타내는 수치입니다.

★ 비용(Cost)

광고를 운영하면서 총 지출한 비용을 보여주는 수치입니다.

★ 클릭률(CTR: Click Through Rate)

노출 대비 클릭이 얼마나 일어났는지 비율을 보여주는 수치입니다(클릭률=클릭/노출).

★ 클릭당 평균 비용(Avg. CPC: Average Cost Per Click)

클릭 한번 당 평균 광고비를 얼마나 지불했는지 나타내는 수치입니다(클릭당 평균 비용=비용/클릭).

★ 전환(Conversions)

회원가입, 구매 등 목표를 나타내는 수치입니다. 예를 들어, 구매가 1번 일어났다면 전환이 1로 측정됩니다.

★ 전환율(CVR: Conversion Rate)

클릭 대비 전환이 얼마나 일어났는지를 비율을 보여주는 수치입니다(전환율=전환/클릭).

★ 전환 가치(Conversion Value)

전환을 통해 얻게 된 수익을 보여주는 수치입니다. 예를 들어, 어떤 패션 플랫폼에서 캠페인을 통해 14,000원짜리 목걸이를 2개 팔았다면 전환은 2, 전환 가치는 28,000원이 됩니다.

★ 광고 수익률(ROAS: Return on Ad Spend)

광고 비용 지출 대비 얼마나 많은 수익이 발생했는지를 보여주는 수치입니다(광고 수익률=전환 가치/비용). 예를 들어, 광고비를 20,000원을 지불했고, 전환 가치가 100,000원이었다면 광고 수익률은 5가 됩니다. 광고 수익률은 숫자(5)로 표기하기도 하고, 퍼센트(500%)로 표기하기도 합니다.

2. 퍼포먼스 마케팅 매트릭 분석

앞에서 퍼포먼스 마케팅 매트릭의 정의에 대해서 배워보았으니 이제 각 수치가 상승하고 하락 했을 때 무엇을 의미하는지에 대해서 알아볼 시간입니다. 퍼포먼스 마케팅에서 데이터를 잘 이해한다는 말은 숫자를 읽는 것에 그치는 것이 아닙니다. 수치들 간의 관계를 이해하고 하나의 수치가 변화했을 때 나머지 수치들이 어떻게 유기적으로 영향을 받는지 이해를 해야지 데이터를 이해한다고 할 수 있습니다. 수치 분석에서 가장 중요한 점은 퍼포먼스 수치 분석에 절대적인 것은 없다는 것입니다. 어떤 수치가 올랐다고 무조건 좋은 것도, 무조건 나쁜 것도 아닙니다. 일반적으로 상승이 긍정적인 변화를 의미하는 수치도 수치의 변화가 극단적인 경우 부정적인 결과를 가지고 올 수 있습니다. 아래 차근차근 수치 별로 살펴보겠습니다.

★ 노출(Impressions)

일반적으로 노출값이 상승했다는 것은 긍정적인 신호입니다. 우리 광고가 더 많은 사람들이 볼 수 있도록 노출이 됐기 때문입니다. 노출 수가 변화했을 때는 아래의 사항들을 확인해 봅니다.

- **키워드 관련 이슈**: 회사 제품이 바이럴을 타거나 부정적인 뉴스가 있을 경우 사용자가 관련 키워드를 검색할 수 있기 때문에 노출이 높아질 수 있습니다. 검색어 리포트를 통해 어떤 키워드에서 노출 수가 늘어났는지 확인할 수 있습니다.
- **캠페인 예산 상승**: 원래는 예산을 제한적으로 설정했던 캠페인의 예산을 높였다면 광고가 더 많이 보이기 때문에 노출이 상승할 수 있습니다. 반대로 캠페인 예산을 낮췄다면 노출값이 하락할 수 있습니다.
- **최대 CPC 설정**: 최대 CPC값을 높였다면, 경쟁 순위에서 유리한 위치를 선점해 노출이 높아질 수 있습니다. 반대의 경우 CPC가 낮아집니다.
- **입찰 전략 설정**: 입찰 전략 중에 "타깃 노출 점유율"을 사용하면 검색 결과 페이지에 내 광고가 최대한 많이 노출할 수 있도록 키워드값을 자동으로 조절합니다. 이 경우 노출값은 높아지지만 광고 효율이 떨어질 수 있습니다. 노출이 늘어난 경우 입찰 전략이 타깃 노출 점유율으로 되어 있는지 점검해 봅니다.
- **경쟁 상황의 변화**: 경쟁사가 우리 회사 관련 키워드에 평소에는 비딩을 하고 있다가 멈췄다면, 우리 광고가 단독으로 검색 결과에 노출될 수 있기 때문에 노출값이 상승할 수 있습니다.
- **키워드, 광고 품질 점수의 변화**: 품질 점수가 높아졌다면 광고가 더 많이 노출될 수 있습니다.
- **자사의 서비스와 관련 없는 검색어를 통한 유입 상황**: 위에서 예를 들었던 것처럼 "베어"라는 디자이너 브랜드를 타기팅하고 있는데 "베어 그릴즈"와 관련 이슈가 생기면 브랜드와 관

련 없는 검색어를 통한 노출이 높아질 수 있습니다. 이럴 때는 관련 키워드를 제외 키워드 리스트에 추가하여 관리해야 합니다.

- **캠페인 설정**: 캠페인이 예기치 않게 중지됐을 경우 노출값이 하락할 수 있습니다.
- **키워드, 광고 품질 지수가 낮아지지는 않았는지**: 품질 지수가 낮아질 경우 경쟁에서 밀려 노출 수가 낮아질 수 있습니다. 반대로 품질 지수가 높으면 노출값이 상승할 수 있습니다.
- **시즌별 트렌드**: 일반적인 비즈니스에서는 계절, 월별로 다른 노출 트렌드를 가지고 있습니다. 예를 들어, 이커머스 비즈니스 같은 경우는 크리스마스 전후로 노출이 이전 달에 비해 증가하는 편입니다. 전년 노출 트렌드를 참고해 노출 수준을 확인해 봐야 합니다.

★ 클릭(Clicks)

일반적으로 클릭값이 상승했다는 것은 긍정적인 신호입니다. 더 많은 사람들이 우리 광고를 클릭했다는 것을 나타내는 신호이기 때문입니다. 클릭 트렌드는 보통 노출의 트렌드와 유사하기 때문에 위 노출이 변화했을 때 점검해야 하는 항목들을 확인해 보시면 됩니다. 아래 세 가지는 클릭 변화가 일어났을 때 특별하게 살펴봐야 할 설정들입니다.

- **광고 카피 설정**: 광고가 소비자가 검색하는 키워드와 관련이 없다면 품질 지수도 낮아질 뿐만 아니라 소비자의 관심을 끌지 못하여 클릭이 하락할 수 있습니다. 반대로 광고가 매력적이면 소비자의 관심을 끌어 클릭 수가 늘어납니다.
- **스팸 계정이 우리 광고를 클릭하고 있지 않은지**: 스팸 계정이 우리 광고를 클릭할 수도 있습니다. 이럴 때는 관련 IP 주소를 차단해야 합니다.
- **경쟁 상황의 변화**: 경쟁사가 광고 카피를 매력적으로 바꿀 경우(예. 세일) 소비자의 관심을 끌어 자사 광고의 클릭 수가 낮아질 수 있습니다.

★ 비용(Cost)

비용의 상승과 하락은 부정적이지도, 긍정적이지도 않은 신호입니다. 일반적으로 비용이 상승한다면 그만큼 돈을 많이 지불하는 것이니까 부정적인 거 아닌가라고 생각하실 수도 있습니다. 하지만 비용의 상승보다 더 중요한 것은 이미 배정되어 있는 예산을 계획대로 지출하는 것입니다. 예산을 쓰고 있는 속도가 느려서 속도를 맞추기 위해 비용을 상승시키는 것은 부정적인 신호가 될 수 없습니다. 따라서 비용은 극단적인 변화에 초점을 맞춰 관리합니다.

- **캠페인 예산**: 캠페인 예산이 늘어난다면 구글 애즈 시스템에서도 이에 맞춰 광고비를 소비하기 때문에 비용이 상승합니다. 반대로 캠페인 예산이 줄어든다면 비용도 자연스럽게 하락합니다.
- **캠페인 설정**: 비용이 상승한 캠페인의 설정이 잘 되어 있는지 점검해 봅니다. 예를 들어, 위치 타기팅을 잘못 설정해 대한민국만 타기팅해야 하는 캠페인을 미국에도 타기팅한다면 비용이 상승할 수 있습니다. 국가 외에도 다각도로 캠페인 설정을 확인해 봅니다. 가장 흔하게 하는 실수는 잠재 고객 타기팅 설정입니다. 잠재 고객 타기팅 설정을 [관찰]로 설정해두면 모든 고객들에게 광고가 노출되는데, [타기팅]으로 설정해두면 추가해둔 잠재 고객에만 광고가 노출되기 때문에 비용이 급격하게 하락합니다.
- **평균 CPC, 클릭 수의 변화**: 위에서 배운 것처럼 모든 매트릭은 유기적으로 연결되어 있습니다. 비용은 평균 CPC와 클릭 수를 곱해서 계산하기 때문에 평균 CPC가 높아지거나 클릭 수가 늘어나면 비용도 자연스럽게 상승하게 됩니다. 반대로 평균 CPC와 클릭 수가 낮아지면 비용도 하락합니다.
- **경쟁 상황의 변화**: 경쟁이 늘어난 경우 키워드값을 높여야 우리 광고를 노출할 수 있으므로 비용도 상승합니다.

★ 클릭률(CTR: Click Through Rate)

일반적으로 클릭률이 상승했다는 것은 긍정적인 신호입니다. 광고 노출 수 대비 클릭 수가 많아졌다는 말은 우리 광고 카피나 소재가 그만큼 매력적이었다는 것을 나타내는 것이기 때문입니다. 클릭률을 분석할 때는 아래 사항들을 확인합니다.

- **노출과 클릭의 수**: 클릭률은 클릭 수 대비 노출 수로 결정됩니다. 따라서 노출 수가 줄어들고 클릭 수가 그대로라면 클릭률이 높아집니다. 반대로 노출 수가 증가하고 클릭 수가 그대로면 클릭률이 낮아집니다. 노출이 지나치게 늘어서 클릭률의 하락으로 이어진 건 아닌지 확인해 봅니다.
- **광고 소재**: 광고 소재가 소비자의 이목을 끌 수 있도록 충분히 매력적이게 작성되었는지, 특별히 효율이 좋은 소재가 있는지 확인해 봅니다. 반응형 검색 광고의 효율 수준을 확인해 광고의 효율을 측정할 수 있습니다.
- **광고 퀄리티 점수, 광고의 위치**: 광고의 퀄리티 점수가 높다면 광고 결과 페이지에서 상단의 위치를 점유할 확률이 크고 CTR도 상승합니다.

- **확장 소재**: 확장 소재를 광고 소재와 함께 추가하면 광고의 주목도가 높아지기 때문에 클릭률이 상승합니다. 확장 소재가 갑자기 제거된 것은 아닌지, 연결 링크는 제대로 작동하는지 확인해 봅니다.

★ 클릭당 평균 비용(Avg. CPC: Average Cost Per Click)

일반적으로 클릭당 평균 비용이 상승했다는 것은 부정적인 신호입니다. 이것은 클릭당 지불하는 평균 비용이 높아졌다는 의미이고, 전체적인 비용 상승으로 이어지기 때문입니다. 하지만 아무리 클릭당 비싼 비용을 지불한다고 해도, 해당 키워드에 대한 클릭이 전환으로 이어지는 비율이 높다면 높은 비용을 지불할 만한 가치가 있습니다. 따라서 위 수치들처럼 극단점에 주의하며 균형을 맞춰야 합니다. 클릭당 평균 비용이 변화했을 때는 아래 사항들을 확인해 봅니다.

- **최대 CPC 설정**: 최대 CPC를 높이면 클릭당 그만큼 많은 돈을 지불할 의사가 있다는 뜻이니 실제 CPC가 상승할 수 있습니다. 반대로 최대 CPC를 낮출 경우 평균 CPC가 낮아질 수 있습니다.
- **경쟁 상황의 변화**: 경쟁이 늘어났을 경우 CPC가 상승, 반대의 경우 하락할 수 있습니다.
- **타기팅 설정**: 잠재 고객 타기팅 설정이 타기팅으로 설정되어 있으면 특정 잠재 고객에게만 광고가 노출되기 때문에 CPC 상승으로 이어질 수 있습니다. 반대로 관찰로 설정되었을 경우 좀 더 많은 잠재 고객에게 광고가 도달하게 되어 클릭당 평균 비용이 하락할 수 있습니다.
- **키워드 품질 점수**: 키워드 품질 지수가 높아질 경우 클릭당 평균 비용이 낮아질 수 있습니다.
- **검색어 리포트**: 광고가 자사와 밀접하게 연관이 없는 지나치게 일반적인 키워드에 노출될 경우 경쟁이 높기 때문에 평균 CPC가 증가할 수 있습니다. 검색어 리포트에서 검색어별 성과를 확인해 봅니다.
- **롱테일 키워드**: 길이가 긴 키워드를 롱테일 키워드라고 부릅니다. 검색창에 상대적으로 긴 키워드를 검색하는 경우 일반적인 키워드를 검색하는 사용자에 비해 구매 의도가 높을 확률이 높습니다(일반적인 키워드: 오메가 시계 vs 롱테일 키워드: 오메가 메탈 39.5mm 오토매틱 워치). 롱테일 키워드는 품질 지수가 높을 확률이 높으므로 평균 CPC를 낮추기 위한 좋은 전략입니다.

★ 전환(Conversions)

일반적으로 전환값이 높아졌다는 것은 긍정적인 신호입니다. 말 그대로 우리가 목표로 설정한 회원가입이나 구매 수가 높아졌다는 의미이기 때문입니다. 전환 수의 변화를 이해하고 싶다면 아래 사항들을 확인해 보면 좋습니다.

- **CVR의 변화**: CVR이 낮아지는 경우 전환이 영향을 받기 때문에 클릭 대비 전환 수가 건강한 수준인지 확인해 봐야 합니다.
- **트래킹**: 전환 수가 급격하게 낮아지거나 아예 기록되지 않는다면 트래킹이 제대로 되고 있는지 점검해 봐야 합니다.
- **웹사이트가 잘 작동하는지**: 웹사이트가 작동하지 않을 경우 클릭을 해서 웹사이트에 방문을 했더라도 구매를 할 수 없기 때문에 전환 수가 낮아질 수밖에 없습니다. 또한, 페이지의 속도도 전환에 크게 영향을 미칩니다.
- **제품 품절 여부**: 아무리 좋은 광고를 보여줘도 제품을 구매할 수 없다면 전환이 낮을 수밖에 없습니다.

★ 전환율(CVR: Conversion Rate)

일반적으로 전환율이 높아졌다는 것은 긍정적인 신호입니다. 클릭을 한 고객들 중 전환으로 이어진 고객들의 비중이 높아졌다는 의미이기 때문입니다. 전환율이 상승, 하락했을 때 살펴봐야 할 것들은 위의 전환 수의 변화에 대해서 확인해 봐야 할 것들과 대부분 일치합니다. 한 가지 다른 점이 있다면 전환율은 클릭 수에 영향을 받습니다. 전환율을 구하는 공식은 전환 나누기 클릭 수이기 때문에 클릭 수가 지나치게 늘고 전환 수가 비례해서 늘지 못했다면 전환율이 낮을 수밖에 없습니다.

★ 전환 가치(Conversion Value)

일반적으로 전환 가치가 높아졌다는 것은 긍정적인 신호입니다. 광고 캠페인의 궁극적인 목표인 매출이 상승했다는 의미이기 때문입니다. 전환 가치 또한 일반적으로 전환과 비슷한 경향을 가지기 때문에 전환에서 살펴봤던 항목들을 확인해 보면 좋습니다. 한 가지 다른 점이 있다면 전환 가치는 AOV에 영향을 많이 받습니다. AOV(Average Order Value)는 주문 당 평균 가치를 의미합니다. 만약 AOV가 낮은 주문의 비율이 높아진다면, 전환 수는 일정하더라도 전체적인 전환 가치가 낮아질 수밖에 없기 때문에 주의 깊게 관찰해야 합니다.

★ 광고 수익률(ROAS: Return on Ad Spend)

일반적으로 광고 수익률이 높아졌다는 것은 긍정적인 신호입니다. 투자 대비 매출이 많이 발생했다는 의미이기 때문입니다. ROAS는 광고비 대비 매출액으로 결정되기 때문에 전환 가치가 동일하다는 전제하에 비용이 높아지면 ROAS가 낮아지고, 비용이 낮아지면 ROAS가 증가합니다. 비용의 변화가 ROAS에 영향을 미치지는 않았는지 확인해 봅니다. 또한, 전환 가치가 지나치게 낮아진 캠페인은 없는지 확인하고 이유를 분석합니다.

3. 퍼포먼스 마케팅 보고서 작성법

앞에서 퍼포먼스 마케팅 용어와 수치들에 대해서 배워보았습니다. 이 지식을 바탕으로 외부의 이해관계자나 상사에게 보고할 퍼포먼스 마케팅 보고서를 작성하는 법에 대해서 배워보겠습니다.

★ 기본적으로 포함해야 할 사항들

데이터의 기간, 타깃, 위치(국가), 채널 별 성과, 분석은 필수로 포함해야 합니다.

★ 목표 수치(타겟)를 포함해야 합니다.

목표 수치를 리포트에 포함하면 리포트를 읽는 독자들이 목표 대비 성과의 수준을 이해할 수 있습니다.

★ 중학생도 이해하기 쉽게 적어야 합니다.

아무리 좋은 데이터와 현란한 해석이 들어간 보고서라도 읽는 사람이 이해를 하지 못하면 소용이 없습니다. 퍼포먼스 마케팅은 여러 전문 용어들 및 약자가 많기 때문에 독자의 이해 수준을 고려해서 최대한 쉽게 작성되어야 합니다.

★ 분석 없는 데이터는 숫자일 뿐입니다.

데이터를 나열해 놓기만 하면 독자들은 이 데이터가 무엇을 의미하는지 이해하기 힘듭니다. 데이터를 제시할 때는 해석을 꼭 포함해야 합니다. 예를 들어, CTR이 4.57%를 기록했으면 이것이 평균 대비 높은 수치인지, 낮은 수치인지 알려주고 성장세는 어떠한지 함께 분석을 포함해 주면 좋습니다.

★ 숫자 뒤의 배경을 제공합니다.

데이터가 변화한 이유에 대해 함께 설명합니다. 예를 들어, CTR이 20%가 올랐다면, "CTR이 오른 이유는 광고 A/B 테스트를 위해 새로 업로드한 소재가 퍼포먼스가 좋았기 때문이다."와 같은 배경을 함께 설명해 줘야 합니다.

★ 중요하고 의미가 있는 사항만 포함합니다.

유의미한 변화가 있었던 사항들만 보고서에서 강조하고, 큰 변화가 없었던 수치들은 따로 설명해 주지 않아도 됩니다.

★ 앞으로의 계획이 포함되어야 합니다.

궁극적으로 리포트를 작성하는 이유는 과거의 퍼포먼스를 분석해 배우고, 미래의 캠페인 운영에 적용해서 퍼포먼스 개선을 하기 위함입니다. 모든 리포트에서는 배웠던 내용과 앞으로의 계획은 무엇인지를 포함합니다.

— 9장 —

성과를 개선하는 구글 검색 광고 최적화 방법

지금까지 구글 검색 광고를 만드는 법에 대해서 배워보았습니다. 캠페인을 론칭했다면 본격적으로 퍼포먼스 마케터들의 일이 시작됩니다. 퍼포먼스 마케터가 하는 일 중에 가장 중요한 일은 캠페인을 운영하고 얻은 데이터를 통해서 최적화를 진행하는 것입니다. 최적화는 최소의 비용으로 최대의 효율을 내는 일을 통칭합니다. 이번 장에서는 구글 검색 광고를 최적화하는 법에 대해서 배워보겠습니다.

1. 구글 애즈 베스트 프랙티스

구글은 광고주가 광고를 운영하는 데 도움을 주기 위해서 "구글 애즈 베스트 프랙티스"를 구글 애즈 서포트 페이지에 게시해 놓았습니다. 구글 애즈 베스트 프랙티스는 최고의 성과를 내기 위한 구글이 제안하는 규칙들입니다. 구글 내부 데이터를 기반으로 하며 구글 광고를 설계한 전문가들의 검증을 받은 내용입니다. 검색 광고 최적화의 기본은 이 베스트 프랙티스를 따르는 것입니다. 구글은 검색 광고 최적화 방식을 크게 두 가지로 구분합니다.

★ 효과적인 검색 광고 만들기

눈길을 사로잡는 독창적인 광고 문구 작성하기

사용자와 최대한 연관성이 높은 광고 문구를 작성해야 합니다. 사용자의 혜택을 강조하고, 키워드와 연관성 있는 문구를 작성합니다. 또한, 광고 문구에 구체적인 행동을 유도하는 문구를 사용해야 합니다(예. 지금 구매하세요, 지금 클릭하세요). 또한, 반응형 검색 광고를 만들 때 효력이 좋은 광고를 만드는 데 집중하여 실적을 개선할 수 있습니다.

브랜드 및 제공하는 제품과 서비스를 나타내는 메시지 작성하기

동적 검색 광고를 활용하여 다양한 길이의 광고 제목을 테스트해서 가장 효율이 좋은 광고 제목을 발굴해야 합니다. 광고 제목은 가장 먼저 눈에 띄는 부분인 만큼 광고 실적에 큰 영향을 미치기 때문입니다. 또한, 모든 기기에서 사용자의 관심을 끄는 광고 문안을 사용해야 합니다.

효과적인 광고 설정하기

최대한 맞춤형 제목과 설명란을 많이 추가해야 합니다. 관리해야 하는 광고가 많은 경우 키워드 삽입과 광고 맞춤 설정 도구를 활용하면 좋습니다. 반응형 검색 광고를 스마트 자동 입찰 및 확장검색 키워드와 사용하면 최대한 많은 수의 관련성 높은 사용자에게 메시지를 전달할 수 있습니다.

광고 확장으로 광고 개선하기

관련성이 높고 품질이 우수한 광고 확장을 사용하고, 비즈니스에 도움이 되는 광고 확장을 모두 사용합니다. 광고 확장을 사용하면 광고의 유용성과 사용자의 관심도를 높일 수 있기 때문입니다.

광고 소재 메시지 테스트 및 최적화하기

우수한 실적을 가진 광고 문안이 있으면 그와 유사한 광고 소재 메시지를 계속 테스트하고 반복해서 실적을 높일 수 있습니다. 광고 실적은 광고 그룹과 캠페인에서 발생하는 노출 수, 클릭 수, 전환 수의 증가분을 토대로 평가할 수 있습니다.

★ 알맞은 고객들에게 도달하기

키워드 전략에 맞춰 입찰하기

입찰 목표를 기준으로 캠페인을 그룹화한 후 키워드 검색 유형을 선택합니다. 입찰 전략의 목표에 따라 키워드의 유형을 다르게 설정해야 합니다. 예를 들면 ROAS로 전환 가치를 극대화하는 입찰 전략에는 확장 검색 키워드를 활용하는 게 좋고, 타깃 노출 점유율과 같은 입찰 목표는 구문 검색 또는 일치 검색을 사용하는 것이 좋습니다.

검색 자동화를 통해 광고의 도달 범위, 관련성, 실적 극대화

스마트 자동 입찰과 함께 확장 검색을 사용하면 목표 내에서 실적을 낼 것으로 예상되는 비즈니스에 대해 좀 더 관련성 높은 검색에 도달할 수 있습니다.

계정 구조 간소화

스마트 자동 입찰과 확장 검색만 사용하는 캠페인을 통해 계정을 간소화하고, 키워드를 유사한 테마의 광고 그룹과 캠페인으로 그룹화해야 합니다.

2. 추천 기능

추천은 계정의 요소들과 퍼포먼스들을 맞춤 분석해서 퍼포먼스를 개선하기 위한 개선 사항을 알려주는 구글 애즈의 기능입니다. 구글 광고 좌측 메뉴에서 확인할 수 있습니다. 계정의 데이터가 쌓일수록 더 많은 분석을 제공합니다.

그림 9-1 추천

추천은 최적화 점수를 통해 계정의 수준을 확인할 수 있습니다. 최적화 점수는 100%가 만점이므로 권장사항들을 적용하며 점수를 높일 수 있습니다. 추천의 장점은 단순히 분석만 제공하는 것이 아니라 바로 추천 사항을 자동으로 적용할 수 있다는 것입니다. 추천 기능을 사용하면 계정 내 개선이 필요한 사항들을 빠르게 수정할 수 있습니다.

3. 퍼포먼스를 기반으로 한 최적화 방법

구글 애즈가 추천하는 최적화 사항들은 여러 비즈니스를 대상으로 테스트를 하고 분석을 통해서 제공하는 범용화된 내용입니다. 따라서 구글 애즈가 추천하는 기능들도 때로는 개개인의 비즈니스의 특성에 따라서 효과가 없을 수 있습니다. 퍼포먼스 마케터는 열린 마음을 가지고 테스트를 설계하고, 구글 최신 자동화 기술 업데이트 내용과 계정의 실제 데이터를 기반으로 내 비즈니스 맞춤형 베스트 프랙티스를 개발하는 것이 좋습니다.

범용적으로 사용하는 예시를 아래 수준별로 소개해 드리겠습니다. 베스트 프랙티스는 서비스마다, 계정마다 다르기 때문에 정답은 아니니 참고만 하시면 좋을 것 같습니다.

★ 관리자 계정 및 계정

- 계정별로 전환 가치, ROAS 확인 후 더 높은 계정으로 예산을 추가 분배합니다.
- 퍼스트 파티 오디언스 데이터를 MCC 레벨에서 추가 후 각 계정에 연결합니다(퍼스트 파티 잠재 고객은 서비스 내 데이터베이스에서 직접 다운로드해 구글과 공유하는 고객 리스트를 말합니다).

★ 캠페인 및 광고 그룹

- **위치**: 국가뿐만이 아닌 도시 수준의 위치 데이터도 수집, 퍼포먼스에 따라 입찰가를 조정합니다.
- **입찰 전략**: 전환 데이터가 충분히 쌓이면 입찰 전략을 통해 목표를 달성합니다.
- **검색 파트너**: 관련 키워드 노출을 높이고 싶은 경우 사용합니다.
- **잠재 고객 타기팅 설정**: 제네릭 키워드(Generic Keywords) 같은 경우는 잠재 고객 추가 후 [관찰]이 아니라 [타기팅]으로 설정합니다(제네릭 키워드는 특정 브랜드 이름이 들어간 키워드가 아닌, "옷", "신발"과 같은 일반 키워드를 말합니다).

★ 키워드

- 한 그룹 내에 키워드는 일치 검색은 무조건 포함하고, 확장 검색과 구문 검색 둘 중 하나를 퍼포먼스에 따라 선택해 일치 검색과 함께 추가합니다.
- 확장 검색 및 구문 검색 키워드의 최대 클릭당 비용(Max CPC)은 일치 검색보다 낮게 설정합니다.
- 퍼포먼스에 따라 최대 클릭당 비용 조절 - 키워드 퍼포먼스가 좋은 경우 최대 클릭당 비용을 올리고 반대의 경우 낮춥니다.
- 키워드 노출 수가 적어서 퍼포먼스가 좋은지 나쁜지 결정하기 애매한 경우는 최대 클릭당 비용을 높여서 클릭 수를 더 얻고 난 후 결정합니다.
- 매주 검색어 리포트를 확인하고 서비스와 관련성이 낮은 키워드는 제외 키워드 리스트에

추가합니다(평균 CPC나 비용 내림차순으로 정렬 시 비싸고 관련 없는 키워드를 빨리 확인 가능합니다).

★ 광고

- 광고 그룹 당 반응형 검색 광고를 하나씩 추가합니다.
- 반응형 검색 광고의 효율을 개선하기 위해 효율이 좋지 않은 광고 구문은 제외하고 새로운 구문을 계속 추가하면서 테스트합니다.

★ 확장 소재

- 확장 소재는 가능한 많은 종류를 추가합니다.
- 캠페인, 광고 그룹별로 맞춤 확장 소재를 추가하는 게 가장 좋습니다.

★ 타기팅

- 성별, 연령, 자녀 유무, 가구 소득 같은 잠재 고객 요소들은 추가해두고 퍼포먼스를 관찰 후 입찰가를 조정합니다.
- 잠재 고객 리스트 중 가장 중요한 것은 퍼스트 파티 잠재 고객이니 캠페인마다 필수로 추가합니다.
- 제네릭 캠페인에서는 잠재 고객 리스트 퍼포먼스를 더 자주 확인하고 입찰가를 조정합니다.

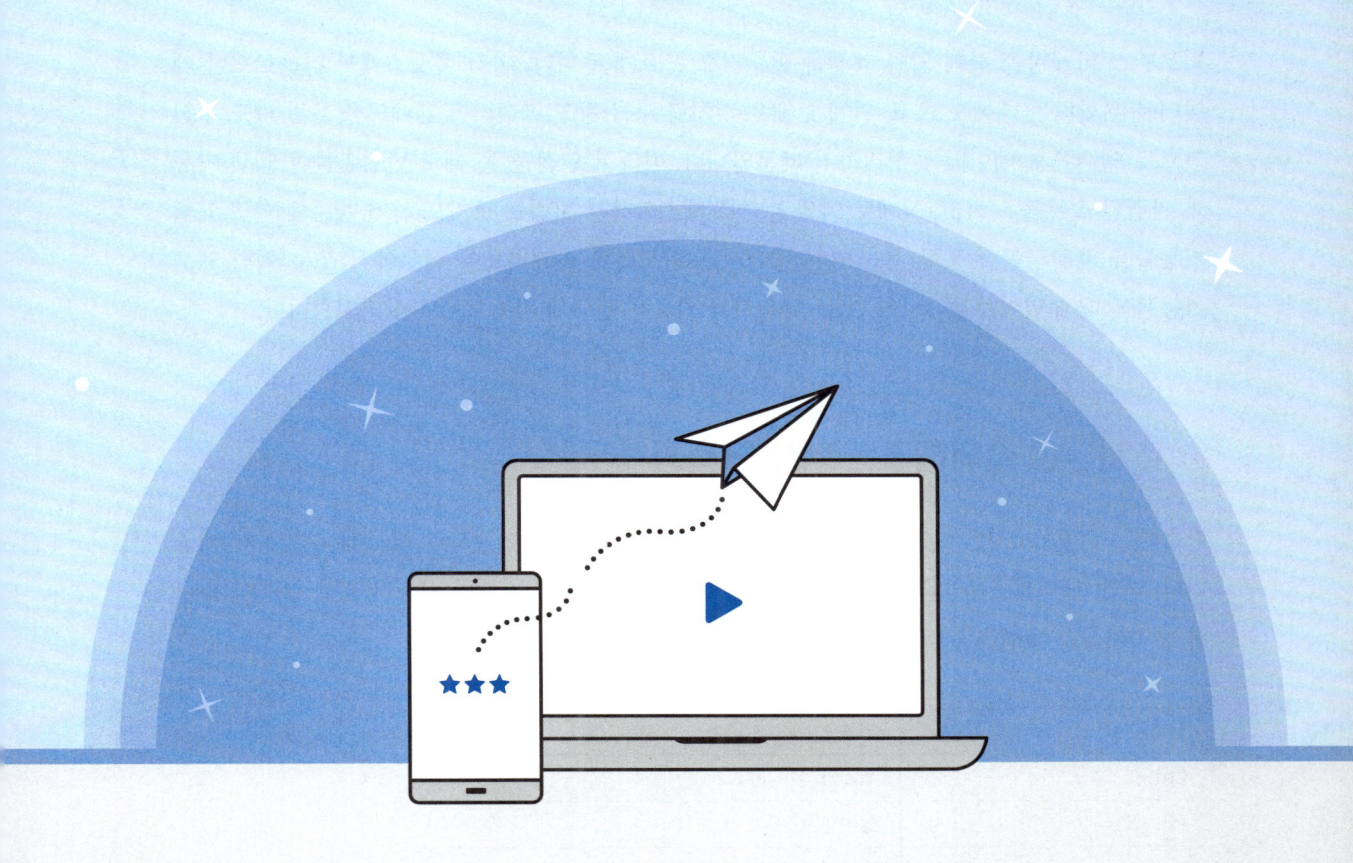

— 10장 —

실무에서 바로 쓰는 퍼포먼스 마케팅 필수 엑셀 기능들

퍼포먼스 마케팅을 하게 되면 엑셀을 필수적으로 쓰게 됩니다. 여러 플랫폼에서 다운로드한 데이터를 취합하는 데에도 쓰고, 위에서 배운 것처럼 구글 광고 에디터에 캠페인을 올릴 때도 우선적으로 엑셀에서 데이터를 정리하기 때문입니다. 따라서 면접을 볼 때도 면접관들이 엑셀 기능과 관련된 질문들을 하고, 실제로 엑셀 능력을 테스트하는 시험을 보기도 하기 때문에 미리 엑셀 기능들을 배워두면 유용합니다. 이번 장에서는 퍼포먼스 마케터들이 실무에서 쓰는 핵심 엑셀 기능들에 대해 알아보겠습니다. 모든 단축키와 기능은 윈도우 기준으로 작성되었습니다.

1. 시간을 절약해주는 엑셀 단축키

단축키는 마우스로 번거롭게 이동할 필요 없이 원하는 작업을 키보드로 빠르게 수행하게 해줍니다. 아래 단축키들은 외워두고 필요할 때마다 사용하시길 추천드립니다. 자세한 설명이 필요한 단축키들은 별표를 달아두고 아래 자세히 설명하도록 하겠습니다.

단축키	기능
Ctrl + C	복사하기
Ctrl + V	붙여넣기
Ctrl + X	잘라내기
Ctrl + Z	이전으로 되돌리기
Ctrl + A	전체 선택
Ctrl + D*	바로 위의 셀 복사
Ctrl + S	저장하기
Ctrl + 방향키*	입력값 가장 끝부분으로 이동
Ctrl + Shift + 방향키*	입력값 시작부터 마지막까지 선택하여 이동
Ctrl + +/-	열 추가/삭제
Ctrl + 스페이스 바	행 선택
Shift + 스페이스 바	열 선택
Ctrl + Alt + V*	선택하여 붙여넣기
Alt*	단축키 메뉴 보기
Alt + Enter*	셀 안에서 줄 바꿈
F2*	셀 입력값 수정
F4*	셀 절대 참조
F12	다른 이름으로(새 문서로) 저장하기

★ **Ctrl + D**

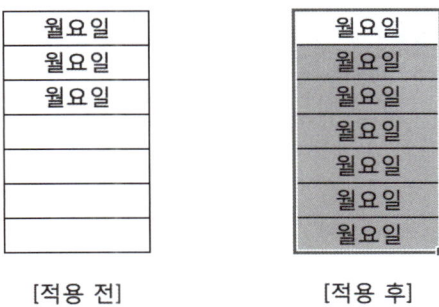

그림 10-1 Ctrl + D 단축키 예제

해당 단축키는 가장 위의 셀에 있는 값이나 수식을 아래 빈 셀에 똑같이 채워주는 역할을 합니다. 데이터가 이미 들어 있는 범위와 데이터가 채워질 범위 전체를 선택 후 Ctrl + D를 클릭합니다. 복사, 붙여넣기를 해야 하는데 붙여넣어야 하는 셀이 많은 경우 유용합니다.

★ **Ctrl + 방향키, Ctrl + Shift + 방향키**

해당 단축키는 데이터가 많은 경우 원하는 방향의 마지막 셀로 이동하는 데 도움을 줍니다. 예를 들어, Ctrl + ↓를 누를 경우 가장 아래의 셀로 이동합니다(←: 가장 왼쪽 셀, →: 가장 오른쪽 셀, ↑: 가장 위 셀).

★ **Ctrl + Alt + V**

Ctrl + V의 상위 버전입니다. 원하는 방식으로 붙여넣기를 하는 단축키입니다. 수식만 붙여넣기, 텍스트만 붙여넣기, 형식만 붙여넣기 등 여러 가지 옵션이 있습니다. 인터넷에서 값을 복사했는데, 색이나 폰트 같은 서식을 제거하고 싶을 때 텍스트만 붙여넣기 옵션이 유용합니다.

★ Alt

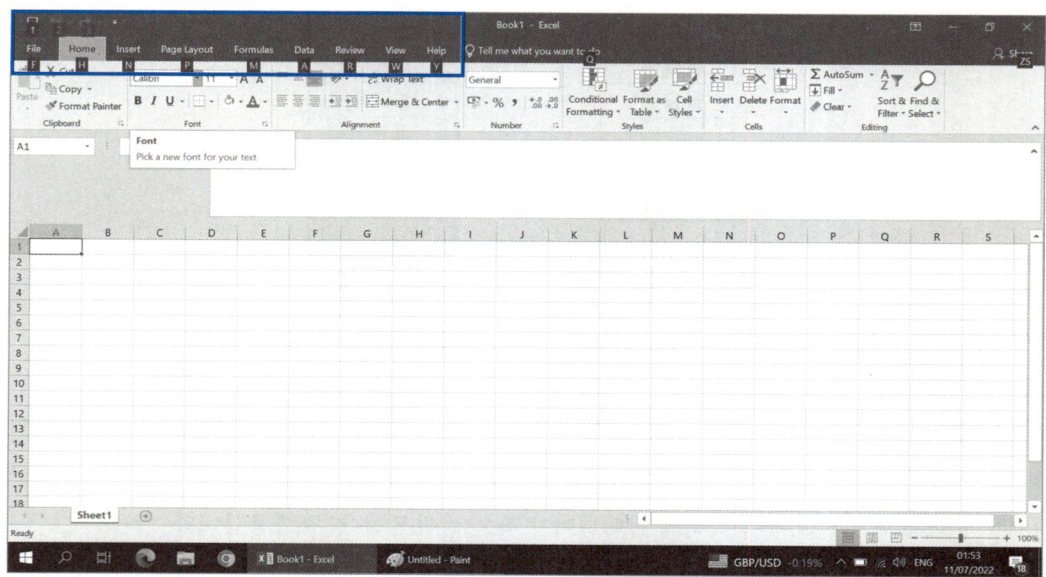

그림 10-2 Alt

모든 단축키를 외우기 힘들다면 Alt 키를 사용하시는 것을 추천드립니다. Alt 키를 엑셀에서 누르면, 모든 상위 메뉴의 단축키가 나옵니다. 이를 이용하여 원하는 메뉴에 들어가서 기능을 선택하면 마우스 없이도 편하게 모든 기능을 사용할 수 있습니다.

★ Alt + Enter

셀 안에서 줄바꿈을 할 때 쓰는 단축키입니다. 엑셀에서는 우리가 일반 웹에서 줄바꿈을 하는 것처럼 Enter 키를 누르면 아래 셀로 넘어가 버립니다. 이때 Alt + Enter를 이용하면 같은 셀 안에서 줄바꿈을 할 수 있습니다.

★ F2

셀 내용을 일부만 수정하고 싶을 때 그냥 입력을 시작하면 셀의 내용이 전부 덮어 씌워져 버립니다. 이때 F2를 사용하면 마우스로 더블클릭할 필요 없이 셀의 일부 내용만 수정할 수 있습니다.

★ F4

F4는 참조하고 싶은 셀을 절대 참조할 때 쓰이는 단축키입니다.

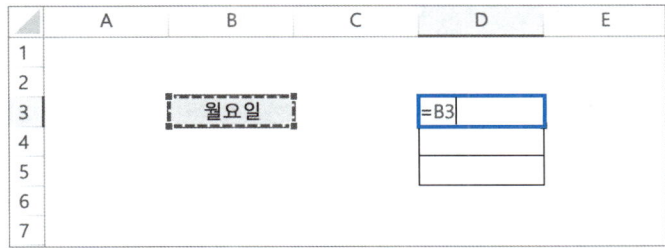

그림 10-3 F4 단축키 예제 1

예를 들어, D3, D4, D5 열에 모두 B3의 열에 있는 "월요일"이라는 값을 입력하고 싶다고 가정해 보겠습니다. D3에서 B3의 값을 참조하고 싶다면 간단하게 "=B3"과 같다는 의미를 가진 수식을 사용하면 됩니다.

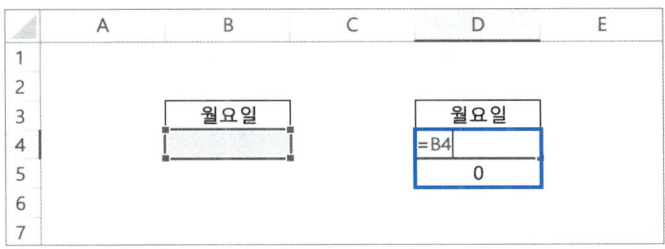

그림 10-4 F4 단축키 예제 2

아래에도 똑같은 수식을 적용하고 싶으니 위에서 배운 Ctrl + D를 이용해서 아래 셀들을 채워 넣어보겠습니다. 그런데 결괏값을 확인하니 D4와 D5에 값이 없다는 "0"이라는 값이 뜹니다. 엑셀은 기본 설정이 상대 참조로 되어 있어서, 수식을 그대로 사용할 경우 상대적으로 같은 위치에 있는 셀이 참조되기 때문입니다. 위 경우에는 D4와 상대적인 셀은 B4이고, D5와 상대되는 셀은 B5입니다.

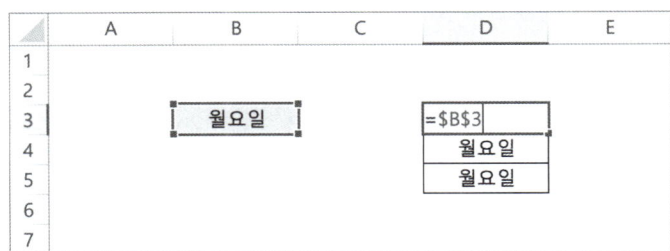

그림 10-5 F4 단축키 예제 3

10장 실무에서 바로 쓰는 퍼포먼스 마케팅 필수 엑셀 기능들하지만 "=B3"을 입력하고 키보드에서 F4 키를 누른다면 열과 행 앞에 달러($) 표시가 붙게 되고 절대 참조가 됩니다. 이 말은 아래 D4, D5 셀들을 드래그나 Ctrl + D를 사용해서 채워 놓아도 B4, B5가 참조되는 것이 아닌 B3이 절대적으로 참조가 된다는 것입니다. 이렇게 F4 절대 참조를 이용하면 아래 D4, D5 셀들에서도 똑같이 월요일이라는 값을 출력할 수 있습니다.

2. 면접에서 꼭 물어보는 함수

엑셀을 가장 유용하게 쓸 수 있는 방법은 함수를 사용하는 것입니다. 함수는 직접 계산하기 복잡하거나 반복적인 계산들을 도와주는 기능입니다. 엑셀 함수를 입력하기 위해서는 셀 안에서 "=" 부호로 값을 시작하면 됩니다. 이때 Tab 키를 이용하면 함수를 입력하는 데 도움을 받을 수 있습니다. 예를 들어, VLOOKUP 함수를 쓰기 위해서 "=vl"과 같은 함수 일부분을 입력하고 Tab 키를 누르면, 자동으로 =VLOOKUP 함수가 입력되면서 순서대로 어떤 값을 입력해야 하는지 가이드가 나옵니다. 아래 각각의 함수들에 대해 자세히 알아보겠습니다.

★ SUM - 선택 값들을 모두 더하고 싶을 때 쓰는 함수

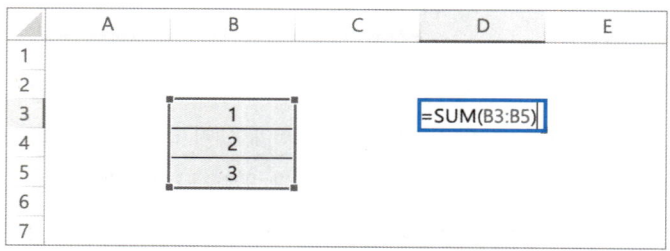

그림 10-6 SUM 함수 수식

SUM 함수는 선택한 셀의 값을 모두 더해주는 함수입니다. 가장 간단하지만 그만큼 자주 쓰입니다. SUM의 함수 공식은 "SUM(계산을 시작하는 셀: 계산을 끝내는 셀)"입니다. B3, B4, B5의 값을 모두 더하기 위해서는 "=SUM(B3:B5)"을 입력하면 됩니다.

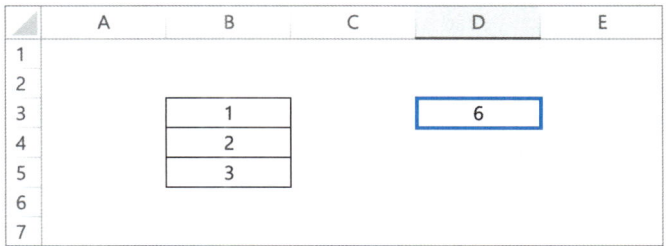

그림 10-7 SUM 함수 결괏값

위 수식의 결괏값은 B3, B4, B5의 합계인 "6"이 출력되었습니다.

★ VLOOKUP – 현재 범위와 일치하는 값을 다른 범위에서 불러오고 싶을 때 사용하는 함수

VLOOKUP은 현재 범위와 일치하는 값 기준으로 다른 데이터 범위에서 특정 위치의 값을 불러오고 싶을 때 사용하는 함수입니다. VLOOKUP의 함수 공식은 "VLOOKUP(기준값, 값 검색 영역, 출력 열 번호, 0)"입니다.

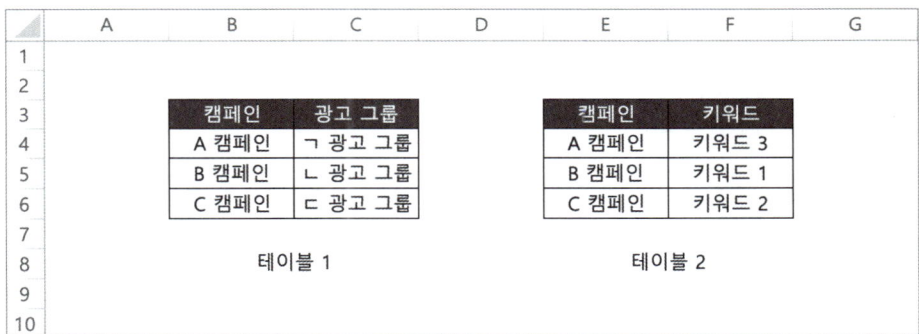

그림 10-8 VLOOKUP 함수 예제1

위와 같이 각각 다른 값을 가진 테이블이 두 개가 있습니다. 두 테이블은 "캠페인"이라는 공통 열 데이터를 가지고 있지만, 두 번째 열에는 각각 "광고 그룹"과 "키워드"라는 다른 데이터를 가지고 있습니다. VLOOKUP 함수를 이용해 캠페인값을 기준으로 테이블 2의 키워드값을 테이블 1로 가져와 보겠습니다.

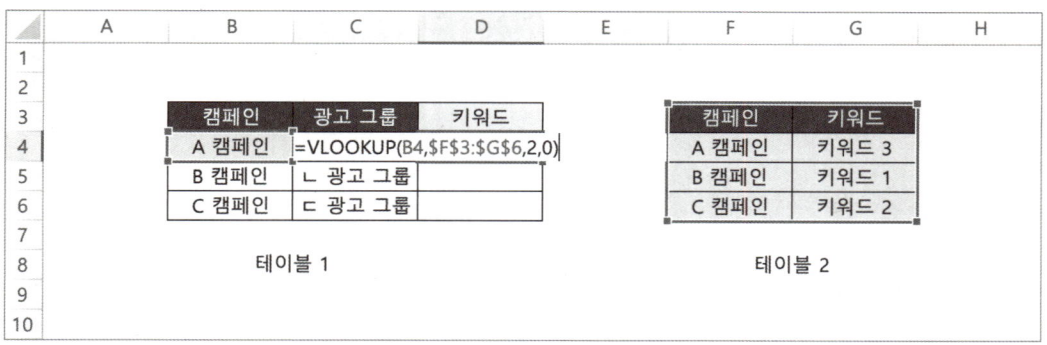

그림 10-9 VLOOKUP 함수 예제2

VLOOKUP 함수에서 첫 번째로 입력해야 하는 값은 찾으려는 기준값입니다. 여기서 기준값은 두 가지 테이블에 모두 들어있는 캠페인값입니다. 테이블 1에서 캠페인값인 B4를 선택합니다. 두 번째 단계는 기준값을 찾아서 데이터를 불러올 영역의 범위를 선택하는 것입니다. 우리는 테이블 2의 값을 가져올 예정이니 테이블 2의 전체 영역인 F3부터 G6까지를 선택합니다. 아까 배운 F4를 눌러 범위를 절대 참조하는 것을 잊지 않습니다. 영역을 선택할 때 중요한 점은 우리가 기준으로 설정한 값이 들어있는 열이 첫 번째 열이어야 한다는 것입니다. 기준값을 캠페인값으로 설정했으니, 영역 설정을 할 때 캠페인이 들어있는 열이 무조건 첫 번째 열로 와야 합니다. 테이블 2에서 첫 번째 열은 F 열입니다. 세 번째 단계는 우리가 가져오고 싶은 값이 포함되어 있는 열의 순서 번호를 설정하는 것입니다. 우리가 가져오고 싶은 키워드 값은 우리가 범위를 지정한 테이블 2에서 두 번째 열에 있으니 "2"를 입력합니다. 마지막으로 값을 찾을 때 정확한 값을 찾고 싶은지, 유사한 값이라도 가져오고 싶은지를 선택합니다. 정확한 값을 찾고 싶다면 "0", 유사한 값을 찾고 싶다면 "1"을 입력하면 됩니다. 우리는 일치하는 데이터만 불러올 예정이므로 "0"을 입력합니다. 괄호를 닫아 수식을 완성합니다.

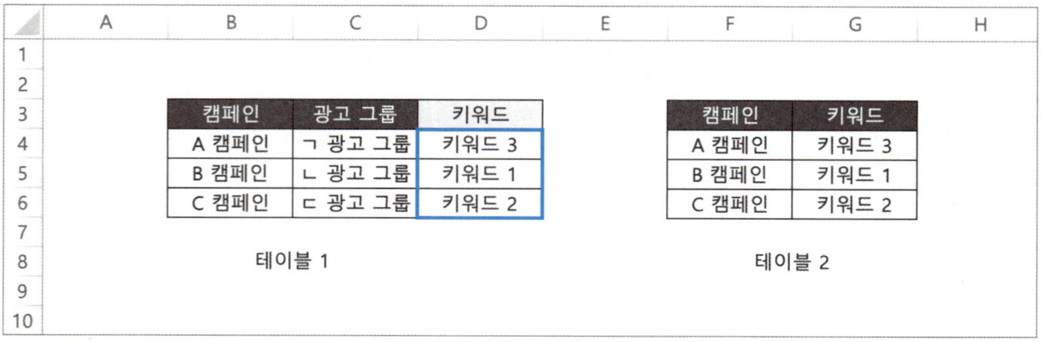

그림 10-10 VLOOKUP 함수 결괏값

수식을 완성하면 테이블 2에서 자동으로 키워드값을 테이블 1에 가져오게 됩니다.

예시로 든 데이터는 간단해서 함수를 쓰지 않고 복사 붙여넣기 하면 될 것 같지만, 실제 데이터를 다룰 때는 몇천, 몇만 개의 행이 있기 때문에 하나하나 데이터를 확인하고 붙여넣기가 힘듭니다. 이럴 때 VLOOKUP 함수가 유용하게 쓰입니다.

★ LEN

LEN은 셀의 글자 개수를 셀 때 사용하는 함수입니다. 광고 문구 글자 제한 수를 검토할 때 유용하게 쓰입니다. LEN 함수 공식은 "=LEN(글자를 세고 싶은 셀)"입니다.

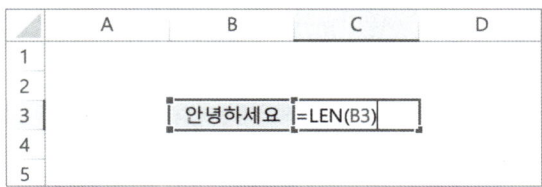

그림 10-11 LEN 함수 예제

B3의 글자 수를 세고 싶은 경우 "=LEN(B3)" 공식을 입력하면 됩니다. 비슷한 함수로 LENB라는 함수가 있습니다. 구글 광고 플랫폼 같은 경우는 글자 수를 바이트(Byte) 위주로 셉니다. 영어 같은 경우는 한 글자가 1바이트라 LEN 함수를 사용해도 글자 수가 제대로 계산이 되지만, 한글 같은 경우는 한 글자가 2바이트라 LEN으로 글자 제한 수를 점검하면 광고 제한 글자 수를 초과할 수 있습니다. 이런 상황을 방지하기 위해서는 바이트 기준으로 글자 수를 세주는 LENB 함수를 사용하면 됩니다.

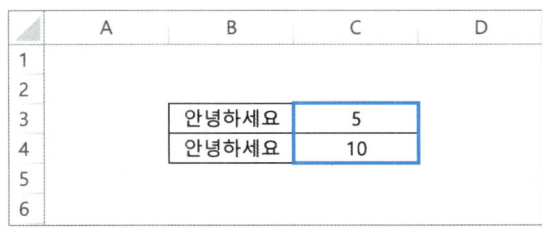

그림 10-12 LEN 함수 결과

윗 행에 LEN을 사용하면 "5"라는 결괏값이 나오고, 아래 행에 LENB를 사용하면 "10"이 나옵니다. LEN은 한글 한 자를 1글자로 세고, LENB는 한글 한 자를 2글자(바이트)로 세기 때문입니다.

★ TRIM

TRIM 함수는 데이터에 불필요한 공백을 자동으로 제거해 주는 기능입니다. 수식은 간단하게 "=TRIM(셀)"을 사용하면 됩니다.

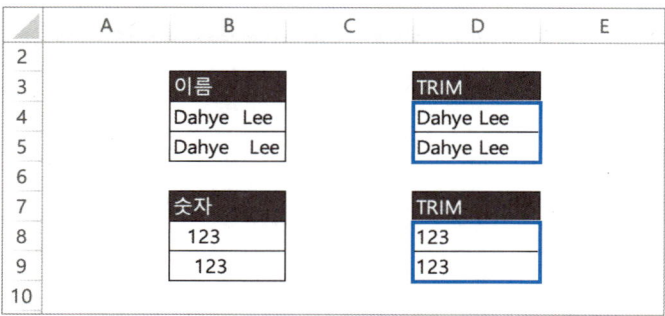

그림 10-13 TRIM 함수 결과

좌측의 데이터를 기준으로 우측에 함수 사용 시 여러 공백들이 제거된 것을 볼 수 있습니다. 이름 같은 경우는 이름과 성 사이에 공백이 하나가 있는 것이 일반적인 규칙이기 때문에 공백 하나만 남고 나머지 공백들은 제거되었습니다.

★ SUMIF / SUMIFS

SUMIF는 특정 조건에 해당되는 숫자들의 합계를 자동으로 구해주는 함수입니다. SUMIF는 단일 조건, SUMIFS는 여러 조건에 해당하는 숫자들을 더할 때 사용합니다. 복잡한 구조를 가진 데이터들로 요약 리포트를 만들 때 유용하게 쓰입니다.

	A	B	C	D	E	F
1						
2						
3		계정 국가	캠페인	노출	클릭	
4		한국	캠페인 A	1,287	264	
5		영국	캠페인 C	6,927	29	
6		영국	캠페인 A	4,283	513	
7		한국	캠페인 C	294	24	
8		독일	캠페인 A	782	167	
9		영국	캠페인 B	1,038	87	
10		한국	캠페인 B	950	84	
11						
12						
13		계정 국가	노출	클릭		
14		한국				
15		영국				
16		독일				
17						
18						

그림 10-14 SUMIF 예제 1

예를 들어, 위 테이블에 있는 데이터들을 간단하게 요약해서 아래 테이블에 나타내고자 합니다. 일단 "계정 국가"의 조건에 일치하는 데이터들을 자동으로 더해보겠습니다. SUMIF 함수는 "=SUMIF(조건 범위, 조건, 합계 범위)"로 사용하면 됩니다.

	A	B	C	D	E	F
1						
2						
3		계정 국가	캠페인	노출	클릭	
4		한국	캠페인 A	1,287	264	
5		영국	캠페인 C	6,927	29	
6		영국	캠페인 A	4,283	513	
7		한국	캠페인 C	294	24	
8		독일	캠페인 A	782	167	
9		영국	캠페인 B	1,038	87	
10		한국	캠페인 B	950	84	
11						
12						
13		계정 국가	노출	클릭		
14		=SUMIF($B$4:$B$10,$B$4,$D$4:$D$10)				
15		SUMIF(range, criteria, [sum_range])				
16		독일				
17						
18						

그림 10-15 SUMIF 예제 4

첫 번째로 계정 국가가 "한국"인 "노출" 값을 찾아서 모두 더해보겠습니다. 첫 번째로 값을 찾을 범위는 계정 국가가 들어있는 모든 열들입니다. B4부터 B10까지 모두 선택합니다. F4로 열을 고정시켜 주는 것을 잊지 않습니다. 그리고 다음 조건을 입력합니다. 우리가 정한 조건은 계정 국가가 "한국"인 셀을 찾는 것이므로 "한국" 값이 들어있는 B4를 입력하고 F4로 행을 고정시켜 줍니다. 만약 특정 텍스트를 조건으로 지정하고 싶다면 B4를 입력하는 대신 큰따옴표 사이에 값을 입력해도 됩니다(예: "한국"). 마지막으로 값을 찾아서 더할 범위를 선택합니다. 위 표에서는 D4부터 D10까지를 선택하고 F4로 값들을 고정해 줍니다.

계정 국가	캠페인	노출	클릭
한국	캠페인 A	1,287	264
영국	캠페인 C	6,927	29
영국	캠페인 A	4,283	513
한국	캠페인 C	294	24
독일	캠페인 A	782	167
영국	캠페인 B	1,038	87
한국	캠페인 B	950	84

계정 국가	노출	클릭
한국	2,531	372
영국	12,248	629
독일	782	167

그림 10-16 SUMIF 예제 5

SUMIF를 이용해서 위와 같은 값들이 나왔습니다. 사용한 수식들은 아래와 같습니다.

- 한국 노출(C14 입력 함수): =SUMIF($B$4:$B$10,$B$4,$D$4:$D$10)
- 한국 클릭(D14 입력 함수): =SUMIF($B$4:$B$10,$B$4,$E$4:$E$10)
- 영국 노출(C15 입력 함수): =SUMIF($B$4:$B$10,$B$5,$D$4:$D$10)
- 영국 클릭(D15 입력 함수): =SUMIF($B$4:$B$10,$B$5,$E$4:$E$10)
- 독일 노출(C16 입력 함수): =SUMIF($B$4:$B$10,$B$8,$D$4:$D$10)
- 독일 클릭(D16 입력 함수): =SUMIF($B$4:$B$10,$B$8,$E$4:$E$10)

	A	B	C	D	E	F
1						
2						
3		계정 국가	캠페인	노출	클릭	
4		한국	캠페인 A	1,287	264	
5		한국	캠페인 A	857	134	
6		한국	캠페인 B	123	31	
7		영국	캠페인 C	6,927	29	
8		영국	캠페인 A	4,283	513	
9		한국	캠페인 C	294	24	
10		한국	캠페인 C	3,362	974	
11		독일	캠페인 A	782	167	
12		영국	캠페인 B	1,038	87	
13		한국	캠페인 B	950	84	
14						
15						
16		계정 국가	캠페인	노출	클릭	
17		한국	캠페인 A			
18		한국	캠페인 B			
19		한국	캠페인 C			
20						
21						

그림 10-17 SUMIFS 예제 1

SUMIF를 배워보았으니 이제 심화 과정인 SUMIFS를 배워보겠습니다. 위에서는 단일 조건인 "계정 국가"만을 확인해서 데이터를 찾았다면, 이제는 "계정 국가"와 "캠페인" 두 조건을 충족하는 데이터를 찾아서 더해보겠습니다. SUMIFS의 수식은 SUMIF와 구조가 반대입니다. SUMIF의 공식은 "=SUMIF(조건 범위, 조건, 합계 범위)"이었다면, SUMIFS의 공식은 "=SUMIFS(합계 범위, 조건 범위 1, 조건 1, 조건 범위 2, 조건 2…)" 순입니다.

	A	B	C	D	E
3		계정 국가	캠페인	노출	클릭
4		한국	캠페인 A	1,287	264
5		한국	캠페인 A	857	134
6		한국	캠페인 B	123	31
7		영국	캠페인 C	6,927	29
8		영국	캠페인 A	4,283	513
9		한국	캠페인 C	294	24
10		한국	캠페인 C	3,362	974
11		독일	캠페인 A	782	167
12		영국	캠페인 B	1,038	87
13		한국	캠페인 B	950	84
16		계정 국가	캠페인	노출	클릭
17				=SUMIFS($D$4:$D$13,$B$4:$B$13,$B$4,$C$4:$C$13,$C$4)	
18			SUMIFS(sum_range, criteria_range1, criteria1, [criteria_range2, criteria2], [criteria_range3, criteria3], ...)		
19		한국	캠페인 C		

그림 10-18 SUMIFS 예제 2

계정 국가 중 "한국"에 해당하고, 캠페인 중 "캠페인 A"에 해당하는 "노출" 값을 찾아보겠습니다. 먼저 합계 범위, 즉 값을 찾아서 더할 범위인 노출값(D4:D13)을 선택하고 열을 고정(F4)합니다. 그다음은 첫 번째 조건을 찾을 범위, 계정 국가(B4:B13)를 범위로 지정하고 열을 고정합니다. 그리고 범위에서 찾을 값인 "한국"이 들어있는 셀(B4)을 선택합니다. 그다음은 두 번째 조건 범위인 캠페인을 선택하고(C4:C14) 찾을 값인 캠페인 A(C4)를 선택합니다. 그럼 이 두 조건에 모두 해당하는 값만 선택되어 자동으로 더한 값이 나옵니다.

	A	B	C	D	E	F
1						
2						
3		계정 국가	캠페인	노출	클릭	
4		한국	캠페인 A	1,287	264	
5		한국	캠페인 A	857	134	
6		한국	캠페인 B	123	31	
7		영국	캠페인 C	6,927	29	
8		영국	캠페인 A	4,283	513	
9		한국	캠페인 C	294	24	
10		한국	캠페인 C	3,362	974	
11		독일	캠페인 A	782	167	
12		영국	캠페인 B	1,038	87	
13		한국	캠페인 B	950	84	
14						
15						
16		계정 국가	캠페인	노출	클릭	
17		한국	캠페인 A	2,144	398	
18		한국	캠페인 B	1,073	115	
19		한국	캠페인 C	3,656	998	
20						
21						

그림 10-19 SUMIFS 예제 3

SUMIFS를 이용해서 다음과 같은 값이 나왔습니다. 사용한 수식들은 아래와 같습니다.

- 한국 캠페인 A 노출(D17 입력 함수): =SUMIFS($D$4:$D$13,$B$4:$B$13,$B$4,$C$4:$C$13,$C$4)

- 한국 캠페인 A 클릭(E17 입력 함수): =SUMIFS($E$4:$E$13,$B$4:$B$13,$B$4,$C$4:$C$13,$C$4)

- 한국 캠페인 B 노출(D18 입력 함수): =SUMIFS($D$4:$D$13,$B$4:$B$13,$B$4,$C$4:$C$13,$C$6)

- 한국 캠페인 B 클릭(E18 입력 함수): =SUMIFS($E$4:$E$13,$B$4:$B$13,$B$4,$C$4:$C$13,$C$6)

- 한국 캠페인 C 노출(D19 입력 함수): =SUMIFS($D$4:$D$13,$B$4:$B$13,$B$4,$C$4:$C$13,$C$7)

- 한국 캠페인 C 클릭(E19 입력 함수): =SUMIFS($E$4:$E$13,$B$4:$B$13,$B$4,$C$4:$C$13,$C$7)

★ IFERROR

엑셀을 사용하다 보면 가끔 오류값이 나오기도 합니다. IFERROR는 이런 에러값들을 임의값으로 대체해 주는 함수입니다.

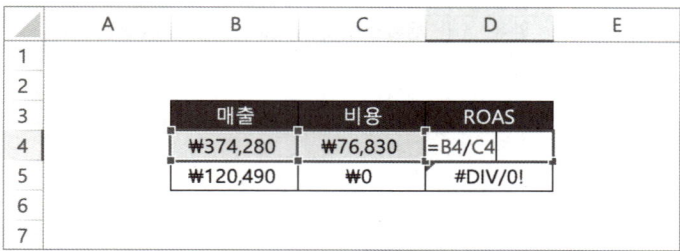

그림 10-20 IFERROR 예제 1

예를 들어, ROAS를 계산하려고 했을 때, D4의 값은 잘 계산이 됩니다. 하지만 D5의 값은 #DIV/0!이라는 오류값을 배출해냈습니다. 나눠질 비용값이 0이어서 계산이 불가능하기 때문입니다. 이 오류값을 IFERROR 함수를 이용해 "0"으로 대체해 보겠습니다.

그림 10-21 IFERROR 예제 2

IFERROR의 함수는 "=IFERROR(계산식, 에러 대신 대체하고 싶은 값)"입니다. 주의해야 할 점은 대체값을 텍스트로 넣을 때는 반드시 쌍따옴표를 앞뒤로 붙여야 한다는 것입니다.

그림 10-22 IFERROR 예제 3

IFERROR 수식을 적용하고 난 후 오류값이 "0"으로 바뀌었습니다.

3. 보고서 작성에 필수로 쓰는 기능

★ 피벗 테이블

피벗 테이블은 많은 데이터를 하나의 테이블로 요약해 주는 기능입니다. 채널별, 요일별, 국가별 등 여러 시각으로 데이터를 살펴봐야 하는 퍼포먼스 마케터들의 시간을 절약해 주는 유용한 기능입니다. 이번 책에서 꼭 기억해야 할 엑셀 기능을 말한다면 VLOOKUP이랑 피벗 테이블 두 가지만 꼽을 수 있을 정도로 중요한 기능입니다.

계정 국가	캠페인	노출	클릭	클릭률
한국	캠페인 A	1,287	264	20.51%
영국	캠페인 C	6,927	29	0.42%
영국	캠페인 A	4,283	513	11.98%
한국	캠페인 C	294	24	8.16%
독일	캠페인 A	782	167	21.36%
영국	캠페인 B	1,038	87	8.38%
한국	캠페인 B	950	84	8.84%

그림 10-23 피벗 테이블 예제 1

예를 들어, 위 데이터에서 국가별, 캠페인별로 성과를 요약하라는 요청을 받았습니다. 만약 피벗 테이블을 쓸 줄 모르는 사람이라면, 필터를 이용해 성과를 정리할 것입니다.

계정 국가	캠페인	노출	클릭	클릭률
한국	캠페인 A	1,287	264	20.51%
한국	캠페인 C	294	24	8.16%
한국	캠페인 B	950	84	8.84%

그림 10-24 피벗 테이블 예제 2

위처럼 필터를 사용해서 계산이 가능하긴 합니다. 예를 들어, 위 테이블처럼 한국만 먼저 필터로 선택한 다음, 나온 값을 SUM을 이용해 계산합니다. 그리고 영국, 독일들로 필터 선택을 변경해서 위와 같은 작업을 반복합니다. 이와 같이 필터를 이용해서 데이터를 정리하면 시간도 많이 들고 비효율적입니다. 이럴 때 피벗 테이블을 사용하면 빠르고 효과적으로 데이터를 정리할 수 있습니다.

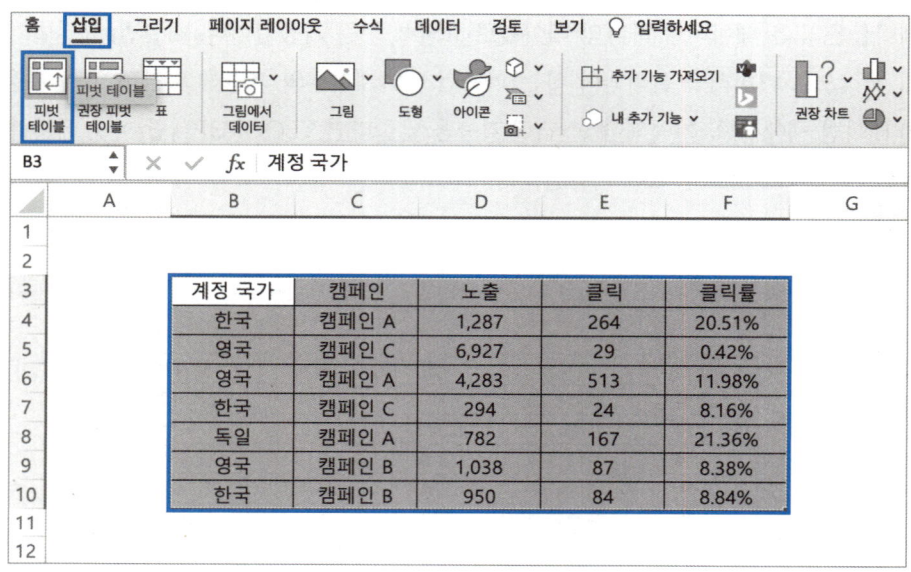

그림 10-25 피벗 테이블 예제 3

피벗 테이블을 만들기 위해서는 우선 피벗 테이블의 기준이 될 데이터의 영역을 선택한 뒤에 [삽입] → [피벗 테이블]을 누릅니다.

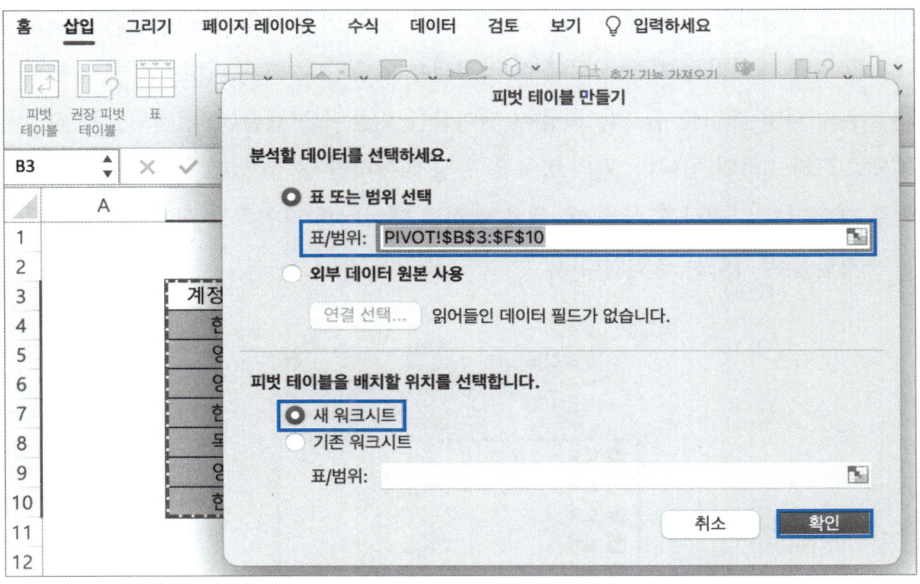

그림 10-26 피벗 테이블 예제 4

그럼 새 창이 뜨는데, 표 또는 범위 선택 구간에서 내가 선택한 데이터 범위가 맞는지 확인하고, 피벗 테이블을 배치할 위치를 선택합니다. [새 워크시트]를 선택하면 자동으로 새 시트가 생성되고, [기존 워크시트]를 선택하면 기존에 존재한 시트 중 내가 원하는 위치에 피벗 테이블을 삽입할 수 있습니다. 예시로는 [새 워크시트]를 선택해 보겠습니다.

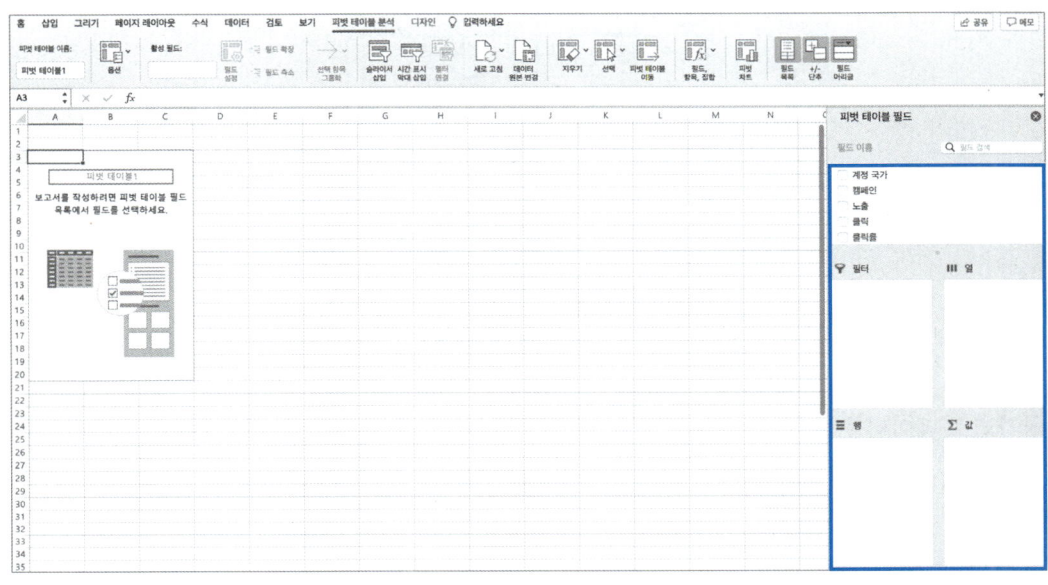

그림 10-27 피벗 테이블 예제 5

피벗 테이블이 생성되면 기존 데이터는 보이지 않고 빈 화면만 보입니다. 당황하지 말고 하단의 시트 목록을 보면 데이터는 기존 시트에 잘 저장되어 있습니다. 이제 피벗 테이블을 만들 기반이 생겼으니 우측 피벗 테이블 필드를 활용해 테이블을 만들어 보겠습니다. 필드들은 간단하게 아래 항목으로 드래그하면 됩니다. 필터 항목은 특정 데이터만 볼 수 있게 필터를 만들 때 쓰고, 열은 열별로 데이터를 나열하고 싶을 때, 행은 행별로 데이터를 나열하고 싶을 때, 값은 우리가 보고 싶은 숫자들을 추가하는 영역입니다.

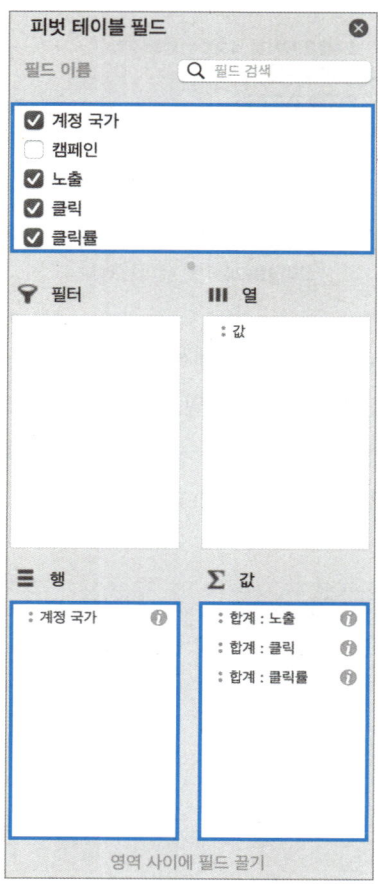

그림 10-28 피벗 테이블 예제 6

국가별로 데이터를 요약하는 것이 목적이니 행으로 [계정 국가] 필드를 드래그합니다. 그리고 해당하는 값을 보기 위해서 [노출], [클릭], [클릭률]을 값 필드로 이동시킵니다.

	A	B	C	D	E	F
1						
2						
3		행 레이블 ▼	합계 : 노출	합계 : 클릭	합계 : 클릭률	
4		독일	782	167	21%	
5		영국	12,248	629	21%	
6		한국	2,531	372	38%	
7		**총합계**	**15,561**	**1,168**	**79.65%**	
8						
9						

그림 10-29 피벗 테이블 예제 7

아까 빈 화면만 있던 곳에 위의 표가 자동으로 생성됩니다. 총합계 데이터를 원본 데이터와 비교하면서 맞게 계산되었는지 검증해 보겠습니다.

	A	B	C	D	E	F	G
1							
2							
3			계정 국가	캠페인	노출	클릭	클릭률
4			한국	캠페인 A	1,287	264	20.51%
5			영국	캠페인 C	6,927	29	0.42%
6			영국	캠페인 A	4,283	513	11.98%
7			한국	캠페인 C	294	24	8.16%
8			독일	캠페인 A	782	167	21.36%
9			영국	캠페인 B	1,038	87	8.38%
10			한국	캠페인 B	950	84	8.84%
11			합계		15,561	1,168	7.51%
12							
13							

그림 10-30 피벗 테이블 예제 8

검증 편의를 위해 임의로 원본 데이터 가장 아랫부분에 합계 데이터를 추가했습니다. 노출과 클릭은 SUM 함수를 이용해서 계산을 했고, 클릭률은 위에서 배운 것처럼 클릭/노출=클릭률 공식으로 계산을 했습니다. 위의 피벗 테이블과 데이터를 비교해 보면 노출과 클릭 수는 일치하는데, 피벗 테이블과 클릭률의 값이 다릅니다. 왜 피벗 테이블의 클릭률이 잘못 계산되었는지 확인해 보겠습니다.

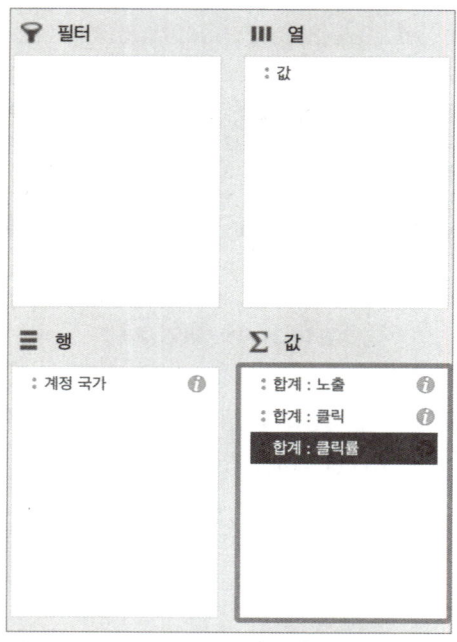

그림 10-31 피벗 테이블 예제 9

그 이유는 피벗 테이블의 기본 계산 설정이 합계로 되어 있기 때문입니다. 클릭률을 구하려면 클릭에서 노출을 나눠야 하는데 대신 클릭률의 모든 값을 더해 버렸으니 계산이 맞을 리가 없습니다.

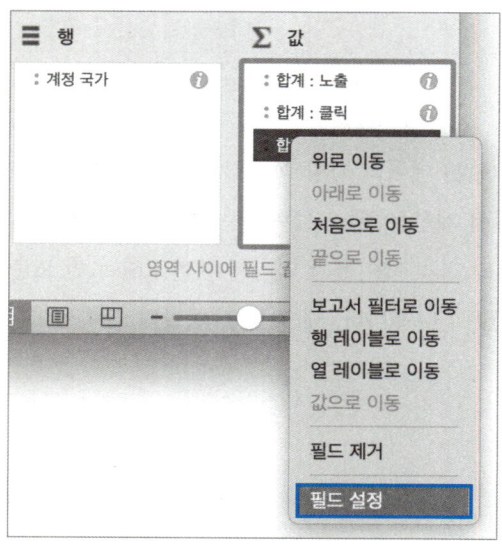

그림 10-32 피벗 테이블 예제 10

기본 계산 설정을 변경하기 위해서는 변경을 원하는 필드 값을 마우스 우측 버튼으로 클릭해서 [필드 설정]에 들어갑니다.

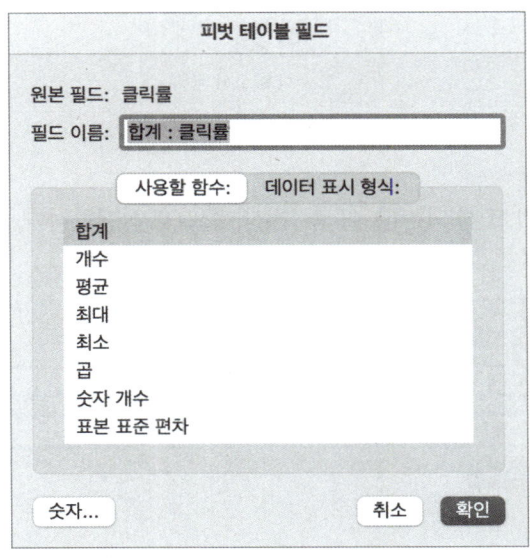

그림 10-33 피벗 테이블 예제 11

[필드 설정]을 누르면 이렇게 팝업창이 뜨고, 아래 사용할 함수에서 원하는 함수식을 선택하면 됩니다. 문제는 우리가 찾는 함수는 클릭과 노출, 두 값을 나눠주는 함수인데 아래 항목에서는 찾을 수 없습니다.

그림 10-34 피벗 테이블 예제 12

이럴 때는 수동으로 함수식을 만들어서 지정해 줘야 합니다. 피벗 테이블의 아무 영역이나 클릭을 하면 [피벗 테이블 분석]이라는 상위 메뉴가 뜹니다. 여기서 [필드, 항목, 집합] 메뉴를 클릭합니다.

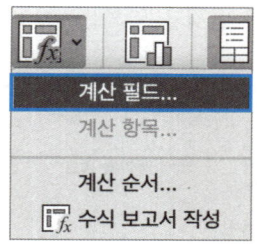

그림 10-35 피벗 테이블 예제 13

그럼 이렇게 하위 메뉴가 뜨게 되는데, 이 중 [계산 필드]를 선택합니다.

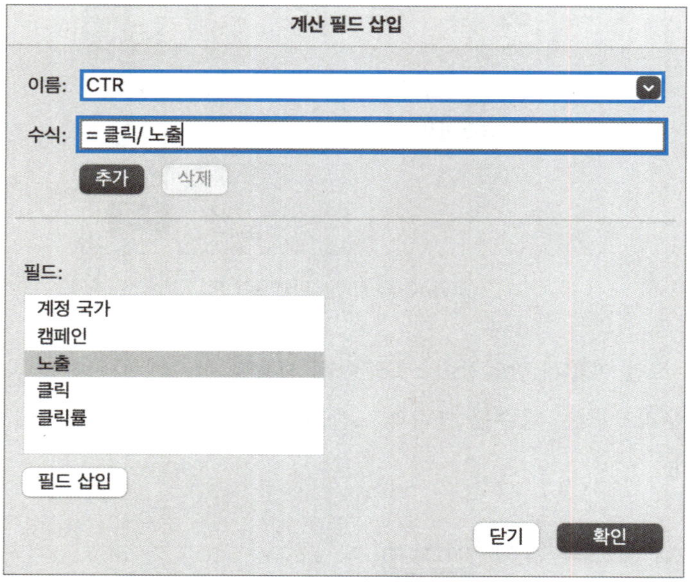

그림 10-36 피벗 테이블 예제 14

팝업창이 뜨면 이름에 새로운 필드 이름을 지정해 줍니다. 주의해야 할 점은 기존의 필드 이름과 동일한 이름을 지정하면 안 된다는 것입니다. 저는 클릭률의 영어 이름인 CTR로 지정해 주었습니다. 그리고 아래 필드 부분을 이용해서 수식을 작성합니다. 아래 필드의 항목을 더블클릭하면 수식 부분에 자동으로 입력이 됩니다. 두 필드를 나누기를 하기 위해서 중간에 "/"를 입력하였습니다.

	A	B	C	D	E	F	G
1							
2							
3		행 레이블 ▼	합계 : 노출	합계 : 클릭	합계 : 클릭률	합계 : CTR	
4		독일	782	167	21%	21.36%	
5		영국	12,248	629	21%	5.14%	
6		한국	2,531	372	38%	14.70%	
7		총합계	15,561	1,168	79.65%	7.51%	
8							
9							

그림 10-37 피벗 테이블 예제 15

확인을 누르면 기존 잘못된 클릭률 계산 값 옆에 새로운 CTR 계산값이 추가됩니다. 값을 확인해 보니 원본 데이터와 동일하게 잘 계산되었다는 것을 확인할 수 있습니다. 이와 같이 CTR, CVR, Avg. CPC, ROAS 같이 다른 수치들을 이용해 계산이 필요한 경우 피벗 테이블의 계산 필드를 이용해야 합니다.

★ 필터

필터는 원하는 값만 선택해서 편하게 보고 싶을 때 쓰입니다.

그림 10-38 필터

필터를 사용하기 위해서는 원하는 데이터 범위를 선택하고, [홈] → [정렬 및 필터]를 클릭하고 [필터]를 선택하면 됩니다.

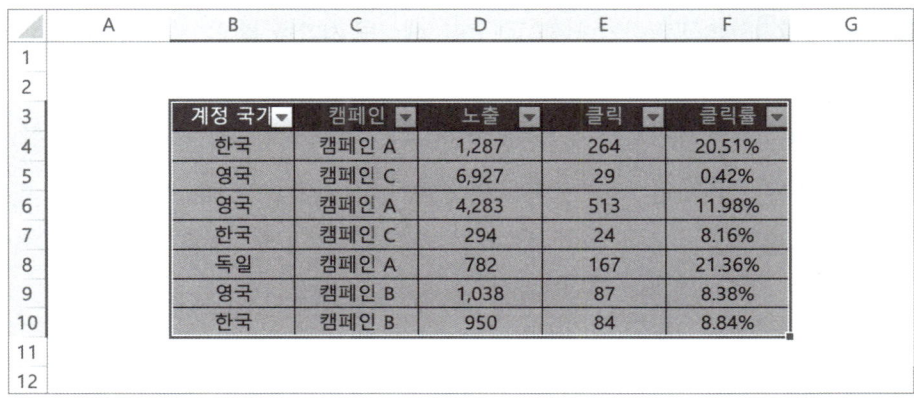

그림 10-39 필터 예제 1

10장 실무에서 바로 쓰는 퍼포먼스 마케팅 필수 엑셀 기능들 **277**

필터를 적용하면 선택한 영역의 가장 상단의 행 옆에 화살표 표시들이 뜨게 됩니다. 이 화살표들은 필터를 사용하기 위한 버튼입니다. 예를 들어, 위 데이터에서 계정 국가의 "한국" 데이터들만 선택해 보겠습니다.

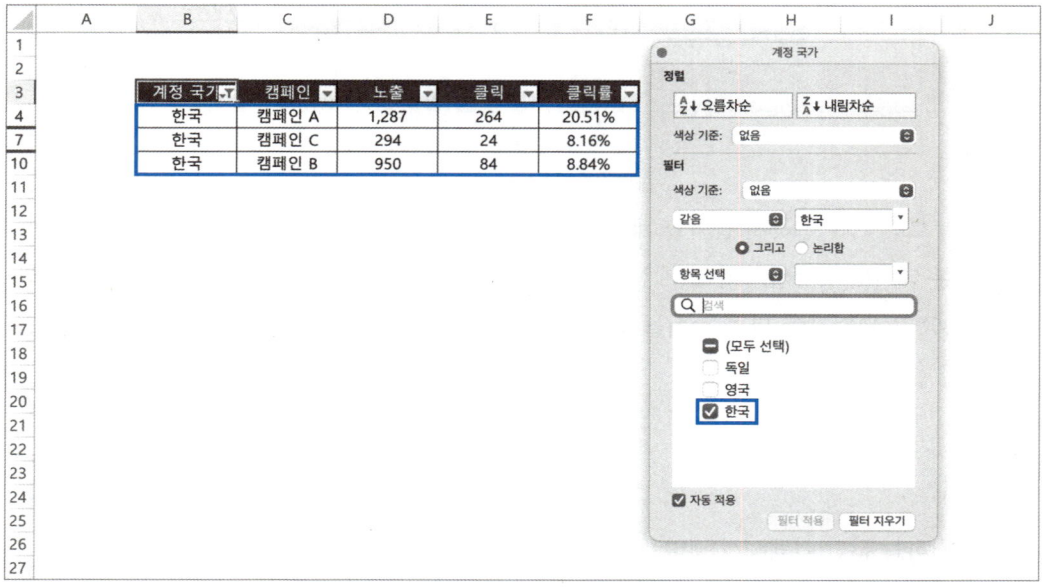

그림 10-40 필터 예제 1

오른쪽 팝업창에서 [한국]에만 체크 표시를 했더니 테이블이 자동으로 업데이트가 되고, 한국의 데이터만 남게 되었습니다. 이렇게 화살표가 있는 모든 열에서 원하는 데이터만 남기고 싶을 때 필터를 활용하면 됩니다.

★ 조건부 서식

엑셀은 훌륭한 데이터 분석 툴이지만 동시에 좋은 데이터 시각화 툴이기도 합니다. 데이터 시각화란 의사결정자가 빠르게 의사결정을 할 수 있게 시각적 요소(예. 그래프, 표)를 이용해서 데이터를 한눈에 파악하기 쉽게 보여주는 것을 말합니다. 그중 조건부 서식은 색상과 같은 서식들을 이용해 데이터를 한눈에 빠르게 파악하고 싶을 때 쓰입니다.

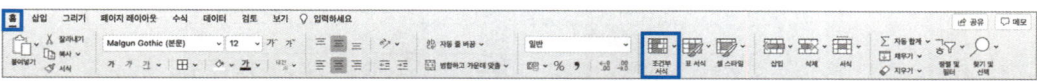

그림 10-41 조건부 서식

조건부 서식을 사용하기 위해서는 [홈] → [조건부 서식]을 선택합니다.

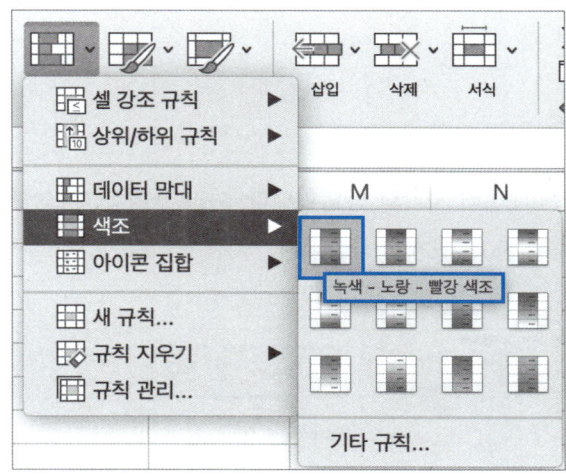

그림 10-42 조건부 서식 예제 1

조건부 형식을 활용하는 방식은 여러 가지가 있습니다. 특정 지정 값을 정해주고, 해당 값보다 높거나 낮으면 셀의 색을 바꾸는 셀 강조 규칙은 리포트에서 퍼포먼스 마케팅 수치 값의 경향을 보는 데 유용하게 쓰입니다. 예를 들어, 클릭률이 지난주보다 상승했으면 초록색으로 표시를 하고, 클릭률이 지난주보다 하락했다면 빨간색으로 표시해서 리포트에 중요한 수치들을 강조하는 데 쓰일 수 있습니다. 예시로는 색조 기능을 사용해 보겠습니다. 색조는 값의 범위 전체에서 해당 값이 어느 정도의 수준인지 표시해 주는 기능입니다. 가장 높은 값은 녹색으로, 중간 값은 노랑으로, 가장 낮은 값은 빨강으로 표시해 주는 [녹색 - 노랑 - 빨강 색조] 기능을 선택해 보겠습니다.

계정 국가	캠페인	노출	클릭	클릭률
한국	캠페인 A	1,287	264	20.51%
영국	캠페인 C	6,927	29	0.42%
영국	캠페인 A	4,283	513	11.98%
한국	캠페인 C	294	24	8.16%
독일	캠페인 A	782	167	21.36%
영국	캠페인 B	1,038	87	8.38%
한국	캠페인 B	950	84	8.84%

그림 10-43 조건부 서식 예제 2

클릭률을 입력한 F 열만 선택해서 조건부 서식을 적용해 보았습니다. 위와 같이 클릭률에 색이 지정된 것을 볼 수 있습니다. 이렇게 색깔을 지정하면 데이터를 한눈에 빠르게 파악할 수 있다는 장점이 있습니다.

★ 차트

차트는 또 하나의 유용한 데이터 시각화 방법입니다. 여러 가지 그래프를 이용하여 데이터가 어떻게 변화했는지를 한눈에 볼 수 있게 도와줍니다.

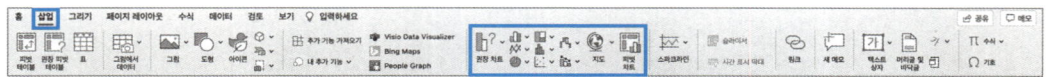

그림 10-44 차트

차트는 [삽입]에서 사용할 수 있습니다. 중간 부분 권장 차트 옆 부분을 보면 여러 그림으로 된 차트 종류를 확인할 수 있습니다.

캠페인	클릭률	전환률
2035-01-01	3.45%	1.32%
2035-01-02	1.37%	2.94%
2035-01-03	0.87%	4.59%
2035-01-04	4.56%	0.12%
2035-01-05	8.93%	0.45%
2035-01-06	12.37%	3.78%
2035-01-07	5.32%	0.11%
2035-01-08	0.34%	0.09%
2035-01-09	3.28%	2.34%
2035-01-10	6.09%	0.49%

그림 10-45 차트 예제 1

위 데이터를 이용하여 차트를 만들어 보겠습니다. 클릭률과 전환율이 날짜별로 어떻게 변화하는지 시각화하는 것이 목표입니다.

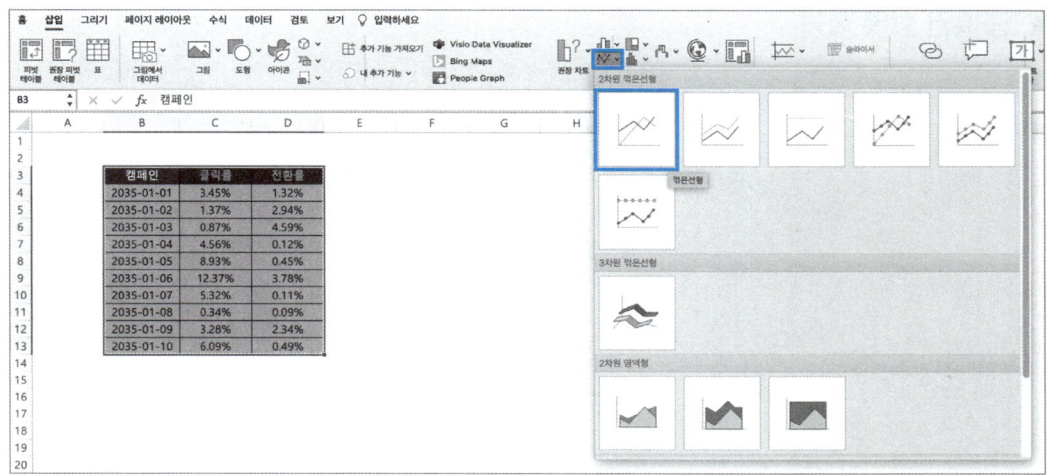

그림 10-46 차트 예제 2

이렇게 시간에 따라 변하는 데이터를 차트로 보고 싶은 경우, 2차원 꺾은선형 그래프가 유용합니다. 그래프로 시각화하고 싶은 데이터의 범위를 선택 후, 차트에서 [2차원 꺾은선형]을 선택합니다.

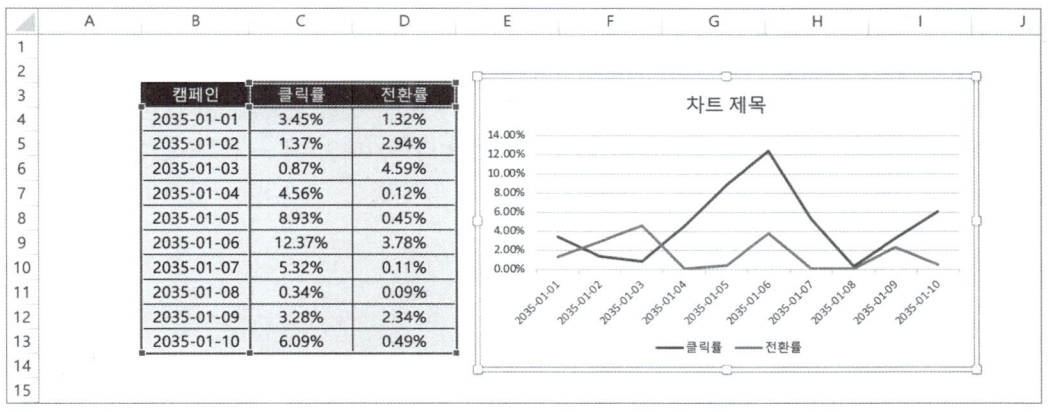

그림 10-47 차트 예제 3

꺾은선 그래프가 생성되었습니다. 데이터를 표에서 볼 때보다 훨씬 흐름을 파악하기 쉬워졌습니다.

★ 중복된 항목 제거

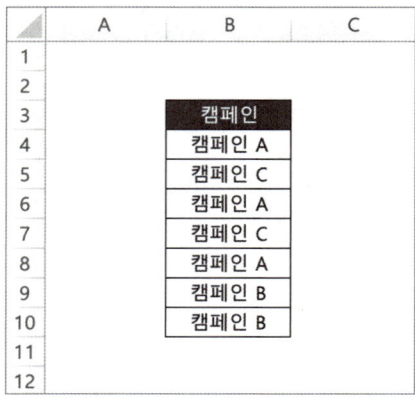

그림 10-48 중복된 항목 제거 예제 1

중복된 항목 제거는 위 테이블과 같이 중복된 값들을 제거하고 하나의 값만 남기고 싶을 때 사용합니다.

그림 10-49 중복된 항목 제거 예제 2

사용 방법은 중복된 값을 제거하고 싶은 값들을 선택한 다음, [데이터] → [중복된 항목 제거]를 클릭합니다.

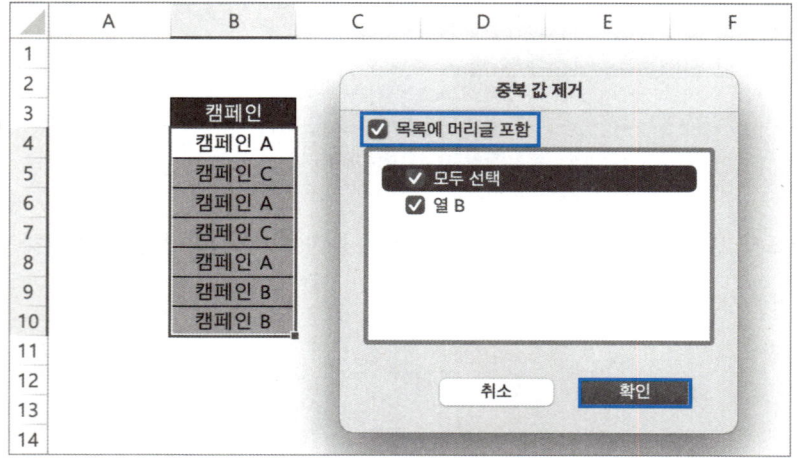

그림 10-50 중복된 항목 제거 예제 3

위와 같이 머리글(캠페인)이 있을 경우 [목록에 머리글 포함]을 체크하고 [확인] 버튼을 누릅니다.

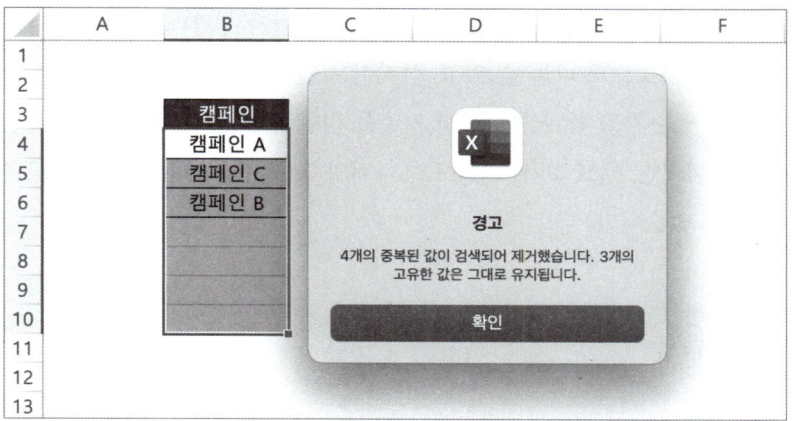

그림 10-51 중복된 항목 제거 예제 4

그럼 위와 같이 하나의 고윳값인 캠페인 A, 캠페인 B, 캠페인 C만 남고 나머지 중복 값들은 사라지게 됩니다.

★ 텍스트 나누기

데이터를 분석하는 것만큼 중요한 것은 데이터를 청소하는 일입니다. 데이터를 청소하는 일은 데이터를 대량으로 분석하기 위해서 형식을 통일하거나, 불필요한 데이터를 삭제하는 것을 의미합니다. 데이터를 분석할 때는 피벗 테이블과 같은 도구들을 사용해서 간단하게 요약해서 봐야 하는데 중간에 형식이 다르거나, 빈 값이 있으면 데이터를 압축해서 보기 힘들기 때문입니다. 데이터를 청소할 때 특히나 유용한 텍스트 나누기 기능은 한 셀의 데이터를 여러 셀로 나눌 때 쓰입니다.

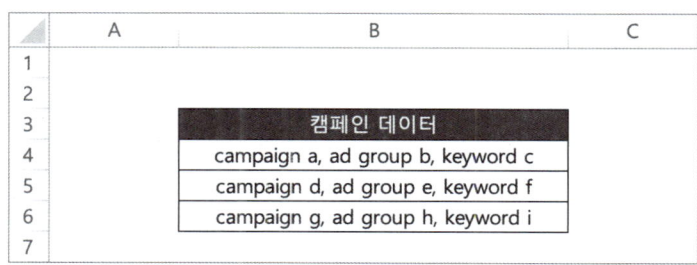

그림 10-52 텍스트 나누기 예제 1

예를 들어, 위 데이터에는 캠페인, 애드 그룹, 키워드가 한 셀에 들어 있습니다. 이전 장에서 배웠듯이 캠페인 데이터를 대량으로 업로드하려면 한 셀에 하나의 데이터가 들어 있어야 합니다. 텍스트 나누기를 통해서 캠페인, 애드 그룹, 키워드를 각각 다른 셀로 분할해 보겠습니다. 텍스트 나누기를 하기 위해서는 먼저 데이터를 어떤 기준으로 나눌지 생각해 봐야 합니다. 데이터는 문자로도 나눌 수 있고, 기호로도 나눌 수 있고, 심지어는 열의 넓이로도 나눌 수 있습니다. 데이터가 어떻게 구성되어 있는지를 확인해 보면서 기준을 정할 수 있습니다. 위의 데이터는 살펴보면 쉼표(,)를 기준으로 캠페인, 애드 그룹, 키워드가 나눠져 있습니다. 이런 경우 쉼표를 기준으로 텍스트 나누기를 할 수 있습니다.

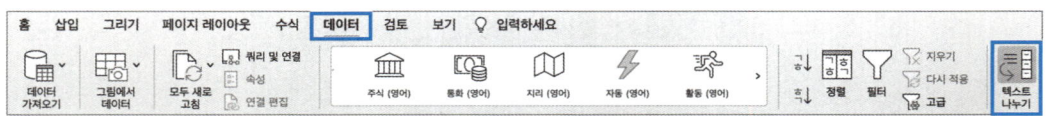

그림 10-53 텍스트 나누기 예제 2

텍스트 나누기는 텍스트를 나눌 셀을 선택한 다음에 [데이터] → [텍스트 나누기]를 클릭합니다.

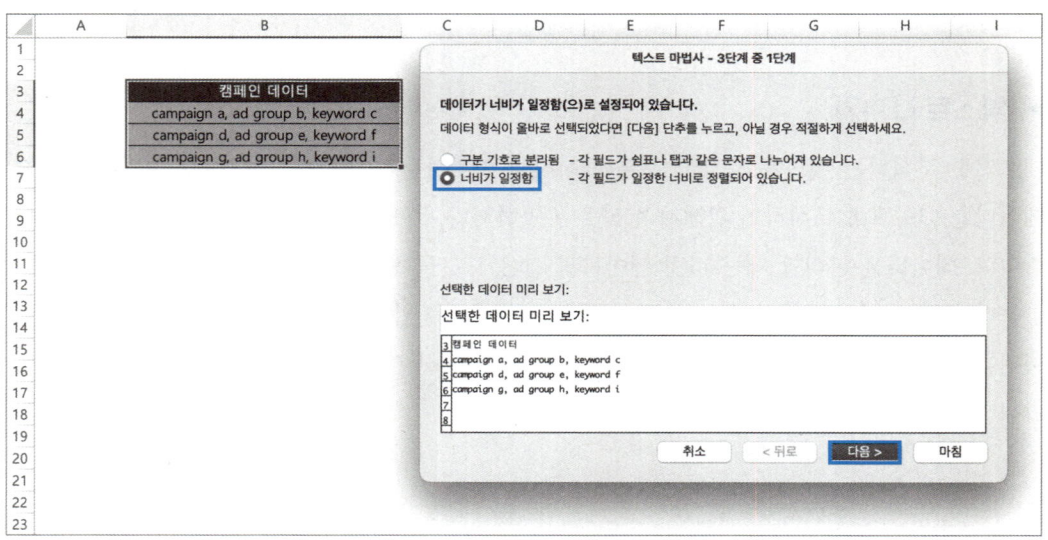

그림 10-54 텍스트 나누기 예제 3

[텍스트 나누기]를 클릭하면 텍스트 마법사 팝업창이 뜹니다. [구분 기호로 분리됨], [너비가 일정함] 이렇게 두 가지 옵션이 뜹니다. 먼저 [너비가 일정함] 옵션을 살펴보겠습니다.

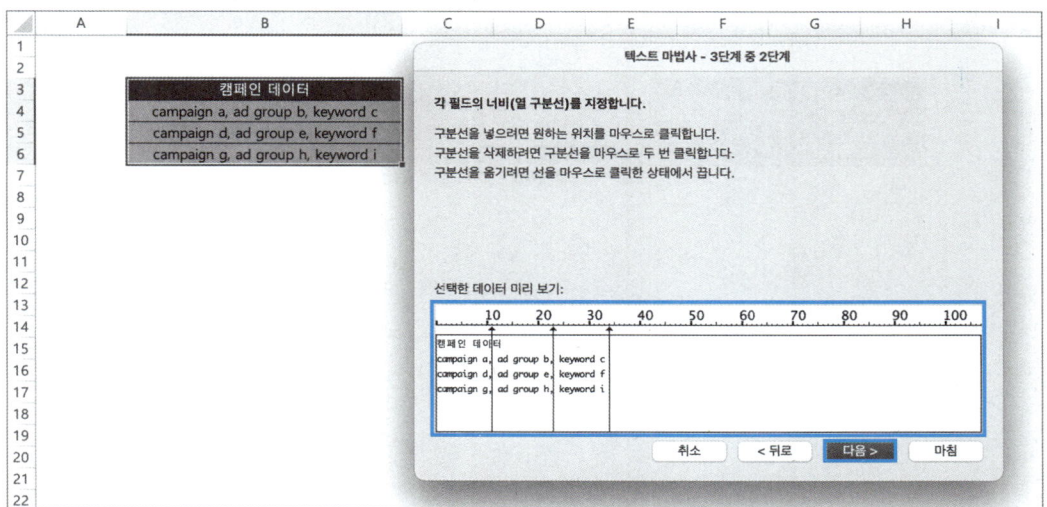

그림 10-55 텍스트 나누기 예제 4

[너비가 일정함] 옵션은 구분선을 통해 데이터를 나누는 것입니다. 위와 같이 구분선을 드래그해서 데이터를 분할하고 싶은 위치에 놓으면 됩니다.

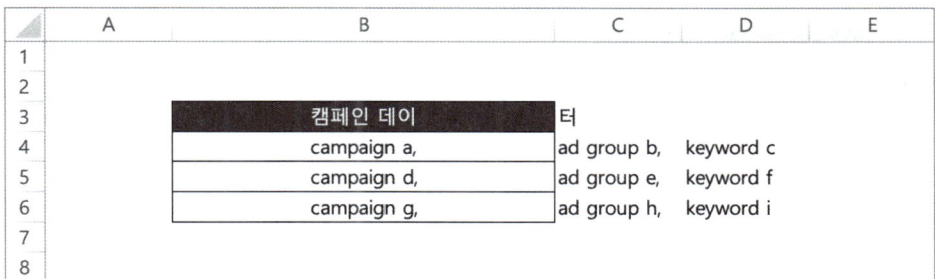

그림 10-56 텍스트 나누기 예제 5

[다음]을 누르면 이렇게 데이터가 나누어집니다. 캠페인, 애드 그룹, 키워드 데이터가 각각 다른 행으로 분리되었습니다.

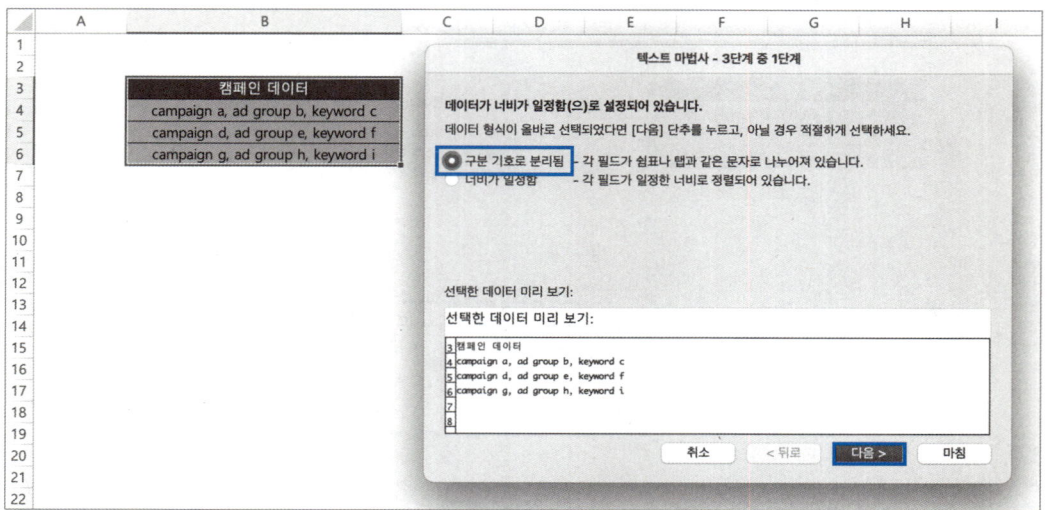

그림 10-57 텍스트 나누기 예제 6

다시 원본 데이터로 돌아가서 [구분 기호로 분리됨] 옵션을 살펴보겠습니다.

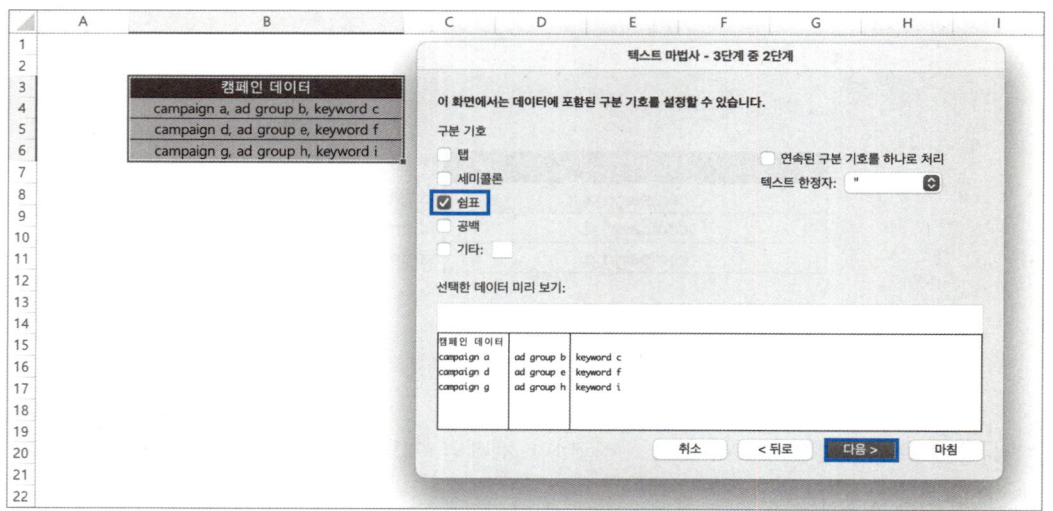

그림 10-58 텍스트 나누기 예제 7

다음은 데이터를 나눌 구분 기호를 설정해야 합니다. 위와 같이 [탭]이나 [세미콜론], [쉼표] 등 여러 가지 옵션이 있고, [기타]를 통해 사용자 지정 기호를 설정할 수도 있습니다. [기타]에는 숫자나 텍스트 등 어떠한 값을 넣어도 상관없습니다. 위에서 우리가 데이터를 구분하기 전에 기준이 될 만한 기호가 무엇이 있을지 살펴보았습니다. 이때 결정한 [쉼표]를 체크하면 아래와 같이 자동으로 데이터가 나눠지는 것을 미리 보기를 통해 확인할 수 있습니다. [다음]을 클릭합니다.

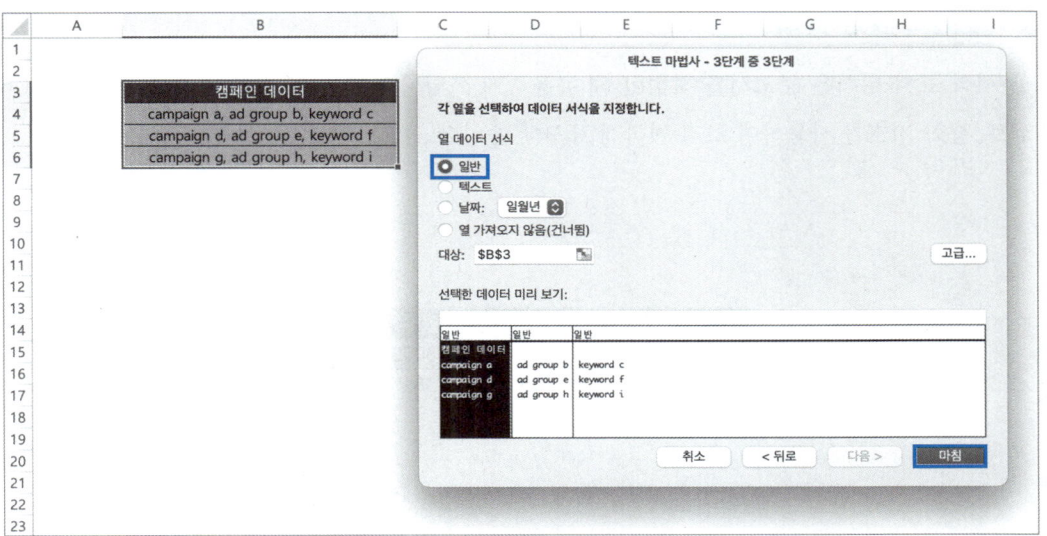

그림 10-59 텍스트 나누기 예제 8

이 창에서는 열의 데이터 서식을 결정할 수 있습니다. 엑셀에서는 여러 가지 형식으로 데이터를 표기할 수 있습니다. [텍스트]를 선택하면 숫자가 아니라 글자로 인식을 하고, [날짜]를 선택하면 날짜 표기 방식으로 데이터가 변화합니다. 지금은 데이터 서식을 변경할 필요가 없으므로 [마침]을 선택합니다.

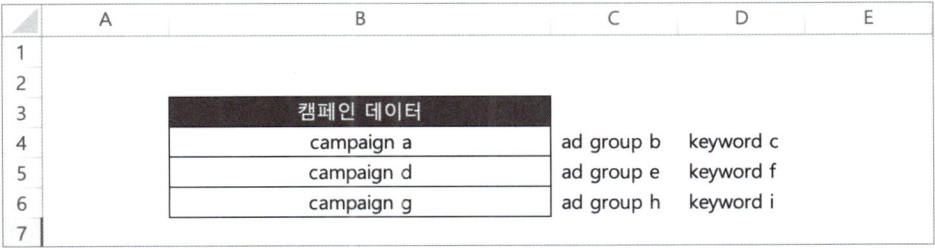

그림 10-60 텍스트 나누기 예제 9

그럼 위와 같이 데이터가 분리됩니다. 개인적으로는 데이터의 너비가 일정한 경우가 많지 않고, 데이터 나누기 이후 기호가 사라지는 것이 편리하기 때문에 보통은 [너비가 일정함]보다는 [구분 기호로 분리됨] 옵션을 더 많이 사용하는 편입니다.

★ 셀 서식 표시 형식

셀 서식 표시 형식은 보고서를 작성할 때 유용하게 쓰입니다. 엑셀의 기본 숫자 표시 형식을 퍼센트, 통화 기호를 사용하여 보기 편하게 표시해 줍니다.

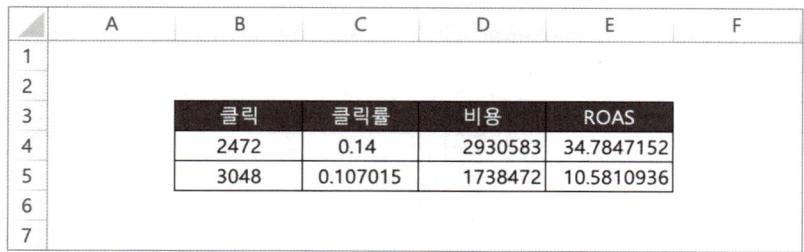

그림 10-61 셀 서식 표시 형식 예제 1

예를 들어, 어떤 형식도 지정하지 않은 데이터는 위와 같이 표시됩니다. 비용은 얼마인지, 클릭률은 몇 퍼센트인지 한눈에 보기 어렵습니다. 클릭부터 차례대로 표시 형식을 적용해 보겠습니다.

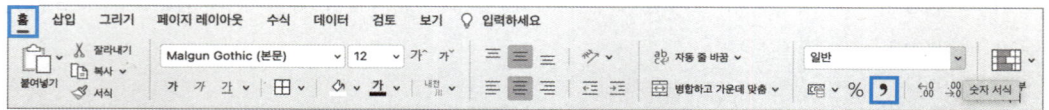

그림 10-62 셀 서식 표시 형식 예제 2

셀 서식 표시 형식은 [홈] 메뉴에서 간단하게 사용할 수 있습니다. 일반이라고 표시된 드롭다운 메뉴와 밑의 [화폐 모양], [%], [쉼표 모양]들이 모두 셀 서식 표시 형식을 바꾸는 메뉴입니다. 클릭 수치를 더 읽기 쉽게 하기 위해 세 자릿수마다 쉼표를 표시하는 것으로 서식을 적용해 보겠습니다. 변경을 원하는 셀을 선택한 후 퍼센트 표기 옆 [쉼표 모양]를 클릭해 봅니다.

그림 10-63 셀 서식 표시 형식 예제 3

그럼 위와 같이 세 자릿수마다 쉼표가 생겨서 숫자를 읽기가 쉬워졌습니다. 하지만 클릭은 소수점 자리까지 표기할 필요가 없으므로 숫자 뒤 소수점 두 자릿수를 없애 보겠습니다.

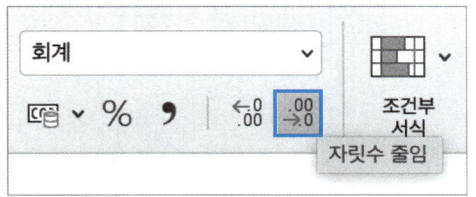

그림 10-64 셀 서식 표시 형식 예제 4

자릿수는 버튼 하나로 간편하게 늘리거나 줄일 수 있습니다. [자릿수 줄임] 버튼을 두 번 클릭합니다.

	A	B	C	D	E	F
1						
2						
3		클릭	클릭률	비용	ROAS	
4		2,472	0.14	2930583	34.7847152	
5		3,048	0.107015	1738472	10.5810936	
6						
7						

그림 10-65 셀 서식 표시 형식 예제 5

클릭의 자릿수들이 없어져서 수치가 좀 더 읽기 쉽게 변했습니다.

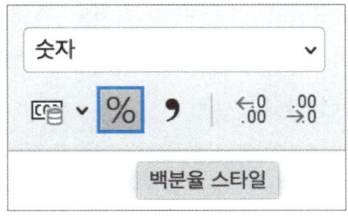

그림 10-66 셀 서식 표시 형식 예제 6

다음은 클릭률의 수치들은 퍼센트로 표시해 보겠습니다. 퍼센트를 표시하는 방법은 더욱 간단합니다. [%]를 클릭하면 백분율 스타일로 바로 변경이 됩니다. 클릭 셀들을 선택하고 [백분율 스타일]을 클릭해 보겠습니다.

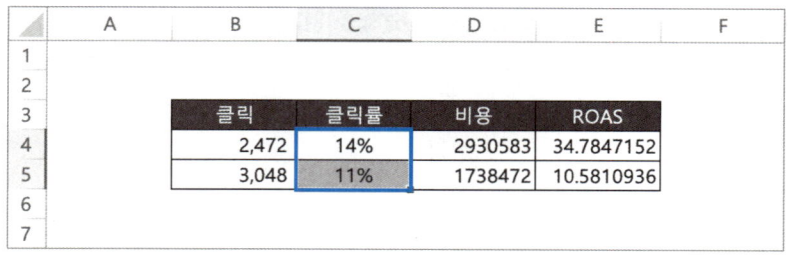

그림 10-67 셀 서식 표시 형식 예제 7

클릭률 값이 퍼센트로 변경되었습니다. 다만 퍼포먼스 마케팅 리포트에서 클릭률은 보통 소수점 두 자릿수까지 표시하기 때문에 위에서 배운 자릿수 늘림을 통해 두 자릿수로 자릿수를 늘리는 것이 좋습니다.

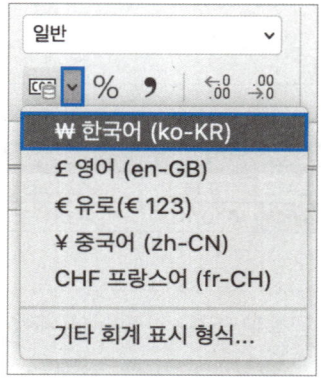

그림 10-68 셀 서식 표시 형식 예제 8

다음은 비용 셀들의 숫자들을 통화 표시 형식으로 변경해 보겠습니다. 간단하게 화폐 모양을 클릭해도 좋고, 다른 통화를 사용하고 싶다면 아래 화살표를 클릭해서 원하는 통화를 선택합니다. 일단 [한국어(한화)]를 선택해 보겠습니다.

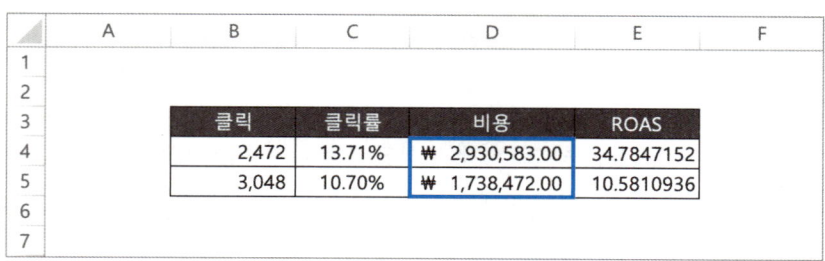

그림 10-69 셀 서식 표시 형식 예제 9

원화 표시와 함께 숫자가 세 자리씩 쉼표가 표시되어 읽기 쉽게 변화되었습니다.

그림 10-70 셀 서식 표시 형식 예제 11

엑셀에서 비용을 표시하는 방법에는 위의 회계 방식 외에도 통화라는 서식이 존재합니다. 둘 다 통화 부호를 사용하는 것은 비슷하지만, 음수 값을 표기하는 방식이 다르고 무엇보다 숫자를 정렬하는 방식이 다릅니다. 예를 들어, 회계 표시 같은 경우는 숫자를 가운데 정렬을 할 수 없어 리포트 서식을 내가 원하는 방식으로 설정하기가 어렵습니다. 회계 서식은 소수점에 맞춰서 열이 정렬되기 때문입니다. 그래서 대부분은 회계 대신 통화 표기 방식을 사용합니다. 통화 표기 방식을 사용하기 위해서는 셀을 선택한 후에 회계로 선택되어 있는 박스의 [오른쪽 화살표]를 클릭합니다.

그림 위와 같이 다양한 표시 형식 옵션이 뜹니다. 여기서 통화를 선택하려고 하는데 미리 보기를 보니 한화가 아닌 파운드로 숫자가 표시되어 있습니다. 이럴 때는 맨 아래 메뉴인 [기타 표시 형식]을 클릭합니다.

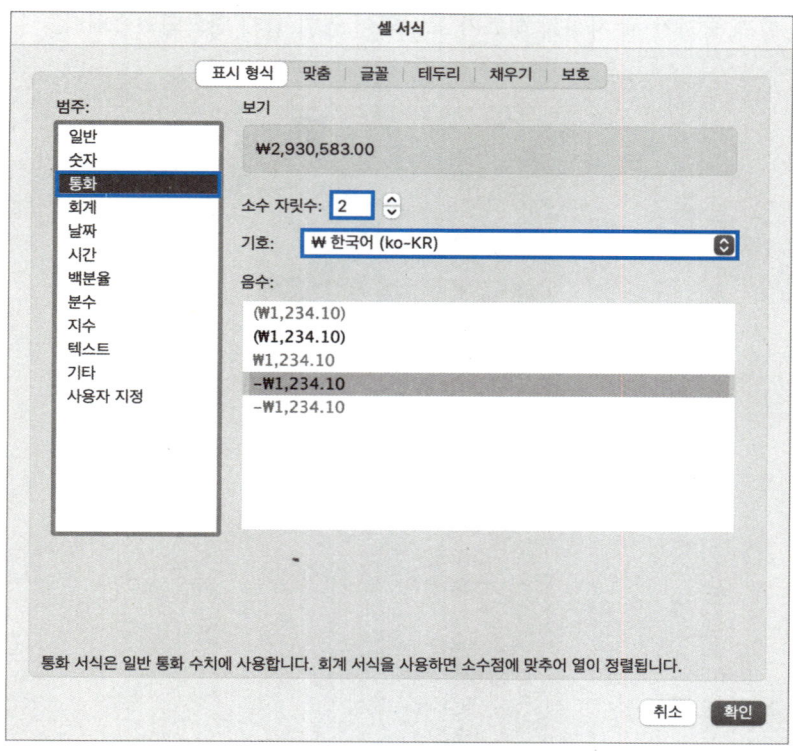

그림 10-71 셀 서식 표시 형식 예제 12

그림 위와 같이 팝업이 뜹니다. 보통 한화 같은 경우는 소수 자릿수를 표기하지 않으므로 "2"를 "0"으로 바꿉니다. 다음 기호를 선택해서 원하는 통화인 [한국어(한화)]를 선택하고 확인을 누릅니다.

	A	B	C	D	E	F
1						
2						
3		클릭	클릭률	비용	ROAS	
4		2,472	13.71%	₩2,930,583	34.7847152	
5		3,048	10.70%	₩1,738,472	10.5810936	
6						
7						

그림 10-72 셀 서식 표시 형식 예제 13

소수 자릿수가 변경이 되었고, 숫자도 원래 서식대로 오른쪽으로 정렬이 되었습니다.

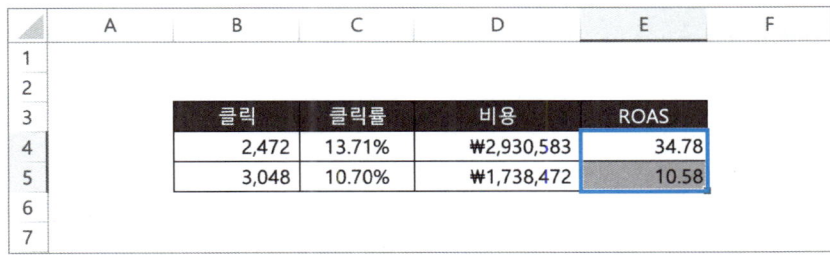

그림 10-73 셀 서식 표시 형식 예제 14

마지막으로 ROAS의 표시 방식을 바꿔볼 차례입니다. ROAS는 간단하게 소수점 두 자릿수까지만 표시되도록 변경하면 되기 때문에 위에서 배운 자릿수 줄임 기능을 이용해 표시 방식을 변경합니다.

이렇게 퍼포먼스 마케터가 필수로 사용하는 엑셀 기능들에 대해 배워보았습니다. 지금은 어색하고 어렵지만 손에 익으면 숨 쉬듯이 편안하게 할 수 있는 게 엑셀입니다. 면접 시 엑셀 테스트를 보는 기업들이 많으므로 위의 기능들은 여러 번 연습해 보시길 추천드립니다.

— 11장 —

퍼포먼스 마케팅 트렌드와 전망

서론에 적은 것처럼 팬데믹 이후로 퍼포먼스 마케터에 대한 수요가 높아졌습니다. 하지만 20년, 30년이 지나도 퍼포먼스 마케팅이라는 직업이 계속 존재할까요? 평생 직업이라는 말이 없어지고 있다지만 이왕이면 정년까지 할 수 있는 직업을 선택하고 싶은 게 많은 사람의 마음일 것입니다. 점쟁이처럼 미래에 이 직업이 존재할지 존재하지 않을지 확답할 수는 없지만, 현재의 트렌드를 살펴보면서 미래의 흐름을 예측해 볼 수는 있습니다. 이번 장에서는 퍼포먼스 마케팅의 최신 트렌드와 변화에 대해서 알아보겠습니다.

1. 자동화

위에서 구글 광고의 많은 기능을 배우면서 퍼포먼스 마케터라는 직업의 진입장벽이 높은 이유에 대해서 깨달으셨을 것이라 생각합니다. 해당 기능들을 배우는 데 적지 않은 노력이 들고, 최적화를 위한 노하우를 쌓기 위해서는 끊임없이 테스트를 하면서 시간을 들여야 하기 때문입니다. 하지만 앞에 서론에서 말했다시피 오늘 배운 기술은 당장 내일 사라질지 모릅니다. 퍼포먼스 마케팅은 구글이 만든 시스템에 의존하고, 구글은 이윤을 창출하는 기업입니다. 따라서 더 많은 마케터들이 쉽게 플랫폼을 사용하고 광고비를 쓸 수 있게 하기 위해서 어려운 기술들을 쉽게 사용할 수 있도록 자동화를 하고 있습니다.

★ 구글 내 자동화 상품

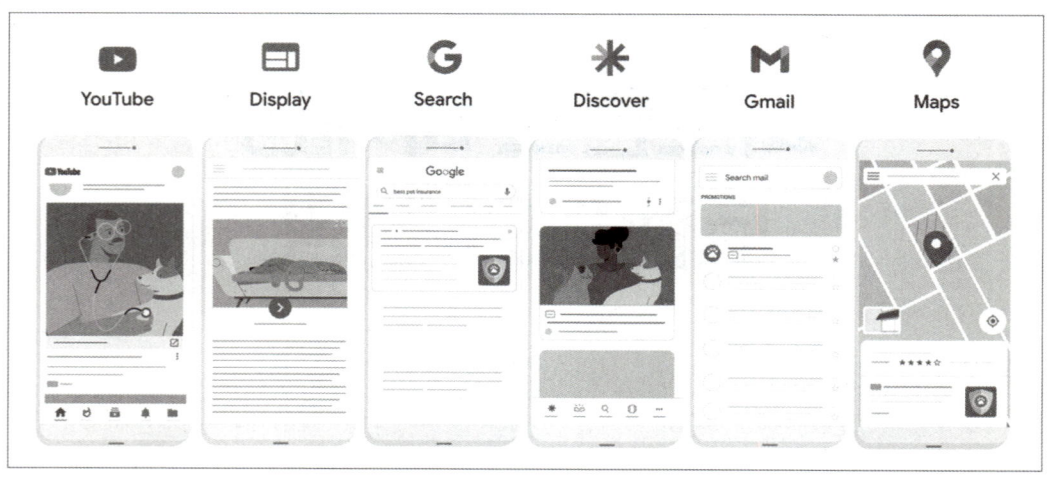

그림 11-1 구글의 Performance Max 상품[1]

---

1 이미지 출처: https://blog.google/products/ads-commerce/performance-max/

이미 구글에 나온 여러 가지 자동화 시스템을 통해서 위에서 배운 기능들을 대체할 수 있고, 실제로 큰 기업들에서는 시스템을 갖춰서 모든 작업을 자동으로 수행합니다. 예를 들어, 과거에는 디스플레이, 검색 광고, 유튜브 광고를 각각의 캠페인을 만들어서 따로 관리하는 것이 일반적이었습니다. 구글에서는 이런 번거로움을 해결하기 위해 실적 최대화 캠페인(Performance Max)을 출시했습니다. 하나의 캠페인으로 YouTube, 디스플레이, 검색, 디스커버리, Gmail, 지도 등 모든 Google 채널에서 전환 가능성이 높은 고객을 찾아 광고를 보여주는 상품입니다. 자동으로 캠페인 세팅부터 최적화를 할 수 있어 편리한 만큼 퍼포먼스 마케터가 관여할 수 있는 일이 적은 상품입니다. 미래에는 실적 최대화 캠페인이 구글 광고의 기본이 될 예정이니 최대한 빨리 제품을 사용해 보고 나만의 노하우를 축적해 두길 추천드립니다.

광고 카피 작성이나 키워드 리스트업도 구글 애즈 내의 기능을 통해 이미 자동화를 할 수 있습니다. 대표적인 예가 동적 검색 광고(Dynamic Search Ads)입니다. 동적 검색 광고는 홈페이지 URL 내의 정보를 읽어와서 자동으로 광고 제목과 키워드를 만들어줍니다. 우리가 원하는 키워드를 100% 타기팅한다는 보장이 없고, 광고 카피가 자동으로 만들어지는 만큼 부자연스러울 수도 있기 때문에 보통 수동으로 세팅한 광고 그룹과 함께 운영합니다. 수동 광고 그룹과 동적 검색 광고 그룹을 한 캠페인 안에서 운영하면, 수동 광고 그룹에서 미처 리스트업하지 못한 키워드를 동적 검색 광고 그룹이 찾아내 보완해 준다는 장점이 있습니다.

성과를 파악해 자동으로 최대 CPC값을 조절해 주는 것 또한 구글 애즈 내의 입찰 전략(Bid Strategy) 기능을 통해 자동화할 수 있습니다. 이익, 신규 회원 수, 브랜드 인지도 늘리기 등 다양한 목표를 선택하면 시스템이 자동으로 키워드, 잠재 고객의 입찰가를 자동으로 조절해 줍니다. 머신 러닝 기술을 사용하기 때문에 최적화를 위해서는 데이터를 쌓고 배우는 데 시간이 걸린다는 특징이 있습니다.

★ 검색 광고 360(Search Ads 360)

글로벌 기업들 같은 경우는 다양한 나라들의 검색 엔진(예. 네이버, 얀덱스, 마이크로소프트)을 관리하고, 구글 애즈 계정도 나라, 채널별로 생성하기 때문에 검색 엔진 계정 수가 적게는 수십 개, 많게는 수백 개가 됩니다. 계정 당 캠페인을 몇백 개씩 생성하기 때문에 구글 애즈 플랫폼 안에서 모든 캠페인을 관리하기 어려운 경우가 많습니다. 이런 경우 검색 캠페인 대량 관리에 도움을 주는 구글 마케팅 플랫폼 중 하나인 검색 광고 360(Search Ads 360, SA360)을 사용합니다. SA360 에는 캠페인 운영을 도와주기 위한 여러 자동화 상품이 존재합니다.

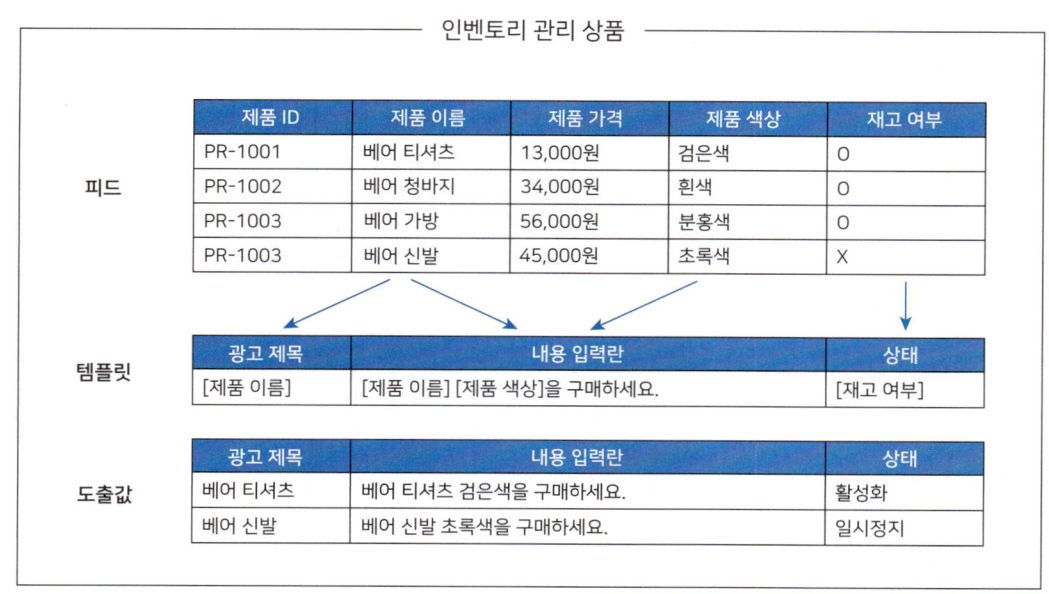

그림 11-2 인벤토리 광고 상품

첫째, 인벤토리 관리 상품(Inventory Management)은 피드를 사용하여 키워드, 광고, 확장 소재를 자동으로 만들어주고 관리해 주는 상품입니다. 피드는 일종의 데이터를 저장하는 창고입니다. 예를 들어, 이커머스 회사들 같은 경우 피드에 상품명, 가격, 배송 정보 등을 업로드하고 광고 플랫폼들과 공유하여 쇼핑 광고 같은 제품 중심의 광고를 운영하는 데 사용합니다. 인벤토리 관리 상품 같은 경우 피드 내 요소를 자동으로 불러오는 템플릿을 만들어 자동으로 키워드, 광고 등을 생성할 수 있습니다. 또한, 상품의 재고 여부 또한 파악할 수 있기 때문에 신상품이 들어오면 자동으로 새 캠페인을 만들어주고, 상품이 품절되면 자동으로 관련 캠페인이나 광고 그룹을 중지시킬 수 있다는 장점도 있습니다.

둘째, 예산 자동 입찰 전략(Budget Bid Strategy)은 캠페인 혹은 계정 단위에서 내가 원하는 예산을 설정하면 자동으로 성과를 예측해 주고, 자동 입찰 전략을 통해 캠페인 입찰가를 자동으로 관리해 줍니다. 캠페인 예산을 하나하나 관리하기 힘든 경우, 비슷한 캠페인들끼리 그룹을 지어서 각각 예산 자동 입찰 전략을 설정해 주면 원하는 예산 안에서 최상의 성과를 낼 수 있도록 캠페인을 자동으로 관리해 주기 때문에 편리한 상품입니다.

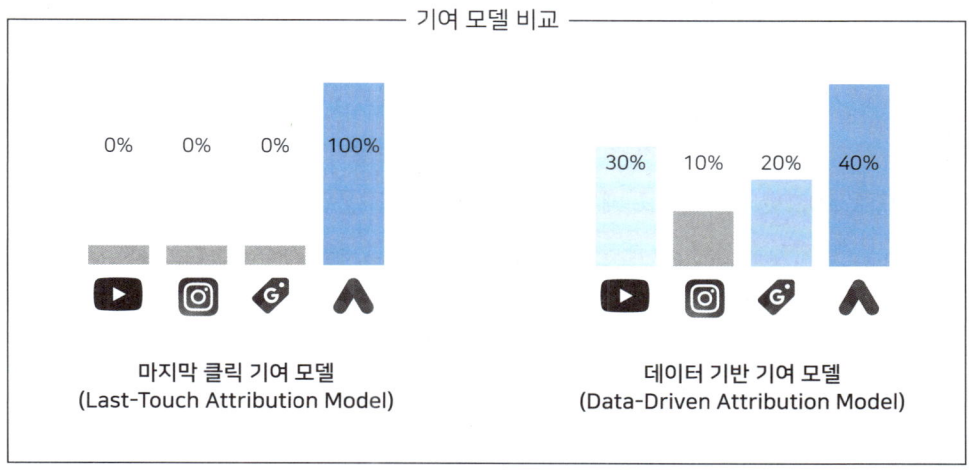

그림 11-3 기여 모델 비교

셋째는 데이터 기반 기여 모델(Data-Driven Attribution Model)입니다. 보통 일반적인 광고 플랫폼들은 마지막 클릭(Last-Touch)에 가장 높은 기여도를 부여합니다. 예를 들어, 소비자가 물건을 구매하는 여정을 생각해 보면, 유튜브에서 짧은 브랜드 광고를 보고, 인스타그램에서 이미지 광고를 보고, 구글 쇼핑에서 상품 광고를 보고, 마지막에 브랜드 이름을 검색해 검색 광고를 통해 사이트에 들어가 전환할 수 있습니다. 이렇게 소비자들은 여러 경로를 거쳐 상품을 구매하는데, 데이터 기반 기여 모델을 사용하지 않는 경우 마지막으로 클릭한 채널, 위 예시에서는 검색 광고에만 기여도를 100% 부여합니다. 이렇게 되면 앞에서 거친 모든 여정들의 기여도는 무시가 되고 이전의 채널들이 구매 결정에 어떤 영향을 미쳤는지 알기 어렵게 됩니다. 데이터 기반 기여 모델을 사용하면 개별 채널의 기여도를 정확하게 파악할 수 있습니다. 예를 들어, 데이터 기반 기여 모델을 사용하기 전에는 검색 광고 기여도가 100%였다면, 모델을 사용한 이후에는 유튜브 30%, 인스타그램 10%, 구글 쇼핑 20%, 검색 광고 40%와 같이 각각의 채널의 기여도가 나눠지게 됩니다. 이 모델의 큰 장점은 오프라인에서 일어난 구매 데이터도 추가할 수 있으며, 데이터를 자동 입찰 전략에도 사용할 수 있다는 것입니다.

예시들로 구글 마케팅 플랫폼 내에서 사용할 수 있는 기능들을 들어봤는데, 이외에도 앱 여정을 추적해 주는 툴이나 피드를 관리해 주는 플랫폼 등 여러 3자 플랫폼들을 이용해 자동화를 진행할 수 있습니다.

2. iOS 14.5 업데이트와 쿠키 대종말

최근에 퍼포먼스 마케터가 미래에는 사라지는 직업이 되는 것이 아닌지 업계를 떠들썩하게 했던 뉴스 두 가지가 있었습니다. 첫째는 iOS 14.5 업데이트입니다. iOS 14.5는 애플의 새 운영체제 업데이트로, 2021년 4월에 최초 배포되었습니다. 애플의 운영체제의 신버전 출시와 퍼포먼스 마케팅이 무슨 관계가 있을까요? iOS 14.5 업데이트 기능 중에는 새로운 개인 정보 보호 정책 변화가 포함되어 있습니다. 이 정책은 모든 앱이 다른 회사의 앱 및 웹사이트에서 사용자의 활동을 추적하기 위해서는 사용자의 동의를 사전에 얻어야 한다는 내용입니다. 이전에는 사용자가 트래킹을 거부할 때까지 추적할 수 있었지만, 새로운 정책은 소비자의 동의가 있기 전까지는 일절 정보를 수집할 수 없게 바뀌었습니다. 사용자 입장에서는 본인의 데이터가 어떻게 사용되는지 알고, 보호받을 수 있게 되어 좋지만 기업 입장에서는 퍼포먼스 광고 성과에 큰 악영향을 줄 수 있는 변화입니다. 대부분의 광고 플랫폼들이 유저를 식별할 수 있는 값을 통해서 소비자가 어떻게 유입되고 활동하는지 추적하고, 리마케팅을 했는데 이 업데이트로 인해 대부분의 소비자가 추적을 거부했고 데이터 수집에 제한이 생겼기 때문입니다. 이 업데이트 전에는 많은 퍼포먼스 마케터가 광고 성과가 나빠지는 것이 아닌지 걱정이 많았지만, 오히려 이 업데이트들은 각 기업에서 좀 더 안전하게 소비자들의 데이터를 관리할 수 있는 기술을 개발하는 시발점이 되었습니다. 애플은 프라이버시 중심의 API인 SKAdNetwork를 개발했고, 분석 플랫폼들에서는 트래킹이 되지 않는 전환을 확률적으로 예측하는 확률론적 어트리뷰션 기능을 개발하여 데이터 간 빈 공간을 메웠습니다. 모두가 두려워했던 변화가 결국 긍정적인 변화로 이어진 셈입니다.

2021년에는 iOS 14.5 업데이트가 있었다면 2023년 말에는 쿠키 대종말이 다가오고 있습니다. 혹시 맛있는 쿠키를 못 먹게 되는 날이 오는 것일까요? 여기서 쿠키란 작은 데이터 조각을 저장하는 텍스트 파일을 말합니다. 예로는 ID나 비밀번호를 들 수 있습니다. 쿠키는 웹브라우저에서 사용자의 선호도 설정을 기억해서 편리하게 사용할 수 있기 위해 만들어졌습니다. 쿠키가 뜨거운 감자가 된 것은 이번만의 일이 아닙니다. 2018년에 시행된 유럽 연합의 개인 정보 규정(GDPR)은 쿠키 사용을 위해서는 이용자의 동의를 받아야 한다는 것을 명시하고 있습니다. 덕분에 GDPR 법안이 효력을 발휘하기 전 모든 기업들의 웹사이트들이 특별 팀들을 만들고 사이트를 대대적으로 업데이트하고, 내부 직원들을 교육하는 등 웹사이트의 데이터 처리 방법에 큰 변화가 있었습니다. 그렇다면 이번에는 쿠키가 또 어떤 문제를 일으키려는 걸까요? 쿠키에는 두 가지 종류가 있습니다. 첫 번째 퍼스트 파티 쿠키(First-party cookie)는 웹사이트 소유자가 사용자의 데이터를 수집하기 위해서 웹사이트에 심어진 쿠키입니다. 유저의 선호 언어나, 웹사이트 이동 경로 등과 관련된 데이터를 살펴보면서 사용자 경험을 개선하는 데 사용됩니다. 두 번째 제3자 쿠키

(Third-party cookies)는 웹사이트 소유자가 아니라 제3자가 유저의 데이터를 얻기 위해 웹사이트에 심는 쿠키를 의미합니다. 그동안 온라인 기업들은 이 제3자 쿠키를 수집해 개인 맞춤형 광고를 노출했습니다. 제3자 쿠키를 대표적으로 이용하는 서비스는 페이스북입니다. 웹사이트에 종종 심어져 있는 페이스북 계정을 통해 가입하기 버튼을 누르면 자동으로 페이스북에 내 정보가 공유됩니다. 유저가 특정 웹사이트에서 봤던 제품 광고를 인스타그램에서 접할 수 있는 이유는 이렇게 페이스북이 제3자 쿠키를 이용해 리마케팅을 했기 때문입니다. 제3자 쿠키를 이용한 리마케팅은 이미 상품에 관심이 있는 사용자에게 제품을 꾸준하게 노출시켜 전환율을 높일 수 있다는 장점이 있지만, 유저가 알지 못하는 사이에 제3자에게 정보를 공유하기 때문에 개인 정보 침해의 소지가 있어 논란이 있었습니다. 구글은 2022년 6월 기준으로 전 세계 점유율 70%가 넘는 자사 브라우저인 크롬에서 2024년부터 제3자 쿠키 사용을 중단시킨다고 발표했습니다. 쿠키가 퇴출되면 구글 같은 대기업들은 구글의 생태계 안에 있는 유튜브나 검색 광고 등 여러 플랫폼에서 정보를 수집할 수 있지만, 쿠키를 통한 데이터 수집에만 의존하던 온라인 광고 기업들은 큰 영향을 받게 됩니다. 퍼포먼스 마케터 입장에서는 광고를 맞춤화하기가 더 어려워지고, 다양한 플랫폼들을 이용할 기회를 놓치게 될 수밖에 없습니다. 쿠키 대종말 같은 경우는 아직 시행되지 않아 변화를 정확히 예측하기 힘들지만, iOS 14.5 때처럼 기업들이 새로운 방식으로 사용자의 데이터를 안전하게 수집하기 위해 노력하고 있습니다. 비록 마케터에게는 번거로운 변화이고 끊임없이 배워야 하는 사안이지만, 사용자들에게 본인들의 데이터가 어떻게 사용되는지 알 권리를 부여하고, 관리할 권한을 주는 것은 충분히 바람직한 변화라고 생각합니다.

3. 퍼포먼스 마케팅의 미래

이 책에서 열심히 배웠던 기술들이 내일은 자동화가 되어 사라질지도 모르고 기업이나 정부의 정책의 변화에 따라서 쉽게 영향을 받는다니, 퍼포먼스 마케팅의 길, 진짜 시작해도 될까요? 제 답변은 언제나 '그렇다'입니다.

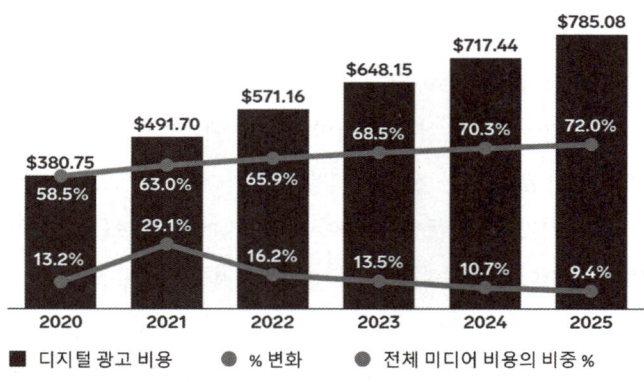

그림 11-4 세계 디지털 광고 비용[2]

가장 큰 이유는 시장의 성장세입니다. 이마케터(eMarketer)에 따르면 전통적인 광고 채널(TV, 옥외광고) 포함 채널별 전체 광고 비용 비중을 살펴봤을 때, 2020년에서 2021년 사이 디지털 광고 비용 비중이 전체 비용 대비 58.5%에서 63%로 성장하였습니다. 광고 소비액 또한 전년 대비 무려 29.1% 증가하였습니다. 앞서 말한 것처럼 팬데믹의 여파로 많은 기업들이 디지털화를 가속화했기 때문입니다. 전체 광고비용 대비 디지털 광고 비용은 꾸준히 성장하여 2025년에는 전체 광고비 중 차지하는 비중이 72%에 도달할 예정입니다. 아직 디지털화에 진입하지 못한 산업군들도 많고, 전통적인 광고 매체 시장에서 뺏어올 파이가 충분하기 때문에 오랫동안 이 성장세가 지속될 것이라 예측됩니다.

기술의 자동화는 위협이 아니라 오히려 기쁜 일로 받아들여야 합니다. 그동안 힘들게 하나하나 올리던 키워드들과 광고를 간단하게 올릴 수 있어서 시간을 많이 아끼게 됐기 때문입니다. 이렇게 아낀 시간은 기계로는 대체할 수 없는 일을 하는 데 쓰일 수 있습니다. 예를 들어, 전체적인 마케팅 전략이나 목표 수립, 통합된 채널 전략 계획 수립 같은 일 말입니다. 또한, AI가 아무리 똑똑하더라도 AI가 혼자 캠페인을 관리하는 것보다는 AI와 인간이 함께 캠페인을 관리하는 것이 효율이 훨씬 뛰어납니다. AI는 여러 시그널을 읽고 최적화를 하고, 인간은 자동화가 읽지 못하는

---

2 이미지 출처: https://www.emarketer.com/content/worldwide-digital-ad-spending-2021

맥락들을 통해 피드백을 주는 방식으로 말입니다. 자동화 때문에 퍼포먼스 마케팅에 뛰어드는 것을 두려워할 것이 아니라 더 빨리 뛰어들어야 한다고 생각해야 합니다. 결국 위에서 배운 것처럼 근본적인 기술의 원리는 변하지 않고, 미래에는 이런 퍼포먼스 마케팅의 기본 원리를 이해함과 동시에 인공지능 친화적인 전략을 짜는 인재들이 필요해질 것이기 때문입니다. 업계에 더 빨리 뛰어들어서 위 기술들을 고루 갖춘 경영진으로 성장하는 것을 목표로 삼는 것이 좋습니다.

마지막으로 정책 변화로 인한 불안감도 긍정적인 측면으로 바라봐야 합니다. 필자가 처음 퍼포먼스 마케팅을 시작했을 때, 이 직업에 대해 이해하기 어려워하는 사람들에게 '인터넷에 계속 짜증나게 따라다니는 배너 광고나 검색 광고 관리하는 사람이 나야'라고 소개했습니다. 퍼포먼스 마케팅을 처음 접하는 사람에게 가장 직관적인 설명이지만 말하면서도 죄책감이 들었습니다. 사용자의 동의도 받지 않은 데이터를 이용해 그들도 모르는 사이에 광고에 노출되게 하는 것은 윤리적으로 옳지 않기 때문입니다. 하지만 이런 소비자의 개인 정보를 보호하는 정책과 변화들로 인해 당장은 불편하더라도 결국에는 업계가 성숙해지고 건강해질 수 있는 발돋움이 될 것입니다. 이런 긍정적인 변화가 하나씩 일어나면 퍼포먼스 마케터들도 직업에 자부심을 갖고 더욱 윤리적으로 일할 수 있게 될 것입니다.

— 12장 —

면접관이 알려주는
퍼포먼스 마케팅 취업 전략

책의 앞부분을 읽으신 독자분들이라면 이제 퍼포먼스 마케팅이 무엇인지, 나와 맞는 직무인지 아닌지 감을 잡으셨을 것이라 생각합니다. 독자분들 중에서는 이미 관련된 일을 하면서 퍼포먼스 마케팅에 대해 배워보고 싶은 분들도 있을 테지만, 대부분의 독자님들은 퍼포먼스 마케팅 쪽에 취업을 목표로 하실 것입니다. 퍼포먼스 마케팅 같은 경우는 워낙 기술적인 직무이기 때문에 어느 정도 준비를 해야 취업 승산을 높일 수 있습니다. 이번 장에서는 퍼포먼스 마케팅 신입으로 취업하고 싶으면 어떤 것을 준비해야 하는지에 대해서 알려드리려고 합니다.

1. 퍼포먼스 마케터의 커리어 패스

★ 인하우스 vs 에이전시

퍼포먼스 마케터로 취직하기 위해서 가장 우선적으로 고려해야 할 것은 에이전시, 인하우스 둘 중 어디서 커리어를 시작할지에 대한 것입니다.

인하우스

인하우스는 어떤 브랜드에 속해서 그 브랜드의 퍼포먼스 마케팅 활동을 직접 담당하는 것입니다. 인하우스 팀에 속하면 직접 퍼포먼스 마케팅 활동을 관리할 수도 있고 혹은 에이전시를 써서 에이전시를 관리하는 일을 할 수도 있습니다. 대부분의 경우는 에이전시에게 퍼포먼스 마케팅 활동 관리를 맡기고, 내부 데이터 분석을 통해 전략을 세우는 일을 합니다.

인하우스 팀에서 커리어를 시작하는 경우 일반적으로 에이전시에 비해 평균 연봉이 높고, 마케팅 데이터뿐만 아니라 회사 내의 모든 데이터를 제한 없이 볼 수 있다는 장점이 있습니다. 반면 에이전시처럼 체계적으로 기술적인 트레이닝을 시켜주지 않기 때문에 본인이 스스로 엄청나게 노력하지 않는 이상은 에이전시 출신 퍼포먼스 마케터들보다 기술적인 면에서는 뒤처질 수 있습니다.

에이전시

에이전시는 여러 브랜드들의 퍼포먼스 마케팅 활동을 대신 관리해 주는 대행사입니다. 따라서 여러 산업군들에 대해서 배울 수도 있고, 그들이 쓰는 여러 플랫폼들을 경험해 볼 수 있다는 장점이 있습니다. 또한, 광고 업로드부터 최적화까지 퍼포먼스 마케팅의 처음부터 끝까지를 경험하고, 직접 기술들을 손에 익힐 수 있다는 것이 큰 장점입니다. 다만, 인하우스에 비해서 평균 연봉이 낮은 경우가 많고 광고주의 필요에 따라서 야근을 해야 하는 경우가 많다는 것이 단점입니다.

둘 중 추천하는 곳은?

개인적으로는 에이전시에서 커리어를 시작해서, 몇 년 경력을 쌓은 후에 인하우스로 옮기는 것을 추천합니다. 인하우스에서 시작하면 상대적으로 야근이 적고 평균 초봉이 높은 편이지만, 아무래도 직접 퍼포먼스 마케팅 플랫폼을 관리해 본 사람들과 그렇지 않은 사람들의 기술 측면에서의 차이가 크기 때문입니다. 만약 인하우스에서 운 좋게 커리어를 시작한 경우는 퍼포먼스 마케팅 전략을 세우는 것 외에도 데이터 분석 스킬을 익혀 다른 방면에서 전문성을 키워보는 것을 추천합니다.

★ 풀타임 vs 프리랜서

보통 이 고민은 퍼포먼스 마케터 2-3년 차가 되어 갈 때쯤 생깁니다. 풀타임은 어느 기업에 직원으로 속해서 정직원의 복지와 안정성을 얻는 것을 말하고, 프리랜서는 프로젝트별로 기업에 계약직으로 고용돼서 일하는 것을 말합니다. 프리랜서 같은 경우는 내가 원할 때만 일할 수 있는 자율성이 크고, 세금 혜택을 받아서 풀타임보다는 시간별로 받는 급여가 높은 편입니다.

풀타임으로 일하게 된다면 언젠가는 관리직으로 승진이 되기 때문에 연차가 쌓이면 실무보다는 팀 관리와 전략 설정에 관련한 일을 많이 할 수밖에 없습니다. 따라서, 실무에 오래 머무르고 싶은 사람들은 보통 프리랜서로 전향하는 경우가 많습니다. 경제적 자유나 디지털 노마드 같은 자유로운 삶의 방식을 원하는 사람들에게도 프리랜서의 형태가 더 적합할 수 있습니다.

★ 데이터 분석가 혹은 개발자

퍼포먼스 마케터가 되면 퍼포먼스 마케팅 플랫폼을 다루는 것뿐만 아니라 다른 기술들도 약간씩 손을 대게 됩니다. 가장 흔한 것은 SQL이라는 데이터 추출에 사용하는 언어입니다. 이 언어는 우리 회사의 내부 데이터와 각종 플랫폼들의 데이터를 연결할 수 있도록 도와주고 내가 원하는 형태로 데이터 추출도 할 수 있습니다. 또한, 퍼포먼스 마케팅은 자동화를 시킬 수 있는 범위가 엄청 넓습니다. 이때 관심이 있는 사람들은 코드를 쓰는데도 관심을 가지게 되어 추후 개발자로 전향할 수 있습니다. 이렇게 커리어를 발전시키면서 퍼포먼스 마케터로만 머무르는 게 아니라, 관심 있는 분야로 커리어를 전환할 수 있다는 것이 이 직무의 장점이기도 합니다.

★ 디지털 마케터

디지털 마케터는 디지털 마케팅의 모든 퍼널 여정을 기획하고 전략을 세우는 일을 합니다. 퍼포먼스 마케터가 하위 퍼널만 다루는 것과 달리 좀 더 큰 그림을 보는 직업입니다. 보통 퍼포먼스 마케터로 몇 년 경력을 쌓고 나면, 대기업으로 가서 규모가 큰 퍼포먼스 마케팅 팀을 관리하거나, 디지털 마케터로 직무를 바꾸는 것이 일반적입니다. 퍼포먼스 마케터보다 많은 채널을 다루기 때문에 채널 간의 유기적인 관계를 파악하고 전략을 세울 수 있어야 합니다. 현재 필자가 선택한 커리어 패스이기도 합니다.

2. 퍼포먼스 마케팅 필수 자격증

보통 취업 필수 자격증 및 시험이라고 하면 컴활, 토익, 모스 등을 떠올리실 텐데, 이런 자격증은 막상 취업을 할 때 크게 도움이 되지 않습니다. 반면, 퍼포먼스 마케팅 관련 자격증들은 실무와 밀접하게 설계가 되어서 취득해 놓으면 서류 전형을 통과할 때 많은 도움이 되는 편입니다. 운 좋게 자격증 없이 취업을 했더라도 수습을 통과하기 위해 자격증 취득을 요구하는 회사들이 꽤 많습니다. 회사 내에서 얼마나 많은 마케터가 자격증을 가지고 있냐에 따라 각 플랫폼별 공식 에이전시 선정 여부에 영향을 미칠 수 있기 때문입니다. 따라서 퍼포먼스 마케팅 쪽으로 취업을 준비하시는 분들은 아래 자격증들을 취득하시는 것을 강력하게 추천합니다.

★ 구글 애즈 자격증

구글은 플랫폼을 많은 사람들이 배우고 이용할 수 있게 "Google Skillshop"이라는 페이지를 운영합니다. 이 페이지에서 직접 코스를 수강하면서 이론을 배울 수도 있고, 시험을 쳐서 구글에서 발행하는 자격증을 취득할 수도 있습니다. 구글 애즈는 퍼포먼스 마케팅을 하면서 가장 많이 다루게 될 플랫폼이므로 관련 자격증은 모두 취득하길 추천드립니다. 구글 애즈 자격증은 여러 언어로 취득이 가능한데, 해외 취업을 노리시는 분들은 가능하면 영어로 취득하는 것이 좋습니다.

- **Google Ads 검색 인증**(필수): 구글 광고 상품 중 가장 중요한 검색 광고 플랫폼을 사용하는 능력을 평가하는 시험입니다. 캠페인을 만드는 법, 수치를 이해하는 법, 플랫폼의 기능까지 다양한 범위에서 문제가 나옵니다. 시험을 치기 전에 구글의 자체 학습 플랫폼에서 공부를 해보고 응시하는 것을 추천드립니다.
- **Google Ads 디스플레이 인증**: 구글의 디스플레이 광고를 운영하고 퍼포먼스를 분석하는 방법에 대해 다루는 자격증입니다.

- **Google Ads - 측정 인증**: 구글의 캠페인 결과를 측정하고 평가할 수 있는 능력을 검증하는 시험입니다. 구글 광고의 여러 수치들을 이해하는 데 도움이 됩니다.
- **쇼핑 광고 인증서**: 구글의 쇼핑 광고를 운영하고 퍼포먼스를 분석하는 방법에 대해 다루는 자격증입니다. 상품의 데이터를 저장하는 공간인 피드와, 피드를 관리하는 구글의 플랫폼인 머천트 센터에 대한 이해가 필요합니다. 한국에서는 구글 쇼핑을 많이 다루진 않지만, 해외에서는 이커머스 회사들에게 검색 광고만큼이나 중요하고 좋은 퍼포먼스를 내는 상품입니다.
- **Google Ads 동영상 인증서**: 구글의 동영상 광고를 운영하고 퍼포먼스를 분석하는 방법에 대해 다루는 자격증입니다. 구글의 대표적인 동영상 광고 상품은 유튜브 광고입니다. 광고를 세팅하는 법부터, 우리가 타기팅할 사람들의 그룹, 퍼포먼스를 측정하는 법을 다루는 자격증입니다.
- **Google Ads 앱 인증**: 구글 앱 다운로드 광고 관리 능력을 평가하는 자격증입니다. 트래킹부터, 구글의 대표적인 앱 다운로드 광고 상품인 앱 캠페인에 대한 지식까지 다룹니다. 특히 한국의 스타트업 같은 경우는 앱 다운로드 광고를 활용하는 경우가 많기 때문에, 스타트업으로 취업을 노리시는 분들은 해당 자격증을 취득하시는 것을 추천드립니다.

★ 구글 애널리틱스 자격증

퍼포먼스 마케팅은 단순히 플랫폼의 기술을 아는 것을 떠나서, 소비자를 잘 이해하는 것도 중요합니다. 구글 애널리틱스는 소비자들이 홈페이지에 어떤 사람들이, 어떤 경로로 들어와서, 어떻게 움직이는지 추적하는 플랫폼입니다. 구글 애널리틱스 자격증은 퍼포먼스 마케팅을 포함해 모든 마케팅 팀, 기획팀, 데이터 분석 팀까지 사용하므로 취득해두면 유용한 자격증입니다.

구글이 새 애널리틱스 플랫폼인 구글 애널리틱스 4를 발표했고 구 버전인 구글 유니버설 애널리틱스는 서비스 종료 예정이기 때문에 구글 애널리틱스 4 자격증을 취득하길 추천합니다.

★ 구글 마케팅 플랫폼 자격증

구글 애즈 자체 플랫폼 말고도 광고를 업로드할 때 운영을 도움을 주기 위한 플랫폼들이 있습니다. 예를 들어, 검색 광고 360(Search Ads 360, SA360)은 구글뿐만 아니라 네이버, 얀덱스, 야후 등 여러 검색 광고 플랫폼들의 광고를 대량으로 한꺼번에 관리할 때 도움을 줍니다. 따라서, 여러 시장의 다양한 검색 엔진들을 관리하는 글로벌 기업에서 많이 쓰입니다. 아래 시험들은 제품을 직접 사용해 본 경험이 있는 사용자를 대상으로 고안되었기 때문에 어느 정도 플랫폼을 사용하고 경력이 쌓이면 자격증을 취득하는 것을 추천합니다.

Campaign Manager 인증 시험

구글의 캠페인 매니저 360은 웹 기반 광고 관리 시스템입니다. 해당 시험에서는 여러 파트너와 협업을 전제로 예약 구매를 계획하고, 구현하고, 보고하고, 문제를 해결하는 방법을 다룹니다. 아울러 실적 최적화에 사용되는 광고 태그 개재, 측정, 문제해결 방법도 평가합니다.

Display & Video 360 인증 시험

디스플레이 & 비디오 360은 디자인 팀, 데이터 팀, 디지털 마케팅 팀이 캠페인을 집행하기 위해서 처음과 끝까지 협업을 할 수 있도록 도움을 주는 플랫폼입니다. 프로그래매틱 캠페인을 설정할 때 주로 이용합니다. 해당 인증 시험에서는 인벤토리, 목표, 예산, 타기팅, 광고 소재의 할당 등 프로그래매틱 및 디스플레이 캠페인 설정 관련 내용을 다룹니다.

Search Ads 360 인증 시험(추천)

검색 광고 360 인증 시험에서는 여러 검색 엔진들을 통합 관리하기 위해서 검색 캠페인을 설정하고, 목표, 타기팅, 입찰 전략을 할당하며, 문제를 해결하고, 효과를 측정하며, 실적 개선을 위해 캠페인을 최적화하는 방법을 다룹니다. 퍼포먼스 마케팅 경력이 없으신 분들은 해당 플랫폼을 사용하는 게 어려울 수 있지만 Skillshop에서 관련 강의라도 꼭 들어보시길 추천드립니다. 글로벌 회사의 검색 광고 캠페인을 관리할 때 필수적으로 쓰이는 플랫폼입니다.

광고 소재 인증 시험

HTML5는 반응형 소재인데, 최적의 소재를 제작하기 위해서는 Google Web Designer를 이용해야 합니다. 광고 소재 인증 시험에서는 HTML5 및 동적 광고 소재를 제작하기 위해 Google Web Designer 및 Creative를 사용하여 리치 미디어 소재를 설정하는 내용을 다룹니다. 아울러 광고 소재 미리 보기에서 품질보증, Campaign Manager에 게시, 결과 측정에 이르는 각 단계도 평가합니다.

★ 검색 광고 마케터 자격증

검색 광고 마케터 시험이란 온라인 광고 분야 전문가 양성을 위하여 관련 업계 종사자 및 온라인 광고에 관심 있는 사용자의 검색 광고 집행 능력을 검증하는 자격으로 한국정보통신진흥협회(KAIT)에서 운영하고 있는 시험입니다. 네이버 검색 광고 공식 대행사가 되기 위해서는 검색 광고 마케터 자격증을 가진 사람이 몇 명 이상 회사에 있어야 하므로 채용을 할 때 자격증이 있는 사람이 우대를 받습니다. 한국 기관에서 만든 자격증이라 해외에서 인정이 되지 않는다는 단점이 있습니다. 현직자로서 기출문제를 봤을 때 단순히 이론뿐만 아니라 꽤 실무와 밀접하게 관련 있는 내용이 많아서 취득해 두면 추후 실무를 할 때 도움받을 수 있습니다.

3. 퍼포먼스 마케팅 회사 고르는 팁

취준생 입장에서 좋은 회사를 고르기란 참 어렵습니다. 잡플래닛 같은 회사 리뷰 사이트만 보고 회사의 분위기를 파악해야 하고, 내부의 속 사정은 외부인의 입장에서 판단하기 어렵기 때문입니다. 이럴 때는 공신력이 있는 곳의 정보를 이용하는 것이 좋습니다. 네이버는 광고주들이 대행사를 선정할 때 적절한 기준을 제공해 도움이 되기 위해 "네이버 검색 광고 공식 대행사"를 선정합니다. 네이버의 공식 대행사가 되기 위해서는 검색 광고 마케터들을 보유해야 하고, 일정 금액 이상 광고비를 지출해야 하기 때문에 어느 정도 규모가 갖춰져 있는 회사라고 말할 수 있습니다. 따라서 대행사에서 커리어를 시작하고자 하시는 분들은 본인이 지원할 회사가 네이버 검색 광고 공식 대행사인지 확인해 보시길 바랍니다. 네이버 검색 광고 공식 대행사는 다음 홈페이지에서 확인하실 수 있습니다(https://saedu.naver.com/adguide/manage/adAgency.naver).

4. 면접 예상 질문과 질문 의도

사회 초년생 때 채용을 준비하면서 가장 어려웠던 점은 면접을 준비하는 것이었습니다. 면접 울렁증 때문에 면접 그 자체가 부담이었는데, 면접관이 원하는 답변을 준비하기는 더욱 어려웠습니다. 자기소개는 온갖 비유를 준비해서 현란하게 해야 한다고 하고, 지원 동기는 돈을 벌고 싶어서 지원했는데 다른 이유를 억지로 만들어서 하려니 힘들었던 기억이 납니다. 심지어는 면접 스터디에서 신뢰가 가지 않는 목소리라며 스피치 학원을 다니면서 목소리를 바꿔보는 것은 어떠냐는 제안도 받아본 적이 있습니다. 이렇게 면접은 취업 준비 과정에서 저에게 가장 큰 스트레스였습니다.

하지만 경력을 쌓고 나니 저도 어느새 남들을 채용하는 직책이 되었고, 지금 매니저가 되어 면접에 들어가서 여러 지원자들을 상대하다 보니 왜 많은 면접관들이 비슷한 질문을 했는지 이해가 갑니다. 면접관이 물어보는 질문에는 숨겨진 의도가 있고, 이 의도들만 파악하면 대답하기 그렇게 어렵지 않습니다. 이번 챕터에서는 퍼포먼스 마케팅 면접 시 주로 물어보는 질문과 질문 의도, 추천 답변을 이야기해 보려 합니다.

★ 1분 자기소개

사물이나 물체에 빗대어서 자기소개를 할 필요 없습니다(예. 저는 사다리 같은 사람입니다. 저는 사다리를 밟고 한 칸 한 칸 올라가듯이 조금씩 성장하는 사람이기 때문입니다). 면접관이 이 질문을 하는 이유는 이 직무를 하기 위해 그동안 했던 노력이나 경력을 축약해서 듣고 싶기 때문입니다. 경력직이라면 그동안의 회사에서 했던 일을 말하면 되고, 신입이라면 이 직무에 왜 관심을 가지게 되었는지, 지원하기 위해 취득했던 자격증이나 참여했던 교육에 대해서 말하면 됩니다.

★ 지원 동기

지원 동기는 회사에 대한 무조건 칭찬보다는(예. 업계 1위여서 지원했다) 내가 퍼포먼스 마케팅을 왜 좋아하게 되었는지에 대한 것과 이 회사의 퍼포먼스 마케팅 활동을 칭찬하면서 배우고 싶어서 지원했다고 말하는 것이 좋습니다. 제가 같이 일한 동료들 중에 일을 잘했던 사람들은 학벌이 좋은 친구도, 자격증이 많은 친구도 아닌, 본인이 하는 일을 정말 좋아했던 친구들이었기 때문에 저는 지원 동기에서 이 직무를 얼마나 좋아하는지 파악하려고 하는 편입니다. 저 같은 경우는 브랜드 마케팅이 맞지 않았고, 데이터 기반으로 의사결정을 하는 퍼포먼스 마케팅이 적성에 더 맞는 것 같아 커리어를 전환했다고 설명하는 편입니다.

★ 희망 연봉

보통 대기업 같은 경우는 신입으로 입사할 경우 연봉이 정해져 있어서 묻지 않지만, 경력직으로 이직하거나 스타트업에 면접을 볼 경우 희망 연봉을 물어보는 질문을 받게 됩니다. 이런 질문을 받게 되면 본인의 희망 연봉 액수를 바로 말하면 안 됩니다. 모든 게임이 그렇듯이 본인의 패를 먼저 보여주게 되면 협상에 불리하기 때문입니다. 회사 측에서는 가능한 낮은 연봉으로 사람을 영입하고 싶어 합니다. 면접관의 주머니에서 누군가의 연봉을 직접 주는 것은 아니지만, 팀에 할당된 연봉 예산을 아끼고 싶어 하기 때문입니다. 이런 질문을 받았을 때는 '이 직책에 할당된 예산의 범위가 어느 정도인가요?'라고 역질문을 던지면 좋습니다. 그리고 면접관이 범위를 말해주면 그중 가장 높은 숫자를 희망 연봉으로 말하면 됩니다. 혹시 면접관이 알려주지 않을 경우에 대비해 업계 평균 연봉을 알아가고, 정확한 숫자보다는 범위로 대답하는 것이 좋습니다.

★ 이직 사유

경력직 지원자에게 필수적으로 물어보는 질문입니다. 이때 피해야 할 점은 현 회사의 단점을 솔직하게 말하는 것입니다. 아무래도 단점을 말하다 보면 부정적인 인상을 줄 수 있기 때문입니다. 대신 새 회사에서 해보거나 배우고 싶은 일이 있어서 이직을 결심한다고 말을 하면 좋습니다. 이때 현재 하는 일과 너무 관련 없는 일은 안되고, 현재 하는 일과 어느 정도 접점이 있는 일을 말하는 것이 좋습니다. 저 같은 경우는 현 직장으로 이직할 때 주로 퍼포먼스 마케팅을 하면서 디지털 마케팅의 Low Funnel만 다루어 봤었는데, Upper Funnel도 다뤄서 디지털 마케팅 전체 퍼널에 대한 전략을 세워보고 싶다고 답변했었습니다. 이 답변은 디지털 마케팅 퍼널에 대한 이해도가 있다는 것을 어필할 수 있어서 좋고, 현재 하고 있는 일에 대한 자신감도 내비칠 수 있어 좋은 답변입니다.

★ 장점과 단점

개인적으로는 싫어하는 질문이라 제가 면접관으로 들어가도 물어보지 않는 질문입니다. 하지만 몇몇 대기업 같은 경우는 면접에서 꼭 물어봐야 할 질문을 인사팀에서 정해주기 때문에 한 번씩은 들을 수도 있는 질문입니다. 장점 같은 경우는 위에서 배웠던 퍼포먼스 마케팅이 적성에 잘 맞는 사람에 있는 내용을 활용하면 좋습니다. 꼼꼼하고 인내심이 많고, 배우는 것을 좋아한다고 말하면 됩니다. 단점으로는 크게 업무에 방해되지 않을 만한 사소한 점을 솔직하게 말하면 됩니다. 저 같은 경우는 약간 수줍음이 많아서 사람들과 이야기를 나눌 때 약간 삐걱거린다고 말합니다. 면접을 볼 때 이렇게 작은 농담들을 섞으면 좋은 분위기를 면접 내내 유지할 수 있습니다. 채용은 완벽한 사람을 뽑는 게 아니라, 같이 일하고 싶은 사람을 뽑는 것이기 때문에 이렇게 분위기를 띄울 수 있는 사소한 농담은 해도 괜찮습니다.

★ 스트레스 극복 방법은

앞에서 말했다시피 퍼포먼스 마케팅은 성과에 대한 압박이 많기 때문에 스트레스를 잘 관리하는 것이 중요합니다. 실제로는 맥주 한 잔을 하면서 스트레스를 이겨내더라도 운동과 같은 건강한 방법으로 스트레스를 이겨낸다고 하면 좋습니다. 저 같은 경우는 클라이밍 같은 특이한 취미를 말하면서 면접관과 좀 더 개인적인 이야기를 끌어내기 위해 애썼습니다. 다행히 면접관도 클라이밍을 좋아하는 사람이라 연대가 생성되어 면접 분위기가 좀 더 친근해졌던 기억이 납니다.

★ 본인을 채용해야 하는 이유?

이 질문을 받으면 두려워하지 말고 오히려 기뻐해야 합니다. 본인을 자랑할 수 있는 시간을 얻은 것이나 마찬가지입니다. 만약 관련 업계 경험이 있다면 그 경험을 어필해도 좋고, 퍼포먼스 마케팅 기술을 통해서 회사에 어떤 이득을 가져다줄지 설명하면 됩니다. 저 같은 경우는 미리 회사의 퍼포먼스 마케팅 활동들을 찾아본 뒤 만약 운영하지 않는 채널이 있다면 제가 입사해서 그 채널을 시작하는 데 도움을 줄 수 있다고 말합니다. 신입 같은 경우는 지금 현재 팀에서 해결해야 하는 문제가 무엇인지 물어보고, 자신이 도움을 줄 수 있는 것들을 말하면 좋습니다.

★ 5년 후 목표는?

이 질문을 받았을 때는 2년 뒤엔 매니저, 4년 뒤에는 헤드를 달고 싶다고 직책 위주로 성장 계획을 말하는 것은 좋지 않은 답변입니다. 이런 식으로 연차 만을 바탕으로 성장 계획을 설명한다면 이 직책 뒤에 어떤 책임과 권한이 필요한지 이해를 못 하는 것 같이 보이기 때문입니다. 대신 현재 가지고 있는 지식을 바탕으로 어떻게 범위를 확장시켜서 성장할 것인지 말하면 좋습니다. 예를 들면 현재 검색 광고에 대한 지식밖에 없다면, 2년 내에는 소셜 쪽 지식을 익히고, 이 모든 지식을 바탕으로 3년 뒤에는 미디어 예산 관리를 하고 싶다는 식으로 대답하면 됩니다. 면접관으로서 이 질문을 물어보는 이유는 지원자의 커리어 목표를 이해하고 같이 일하면서 어떻게 서포트할 것인지를 생각하기 위해서입니다.

★ 전공과 다른 퍼포먼스 마케팅을 하고 싶은 이유?

이 질문도 겁먹을 필요 없습니다. 디지털 마케팅이 새로 생긴 학문이라 전공으로 공부하기에는 학과가 개설된 대학이 많지 않기 때문입니다. 이런 질문을 받으면 본인의 전공과 퍼포먼스 마케팅의 최소한의 연관 고리를 찾아서 설명하면 됩니다. 필자 같은 경우는 관광경영학과를 전공했는데, 이 학과는 관광이라는 업계를 예시로 들어서 경영을 공부하는 학문이므로 전공 수업에서 마케팅 관련 수업도 들으면서 직무에 대한 공부를 했다고 말했습니다.

★ 커리어에서 가장 큰 실수는 무엇이었고 어떻게 극복하였나요?

퍼포먼스 마케터라면 누구나 자랑할 만한 실수 무용담이 있기 마련입니다. 이때 솔직하게 저질

렀던 큰 실수에 대해 말하는 것보다는 작은 실수들 중에 하나를 골라서 얘기하는 것이 좋습니다. 큰 실수를 솔직하게 말했다간 면접관을 걱정시킬 수 있기 때문입니다. 실수보다 더 중요한 건 실수를 어떻게 극복했고, 극복 과정에서 무엇을 배웠는지에 대한 것입니다. 예를 들어, 잘못된 광고 카피를 내보냈고 광고주에게 지적을 당한 적이 있었다는 실수를 말할 수 있습니다. 이 실수 이후 관련 단어가 들어간 광고를 모두 자동으로 일시 중지하는 자동화 시스템을 적용했고, 이를 통해 시즌마다 광고를 관리하는 법에 대해 배웠다고 말하면 됩니다.

★ 혼자 일하는 걸 선호하는지 팀으로 일하는 것을 선호하는지?

동료와 협업 능력에 대해 시험하는 질문입니다. 아무리 혼자 일하는 것을 선호한다고 해도 혼자 일한다고 대답하면 안 됩니다. 회사 입장에서는 혼자 일하는 것을 선호하면 프리랜서로 일하면 되는데 왜 굳이 회사에 속하고 싶어 하는지 의문을 가질 수 있기 때문입니다. 대신 엑셀 작업이나 계정을 관리할 때는 혼자 일하는 것을 선호하고, 전략을 세우거나 피드백이 필요할 때는 팀으로 일하는 것을 선호한다고 혼합해서 대답하는 것이 좋습니다.

★ 퍼포먼스 마케팅에 대해 설명해 보세요.

앞에서 배운 퍼포먼스 마케팅의 정의를 활용할 시간입니다. 이때 중요한 것은 면접관이 퍼포먼스 마케팅에 대해 몰라서 이 질문을 하는 것이 아니라는 것입니다. 어린애에게 가르치듯 설명하면 안 됩니다. 제가 배운 바로는 퍼포먼스 마케팅은 이런 것입니다라고 정의를 말한 뒤 본인의 퍼포먼스 마케팅에 대한 생각을 덧붙이면 좋습니다. 퍼포먼스 마케팅이 왜 좋은지에 대해서 개인적인 애정을 표현하기에도 좋은 시간입니다.

★ 엑셀은 어느 정도 다룰 수 있는지

퍼포먼스 마케팅 면접을 보면서 모든 면접관이 물어봤던 질문입니다. 퍼포먼스 마케팅을 하면서 가장 많이 쓰게 될 기능은 "VLOOKUP"과 "피벗 테이블"인데, 이 두 가지를 안다고 하면 어느 정도 엑셀을 할 수 있다는 인상을 줄 수 있습니다. 앞에서 배운 공식들을 충분히 연습해 보고 면접에 참여하시길 추천드립니다. 면접 과제에서 해당 수식들을 활용할 기회가 있을지도 모르기 때문입니다.

★ 퍼포먼스 광고 세팅 과정을 설명해 보세요

이 질문은 구조적으로 접근하는 것이 좋습니다. 앞에서 배운 것처럼 검색 광고는 크게 캠페인, 광고 그룹, 그리고 광고 그룹 안에 광고 소재, 확장 소재, 키워드로 이루어져 있습니다. 이 구조를 설명하고 캠페인 목표에 따라서 설정이 달라질 수 있다는 것을 설명하면 됩니다.

★ 퍼포먼스 마케팅 최신 이슈나 트렌드?

앞에서 배웠던 퍼포먼스 마케팅의 미래에 대한 내용을 설명하면 좋습니다. 각종 디지털 마케팅 대행사의 뉴스레터를 구독해두면 이런 질문에 대응하기 수월합니다.

★ 콘텐츠 마케팅과 디지털 마케팅의 차이점에 대해서 설명해 보세요

위에서 마케팅의 정의에서 배웠던 내용을 설명하면 됩니다. 비슷하게 SEO와 검색 광고의 차이점에 대해서도 물어보니 위의 배웠던 개념들을 복습하고 가시면 좋습니다.

★ 퍼포먼스 마케팅에서 가장 중요한 매트릭은 무엇이고 그 이유는 무엇인가요?

해당 질문은 비즈니스의 단계와 목적에 따라 달라집니다. 예를 들어, 스타트업과 같이 신생 회사들은 신규 회원 유치가 목표가 될 수 있고, 자리를 잡은 브랜드라면 전환 가치와 ROAS가 목표가 될 수 있습니다. 퍼포먼스 마케팅의 매트릭들은 유기적으로 연관이 되어 있기 때문에 하나의 수치에만 집중하는 것보다 모든 수치들을 함께 살펴보는 것이 좋다고 덧붙이면 좋습니다.

★ 특정 수치(예. CPC)가 올라갈 때 대처법

앞에서 배운 매트릭들과 최적화 방법에 대해서 설명하면 됩니다.

★ 퍼포먼스 마케팅 예산을 관리하는 법에 대해 설명해 보세요.

성과에 따라 예산을 재분배해야 합니다. 다양한 수준(국가, 채널)별로 퍼포먼스를 분석한 다음에, 캠페인별 목표 수치(예, ROAS)에 따라 예산을 재분배합니다. 예를 들어, 캠페인의 목표가 수익 창출이라면 ROAS를 바탕으로, 트래픽을 가져오는 것이 목표라면 클릭과 CPC값을 위주로 예산을 분배합니다.

★ **마지막으로 하면 좋은 질문**

함께 일하게 될 팀들은 어떤 팀이 있는지, 3개월 뒤에 성공적인 평가를 받기 위해서는 어떤 것을 기대하는지와 같은 업에 대한 열정을 보여주는 질문을 하는 것이 좋습니다. 재택근무 가능한지와 같은 일반적인 질문도 괜찮습니다.

5. 면접 과제 대비하기

퍼포먼스 마케팅은 기술력을 요구하는 직업이다 보니 면접 때 기술력을 측정하기 위해 과제나 시험을 내는 경우가 많습니다. 이번 장에서는 면접 과제의 유형들에 대해 살펴보겠습니다.

★ **매트릭 면접 과제**

퍼포먼스 마케팅 캠페인을 운영하기 위해서는 매트릭 간 관계와 매트릭이 어떻게 계산되는지 이해하는 것이 중요합니다. 매트릭에 대한 지식을 테스트하는 유형에는 총 두 가지가 있습니다.

용어

용어의 뜻과 계산 방법을 묻는 시험입니다.

질문: CPC는 무엇의 약자인지 설명하고 계산식을 적으세요.

답안: CPC는 Cost Per Click의 약자이며, 비용/클릭으로 계산할 수 있습니다.

빈칸 작성하기

계산을 통해 빈칸의 답을 찾아내는 시험입니다.

질문: 아래 빈칸에 들어갈 수치들을 계산하세요.

노출	클릭	클릭률	전환율	전환
12,424	498	(1)	(2)	17
37,048	(3)	5.87%	1.54%	(4)

정답: (1) 4.01% (2) 3.41% (3) 2,175 (4) 33.49

★ 캠페인 면접 과제

구글 애즈의 기능을 제대로 이해하고, 캠페인을 업로드할 수 있는지 확인하는 과제입니다. 위에서 배운 과정들을 설명하면 됩니다.

질문: 새 디자이너 "베어" 캠페인을 구글 애즈에서 추가하기 위한 과정을 설명하세요.

답변: 일단 홈페이지 구조를 살펴보고 해당 디자이너를 캠페인 수준에서 추가할 것인지 광고 그룹 수준에서 추가할 것인지를 결정합니다. 캠페인 수준에서 추가한다고 결정하였으면 하위 광고 그룹은 디자이너 구조에 맞춰 카테고리별로 추가하고, 안의 광고와 키워드를 추가합니다. 광고는 반응형 광고를 광고 그룹마다 하나씩 추가하고, 키워드는 디자이너 + 카테고리, 디자이너 + 제품명 관련 키워드를 모두 추가합니다. 키워드는 일치 검색과 확장 검색 두 가지 검색 유형으로 추가합니다.

★ 성과 최적화 면접 과제

데이터를 정리하는 능력과 분석력을 시험하는 과제입니다. 매트릭을 올바르게 계산하는 능력과 여러 시각에서 데이터를 분석할 수 있는 능력이 필요합니다.

질문: 아래 데이터를 분석하고 리포트를 작성하세요.

연월	국가	캠페인 이름	노출	클릭	평균 CPC	클릭률	비용	전환	전환 가치	ROAS
2021-04	영국	디자이너 - 베어	3,873	187	$1.23	4.83%	$230	34	$4,080	17.74
2021-04	독일	디자이너 - 베어	8,384	455	$2.31	5.43%	$1,051	17	$2,550	2.43
2021-04	한국	디자이너 - 베어	9,113	1264	$0.78	13.87%	$986	26	$2,314	2.35
2021-04	미국	디자이너 - 베어	12,450	784	$0.98	6.30%	$768	57	$6,555	8.53
2022-04	영국	디자이너 - 베어	405	29	$0.67	7.16%	$19	2	$240	12.35
2022-04	독일	디자이너 - 베어	12,084	3842	$1.73	31.79%	$6,647	38	$6,460	0.97
2022-04	한국	디자이너 - 베어	1,935	203	$0.55	10.49%	$112	15	$1,650	14.78
2022-04	미국	디자이너 - 베어	34,502	928	$0.87	2.69%	$807	87	$13,485	16.70

그림 12-1 성과 최적화 면접 과제

답변: 이런 과제를 받았을 때는 우선 다각도로 데이터를 뜯어보는 것이 중요합니다. 우리가 분석할 수 있는 것은 "연월" 별로 어떻게 데이터가 변했는지, "국가" 별로 퍼포먼스가 어떻게 변했는지입니다. 이렇게 기준을 정했으면 피벗 테이블을 만들어 기준별로 퍼포먼스를 분

석하면 됩니다. 퍼포먼스 분석 시 성과를 개선할 수 있는 방법에는 무엇이 있는지 해결책을 함께 제시해 주면 좋습니다. 답변의 예시는 아래와 같습니다. 우선 전체적인 데이터를 분석하고, 연도, 국가별로 퍼포먼스를 분석하였습니다.

- 2021년 대비 2022년 비용은 150% 증가, 전환 가치는 41%는 증가해 ROAS는 44% 하락하였습니다. ROAS를 향상시킬 수 있는 캠페인 최적화 전략이 필요합니다.
- 2021년 대비 노출은 45% 증가한 반면, 클릭은 86% 증가해 CTR이 29% 증가하였습니다. 새로 진행한 광고 카피 테스트가 좋은 성과를 내었습니다.
- 국가 대비 퍼포먼스를 살펴보자면, 미국이 작년과 동일하게 가장 높은 전환 가치를 기록하였습니다. 독일은 153%로 가장 높은 전환 가치 성장률을 보여줬습니다. 반면, 영국과 한국은 전환 가치가 각각 94%, 29% 하락하였습니다. 미국이 2022년 가장 높은 전환 가치를 가져왔음에도 전체 비용의 8%만 차지하고 있어 독일의 비용을 미국으로 재분배하는 것을 추천합니다.
- ROAS를 살펴보면, 2022년 독일이 0.97로 가장 낮은 수치를 기록하였고 미국은 16.7을 기록하였습니다. 영국과 한국이 평균 ROAS 3.52보다 더 높은 수치를 기록하였으므로 더 많은 비용을 투자하는 것을 추천합니다.

이렇게 퍼포먼스 마케팅 과제의 종류에 대해서 간단히 살펴보았습니다. 각종 매트릭 간의 관계를 이해하고, 최적화 방법에 대해서 숙지하고 있다면 그다지 어렵지 않은 경우가 많습니다. 기억해야 할 것은 어떤 과제를 풀더라도, 본인만의 전략과 생각을 추가하는 것이 중요하다는 것입니다. 설사 그게 틀린 생각이라도 면접관과 얘기를 나누면서 배울 수 있으니 항상 데이터를 분석할 때는 본인의 해석을 추가하는 것을 추천드립니다.

— 13장 —

퍼포먼스 마케팅 해외 취업

퍼포먼스 마케팅은 해외취업에 상당히 유리한 직종입니다. 퍼포먼스 마케팅 플랫폼들은 한글과 완벽하게 호환이 되지 않아서 위의 배운 것처럼 에디터를 업로드하면서 자연스럽게 영어 용어들을 익힐 수 있습니다. 기술적인 용어를 영어로 이미 알고 있기 때문에, 회화 실력이 약간 부족하더라도 영어로 일을 할 수 있습니다. 필자 같은 경우도 영어 실력이 완벽하지 않은 상태였음에도 불구하고 퍼포먼스 마케팅 용어들을 영어로 알고 있었기 때문에 영국에서 신입으로 일을 시작할 수 있었습니다. 비슷한 경로로 해외 취업에 도전하고 싶은 분들을 위해 해외 취업 과정에 대해 설명해 드리려고 합니다. 참고로 아래 정보는 영국의 기준으로 작성되었기 때문에 국가에 따라 다를 수 있습니다.

1. 해외 취업 준비를 위한 고려 사항

본격적인 절차를 시작하기 전에 해외 취업을 하고 싶은 이유가 무엇인지 고민해 보는 시간을 갖길 추천드립니다. 외국인으로서 언어가 완벽하지 않은 상태에서 현지인들과 경쟁하는 일은 결코 쉽지 않습니다. 한국에서도 취업 과정은 결코 쉽지 않았는데, 지인과 가족이 없는 외국에서 외로움과 싸워가며 매일 줄어가는 잔고의 압박에 시달리는 것은 어려움을 배로 증가시킵니다. 많은 분들이 해외에서 사는 게 멋있어 보여서, 경험을 쌓고 싶다는 이유로 해외 취업을 꿈꿉니다. 물론 좋은 이유이지만 힘든 과정에 비해 결실이 합리적이라는 보장은 없습니다. 해외에서 일하는 것도 결국 한국에서 일하는 것과 비슷해서 집-직장 위주로 동선이 반복되게 되고, 런던의 멋진 분위기를 느낄 수 있는 빅벤이나 트라팔가 스퀘어는 몇 달에 한 번 방문할까 말까입니다. 경험을 쌓고 한국으로 돌아갈 계획을 세우는 것도 마찬가지입니다. 생각보다 해외에서의 경력을 쓸 수 있는 회사가 한국에 많지 않습니다. 외국계 같은 경우는 영어 능력을 높게 쳐주지만, 일반 한국 회사에서는 영어를 사용할 기회가 많지 않습니다. 또한, 영국에서는 구글 같은 글로벌 플랫폼과 관련된 기술을 많이 쌓게 될 텐데, 네이버나 카카오 같은 현지 플랫폼 점유율이 가장 높은 한국에서는 해외에서 배운 스킬을 많이 쓸 기회가 없을지도 모릅니다.

그렇다면 삶의 터전을 버리고 해외 취업을 도전할 만큼 가치가 있는 이유는 무엇이 있을까요? 삶을 완전히 바꾸고 싶은 분들에게 추천합니다. 필자 같은 경우는 부당한 일이나 쓸데없는 관습을 싫어하고 변화를 즐기는 성격입니다. 한국의 야근이나 상하 복종의 문화에서 벗어나서 자유롭게 의견을 내고 질문을 할 수 있는 환경에서 일하고 싶어 영국에 왔고 만족하며 일하고 있습니다. 나이, 성별, 인종과 관계없이 성과로만 평가받을 수 있는 환경도 개인적인 성향과 잘 맞습니다.

또 고려해 보면 좋은 사항은 직장 생활 외에 개인적인 삶에 대한 지향점입니다. 커리어를 위해 영국에 왔건만 해외에 와서 생활할수록 아이러니하게도 직장이 삶에서 차지하는 중요도가 낮아집니다. 현지 사람들과 어울리면서 직장보다 삶이 중요하다는 가치관을 자연스럽게 습득하게 되기 때문입니다. 한국에서 매일같이 야근을 했던 사람이라면 갑자기 늘어난 저녁 시간에 당황하게 되고 외로움을 견디기 어려울 수 있습니다. 그동안 여유 시간을 가질 틈이 없었고 내가 진짜 좋아하는 것이 뭔지, 어떻게 시간을 보내고 싶은지 생각해 본 적이 없기 때문입니다. 따라서 개인 시간에 해보고 싶은 프로젝트나 어떻게 삶을 꾸려나가고 싶은지 고민해 보면 좋습니다. 필자 같은 경우는 블로그에 글을 적으며 많은 시간을 보냈고, 수영과 같은 취미생활을 하며 동네 친구들을 사귀었습니다. 또한, 자연스럽게 직장에서 친구들을 서서히 사귀면서 영국 생활에 서서히 적응했던 기억이 납니다.

2. 영국에서의 생활

가족과 동반 이주를 생각하시거나 한국에서 경력이 이미 있으신 분들은 영국으로의 이주를 할 때 고려할 점이 많으실 것이라 생각됩니다. 그동안 한국에서 쌓아왔던 경력들과 안정적인 기반을 버리고 타국에서 새로운 삶을 시작하는 것이기 때문입니다. 그런 분들에게 도움이 되고자 영국에서 살아가는데 필요한 생활비는 얼마인지, 전반적인 생활은 어떠한지에 대해서 적어보려 합니다. 생활비는 런던 거주를 기준으로 작성되었습니다.

★ 주거

런던은 총 아홉 구역(Zone)으로 나누어집니다. 1구역이 가장 중심가이고, 9구역으로 갈수록 중심가와 멀어지는 방식입니다. 보통 직장들이 1-2구역에 있기 때문에 이 구역에 살면 출퇴근이 편리하고 교통비를 아낄 수 있지만, 월세가 비쌉니다. 반대로 외곽으로 갈수록 통근은 불편해지고, 교통비도 늘어나지만 월세를 아낄 수 있습니다. 절대적인 금액으로 비교할 경우 외곽에서 사는 게 교통비를 감안하더라도 더 저렴하지만 통근에 걸리는 시간은 늘어납니다. 다만 기차와 같은 교통이 잘 되어 있어서 5-6존에 살더라도 한 시간 이내로 센터에 접근할 수 있는 경우가 많습니다. 다만 지하철이나 철도 파업이나 지연이 자주 일어나기 때문에 이로 인한 불편은 감수해야 합니다.

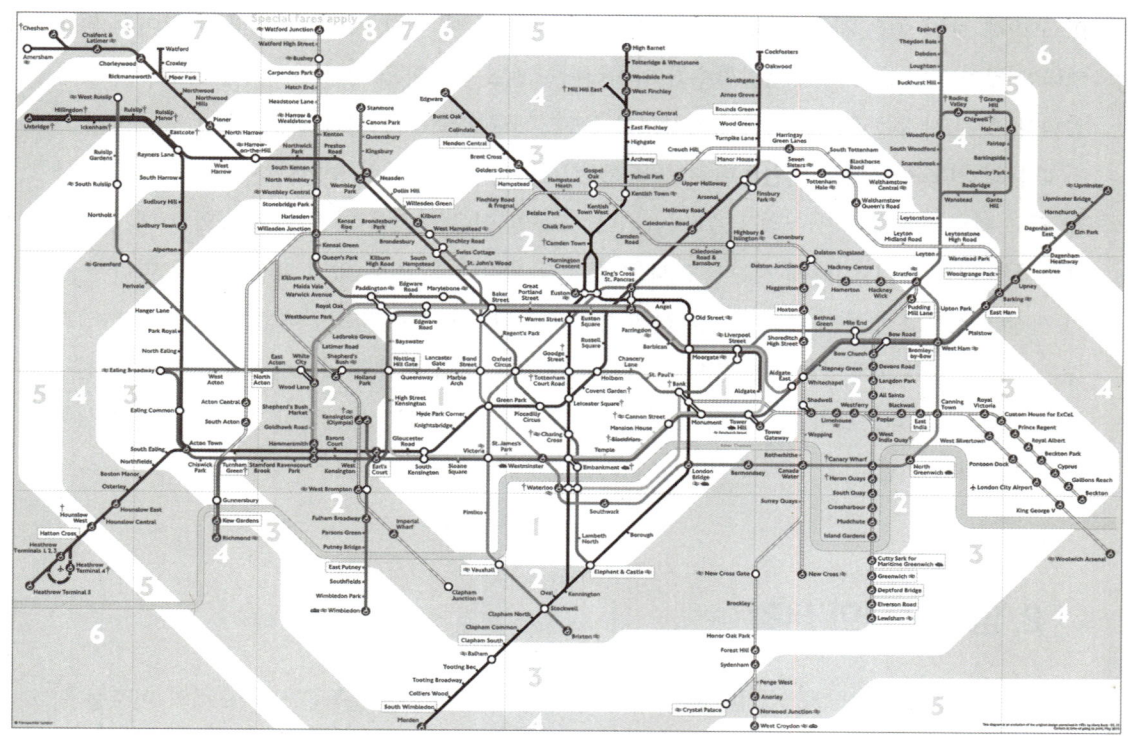

그림 13-1 런던 지하철 지도[1]

직장이 아직 없거나, 처음 직장을 얻어 런던에 오는 경우 신용도가 없기 때문에 대출을 받아서 집을 구매하기는 어렵습니다. 따라서 처음에는 월세를 내면서 집을 렌트해야 합니다. 참고로 전세는 대한민국에만 유일무이하게 존재하는 제도로, 영국에는 없습니다. 혼자서 런던으로 이주할 경우 가장 간편한 것이 플랫 쉐어(Flat Share)를 이용하는 것입니다. 이는 방은 혼자서 쓰고, 화장실이나 부엌, 거실 같은 공간은 다른 사람들과 공유를 하며 거주하는 형태입니다. 한국처럼 혼자 거주할 수 있는 원룸 구조의 집은 스튜디오(Studio)라고 부르는데, 구역에 따라 다르지만 보통 월세가 1,400-1,800파운드(한화 220-280만 원) 정도 되기 때문에 초년생의 월급으로는 감당하기 힘듭니다. 반면 플랫 쉐어를 이용하면 1-3구역에 거주할 경우 싱글룸은 600-700파운드(한화 90-110만 원), 더블룸은 800-1,000파운드(한화 120-150만 원) 내로 구할 수 있습니다. 보증금 같은 경우 연 렌트비가 50,000파운드를 넘는 경우 6주, 그 이하는 5주 렌트비와 동일한 금액을 최대로 청구할 수 있습니다. 법적으로 이 이상 금액은 보증금으로 받을 수 없습니다.

가족이나 2인 이상이 함께 이주할 경우 집 전체를 렌트할 수 있습니다. 하지만 영국의 보수적인 문화 특성상 영국에서의 직장 경력이나, 이전에 렌트한 이력이 없는 경우 렌트를 거절당하는 경

---

1 출처: Transport for London(https://tfl.gov.uk)

우가 많습니다. 이때 3개월이나 6개월 정도 월세를 선납하면 가능한 경우가 많으므로 충분한 여유자금을 마련해오는 것을 추천드립니다. 인플레이션 때문에 월세가 많이 오른 2022년 기준으로 1-2구역에서 방 하나, 거실 하나인 집 같은 경우 월세가 1,600-2,000파운드(한화 250-310만 원), 방 두 개, 거실 하나인 집은 2,000-2,500파운드(한화 310-390만 원) 정도 합니다. 동네나 집의 상태에 따라 월세 가격이 천차만별이니 Rightmove나 Zoopla 같은 부동산 중개 사이트에서 미리 시세를 파악해 오시길 추천드립니다.

플랫 쉐어의 경우 각종 공과금이 모두 포함된 경우가 많지만, 집 전체를 렌트할 경우 공과금을 따로 부담해야 합니다. 일반적으로 지방세(Council Tax), 수도요금, 전기+가스 요금, 인터넷 비용을 지불해야 합니다. 지방세는 동네나 집의 가치에 따라 다르지만 일반적으로 가구당 월에 150파운드(한화 23만원), 수도요금 40파운드(한화 6만 원), 전기+가스 요금은 요금이 가장 높은 겨울 기준으로 두 사람이 거주한다고 가정한다면 최대 150파운드(한화 23만 원)까지 지불해야 합니다. 한국에 비해 공과금이 비싼 편이므로 렌트를 할 때 공과금도 함께 고려해 예산을 짜야 합니다.

★ 초기 정착비와 생활비

정해진 직장이 아직 없는 경우 초기 정착비는 내가 버틸 수 있는 기간을 기준으로 계산해야 합니다. 생활비는 크게 월세, 교통비, 통신비, 식료품비로 계산할 수 있습니다. 1인 가구 기준으로 보증금 800파운드(한화 120만 원), 월세 800파운드(한화 120만 원), 교통비 1-2존 기준 지하철을 주 7일 이용한다고 하면 월에 147.5파운드(한화 23만 원)입니다. 통신비는 저렴한 통신사를 이용할 경우 월에 10파운드(한화 1만 5천 원)만 내면 15GB 데이터를 쓸 수 있습니다. 식료품비는 200-400파운드(30-60만 원) 정도면 외식을 하지 않고 살아갈 수 있습니다. 이 계산을 가정으로 첫 달에는 1,958-2,157파운드(한화 306-337만 원) 정도가 필요하고, 두 번째 달부터는 1,158-1,357파운드(한화 181-212만 원) 정도가 필요하다는 계산이 나옵니다.

★ 의료

영국은 NHS라는 무료 의료 서비스를 제공합니다. 따라서 약값을 제외한 모든 수술을 포함한 치료 목적의 의료 서비스가 무료입니다. 다만, 한국처럼 아플 때 바로 의사를 볼 수 있는 것이 아니라 예약을 통해 의사를 볼 수 있기 때문에 길게는 의사를 보기 위해 일주일 이상 기다려야 할 수 있습니다. 응급 상황인 경우 응급실을 이용할 수 있지만, 이마저도 응급한 경우가 아니면 우선순위에서 계속 밀려 몇 시간을 기다리는 경우가 부지기수입니다. 또한, 한국에서는 동네에서 내과, 정형외과 같은 전문의를 바로 만날 수 있는 반면, 영국은 일반의를 먼저 만나고 심각한 상황인 경우에만 종합 병원으로 추천을 받아야 전문의를 만날 수 있다는 것도 차이점입니다. 무료인 점이 좋긴 하지만 한국의 의료 서비스에 적응된 상태라면 여러모로 인내심을 필요로 하는 시스템입니다.

★ 저축

저축액을 계산하기 위해서는 먼저 한 달 실수령이 얼만지 계산해 봐야 합니다. "UK Tax Calculator"를 구글에 검색하면 영국 정부 사이트인 GOV.UK의 검색 결과가 나옵니다. 이 사이트에서 매달 실수령을 계산해 볼 수 있습니다. Glassdoor라는 채용 정보 사이트에 따르면 2022년 6월 기준 평균 신입 연봉은 32,000파운드(한화 5,000만 원)라고 합니다. 하지만 경험에 따르면 일반 사무직의 경우 초봉이 26,000-28,000파운드(한화 4,060-4,380만 원) 정도인 경우가 많습니다. 26,000파운드를 기준으로 계산해 보면 한 달 실수령액이 1,765파운드(한화 276만 원) 정도입니다. 월 실수령에서 위에서 계산한 생활비를 제외하면 한 달에 400-600파운드(한화 60-100만 원) 정도 저축할 수 있다는 계산이 나옵니다. 모든 쇼핑이나 외식 비용, 문화생활비를 제외한 금액이기 때문에 사실 신입으로 직장 생활을 시작한 경우 저축하기가 빠듯한 것은 사실입니다. 다만 경력이 쌓일수록 연봉이 빠른 속도로 오르기 때문에 연차가 어느 정도 쌓이면 많은 금액을 저축할 수 있습니다.

★ 문화생활

높은 물가에서 좌절했다면 문화생활 부분에서는 마음을 놓으셔도 됩니다. 영국에서는 무료로 누릴 수 있는 문화생활이 정말 많습니다. 개인적으로 가장 좋아하는 것은 영국의 공원들입니다. 영국은 동네마다 녹지들이 많이 조성되어 있어 한 골목 걸러 공원들이 있습니다. 공원에서 산책도 하고, 잔디에 누워서 일광욕도 하면 어느 행복도 부럽지 않습니다. 또한, 영국의 대부분 미술관과 박물관은 무료입니다. 세계 최고 수준의 소장품을 항상 무료로 감상할 수 있다는 것은 엄청난 특혜가 아닐 수 없습니다. 이외에도 무료 공원이나 시에서 제공하는 무료 수영장 등 즐길 거리들이 다양하게 있다는 것이 영국의 큰 장점입니다.

3. 영국 취업 비자

한국 국적을 가지고 있다면 무비자로 6개월 동안 영국에 관광 목적을 위해 머물 수는 있지만 취업을 위해서는 비자를 받아야 합니다. 가장 일반적이고 제가 취업을 하기 위해 받았던 워킹 홀리데이 비자와 기술직 비자를 포함해 다양한 비자 발급 절차에 대해서 소개해 드리도록 하겠습니다. 모든 자격 기준은 2022년 6월 기준으로 작성되었으므로, 지원 전에 최신 정보를 영국 내무부 홈페이지에서 한 번 더 확인해 보는 것을 추천드립니다.

★ 워킹 홀리데이 비자(Youth Mobility Scheme Visa)

워킹 홀리데이 비자는 만 18세와 30세 사이의 청년들을 대상으로 발급되는 비자입니다. 비자 발급은 매년 1월(800명), 7월(200명) 추첨을 통해 이루어집니다. 추첨 결과를 받고 나서 간단한 결핵 검사와 영국 초기 정착금 잔고 증명을 완료하면 비자를 발급받을 수 있습니다. 다른 나라들의 워킹 홀리데이 비자의 같은 경우 기간이 짧거나, 업종 제한이 있거나, 한 직장에서 머무를 수 있는 기간이 정해져 있는 경우가 있습니다. 반면 영국의 워킹 홀리데이 비자 같은 경우 직장/직종 제한 없이 최대 2년까지 일할 수 있기 때문에 무적 비자라고도 불립니다.

별다른 자격 요건 필요 없이 추첨을 통해 발급받는 비자이므로 처음 영국 취업을 노리시는 분들은 해당 비자를 받아오셔서 추후에 취업 비자로 전환하는 것을 추천드립니다. 필자 같은 경우도 워킹 홀리데이 비자로 취업을 해서 1년 뒤에 기술직 비자로 전환해 현재 일을 하고 있습니다.

★ 기술직 비자(Skilled Worker Visa)

기술직 비자는 일정한 자격이 있는 회사가 지원을 통해서 발행하는 비자입니다. 이 비자를 받기 위해서는 영국의 내무부에 등록된 회사에서 취업이 확정된 상태여야 하고, 내무부가 명시한 직업 리스트에 해당되어야 하며, 최소 연봉 기준을 맞춰야 합니다. 최소 연봉 기준은 총 세 가지 기준 중 가장 높은 금액을 기준으로 맞춰야 합니다. 세 가지 기준은 연봉이 £25,600(한화로 4천만 원 정도)가 넘거나, 시급이 £10.10(한화로 만 오천 원 정도)를 넘거나, 직업 리스트에 명시된 해당 직업의 연봉 기준에 맞춰야 합니다.

브렉시트 이전에는 유럽인들이 영국에서 일하기 위해서는 비자가 따로 필요 없었으나, 브렉시트 이후에 유럽인들이 영국에 새로 입국해서 일하는 경우 기술직 비자를 비유럽인들과 동일하게 지원해서 받아야 합니다. 이 말인즉슨 브렉시트 이전에는 비유럽인보다는 비자 지원 절차가 필요 없는 유럽인들을 선호했으나 브렉시트 이후에는 비유럽인들도 불리함이 없이 똑같은 선상에서 경쟁을 할 수 있다는 이야기입니다. 하지만 여전히 비자를 발급해 주는 절차가 까다롭고, 비용이 많이 들기 때문에 모든 회사가 비자 지원에 호의적인 것은 아닙니다. 따라서 위에 말했던 것처럼 워킹 홀리데이 비자를 받고 입사를 해서 나의 능력을 먼저 증명해 보인 다음에 비자 지원을 요구하는 것이 수월할 수 있습니다.

비자 지원 순서는 다음과 같습니다. 첫째로 입사할 기업에 지원해서 합격을 해야 합니다. 스폰서 자격이 있는 회사만 비자를 지원해 줄 수 있기 때문에 구글에 "Register of licensed sponsors"를 검색해서 내무부 홈페이지에서 내가 지원할 회사가 자격이 있는지 확인하고 지원을 하는 것이 좋습니다. 합격을 한 후 계약서를 받고 나면 회사에서 내가 맡을 직책에 대한 정보가 들어있는 Certificate of Sponsorship(COS)을 발행해 줍니다. COS가 발행되고 나면 본격적으로 비자 지원 과정을 시작할 수 있습니다. 둘째로 비자 서류를 접수합니다. 비자 서류를 접수할 때 비자 지원비를 지불합니다. 비자 지원비는 영국 밖에서 지원 시 3년 이하는 625파운드(한화 100만 원), 3년 초과는 1,235파운드(한화 200만 원)입니다. 비자 지원비 이외에도 Healthcare Surcharge라고 영국 내 의료 서비스를 이용하는 비용을 추가로 내야 합니다. 이 비용은 1년에 624파운드(한화 100만 원)이고, 3년짜리 비자를 지원한다 치면 300만 원을 지급해야 합니다. 여기다 서류 접수를 도와주는 변호사를 이용할 시 변호사 비용, 빠른 심사를 위해 특급 서비스를 이용하면 추가 비용이 들어갑니다. 혼자 서류를 준비하고, 일반 서비스를 이용한다고 쳐도 3년짜리 비자를 받는 데 최소 400만 원이 들어가기 때문에 입사 시 조건 협상을 할 때 비자 발급 비용을 지원해 줄 수 있는지 꼭 확인하는 것이 좋습니다. 서류를 온라인으로 제출하고 난 뒤 마지막으로 비자 센터에 방문해 사진을 찍고 지문을 채취합니다. 비자 발급 결과는 일반적으로 영국 밖에서 지원할 시 3주, 영국 내에서 지원할 시 8주가 걸리지만 추가 비용을 지불하면 바로 다음 날이나 영업일 기준 5일 안에 결과를 받아볼 수 있습니다.

해당 비자의 가장 큰 단점은 회사가 영국 내에서 나의 신분을 보장해 주는 것이기 때문에 주 20시간 이내로 같은 업종이 아닌 이상 부업이 불가능하며, 회사에서 해고됐을 때 새 비자를 지원하는 회사를 찾지 못할 시 60일 이내로 영국을 떠나야 한다는 것입니다.

★ 글로벌 인재 비자(Global Talent Visa)

만 18세 이상 리더나 리더가 될 가능성이 있는 인재에게 발급되는 비자입니다. 해당 비자는 아카데미아 혹은 리서치, 예술 및 문화, 디지털 기술 분야에 해당되는 사람에게만 발급이 됩니다. 퍼포먼스 마케팅은 디지털 분야의 직종(Performance marketing experts, performed in house for digital businesses) 중 하나에 해당되므로 지원이 가능합니다. 우리가 배우는 일이 글로벌 인재의 조건에 해당되다니 뿌듯합니다. 해당 비자에 지원하기 위해서는 이력서와 추천서 3개, 이 분야에서 내가 리더가 될 만한 자질이 있다는 증거(프로젝트 등)를 준비해야 합니다. 해당 비자는 최대 5년까지 받을 수 있으며, 이직도 자유롭고 공부도 할 수 있고, 심지어는 비즈니스도 설립할 수 있기 때문에 자율성이 높은 비자입니다.

★ 잠재력이 높은 개인을 위한 비자 (High Potential Individual Visa)

해당 비자는 영국 정부에서 인정한 Top 50위 안에 드는 대학에서 학사, 석사, 박사 학위를 받았을 경우 지원할 수 있는 비자입니다. 대학 리스트는 매년 업데이트되며, 구글에 "High Potential Individual Visa: global universities list"를 검색하면 확인할 수 있습니다. 2022년 기준으로 안타깝게 한국 대학은 리스트에 없습니다. 해당 비자로는 최대 2년까지만 머물 수 있으므로 2년 후에 영국에 머물고 싶다면 다른 비자로 전환해야 합니다.

★ 졸업생 비자 (Graduate Visa)

영국 대학에서 학사, 석사, 박사를 졸업했다면 지원할 수 있는 비자입니다. 학사, 석사는 2년, 박사는 3년까지 비자가 주어집니다. 워킹 홀리데이 지원 나이가 되지 않거나, 영국에서 공부를 하면서 현지 적응을 한 뒤 취업에 도전하고 싶은 분들에게 추천합니다.

4. 서류 준비하기

어떤 비자로 취업을 도전할지 결정했다면 지원을 할 때 필요한 서류들을 준비해야 합니다. 영국에서 일자리에 지원을 할 때는 이력서와 커버레터를 제출하거나 링크드인을 이용합니다.

★ 이력서

이력서의 포맷은 크게 중요치 않습니다. 경력이 많은 경우 여러 장이 되어도 괜찮고, 너무 화려하지만 않다면 색이나 아이콘 같은 요소들을 넣어서 이력서를 꾸며도 괜찮습니다. 중요한 것은 한국처럼 사진을 넣거나, 가족 관계, 신체 사항(키, 몸무게) 등 차별의 요인이 될 수 있는 사항들은 넣지 말아야 합니다. 이력서는 총 세 부분으로 구분할 수 있습니다. 상단 부분과 하단 부분은 각각 10%의 공간을 활용하고 나머지 80%의 공간은 가장 중요한 경력 사항에 할애하는 것이 좋습니다.

상단 부분

상단에는 중간 정렬로 이름, 이메일, 전화번호, 주소, 링크드인 주소를 입력합니다. 아래에는 경력이나 스킬을 요약하는 부분을 2-3줄로 작성해 두면 좋습니다. 채용 담당자들이 기술 위주로 지원자들을 찾는 경우가 많기 때문에 검색에 잘 걸리게 하기 위함입니다. 퍼포먼스 마케터 같은 경우는 다룰 수 있는 플랫폼, 채널들에 대해서 적습니다.

중간 부분

중간에는 경력 사항을 입력합니다. 경력 사항은 직장 이름, 직책, 근무 국가, 근무 기간을 명시합니다. 직장 이름 아래에는 직장에서 어떤 일을 했고, 어떤 성과를 냈는지 자세하게 적습니다. 줄글로 적는 것보다 글머리 기호를 이용해 성과 당 한두 줄씩 요약해서 적는 것이 좋습니다. 경력 사항을 입력할 때 중요한 점은 채용 공고에 나와 있는 설명을 최대한 활용해야 한다는 것입니다. 채용 공고는 지원자의 이상형에 대해서 적어 놓은 것입니다. 따라서 이 이상형에 내가 부합한다는 것을 채용 공고에 나와 있는 단어를 내 이력서에도 사용해서 어필하면 좋습니다. 예를 들어, 채용 공고에 '검색 광고 운영 경험자'라는 단어가 있다면 내 이력서에도 검색 광고를 운영했고 어떠한 성과를 냈는지 적어야 합니다. 만약 너무 똑같은 단어를 사용하는 것이 걱정이 된다고 하면, 직책 이름으로 검색을 해서 다른 회사 공고에서 같은 의미를 가진 영어 단어를 발췌해서 사용하면 됩니다. 이렇게 여러 공고에서 필요한 단어를 골라서 사용하면 전문적인 단어를 사용해서 이력서를 완성할 수 있습니다.

하단 부분

학생이거나 갓 졸업한 경우 경력 사항 상단에 학위 정보를 적고, 그렇지 않은 경우 경력 사항 밑에 학위를 간단하게 한 줄로 적는 게 좋습니다. 경력이 있는 경우 경력 사항이 학교 이름보다 더 중요하기 때문입니다. 갓 학교를 졸업해 이력서를 채우기 힘든 경우 학위 아래에 들었던 수업 이름이나 했던 프로젝트 이름을 적어주는 것도 좋습니다.

학위 아래 부분에는 경력 사항에 담지 못했던 내용을 담습니다. 자격증이나 구사 가능한 언어, 취미 등을 적습니다. 토익이나 토익 스피킹 같은 경우는 현지에서 모르는 시험이니 적지 않는 것이 좋습니다.

★ 커버레터 (Cover Letter)

커버레터는 이력서에 충분히 담지 못했던 업계에 대한 관심과 열정, 해당 회사에 입사하고 싶은 이유를 서술하는 문서입니다. 필수 제출 항목이 아니기 때문에 회사에서 요구하지 않는 한 제출할 필요가 없습니다. 실제로 필자가 얼마 전 채용을 진행했을 때 100여 명이 넘는 지원자가 지원했지만 커버레터를 낸 사람은 단 한 명도 없었습니다. 오랫동안 준비해 간절하게 입사하고 싶은 기업이 있을 때만 그 기업에 맞춤 형식으로 작성해 제출하는 것이 좋습니다.

★ 링크드인(Linkedin)

링크드인은 커리어 관리용 소셜 네트워크입니다. 피드에 게시물을 게시하여 커리어 관련 내 생각을 표현할 수도 있고, 프로필을 만들어 내 경력을 정리해 둘 수도 있고, 채용 공고를 확인하고 지원할 수 있는 플랫폼입니다. 해외 취업을 하기 위해서는 링크드인에 계정을 생성하고, 내 경력을 프로필에 정리해 두는 것이 필수입니다. 기업의 인사담당자나 헤드헌터들이 프로필을 확인하고 면접 제안을 해 올 수도 있기 때문입니다. 필자 같은 경우 현 직장과 이전 직장 둘 다 링크드인에서 면접 제의가 와서 입사하였습니다. 링크드인 프로필은 직접 입사 지원을 할 때도 유용하게 사용됩니다. 링크드인에는 많은 공신력 있는 회사에서 채용 공고를 올립니다. 영국에서는 Indeed나 Reed, Monster 같은 여러 채용 공고 플랫폼이 있지만, 이곳에는 아르바이트 공고도 올라오기 때문에 사무직을 찾는 경우 링크드인을 사용하는 게 좋습니다. 링크드인을 이용하면 회사 프로필도 확인할 수 있고, 링크드인 프로필을 이용해 CV 없이 간편 지원도 할 수 있기 때문에 편리합니다.

링크드인 프로필은 CV랑 비슷한 형식으로 작성해도 되고, 링크드인 맞춤형으로 작성해도 됩니다. 링크드인 맞춤형은 본인이 일하는 회사가 어떤 회사인지 간단하게 한 줄로 설명하고, 본인이 했던 일과 성과들을 줄글로 풀어놓는 것이 일반적입니다. 경력 사항 외에도 놓치지 않아야 할 것은 스킬이나 언어, 자격증 부분입니다. 헤드헌터나 인사담당자가 지원자를 찾을 때 키워드(예. PPC) 위주로 검색을 하기 때문에 관련 기술을 스킬 란에 추가해 두는 것이 좋습니다.

5. 지원하기

지원하기 전에 먼저 본인을 분석하고 전략을 세워야 합니다. 한국에서 나고 자란 경우 영어 실력이 원어민에 비해 당연히 부족할 수밖에 없습니다. 이 부족한 영어 실력에도 나를 뽑아야 하는 경우가 무엇인지에 대해 생각해 봐야 합니다. 직장은 철저하게 이윤 중심적인 조직입니다. 이 조직에서 이윤을 창출하기 위해 내가 가지고 있는 기술이 무엇인지 생각해 봅니다. 아래 예시를 들어보겠습니다.

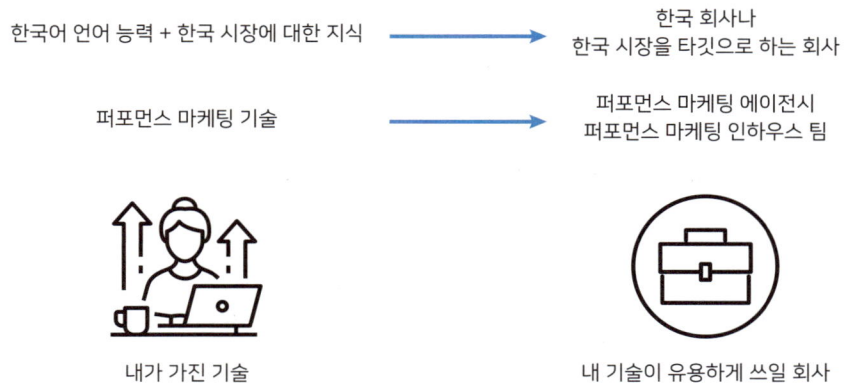

그림 13-2 기술과 회사의 연결

1. 한국어 언어 능력 + 한국 시장에 대한 지식
2. 퍼포먼스 마케팅에 대한 기술

이 기술들을 바탕으로 내가 지원했을 때 유리한 회사들을 생각해 봅니다.

1. 한국어 언어 능력 → 한국 회사나 한국 시장을 타깃으로 하는 회사
2. 퍼포먼스 마케팅에 대한 기술 → 퍼포먼스 마케팅 에이전시나 인하우스

1) 같은 경우 본사는 영국에 있지만, 아직 한국이나 아시아에 지사를 둘 정도로 아시아 마켓의 비중이 높지 않은 회사일 확률이 높습니다. 따라서 한국 시장을 담당하는 팀이 아주 작거나 혼자 하게 될 경우가 많습니다. 이런 경우 혼자 한국 시장을 담당할 수 있다는 것을 증명할 수 있어야 하기 때문에 한국에서 짧게나마 경력이 있는 경우 아주 유리합니다.

2) 같은 경우 위에서 배운 자격증들이 있는 경우 취업에 유리합니다. 자격증을 취득하는 것 이외에 또 강점이 될 수 있는 부분은 한국 퍼포먼스 마케팅 플랫폼에 대한 지식입니다. 영국에서 구글을 다룰 수 있는 사람들은 많지만 네이버나 카카오를 할 수 있는 사람들은 아주 희귀하기 때문입니다. 따라서 해외 취업을 꿈꾸시는 분이시라면 국내 플랫폼에 대한 공부도 함께 병행하시길 추천드립니다.

위와 같이 전략을 세웠다면 링크드인에서 채용 공고들이 새로 업로드됐을 때 이메일로 받아볼 수 있도록 "Korean", "Performance Marketing", "Digital Marketing", "PPC"와 같은 키워드들을 알림 설정을 해 두는 것이 좋습니다. 에이전시 같은 경우 한 사람당 할당된 예산이 적기 때문에 당장 비자를 해 주는 회사는 많지 않지만, 채용을 많이 하기 때문에 워홀 비자가 있는 경우 신입도 합격 가능성이 높기 때문에 추천합니다. 에이전시에서 1-2년 정도 경력을 쌓고, 인하우스로

옮겨서 추후 취업 비자를 받는 것도 정착 전략이 될 수 있습니다.

6. 면접

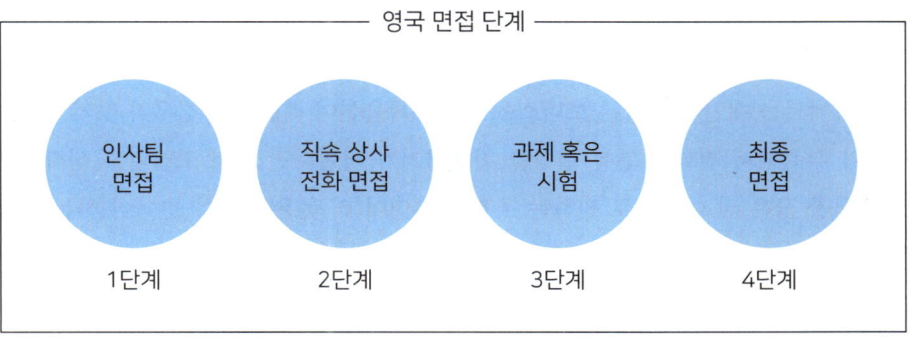

그림 13-3 영국 면접 단계

대부분의 퍼포먼스 마케팅 직군의 면접은 보통 4단계로 구성됩니다. 가장 첫 단계는 인사팀과의 면접(HR Screening)입니다. 지원자와 회사의 기대하는 바가 일치하는지 인사팀과 확인하는 간단한 인터뷰입니다. 보통은 왜 이직을 하려고 하는지, 그동안 어떤 일을 했는지, 비자 상태, 새 직장에서 무엇을 하고 싶은지, 희망 연봉은 얼마인지와 같은 간단한 질문들을 합니다. 인사담당자는 해당 직무에 대해 표면적인 지식만 알고 있고 어려운 기술적인 질문을 하지는 않기 때문에 긴장하지 않으셔도 됩니다. 인사담당자가 해당 지원자가 이 직무와 부합한다고 생각하면 내 직속 상사가 될 사람과 전화 인터뷰를 하게 됩니다. 대략 30분 동안 지원 동기와 간단한 기술적인 질문들을 물어봅니다. 매니저에 따라 꽤나 기술적인 질문을 할 수 있으니 해당 인터뷰를 하기 전 각종 용어들이나 기술들을 한번 살펴보고 가시길 추천드립니다. 해당 단계를 통과하면, 다음 단계는 과제나 시험을 내줍니다. 12장에서 면접 과제에 대해 이미 다루었으므로 생략하도록 하겠습니다. 마지막 단계는 내 직속 매니저와 그룹장이나 부서장과 보는 면접입니다. 해당 면접에서 보통 과제를 발표하는 경우가 많습니다. 마지막 단계를 통과하면 채용을 제안하는 오퍼레터를 받게 됩니다.

7. 계약서 작성하기

기업 측에서 오퍼레터를 보내는 순간 법적인 효력이 발생하므로 보통 이메일이나 전화로 우선적으로 채용 조건을 합의하는 경우가 많습니다. 보통 연봉 같은 경우 지원자가 협상할 경우를 대비해 기업 측에서 우선적으로 낮은 금액을 제시하는 경우가 많습니다. 따라서 연봉 협상은 꼭 진행하는 것이 좋습니다. 기업 측에서 연봉 협상이 불가능하다고 하면 직책을 더 높일 수 있는지, 스톡옵션이나 휴가, 보너스율, 복지 혜택을 변경할 수 있는지 문의해 보는 것이 좋습니다. 한국과 달리 영국에서는 개인마다 다른 보너스율이나 스톡옵션이 적용되는 경우가 많기 때문입니다. 만약 영어가 부족해서 전화로 연봉 협상을 진행하기가 어렵다면 오퍼 고맙다고 생각해 보겠다고 하고 전화를 끊은 뒤 이메일로 원하는 조건과 본인이 더 높은 조건을 받아야 하는 이유를 함께 작성해서 보냅니다. 본인이 더 높은 연봉을 받아야 하는 이유에는 본인의 경력과 시장에서 해당 연차의 평균 연봉을 조사해서 포함하면 좋습니다. 이렇게 원하는 연봉을 인사팀에 말하면 인사팀이 라인 매니저와 합의해 새로운 연봉을 제시합니다. 두 번째 연봉을 제안할 때는 웬만한 이유가 있지 않은 이상 수락하는 것을 추천드립니다. 이 단계에서는 언제든지 기업에서 채용 제안을 철회할 수 있기 때문입니다.

모든 조건을 수락하면 오퍼레터가 오고, 오퍼를 수락한다는 메일이 오면 정식적으로 계약서가 옵니다. 영국에서는 계약서를 우편으로 보내고, 수기로 다시 사인해서 보내야 하는 경우도 많기 때문에 한국처럼 빠른 일 처리는 기대하지 않는 것이 좋습니다. 오퍼 수락부터 계약서 수령까지 최대 1-2달이 걸리는 경우도 있기 때문입니다. 양측에서 계약서에 서명을 한 경우 최종 계약 절차가 완료됩니다. 그럼 두근거리는 마음으로 영국에서 새로운 직장 생활을 시작하게 될 입사일을 기다리면 됩니다.

★ 마치며

책을 읽으면서 느끼셨는지 모르겠지만, 막 입사한 신입사원에게 교육한다 생각하고 아주 작은 세세한 기능까지 모두 가르쳐드리겠다는 마음가짐으로 집필에 임했습니다. 제 작은 책으로는 이루기는 큰바람이지만, 이 책을 통해 채용의 불균형이 조금이나마 해소되기를 바랍니다. 학위나 자기소개서, 누구나 있는 자격증으로 운에 맡겨야 하는 채용이 아니라, 기술에 관한 공부와 이해를 무기로 정당한 대우를 받고 취업하실 수 있길 바랍니다. 제가 퍼포먼스 마케팅을 좋아하는 이유는 공부하는 만큼 기술이 쌓이고, 노력이 정당한 대우로 돌아오기 때문입니다. 비록 현지 학위도 없고, 비자도 없는 외국인에, 영어 원어민도 아니지만, 현지에서 매니저로 빠르게 승진할 수 있었던 이유는 기술이 있었기 때문입니다. 독자분들도 퍼포먼스 마케팅을 공부하면서 노력이 결실을 맺는 경험을 하시길 꼭 바랍니다.

'아이는 온 동네가 키운다'라는 말이 있습니다. 이 말이 책을 만드는 데도 적용된다는 것을 몸소 배우게 해 주신 베타리더 전서영님, 김소연님, 유지나님, 줄리님, 김수지님, 손로운님, 최수진님, 신혜림님 감사드립니다. 항상 타지에서 어려운 일이 있을 때마다 긍정적인 말들로 아무 일도 아니게 만들어주는 다운이와 수현이, 그리고 제 최고의 디지털 마케팅 멘토 주연님께 감사드립니다.

마지막으로 책을 끝까지 읽어 주신 독자분들께 진심으로 감사드립니다. 부디 책을 통해 많은 것을 얻어 가셨길 바랍니다.

★ 찾아보기

ㄱ ~ ㄴ

가격 광고 확장	75
검색 광고	20
검색 광고 360	297
검색 광고 마케터 자격증	311
검색어	39
검색 엔진 최적화	19
게재 위치	178
게재 위치 제외 목록	226
계정	36
고려 단계	21
공급자 측 플랫폼	18
공유 라이브러리	101
공유 예산	224
관리자 계정	36
관심 분야 잠재 고객 세그먼트	183
광고	37
광고 거래소	18
광고 관리자	17
광고 구매자	18
광고 그룹	37
광고 로테이션	54
광고 미리 보기 및 진단 도구	218
광고 수익률	239
광고 제목	38
광고 확장	38
광고 URL 옵션	68
구글 검색 광고	34
구글 검색 파트너	55
구글 디스플레이 네트워크	55
구글 마케팅 플랫폼 자격증	309
구글 애널리틱스	230
구글 애널리틱스 자격증	309
구글 애즈 베스트 프랙티스	248
구글 애즈 에디터	82
구글 애즈 자격증	308
구매 단계	21
구매 의도 잠재 고객 세그먼트	184
구문 검색	40
구조화된 스니펫 광고 확장	73
그로스 마케팅	12
기여 분석	230
내용 입력란	38
노출	238

ㄷ ~ ㅅ

데이터 기반 기여 모델	299
데이터 보기	89
도달 범위 플래너	218
동적 검색 광고	59, 297
디스플레이	17
디지털 마케팅	15
디지털 마케팅 퍼널	20
딥 링크 검사기	219
리다이렉트 트래킹	40
리드 양식 광고 확장	74
리마케팅	21, 22
리마케팅 소셜	17
맞춤 규칙	102
맞춤 액션	103
맞춤 액션 트리거	104
맞춤 잠재 고객 세그먼트	187
매트릭	238
반응형 검색 광고	64, 155
방문 페이지	207
보고서	214
브랜드 마케팅	9
브랜디드 소셜	17
비용	238
비즈니스 데이터	231
사이트 태그	233
사이트링크 광고 확장	69, 167
상위 퍼널	22
셀 서식 표시 형식	288
수동 CPC	53
수요자 관리 플랫폼	18
수요자 측 플랫폼	18
수정 패널	89
스크립트	228
실시간 경매 방식	18
실적 최대화 캠페인	297
실적 플래너	216

ㅇ ~ ㅋ

애플리케이션 메뉴	89
앱 광고 허브	219
앱 광고 확장	72
어필리에이트 마케팅	18
에셋 라이브러리	226
에이전시	306
엑셀 단축키	254
예산 자동 입찰 전략	298
오가닉 소셜	10
위치 그룹	225
위치 타기팅	175
유지 단계	22
유형 목록	89
인벤토리 관리	298
인지 단계	21
인하우스	306

일괄 작업	227
일치 검색	40
입찰 전략	121, 222
입찰 통계	204
잠재 고객 관리자	220
잠재 고객 세그먼트	181
전환	239
전화번호 광고 확장	71
전환 가치	239
전환 가치 극대화	223
전환 수 최대화	223
전환율	239
제외 키워드	174
제외 키워드 목록	224
제휴 마케팅	11
조건부 서식	278
중간 퍼널	22
중복된 항목 제거	282
차트	280
최종 URL	65
캠페인	37
콘텐츠 마케팅	10
콜아웃 광고 확장	70
쿠키 대종말	300
클릭	238
클릭 수 최대화	223
클릭당 평균 비용	239
클릭률	239
키워드	38
키워드 플래너	217

ㅌ ~ ㅎ

타기팅	173
타깃 광고 투자 수익(ROAS)	223
타깃 노출 점유율	223
타깃 CPA	223
텍스트 나누기	283
툴바	89
트래킹	40
트리 보기	89

판매자 센터	235
퍼포먼스 마케팅	15
페르소나	22
페이드 소셜	16
표시 경로	65
표시 URL	38
프로그래매틱	17
프로모션 광고 확장	76
프로스펙팅 소셜	17
피벗 테이블	269
픽셀 트래킹	42
필터	277
하위 퍼널	22
합성 잠재 고객 세그먼트	188
향상된 CPC 입찰 기능	53
확장 검색	40
확장 텍스트 광고	64

A ~ Z

Avg. CPC	239
Clicks	238
Conversion Value	239
Conversions	239
Cost	238
CRM	12
CTR	239
CVR	239
IFERROR 함수	268
Impressions	238
LEN 함수	261
LENB 함수	261
Performance Max	297
PPC	20
ROAS	239
SEM	34
SEO	19
SUM 함수	258
SUMIF 함수	262
SUMIFS 함수	262
TRIM 함수	262
UTM 트래킹	41
UTM_CAMPAIGN	42
UTM_CONTENT	42
UTM_MEDIUM	41
UTM_SOURCE	41
UTM_TERM	42
VLOOKUP 함수	259

퍼포먼스 마케팅 첫걸음: 취업부터 실무까지
영국 대기업 팀장이 알려주는 퍼포먼스 마케팅 A-Z

출간일	2023년 2월 16일	1판 2쇄
지은이	이다혜
펴낸이	김범준
기획·책임편집	오소람, 조부건, 임민정
교정교열	정영주
편집디자인	한지혜
표지디자인	조윤진
발행처	(주)비제이퍼블릭
출판신고	2009년 05월 01일 제300-2009-38호
주소	서울시 중구 청계천로 100 시그니처타워 서관 9층 949호
주문·문의	02-739-0739
팩스	02-6442-0739
홈페이지	http://bjpublic.co.kr
이메일	bjpublic@bjpublic.co.kr
가격	27,500원
ISBN	979-11-6592-198-9

한국어판 © 2023 (주)비제이퍼블릭

이 책은 저작권법에 따라 보호받는 저작물이므로 무단 전재와 무단 복제를 금지하며,
내용의 전부 또는 일부를 이용하려면 반드시 저작권자와 (주)비제이퍼블릭의 서면 동의를 받아야 합니다.

이 책을 저작권자의 허락 없이 **무단 복제 및 전재(복사, 스캔, PDF 파일 공유)하는 행위**는 모두 저작권법 위반입니다. 저작권법 제136조에 따라 **5년** 이하의 징역 또는 **5천만 원** 이하의 벌금을 부과할 수 있습니다. 무단 게재나 불법 스캔본 등을 발견하면 출판사나 한국저작권보호원에 신고해 주십시오(불법 복제 신고 https://copy112.kcopa.or.kr).

잘못된 책은 구입하신 서점에서 교환해드립니다.